Wissenschaftliche Untersuchungen
zum Neuen Testament · 2. Reihe

Begründet von Joachim Jeremias und Otto Michel
Herausgegeben von
Martin Hengel und Otfried Hofius

61

Apollonios von Tyana in der neutestamentlichen Exegese

Forschungsbericht und Weiterführung der Diskussion

von

Erkki Koskenniemi

J.C.B. Mohr (Paul Siebeck) Tübingen

Die Deutsche Bibliothek – CIP-Einheitsaufnahme

Koskenniemi, Erkki:
Apollonios von Tyana in der neutestamentlichen Exegese :
Forschungsbericht und Weiterführung der Diskussion / von
Erkki Koskenniemi. – Tübingen : Mohr, 1994
  (Wissenschaftliche Untersuchungen zum Neuen Testament : Reihe 2 ; 61)
  ISBN 3-16-145894-X
NE: Wissenschaftliche Untersuchungen zum Neuen Testament / 02

© 1994 J.C.B. Mohr (Paul Siebeck) Tübingen.

Das Buch wurde von Druck Partner Rübelmann GmbH in Hemsbach auf säurefreies Werkdruckpapier der Papierfabrik Niefern gedruckt und gebunden.

ISSN 0340-9570

uxori carissimae

Vorwort

Als ich kurz vor Weihnachten 1978 damit begann, eine philologische Magisterarbeit über die *Vita Apollonii Tyanensis* des Philostratos zu schreiben, konnte ich nicht ahnen, daß der Pfad mich zum Herzen des Neuen Testaments leiten würde. Seither habe ich das Thema mehrfach für einige Jahre beiseite geschoben, um meine philologischen und theologischen Studien zum Abschluß zu bringen, aber ich bin immer wieder zu Apollonios zurückgekehrt. Obgleich die vielseitigen methodischen Probleme der Apollonios-Forschung mittlerweile unüberwindbar schienen, konnte endlich ein Durchbruch mit Hilfe der redaktionskritischen Methode erreicht werden. Damit aber sank Apollonios von Tyana in das Dunkel der Geschichte zurück und gab dem philostrateischen Apollonios und der fesselnden Welt der zweiten Sophistik Raum. Die Resultate dieser Arbeit wurden im Buch *Der philostrateische Apollonios* veröffentlicht.

Erst recht wurde die Arbeit spannend, als mein verehrter Lehrer, Herr Professor Dr. Jukka Thurén, mich darauf aufmerksam machte, welche Konsequenzen meine - auf philologischem Gebiet keineswegs revolutionären - Untersuchungen für die neutestamentliche Exegese haben würden. Unter seiner strengen und väterlichen Leitung führte so der Pfad auf die Fragestellung zu, welche Rolle Apollonios von Tyana in der neutestamentlichen Exegese gespielt hat und spielen soll. Meine Hoffnung ist, daß ich durch die Analyse der verwickelten Forschungsgeschichte und durch die Berücksichtigung der spezifischen Philostratos-Forschung einen Beitrag zum besseren Verständnis der heiligen Schrift geleistet habe.

Über die Jahre hinweg, die diese Untersuchung in Anspruch genommen hat, habe ich den Segen erlebt, von einem gelehrten und frommen Doktorvater betreut zu werden. Professor Dr. Jukka Thurén hat mich mit seiner tiefen Kenntnis sowohl der christlichen als auch der übrigen antiken Literatur immer tiefer in mein Thema geführt. Dafür gilt ihm mein herzlicher Dank.

Ohne die freundliche Hilfe mehrerer älterer und jüngerer Gelehrter wäre es mir unmöglich gewesen, meine Arbeit fertigzustellen. Mein

Vater, Professor Dr. Heikki Koskenniemi, Professor Dr. Martin Hengel (Tübingen) und Professor Dr. Georg Strecker (Göttingen) haben ihre unersetzliche Hilfe angeboten. Die jüngeren finnischen Exegeten, mein Bruder, Pfarrer Olli Koskenniemi, Dr. Antti Laato, Dr. Timo Laato, Pfarrer Juha Molari, Pfarrer Jari Rankinen und Dr. Lauri Thurén haben keine Mühe gespart, um mir zu helfen und mich zu ermuntern. Die Kommilitonen in Tübingen und Erlangen habe ich in dankbarer Erinnerung.

Es wurde bald deutlich, daß das Hauptgewicht meiner Arbeit in der Untersuchung der Wunder und Wundertäter liegen würde. Im Laufe meiner Arbeit wurde ich immer skeptischer, ob heidnische Wundertäter in der Zeit Jesu existiert haben. Zugleich aber hat meine Frau Marja, die, allzuoft alleine, die schwere Verantwortung für unsere vier Söhne getragen hat, durch ihre ständige Ermunterung, Geduld und Liebe sich als eine wahrhaftige christliche Wundertäterin erwiesen. Meine lieben Söhne, Tuomas, Johannes, Antti, Jaakko und Pietari haben für meine ständige physische und psychische Abwesenheit weit mehr Verständnis gezeigt, als man von Kindern erwarten darf.

Mein Arbeitgeber *Suomen Luterilainen Evankeliumiyhdistys* (Lutheran Evangelical Association of Finland), meine Arbeitskameraden und die Freunde innerhalb des Vereins haben mich mehr unterstützt, als ich es verdient hätte.

Dr. Fritz Herrenbrück hatte die Freundlichkeit, das Sprachgewand der Arbeit durchzusehen. Dabei hat er mit seinem unermüdlichen Fleiß und dem damit verbundenen Sachverstand mein Buch nicht nur sprachlich, sondern auch sachlich wesentlich verbessert. Ihm möchte ich ganz besonders danken. Mein Freund stud. theol. Roland Ziegler hat mich beim Korrekturlesen unterstützt.

Dem Verlag und den Herausgebern der Reihe *Wissenschaftliche Untersuchungen zum Neuen Testament* gehört für die Annahme meiner Arbeit mein bester Dank.

Karkku, 20. März 1992   Erkki Koskenniemi

Inhaltsverzeichnis

1. Einleitung

1.1. Apollonios und die Quellen über ihn

Apollonios von Tyana wurde um die Zeitenwende in Kappadokien geboren, soll als Wanderlehrer in Kleinasien, Griechenland und Italien das
Volk unterrichtet haben und überall als ein großer Wundertäter und Philosoph bekannt geworden sein. Seit dem 19. Jahrhundert bis zum heutigen Tag ist er für Altertumswissenschaftler wie auch für Theologen, und
hier insbesondere für Neutestamentler, ein interessantes und umstrittenes
Forschungsobjekt. Unsere wichtigsten Quellen über ihn sind eine *Vita*
von Philostratos und eine unter dem Namen des Apollonios überlieferte
Briefsammlung. Die übrigen Quellen sind von geringem Umfang.

1.1.1. *Vita Apollonii Tyanensis*

Als die mit Abstand wichtigste Quelle für Apollonios gilt die *Vita Apollonii Tyanensis* (=VA) des Lucius Flavius Philostratus, gewöhnlich nur
Philostratos genannt. Philostratos lebte im literarischen Kreis der Kaiserin
Julia Domna in der Zeit des Septimius Severus (193-211) und des Caracalla (211-217).[1] Seit 1971 ist eine griechische Inschrift veröffentlicht,
die uns neben der Nennung des vollständigen Namens auch über die Kar-
riere des Verfassers informiert. So war er schon ca. 200/201-210/211
στρατηγῶν ἐπὶ τὰ ὅπλα, also der zweite Mann in der athenischen Amts-
hierarchie.[2] Von ihm haben wir neben der VA eine umfassende literari-

---

[1] Welche anderen Autoren zu diesem Kreis gehörten, wissen wir nicht. In der Sekundärliteratur wurde ihm eine wachsende Zahl von Schriftstellern zugeordnet. Bowersock
(1969,101-109) weist nach, daß diese Zuordnungen nicht auf antiken Quellen, sondern nur
auf Überlegungen von Forschern des 19. Jahrhunderts beruhen.

[2] S. Traill 1971,321-325; Korrektur der Datierung bei Traill 1972,141 und Anderson
1986,5.19. Über das Amt στρατηγῶν ἐπὶ τὰ ὅπλα s. Geagan 1967,18-31.

sche Produktion[3], die ihn uns zum vielleicht wichtigsten Vertreter der sogenannten zweiten Sophistik macht. Wie die anderen Sophisten ahmte auch er die Sprache der klassischen Zeit nach, liebte die Rhetorik und verherrlichte die großartige Vergangenheit des griechischen Volkes.

In der *Vita Apollonii Tyanensis*[4], die Philostratos um 220 schrieb, stellt er Apollonios in acht Büchern als einen großen Wundertäter und Philosophen dar. Er schildert Geburt, Kindheit und Jugend des Helden im ersten Buch und läßt ihn im zweiten und dritten Buch nach Indien reisen. Nachdem Apollonios dort die göttliche Weisheit der indischen Philosophen und Wundertäter erworben hat, kehrt er zurück und wird ein angesehener Lehrer und Wundertäter in Kleinasien, Griechenland und Italien (viertes Buch). Dabei kommt er in Schwierigkeiten, weil Nero die Philosophen haßt, aber der philostrateische Apollonios ist ein zu angesehener Gelehrter, als daß er von der Tyrannei eingeschüchtert werden könnte. Nachdem Nero seine Macht verloren hat, wird Apollonios in Ägypten Ratgeber und Freund des späteren Kaisers Vespasian (fünftes Buch). Im sechsten Buch besucht der Held die Gymnosophisten in Äthiopien und beweist dort in Diskussionen, daß er nunmehr ein überlegener Lehrer und Philosoph ist. Nach der Rückkehr nach Griechenland folgt ein bitterer Kampf mit Domitian, der ihn fesseln und als Magier und Feind behandeln läßt (siebtes Buch), ohne ihn jedoch töten zu können. Nachdem Apollonios vor Gericht dem Kaiser mutig Antwort gestanden hat, verschwindet er plötzlich und trifft auf seine Freunde in Dikaiarchia (= Puteoli). Nach Philostratos hat Apollonios eine lange Verteidigungsrede verfaßt, die er aber nicht vor Gericht hielt (8. Buch). Immerhin zeigt die von Philostratos wiedergege-

---

[3] Es gibt mehrere Verfasser, die Philostratos heißen. Wer von ihnen welche Werke geschrieben hat, ist eine *quaestio vexata*, die hier nicht eingehend behandelt wird (s. Koskenniemi 1991,3-5). Mit guten Gründen werden heute allgemein neben der VA *Vitae sophistarum, Gymnasticus, Heroicus, Imagines I, Epistulae amatoriae* und *Nero* dem zweiten Philostratos, also Lucius Flavius Philostratus, zugeschrieben. Der vierte Philostratos, der Enkel des Lucius Flavius Philostratus, ist der Verfasser der *Imagines II*. Über die kurzen *Dialexeis* läßt sich keine sichere Aussage machen. Möglicherweise ist der dritte Philostratos der Verfasser der *Dialexis I*, während *der Verfasser von Dialexis II* anonym bleibt.

[4] Der Titel lautet Τὰ ἐς τὸν Τυανέα Ἀπολλώνιον. Ausgabe: *Philostratos, Das Leben des Apollonios von Tyana. Griechisch-Deutsch*, hrsg., übers. und erl. von Vroni Mumprecht. München/Zürich 1983. Bei den übrigen Werken des Philostratos ist die Lage noch heute unbefriedigend, weil die alte Ausgabe von C.L. Kayser (*Flavii Philostrati opera 1-2*) nur teilweise überholt worden ist und immer noch für *Dialexis* I und II wie auch für *Imagines* II benutzt werden muß. Für *Vita sophistarum* wird die Ausgabe von Wilmer Cave Wright, für *Heroicus* die von Ludo de Lannoy, für *Gymnasticus* die von Julius Jüthner, für die Briefe die von Francis H. Fobes, für *Imagines* I die von Ernst Kalinka - Otto Schönberger und für *Nero* die von Matthew D. MacLeod benutzt.

bene Rede, daß Apollonios auch ein Meister der Redekunst ist. Nachdem Domitian ermordet und Nerva (96-98), ein guter Freund des Apollonios, Kaiser geworden ist, wird Apollonios in den Himmel genommen. Er erscheint jedoch einem jungen Mann, der die Unsterblichkeit der Seele bezweifelte.

Philostratos will in seinem umfangreichen, romanhaften Werk das Leben des Helden Apollonios als eines großen Wundertäters, Philosophen und Ratgebers der Herrscher darstellen. Die literarische Gattung läßt sich schwer feststellen. Gewöhnlich wird eine Einwirkung mehrerer Gattungen angenommen. Zutreffend wurde vor kurzem auf Xenophons *Institutio Cyri* hingewiesen, deren Gattung ebenfalls schwer bestimmbar ist und die auch aus acht Büchern besteht.[5] Trotz kritischer Stimmen, die von der religiösen Propaganda verursacht wurden, las man jahrhundertelang die VA als eine zuverlässige biographische Darstellung. Seit dem vorigen Jahrhundert erscheint sie jedoch als eine geschichtliche Quelle immer problematischer.

1.1.2. Angebliche Schriften des Apollonios von Tyana

Von den selbstverfaßten Werken des Apollonios von Tyana, deren Umfang wahrscheinlich nicht gering war,[6] besitzen wir lediglich ein Fragment vom Werk περὶ θυσιῶν und eine Sammlung von Briefen. Allerdings ist die Echtheit dieser beiden Quellen fragwürdig.

Das bei Eusebios (*praep. ev.* 4,13,1) überlieferte Fragment spricht über den Kult des höchsten Gottes (πρῶτος θεός), der mächtiger als die anderen sei, der die Menschen lehre, auch die übrigen Götter kennenzulernen, der nichts brauche und für den als Opfer nichts rein genug sei. Man könne ihm nicht einmal mit Worten dienen, sondern nur mit der Vernunft, die keine Mittel brauche. Schon Eusebios benutzt eine indirekte Quelle,[7] was die Echtheit des Fragmentes zweifelhaft erscheinen läßt. Es weicht inhaltlich von der Lehre und dem Kult des philostrateischen Apollonios ab, der ja jeden Tag dem Helios unblutig opfert.[8] Das Zitat scheint also von Philostratos unabhängig zu sein, wobei die Echtheit des Fragmentes keineswegs ausgeschlossen werden kann.

---

[5] Zum ganzen s. Koskenniemi 1991,8-9.

[6] S. u. S. 176.

[7] Eusebios sagt ὁ δὲ Τυανεὺς ᾽Απολλώνιος τάδε γράφειν λέγεται, *praep. ev.* 4,12,1). Das bedeutet nicht, daß er die Echtheit des Fragments bezweifelt (so Petzke 1970, 36), sondern nur, daß er eine indirekte Quelle benutzt (so Norden 1913,344; Zink 1979,143).

[8] VA 2,38; 6,18; 7,31.

Wenn die Briefsammlung,[9] die uns unter dem Namen des Apollonios überliefert ist, als echt gesichert wäre, wären wir ziemlich gut über Apollonios informiert, weil die Sammlung mehr als hundert Briefe zählt, von kurzen Schmähbriefen bis hin zu langen Konsolationen. Leider stammt ein Teil von ihnen mit größter Wahrscheinlichkeit von Philostratos, der sie in der VA "zitiert".[10] Ein Teil der Briefe ist jedoch von Philostratos unabhängig, z.B. der Brief des Claudius an die Tyaneer (*ep.* 53), der weder zur Chronologie noch zum Claudiusbild des Philostratos paßt.[11] Es ist somit keineswegs ausgeschlossen, daß ein Teil dieser Sammlung echte Briefe enthält. Bei jedem Brief muß deshalb die Echtheitsfrage gesondert erwogen werden, wobei allerdings die Antwort meistens unsicher bleibt.[12]

1.1.3. Die übrigen Quellen

Philostratos erwähnt in seinen Quellen (VA 1,2f) neben der mündlichen Tradition und den Werken des Apollonios drei weitere Werke über ihn: die Tagebücher von Damis, einem treuen Apollonios-Schüler, das Werk des Maximos von Aigai und das von Moiragenes.[13] Es liegt zunächst nahe anzunehmen, daß sich die Quellen mit Hilfe der literarkritischen Arbeitsweise rekonstruieren lassen. Doch das gelingt kaum, denn es ist sehr fraglich, ob es die Tagebücher des Damis jemals gab.[14] Das Werk des Maximos von Aigai, der laut Philostratos lediglich über Kindheit und Jugend des Apollonios schrieb (VA 1,3), gab es tatsächlich, allerdings ging es restlos verloren; so ist es schon viel, wenn sich Aufbau und Tendenz desselben bestimmen lassen.[15] Zur Zeit des Verfassers galt das Werk von Moiragenes als das bedeutendste über Apollonios. Da auch Origenes es erwähnt (*c. Cels.* 6,41), steht seine Existenz außer Zweifel. Aber dieses Werk ging bis auf ein Fragment, das vielleicht, aber nicht

---

[9] Die Ausgabe der Briefe: *The Letters of Apollonius of Tyana,* ed. Robert J. Penella. Leiden 1979. Mnemosyne Suppl. 56.

[10] S. Bowie 1978,1690-1691.

[11] S. Koskenniemi 1991,35.

[12] Versuche z.B. bei Hempel 1920,12-24; Penella 1979, im Kommentar bei dem jeweiligen Brief. Zutreffend Anderson: "In most cases we can still do no more than speculate - too often on the basis of preconceptions about Apollonius or Philostratus himself" (1986,190). Noch skeptischer bezüglich der Echtheit der Briefe ist Bowie (1978,1691).

[13] Zur Quellenfrage s. u. S. 173ff.

[14] S. u. S. 173ff. Versuche, die Grundlinien des Werkes herauszuarbeiten, z.B. bei Hadas - Smith 1965; Kee 1973.

[15] S. u. S. 175ff.

sicher von Moiragenes stammt, verloren.[16] Seine Tendenz wird derzeit keineswegs übereinstimmend beurteilt.[17]

Die von Philostratos unabhängigen Quellen sind von geringem Umfang. Lukian, der Apollonios nur kurz erwähnt, zeichnet von ihm ein sehr negatives Bild. Da Alexander von Abonuteichos mit einem Schüler des zwielichtigen Apollonios in engster Beziehung stand, kann der Leser auf Alexander selbst zurückschließen und ihn ebenso als Scharlatan erkennen (*Alex.* 5). Hierbei soll allerdings nicht übersehen werden, daß Lukian Menschen, die auf Grund anderer Quellen als ernst zu nehmende Philosophen gelten, ohne weiteres als Schwindler behandelt.[18]

Cassius Dio erzählt, ebenso wie auch Philostratos (VA 8,26),[19] daß Apollonios in Ephesus die Ermordung Domitians gesehen habe (Dio Cass. 67,18). Er berichtet weiterhin, Caracalla habe "Magier und Hexen" so gern gehabt, daß er dem Kappadokier Apollonios, der zur Zeit Domitians lebte, ein Heroon errichtet habe (Dio Cass. 77,18).[20]

Soterichos von Oasis schrieb nach der Suda[21] zur Zeit Diokletians eine *Vita* des Apollonios. Sie ging aber restlos verloren, weshalb über ihre Absicht oder Tendenz nichts gesagt werden kann.[22]

Die späteren Quellen sind wohl schon hauptsächlich[23] von den früheren abhängig. Zusammenfassend muß somit gesagt werden, daß die Quellenlage über Apollonios sehr schmal ist, weil wir mit Sicherheit echte Werke von ihm selbst nicht haben und weil die besten Geschichtsschreiber über ihn schweigen, wenn von einer kurzen Erwähnung bei Cassius Dio abgesehen wird. Unser Apolloniosbild ist also hauptsächlich von der

---

[16] S. u. S. 175f.
[17] S. u. S. 175f.
[18] S. Kapitel 3.2.1., S. 212-214.
[19] Dio Cass. 67,18; vgl. VA 8,26. - Die Partien bei Cassius Dio und Philostratos weichen so stark voneinander ab, daß eine literarische Abhängigkeit nicht angenommen werden kann.
[20] Dio Cass. 77,18. - Vom Apollonios-Kult zeugt eine Marmorbüste des Apollonios aus der Zeit der Severer (Bowie 1978,1688). Eine kürzlich gefundene Inschrift aus dem 3. Jahrhundert ist in sehr schlechtem Zustand (s. Bowie 1978,1680; Jones 1980,190-194; Markovich 1982,265f; Ebert 1983,285f; Dzielska 1986,64-66). Nach der *Historia Augusta* habe Severus Alexander in seinem Lararium Apollonios verehrt (*Alex. Sev.* 29). Der historische Wert dieser Quelle wird aber seit Hermann Dessau (1889) gering geachtet.
[21] S.v. Σωτήριχος.
[22] S. Speyer 1974,60.
[23] Apollonios wird in den Zauberpapyri erwähnt (PGM 11a, 5.Jh. n. Chr). Nach Speyer (1974,53) überlieferte die byzantinische Tradition Apollonios-Fragmente. Die von Speyer angekündigte Abhandlung ist noch nicht erschienen.

VA des Philostratos geprägt. Allerdings ist auch diese Quelle in mehrerer Hinsicht problematisch.

1.2. Das Nachleben des Apollonios von Tyana in der Kirchengeschichte

Apollonios von Tyana wurde schon früh mit Jesus verglichen.[24] Der erste Beleg darüber, daß auch Christen Apollonios kannten, stammt von Origenes (um 185-253), der die Anklagen des Celsus[25] abwehrte.[26] Um 177-178 griff dieser das Christentum an und brachte die Wunder Jesu mit ägyptischer Goetie in Zusammenhang. Im sechsten Buch erwähnt Origenes Apollonios als Beispiel dafür, daß heidnische Philosophen (Euphrates und ein anonymer Epikureer) Interesse an einem Magier hatten. Die Christen aber benötigten nach Origenes nie die Hilfe der Magie, da sie von Gottes Engeln beschützt würden. W.L. DULIÈRE vermutet, schon Celsus habe Apollonios mit Jesus verglichen: sonst hätte Origenes Apollonios hier nicht erwähnt.[27] Das bleibt jedoch nicht nur unsicher, es ist sogar eher unwahrscheinlich, weil Origenes hier vermutlich den schlechten Ruf des Apollonios ausnutzt und ihn wohl selbst aufgebracht hat, um einen Gegenangriff zu starten.

Eine schwierige Frage ist, ob schon Philostratos Apollonios zu antichristlicher Propaganda benutzen wollte.[28] Jedenfalls wurde Apollonios sicherlich bald durch sie berühmt.[29] Als Porphyrios (230-300) im Werke

---

[24] Zur Literatur über die Stellung des Apollonios in der antichristlichen und christlichen Propaganda im 1. Jahrtausend vgl. Dulière 1970; Speyer 1973 und 1974; Hägg 1985. Das Buch Petzkes (1970) weist hierin große Mängel auf (1970,5-10) und kann nur mit Vorbehalt benutzt werden, s. Speyer 1973.

[25] Über Celsus informiert uns nur das Werk des Origenes *Contra Celsum*. Die Identifikation mit einem Freund Lukians, die schon Origenes für möglich hält, bleibt unsicher (s. Merlan 1954,954-965; Chadwick 1965,24-29).

[26] Orig. *c. Cels.* 6,41. Zur Auseinandersetzung zwischen Celsus und Origenes s. Gallagher 1982.

[27] Dulière 1970,249.

[28] S. u. S. 185f.

[29] In *Apotelesmata Apollonii Tyanensis* (hg.v. F. Nau, 1907, vgl. F. Boll, 1908), würdigt (Pseudo)-Apollonios Jesus und sein Werk. Seine eigene Bedeutung wird dadurch nicht geschmälert: ὁ δὲ μέλλων ἐν Βηθλεὲμ ἐκ τῆς παρθένου γεννᾶσθαι, αὐτὸς μέγας διδάσκαλος γενήσεται καὶ τὸ ἀνθρώπινον γένος σώσει καὶ τοὺς εἰδώλων ναοὺς καταλύσει, τὴν δὲ ἀποτελεσματικήν, ἣν ἐγὼ ποιήσω, οὐκ ἀφανίσει, διότι πᾶν ὅπερ τελέσει ἡ μετ' αὐτοῦ δύναμις ἀπετέλεσα καὶ ἐστερέωσα (Nau: ἐστοιχείωσα). Ὁ δὲ ναός, ὃν ἐγὼ ἐν Τυάνοις ᾠκοδόμησα, ἐν ὧι καὶ χρυσοῦν στῦλον ἔστησα, οὗτος παρὰ

κατὰ Χριστιανῶν über die Persönlichkeit Jesu schrieb, war Apollonios von Tyana seiner Meinung nach eine Gestalt, die Jesus weit überragte.[30] Noch schärfer fiel die Kritik des Sossianos Hierokles aus, der zur Zeit der diokletianischen Verfolgung zuerst *vicarius orientis* und danach Statthalter in Bithynien war.[31] Hierokles wollte beweisen, wieviel mächtiger Apollonios von Tyana gegenüber Jesus als Wundertäter war. Die Wunder des Apollonios wurden von griechischen Gelehrten, nämlich von Damis, Maximos von Aigai und Philostratos, erzählt, und denen sollte, anders als den unkultivierten Jüngern Jesu, Glauben geschenkt werden (Eus. *adv. Hieroclem* 2).[32]

Wir besitzen die Antworten von drei bedeutenden christlichen Schriftstellern: Arnobius von Sicca (um 304-310),[33] Lactantius (um 304-313)[34] und Eusebios von Cäsarea (gest. 339).[35]

Arnobius von Sicca[36] zählt viele Heiden auf, denen man übermenschliche Fähigkeiten zuschrieb: Zarathustra, Pamphilus, Apollonios, Damigeron, Dardanos, Julianos, Baebulus,[37] sodann einen anonymen Baktrier, den Ktesias erwähnt habe, und einen anonymen Armenier. Nach Arnobius haben aber ungelehrte Christen viel größere Wunder getan als die vom Heidentum verehrten Magier (*nat.* 1,52).

πάντων προσκυνητὸς γενήσεται. (Nau S. 1374, korrigiert von Bickerman, 1986,202f Anm. 32; s. auch Dzielska 1986,103-107). Der Text stammt aus dem dritten oder vierten Jahrhundert (so Boll 1908,112; Bickerman 1986,202) bzw. erst aus dem fünften (vgl. Speyer 1974,63; Dzielska 1986,103-104) und zeigt, wie der Sieg des Christentums keineswegs das Interesse an Apollonios verdrängte. Nach Bickerman wollte der Verfasser, ein anonymer Kenner der astrologischen Kunst, sein Handbuch in den Schutz der Religion der Apollonios-Anhänger stellen. Somit ist der Text ein hochinteressantes Stück der spätantiken Religionsgeschichte.

[30] *Fragm.* 4. 46. 60. 63 Harnack.

[31] Über Hierokles und seine Tätigkeit in der großen Christenverfolgung s. Hägg 1985, 25-27.

[32] Euseb. *adv. Hieroclem* 2. - Das Werk des Hierokles ist nicht überliefert. Lactantius sagt von ihm *composuit enim libellos duos, non contra Christianos, ne inimice sectari videretur, sed ad Christianos, ut humane ac benigne consulere putaretur (inst. 5,2,13); ausus est libros suos nefarios ac Dei hostes* φιλαληθεῖς *adnotare (inst. 5,3,22).* Aus den Antworten des Lactantius und vor allem des Eusebios lassen sich die Ansichten des Hierokles gut rekonstruieren.

[33] Altaner - Stuiber 1978,183.

[34] Altaner - Stuiber 1978,185f.

[35] Altaner - Stuiber 1978,217.

[36] Arnobius erwähnt das Werk des Hierokles nicht, aber da sein Werk etwa gleichzeitig veröffentlicht wurde, darf man wohl hier eine Antwort auf die damalige Polemik sehen.

[37] Baebulus wird nur hier erwähnt; es gibt außer dem oben genannten Zeitpunkt 310 keinen weiteren Anhaltspunkt für seine zeitliche Einordnung (s. Riess 1896,2734).

Lactantius bestreitet heftig, daß Apollonios größer gewesen sei als Christus (*inst.* 5,3), weil niemand, außer vielleicht Hierokles selbst, Apollonios wie einen Gott verehrte. Lactantius richtet also hier seine Kritik nicht gegen Apollonios, sondern gegen Hierokles.

Eusebios spricht im Werke *Adversus Hieroclem* seine große Verehrung für den Philosophen Apollonios aus. Wenn ihn aber jemand, sei es Damis, Philostratos oder ein anderer, als Wundertäter und nicht als Philosophen darzustellen versuche, werde ein Esel im Felle eines Löwen und ein Magier anstatt eines Philosophen angegriffen (*adv. Hieroclem* 5). Eusebios kritisiert hart das Werk des Philostratos. Hierokles habe in seiner Schrift die Liebe zur Wahrheit betont, wie auch der Titel ἀληθὴς λόγος[38] zeige, aber der von ihm gepriesene Philostratos spreche mehrfach widersprüchlich[39] und unglaubwürdig.[40] Natürlich schreibt Eusebios sehr tendenziell, doch sah er bei all seiner Polemik mit äußerster Schärfe einige Züge der VA, die bis in die Gegenwart hinein unbeachtet blieben. So sei auffälligerweise Philostratos oft merkwürdig inkonsequent, sogar an wichtigen Punkten. Eusebios vermutet zweifellos, daß Philostratos eine geschichtlich zuverlässige Darstellung über Apollonios schreiben wollte.

Auch später haben die Kirchenväter auf Apollonios Bezug genommen.[41] Hieronymus (um 347-419/420)[42] kann Apollonios in einem positiven Sinn erwähnen (*ep.* 53,1,4). Wenn er sich aber als Verteidiger des Evangeliums sieht, spricht er kritisch über ihn.[43] Nach Johannes Chrysostomos (gest. 407)[44] seien alle Geschichten über Apollonios fingiert.[45]

---

[38] Eusebios kennt den Titel im Singular, Lactantius dagegen im Plural (*inst.* 5,2).

[39] S. z.B. *adv. Hieroclem* 14; 28; 31; 39.

[40] S. z.B. *adv. Hieroclem* 17f; 22.

[41] Synesios von Cyrene (370/375-414), der auf Grund seiner neuplatonischen Philosophie bedeutende Teile des christlichen Dogmas zurückwies, spricht über Apollonios durchaus positiv, obgleich er weiß, daß dieser den Ruf eines Magiers hat (*laud. calv.* 6).

[42] Altaner - Stuiber 1978,394.

[43] *De Ps.* 81,12 (PL 26,1130): *Hoc enim dicit Porphyrius: Homines rusticani et pauperes, quoniam nihil habebant, magicis artibus operati sunt quaedam signa. Non est autem grande facere signa. Nam fecere signa in Aegypto magi contra Moysen. Fecit et Apollonios, fecit et Apuleius. Concedo tibi, Porphyri, magicis artibus signa fecerunt, ut divitias acciperent a divitibus mulierculis, quas induxerant.* - *Contra Johannem Hierosolymitanum* (PL 23,404): *... Apollonios Tyaneus scribitur, cum ante Domitianum staret in consistorio, repente non comparuisse. Noli potentiam Domini magorum praestigiis adaequare.* S. Speyer 1974,54f.

[44] Altaner - Stuiber 1978,322.

[45] ψεῦδος πάντα ἐκεῖνα ἦν καὶ φαντασία, *adv. Iudaeos*, PG 48,886.

Ebenso kritisch ist Makarios Magnes (um 400)[46], der einen Christen und einen heidnischen Philosophen über Apollonios streiten läßt (p. 52. 66-67 Blondel). Wahrscheinlich war es kein Einzelfall, daß der Tribun Flavius Marcellus, der Augustinus (354-430)[47] über sein Problem informiert, von Heiden hören muß, daß Jesus nur das tat, was auch andere getan haben, daß sogar Apollonios und Apuleius größere Wunder vollbrachten (Aug. *ep.* 136,1). Augustinus antwortet polemisch: "*Quis autem vel risu dignum putet, quod Apollonium et Apuleium ceterosque magicarum artium peritissimos conferre Christo vel etiam praeferre conantur?*" (*ep.* 138,18). Es sei aber besser, mit Christus Apollonios zu vergleichen als den Ehebrecher "*quem Iovem nominant*". Da der ganze Abschnitt polemisch ist, kann aus ihm keine Anerkennung des Apollonios herausgelesen werden.[48] In *Quaestiones et responsiones ad orthodoxos* des Ps.-Justin (wahrscheinlich ist der Verfasser des Werkes Theodoretos von Kyros, gest. um 466)[49] behandelt der Verfasser in der 24. Frage und Antwort das Problem der Wunder des Apollonios. Basileios von Seleukia (gest. 468)[50] ist gegenüber Apollonios äußerst kritisch und hält ihn für einen Magier.[51] Dagegen konnte der bekannte Einzelgänger Sidonius Apollinaris (432-480/490),[52] der eine lateinische Übersetzung der VA kannte,[53] Apollonios sogar loben (*ep.* 8,3, PL 58,590-592). Später wurden die positiven Erwähnungen des Apollonios immer häufiger. Er wurde in der byzantinischen Tradition nach und nach christianisiert und schließlich zu einem christlichen Heiligen.[54]

Es fällt nicht schwer, auf Grund der Belege eine geschichtliche Entwicklung zu entfalten.[55] Apollonios wurde spätestens im 3. Jahrhundert

---

[46] Altaner - Stuiber 1978,332.

[47] Altaner - Stuiber 1978,412.

[48] Augustinus erwähnt Apollonios auch in *ep.* 102,32, und zwar auch hier zusammen mit Apuleius.

[49] Petzke, der den Text dem vierten Jahrhundert zuweist, folgt überholter Sekundärliteratur, s. Speyer 1973,35; vgl. Altaner - Stuiber 1978,340.

[50] Altaner - Stuiber 1978,335.

[51] *De vita et miraculis s. Theclae* (PG 85,540f). Er kennt von irgendeiner schriftlichen Quelle eine Tradition, nach der Apollonios von den Indern abgelehnt wurde (s. Speyer 1974,69f).

[52] Vgl. Altaner - Stuiber 1978,498.

[53] S. Dulière 1970,252; Speyer 1973,135.

[54] S. Speyer 1974,55-63. Apollonios fand ein Nachleben auch im Islam (s. Weisser und Dzielska 1986,112-116) und in den sanskritischen Texten (s. Anderson 1986,166-167.173) im Okkultismus der Renaissance und der Neuzeit.

[55] Nach Petzke (1970,10) habe das Interesse an der Person des Apollonios mit dem ausgehenden 4. Jahrhundert "merklich" nachgelassen und sei bald "vollkommen verebbt". Diese Auffassung ist nur dann möglich, wenn ein großer Teil der Belege entweder übersehen

in den Propagandakrieg zwischen Christentum und Heidentum hineingezogen. Zugleich nahmen die positiven Erwähnungen bei den Kirchenvätern ab. Mit dem ausgehenden Heidentum gab Apollonios seine Rolle als
Rivale Jesu ab und bekam zugleich eine neue als christlicher Heiliger.
Das war aber nur ein vorübergehender Zustand.

Die Bedeutung des Apollonios von Tyana in der religiösen Propaganda
der Antike weist interessante Züge auf. 1) Die antichristliche bzw. christliche Polemik basiert seit Origenes meistens deutlich auf der VA. Die
früheren Quellen oder die Briefe des Apollonios haben hier nur eine marginale Bedeutung.[56] 2) Mit dem Ausgang des Heidentums endet die Ri-
valität zwischen Apollonios und Jesus. 3) Die Bedeutung des Apollonios
in der antichristlichen Propaganda fällt auf. Es gibt einige lange Listen
von Wundertätern, darunter auch solchen, in denen Apollonios fehlt.[57]
Daraus geht hervor, daß er nicht nur der wichtigste Rivale Jesu, sondern
auch der einzige heidnische Wundertäter seiner Zeit ist. Offenbar kannten
also weder Heiden noch Christen andere große heidnische Wundertäter
aus heute verlorenen Quellen.

In der Neuzeit wurde Apollonios aufs neue in den Streit für oder gegen
das Christentum hineingezogen.[58] Die *Vita Apollonii Tyanensis* wurde
1680 in englischer Übersetzung von Charles Blount veröffentlicht. Dieses
Buch wurde mit seinen Randbemerkungen von Jean de Castillon ins
Französische übersetzt (1774). Das Vorwort, das Friedrich II. zugeschrieben wird, richtet sich gegen Papst Clemens XIV. Durch beide Überset-
zungen wurde Apollonios in Europa bekannt. Es wird nunmehr von einer
"apollonischen Religion" gesprochen, die nicht intolerant sei (A.L. Cotta
1787). Die *Vita Apollonii* wurde auch rationalistisch betrachtet: Alles
Wunderbare gehe auf Damis und Philostratos zurück, jedoch sei Apollonios ein großer, edler Mensch gewesen (Légrand d' Aussy 1807; Voltaire
1785).

Es liegt nahe, daß die Christen nicht schwiegen. Apollonios sei eine
Ausgeburt des Teufels oder Affe des Gottessohnes.[59] Dogmatische und

---

oder fehlinterpretiert wird.

[56] Die einzige Ausnahme ist Basileios von Seleukia, s. o. Anm. 51.

[57] S. vor allem Athenag. *suppl.* 26,3-5 und Arnobius, *nat.* 1,52.

[58] Über die Diskussion in der Neuzeit vor Baur s. Schütz (1953,2-4) und Petzke (1970,
10-15).

[59] Phileleutherus Helveticus, *De miraculis, quae Pythagorae, Apollonio Tyanensi* etc.
Duaci 1734; J.B. Lüderwald, *Anti-Hierokles oder Jesus Christus und Apollonius von Tyana
in ihrer großen Ungleichheit vorgestellt.* Halle 1793.

ideologische Vorurteile bestimmten auch später den Streit. Einerseits wurde Apollonios vom christlichen Glauben her kritisiert. Andererseits aber wurden die Wunder des Apollonios rationalistisch erklärt.[60] Noch im Jahre 1901 betrachtete G.R.S. Mead völlig unkritisch Apollonios als Vertreter einer natürlichen Religion.[61] Nach und nach setzte sich aber die wissenschaftliche Betrachtungsweise durch. Dabei verlor Apollonios seine Bedeutung in der religiösen Propaganda.[62]

Die Ehre, Apollonios von Tyana der christlichen Theologie vorgestellt zu haben, gebührt also keinem modernen Exegeten. Vielmehr ist er den Christen ein alter Bekannter. Während zweier Perioden spielt er eine Rolle in der religiösen Propaganda. Deren Geschichte ist aber nicht Thema dieser Abhandlung. Da alte Fehler gern wiederholt werden, dürfte es nützlich sein, die religiösen Tendenzen in ihrem Für und Wider in ihrer eindeutigsten Form kennenzulernen. Dadurch ist es möglich, sie auch dann zu erkennen, wenn sie in einer raffinierteren Form in der Wissenschaft auftreten.

1.3. Apollonios in der philologischen und theologischen Wissenschaft

Die erste wissenschaftliche Abhandlung über Apollonios im modernen Sinne wurde im Jahre 1832 von FERDINAND CHRISTIAN BAUR geschrieben. Er warf die Frage nach der Bedeutung des Verfassers auf und suchte nach der Tendenz des Philostratos. Seiner Meinung nach habe Philostratos mit den Evangelien konkurrieren wollen, ohne allerdings dabei Jesus zu nennen. Nach einer langen wissenschaftlichen Diskussion wollte KARL MÜNSCHER diese These im Jahre 1915 *ad acta* legen,[63] was aber vor-

---

[60] Vgl. Müller 1861 (*War Apollonius von Tyana ein Weiser oder ein Betrüger* etc.).

[61] Das Buch von Mead ist ein Konglomerat aus religiösen und kritiklosen Betrachtungsweisen. Mead sieht in Apollonios den Repräsentanten einer toleranten Religion. Nach seiner wunderlichen Flucht aus dem Gerichtssaal sei Apollonios wieder nach Indien gereist; davon ist jedoch in den antiken Quellen kein Wort zu finden.

[62] Das Buch von J.L. Bernard (*Apollonius de Tyana et Jésus*, 1978) ist allerdings ein Zeichen dafür, daß Apollonios seinen Platz in einer allgemeinen Religiosität immer wieder einnehmen kann. Da das Buch fast nie in der wissenschaftlichen Literatur zitiert wird, ist es zugleich aber auch ein Beispiel dafür, daß sich die wissenschaftliche Betrachtungsweise durchgesetzt und von der religiösen losgesagt hat.

[63] Münscher 1915,127. Eine gute Bibliographie über die Diskussion im 19. Jahrhundert findet sich bei Hopfner 1931,161.

schnell war, weil sie auch nach Münscher noch Jahrzehnte aufrecht erhalten wurde und immer wieder auftaucht.[64]

Gegen Ende des 19. und am Anfang des 20. Jahrhunderts wurden Apollonios und die VA ein beliebtes Forschungsobjekt. Der historische Wert der VA wurde nunmehr kritisch überprüft. Vor allem die Abhandlungen von C.L. NIELSEN (1879), EDUARD SCHWARTZ (1896) und RICHARD REITZENSTEIN (1906) müssen hier erwähnt werden. Schon im 19. Jahrhundert wurde klar, daß Philostratos über Apollonios nicht unvoreingenommen geschrieben hat. Man sah in seinem Werk politische,[65] religiöse,[66] apologetische[67] und nationale[68] Tendenzen. Viele große Philologen, wie WILHELM SCHMID (1897), ERWIN ROHDE (1901) und Münscher (1907, 1910, 1915) trugen zur Forschung wesentlich bei. Sie waren vor allem an Philostratos und seiner Stellung in der sogenannten zweiten Sophistik interessiert. Aber auch die Zuverlässigkeit der VA wurde geprüft, wobei die Grundfrage war, ob Philostratos wirklich die Memoiren eines Apollonios-Schülers benutzte oder nicht. Einige rechneten damit, daß Philostratos wirklich die Damis-Memoiren vorliegen hatte; allerdings dachten beispielsweise Reitzenstein[69] und EDUARD NORDEN[70], daß es sich dabei nur um unechte Tagebücher handeln könnte. Andere, wie z.B. Schwartz (1896), nahmen im Anschluß an Baur (1832) an, daß die Memoiren eine Fiktion des Philostratos seien.

Die Diskussion über den Wert der VA als geschichtliche Quelle und über die angeblichen Damis-Memoiren war aber damit noch keineswegs beendet. Durch den eingehenden Artikel von EDUARD MEYER (1917) erfuhr sie vielmehr eine entscheidende Wende. Nach einer gründlichen Argumentation vertrat er die alte These, nach der Philostratos die Memoiren selbst fingiert habe und auch sonst bewußt fiktiv geschrieben habe, weshalb die VA als eine geschichtliche Quelle sehr problematisch

---

[64] Vgl. z.B. Bidez in *Cambridge ancient history* (1939,613); Gerth in der PRE (1956, 728); Ferguson (1970,50-51); Sabourin 1972,288f.

[65] Vgl. z.B. Göttsching 1889,74-89; Schwartz 1896,140; Calderini 1940-1941,226-240; Forte 1972,504f; Bowie 1978,1670.

[66] Zur angeblichen antichristlichen Tendenz s. oben Anm. 63 u. 64. Sonst wird die Bedeutung des Sonnenkultes der Severer betont, so z.B. Miller (1895,146) und Meyer (1917,390).

[67] So habe vielen Forschern zufolge Philostratos versucht, Apollonios von seinem schlechten Ruf als Magier zu befreien, vgl. z.B. Reitzenstein 1906,41; Meyer 1917,393; Münscher 1910,111.

[68] Das nationale Bewußtsein des Philostratos wurde vor allem von Göttsching (1889,81f) und Schmid (1887-97,4,569f) betont.

[69] Reitzenstein 1906,40f.

[70] Norden 1913,36f.

sei. Meyer setzte mehr Vertrauen in die Briefsammlung des Apollonios als in die VA.

Die These Meyers war für viele zu radikal. So rechnete z.B. JOHANNES HEMPEL (1920) noch mit gefälschten Damis-Memoiren, die Philostratos wirklich benutzt habe, und diese Meinung wurde auch noch im Jahr 1974 mit eingehender Begründung von WOLFGANG SPEYER vertreten. Andere aber, wie ULRICH VON WILAMOWITZ-MOELLENDORFF (1925), folgten Meyer und hielten das alte Problem für gelöst. Diese Meinung fand immer mehr Anklang. Die wichtigsten Darstellungen sind der PRE-Artikel von FRIEDRICH SOLMSEN (1941) und der ANRW-Artikel von EWELYN LYALL BOWIE (1978). FULVIO GROSSO (1954) versuchte allerdings, den historischen Wert der VA zu beweisen, indem er zeigte, daß Philostratos die Geschichte des 1. Jahrhunderts hervorragend kenne. In der Annahme, die VA sei geschichtlich zuverlässig und gründe sich auf ein Buch des Apollonios-Schülers Damis, folgte ihm nur FERDINANDO LO CASCIO (1974), während sonst der Wert des Werkes als geschichtliche Quelle für gering gehalten wurde. Das neue Buch von GRAHAM ANDERSON (*Philostratus. Biography and belles lettres in the third century A.D.*, 1986) aber bringt jetzt der Diskussion neue Anstöße. Da er, wie in einem kurzen Artikel auch STEVEN JACKSON,[71] großes Vertrauen zu Philostratos hat, ist die Frage nach der Zuverlässigkeit seiner Werke wieder offen. Gleichzeitig ist nämlich MARIA DZIELSKA in ihrem Buch eindeutig der kritischen Linie gefolgt (*Apollonius of Tyana in legend and history*, 1986).

Studiert man die neuesten theologischen Handbücher, so sieht man bald, daß Apollonios und die Apollonios-Traditionen eine Vielzahl von Rollen in der neutestamentlichen Exegese gespielt haben und noch heute spielen. 1) Heute schon fast vergessen ist die Behauptung, das Neue Testament sei von der Apollonios-Tradition abhängig (Norden) beziehungsweise umgekehrt (Baur). 2) Dagegen erhielt die Apollonios-Tradition eine große Bedeutung in der klassischen Formgeschichte (MARTIN DIBELIUS, RUDOLF BULTMANN, bis hin zu GERD THEISSEN). 3) Dazu kommt, daß Apollonios als Prototyp des "göttlichen Menschen" betrachtet wurde. Dieses Konzept beeinflußte das Studium der neutestamentlichen Christologie stark (z.B. Reitzenstein, HELMUT KÖSTER, HANS DIETER BETZ).

(1) Seit Baur ging man gelegentlich davon aus, Philostratos habe mit den Evangelien konkurrieren wollen. Er habe sie gekannt und sie an einigen Stellen nachgeahmt. Ganz anders dachte Norden, der im Jahr 1913

---

[71] "Apollonius and the emperors", 1984.

behauptete, ein Teil der lukanischen Areopagrede des Apostels Paulus stamme ursprünglich aus der Apollonios-Tradition. Auch später warf man die Frage nach den literarischen Beziehungen auf. Die Antworten fielen allerdings kontrovers aus. Die Behauptung einer direkten oder indirekten Abhängigkeit der VA von den Evangelien wurde auch in diesem Jahrhundert ab und zu vertreten, besonders von GERTRUD HERZOG-HAUSER (1930) und PIÈRRE DE LABRIOLLE. HANS-JOACHIM SCHÜTZ sah an mehreren Stellen eine gemeinsame Novelle hinter den Erzählungen des Neuen Testaments und der VA. Petzke (1970), Anderson (1986, 1991) und andere vermuten, daß die Evangelien und die VA literarisch voneinander unabhängig seien. Sie erklären die Ähnlichkeiten mit dem gemeinsamen religionsgeschichtlichen Kontext der Schriften.

(2) Eine größere Bedeutung gewann die Apollonios-Tradition in der klassischen Formgeschichte. Nachdem OTTO WEINREICH (1909) antike Wundergeschichten gesammelt hatte, verglichen Dibelius (1919) und Bultmann (1921) sie eifrig mit den Wundergeschichten des Neuen Testaments. Das hatte zur Folge, daß in den letzten Jahrzehnten wohl jeder Student der Theologie beim Studium der neutestamentlichen Exegese den Namen Apollonios von Tyana kennenlernte. DIETMAR ESSER wollte, wie schon KARL LUDWIG SCHMIDT (1923), allerdings von einem ganz anderen Blickwinkel her, in seiner Dissertation die Gattung der Evangelien mit Hilfe der VA bestimmen, während die Dissertation von Petzke (1970) vor allem als ein Kompendium der Apollonios-Traditionen zum Gebrauch der Neutestamentler gedacht war. Dabei verglich er miteinander diejenigen Überlieferungen der VA und des NT, die formgeschichtlich ähnlich sind. Er glaubt gezeigt zu haben, daß der Traditionsprozeß bei Apollonios ähnlich wie bei Jesus verlief. Auch in dem Werk *Urchristliche Wundergeschichten* von Theißen (1974) spielt Apollonios von Tyana eine gewichtige Rolle. Dagegen fällt auf, daß ihm das neueste Handbuch für die Formgeschichte von KLAUS BERGER (1984) fast keinen Platz einräumt.

(3) Vielleicht die größte Bedeutung für die neutestamentliche Exegese erhielt Apollonios als exemplarischer hellenistischer göttlicher Mensch, als θεῖος ἀνήρ. Seit dem Werk *Hellenistische Mysterienreligionen* von Reitzenstein (1910) gibt es eine rege Diskussion über die Frage, welche Bedeutung die heidnischen Wundertäter für die frühe Christologie hatten. GILLIS P. WETTER (1916), HANS WINDISCH (1934) und LUDWIG BIELER (1935-36) bauten im Anschluß an Reitzenstein eine Topik auf, der die antiken und die christlichen Schilderungen solcher göttlicher Menschen gefolgt sein sollen. *Das Evangelium des Johannes* (1941) und die *Theologie des Neuen Testaments* (1953) von Bultmann bedeuteten den endgül-

tigen Durchbruch der These, daß die frühe Christologie in vieler Hinsicht von der θεῖος ἀνήρ-Vorstellung geprägt sei. Heute werden freilich auch kritische Stimmen laut (z.B. OTTO BETZ 1972, MARTIN HENGEL 1975, Berger 1984 b und BARRY L. BLACKBURN, 1986, 1991). Andererseits gehen z.B. PHILIPP VIELHAUER, Köster (1980), H.D. Betz (1983) und GAIL PATERSON CORRINGTON (1986) entschieden davon aus, daß dieses Konzept, bei dem Apollonios oft erwähnt wird, zutreffend sei.

1.4. Die Fragestellung

Aufgabe dieser Abhandlung ist es, die Stellung des Apollonios von Tyana innerhalb der neutestamentlichen Exegese kritisch zu prüfen. Ein erster Teil (Kapitel 2) besteht aus einem Forschungsbericht. Ein zweiter Teil (Kapitel 3) will die Diskussion weiterführen.

Bei einer Untersuchung der exegetischen Abhandlungen, in denen Apollonios oder die Apollonios-Tradition erwähnt wird, zeigt sich rasch, daß auf diese Tradition zwar oft, aber meist nur ganz beiläufig hingewiesen wird. Ein tieferer Zusammenhang ist zunächst nicht erkennbar. Je genauer aber die Stellen betrachtet werden, desto spannender wird die Arbeit. Der Pfad führt zu Problemen, die in der Mitte der neutestamentlichen Exegese stehen. Die genetische Untersuchung der bisherigen Forschung bietet einen aufschlußreichen Überblick über die vielseitige religionsgeschichtliche Erforschung des Neuen Testaments. Daher wird im ersten Teil dieser Arbeit ein Forschungsbericht gegeben, in dem die drei oben erwähnten Rollen des Apollonios bzw. der Apollonios-Tradition in der Auslegung des Neuen Testaments behandelt werden: 1) Das Neue Testament sei von der Apollonios-Tradition literarisch abhängig oder umgekehrt (die Apollonios-Tradition in der neutestamentlichen Traditionsgeschichte[72]). 2) Die VA bekam eine wichtige Funktion in der klassischen Formgeschichte.[73] 3) Apollonios wird als einer von vielen gött-

---

[72] Der Begriff 'Traditionsgeschichte' bzw. 'Traditionskritik' bedeutet in dieser Abhandlung eine Betrachtungsweise, die die literarischen Abhängigkeiten zwischen schriftlich überlieferten Traditionen untersucht, s. Kaiser 1975,47-48. Bei einer 'direkten' Abhängigkeit wird davon ausgegangen, daß ein Verfasser den früheren Text als schriftliche Vorlage vor sich hatte. Eine 'indirekte' Abhängigkeit bedeutet, daß der frühere Text nicht dem Verfasser des späteren Textes vorlag, aber daß er einen Abschnitt davon in mündlicher und schon veränderter Form gehört hat. Die ἀνάγνωσις, die unserer Sitte, ein Buch allein zu lesen, entspricht, gehört in den Bereich der direkten Abhängigkeit.

[73] Die neutestamentliche Formgeschichte ist auf verschiedene Weise definiert worden. In dieser Abhandlung werden alle zu unserem Thema gehörenden Arbeiten berücksichtigt, in

lichen Menschen betrachtet, die vor allem die neutestamentliche Christologie, aber auch das neutestamentliche Bild der Apostel beeinflußt hätten
(Apollonios in der religionsgeschichtlich-vergleichenden Forschung). Das
Werden und die Geschichte dieser drei Rollen des Apollonios bzw. der
Apollonios-Tradition sollen im folgenden dargestellt werden. Die Methode dieses Hauptteils[74] ist analytisch und genetisch. Es wird versucht, die
ausgesprochenen und die unausgesprochenen Voraussetzungen der verschiedenen Hypothesen zu erkennen und den kontroversen Stand der Forschung von ihrer Geschichte her zu erklären. In ständiger Berücksichtigung der philologischen Apollonios- bzw. Philostratos-Forschung wird
versucht, die für die weitere Arbeit relevanten Fragen herauszufinden.

Bei einem Forschungsbericht über die Rolle des Apollonios in der
neutestamentlichen Exegese kann zunächst auf die ausgezeichneten altphilologischen Bibliographien zurückgegriffen werden, vor allem *L'année
philologique*. Sie machen es leicht, den Fortschritten der Apollonios- und
Philostratos-Forschung zu folgen. Auf neutestamentlichem Gebiet aber
erhält der Forscher keinen derartigen Überblick. Einige Abhandlungen
enthalten allerdings Forschungsberichte über Gebiete, die in engem Zusammenhang mit Apollonios stehen.[75] Gute Hilfsmittel sind die umfangreichen Bibliographien über Apollonios bei Petzke (1970), Bowie (1978),
H.D. Betz (1983) und Anderson (1986). Da aber die meisten dieser Arbeiten unter philologischem Aspekt geschrieben wurden, bleiben in diesen Literaturverzeichnissen viele theologische Abhandlungen über Apollonios unerwähnt. Das ist umso verständlicher, als Apollonios in zahlreichen Artikeln nur eine, wenn auch wichtige Nebenrolle spielt.

Die erwähnten Schwierigkeiten erleichtern das Auffinden der Literatur
keineswegs. Oft kam jedoch durch Querverweise einschlägige Literatur

---

denen der Anspruch erhoben wird, daß in ihnen die formgeschichtliche Methode benutzt
wird.

[74] Es fällt oft schwer, eine Grenze zwischen den Methoden zu ziehen. Vor allem gilt
dies für die traditionsgeschichtliche und für die formgeschichtliche Methode. Einige Forscher
(z.B. Herzog-Hauser) haben mit Hilfe der Traditionskritik versucht, eine literarische Abhängigkeit zwischen dem Neuen Testament und der VA nachzuweisen. Andere aber haben
auf Grund formgeschichtlicher Untersuchungen die Abhängigkeit abgelehnt (z.B. Schütz). In
dieser Abhandlung werden alle Studien, die die literarische Abhängigkeit behandeln, im
Kapitel über die Traditionskritik (2.1.) behandelt.

[75] In Kapitel 2.1. geht es vor allem um die Darstellungen von Hopfner (1931,161) und
Gärtner (1955,38-41), in Kapitel 2.2. um die Ausführungen von Hahn (1985,427-477) und in
Kapitel 2.3. um die von Morton Smith (1971,188-195), Tiede (1972,241-292), Holladay
(1977,1-48), Suhl (1980,23-31), Gallagher (1982,1-33), Corrington (1986,1-55) und Blackburn 1991,1-10, die jeweils einen Forschungsbericht über die θεῖος ἀνήρ-Hypothese
enthalten und somit auch die Rolle des Apollonios beschreiben. Allerdings sind diese Übersichten deshalb unzureichend, weil Apollonios nur als Nebengestalt behandelt wird.

zutage. Außerdem lernte ich durch die freundliche Hilfe vieler Neutestamentler weitere Untersuchungen kennen. Trotzdem weiß keiner besser als
der Verfasser selbst, daß die Übersicht nicht vollständig sein kann.

Vor allem im Themenbereich 'Apollonios als göttlicher Mensch' ergeben sich viele Berührungspunkte mit sehr schwierigen Problemkreisen
der neutestamentlichen Wissenschaft. Obgleich seine Spuren dann und
wann verschwunden zu sein scheinen, war Apollonios als göttlicher
Mensch dennoch immer von Bedeutung, z.B. für die Frage nach den
Quellen und der Redaktion vieler neutestamentlicher Schriften. Dabei
muß ich um die Geduld des Lesers und um Verständnis dafür bitten, daß
die Übersichten nur Grundzüge der Forschungsgeschichte aufzeigen und
keine vollständige Aufzählung der Sekundärliteratur anstreben.

Im zweiten Hauptteil sollen die wichtigsten Fragen dargestellt und so die
Diskussion ein Stück weitergeführt werden. Der erste Abschnitt (3.1.)
fragt nach Apollonios und der Apollonios-Tradition zurück, der zweite
(3.2.) versucht, einige Fragen zu beantworten, die bei der Erwägung des
Stellenwertes des Apollonios aufgeworfen werden.

Im ersten Kapitel des zweiten Hauptteils (3.1.1.) wird die Frage nach
der Zuverlässigkeit der VA als geschichtlicher Quelle gestellt. Eine Antwort wird mit Blick auf die neueste Philostratos-Forschung (vor allem
Bowie, Dzielska und Anderson) und mit Hilfe mehrerer Aspekte der historisch-kritischen Methode versucht. Kapitel 3.1.2. bietet einen Vergleich zwischen denjenigen Abschnitten des Neuen Testaments und der
VA, die sich im forschungsgeschichtlichen Teil als relevant erwiesen
haben. Auf diese Weise soll die Frage nach der literarischen Abhängigkeit zwischen dem Neuen Testament und der VA beantwortet werden.

Wenn auch ein Beitrag zur religionsgeschichtlich-vergleichenden Forschung geleistet werden soll, kann Apollonios nicht isoliert behandelt
werden. Es muß vor allem gefragt werden, ob es zur Zeit Jesu andere
heidnische Wundertäter gab (3.2.1.). Weil darüber hinaus die menschlichen Wundertäter nur eine Seite des hellenistischen Wunderglaubens
vertreten, muß kurz ein allgemeiner Überblick über diesen Wunderglauben gegeben werden (3.2.2.).

Der zweite Hauptteil dieser Abhandlung, vor allem Kapitel 3.1., fußt
auf meinen philologischen Philostratos-Studien, die kürzlich veröffentlicht wurden.[76] Als Vorarbeit wurde im Jahre 1986 ein Artikel über die
religiösen Tendenzen des Philostratos publiziert.[77]

---

[76] *Der philostrateische Apollonios* (1991).
[77] "Die religiösen Tendenzen des Philostratos in der *Vita Apollonii Tyanensis*."

2. Erster Hauptteil:

Forschungsbericht

2.1. Eine literarische Abhängigkeit zwischen dem Neuen Testament und der VA?

Die moderne Philostratos-Forschung begann mit dem berühmten Begründer der jüngeren Tübinger Schule, FERDINAND CHRISTIAN BAUR, der im Jahre 1832 zu zeigen versuchte, daß Philostratos Apollonios als Gegenbild Jesu darstellen wollte (*Apollonios von Tyana und Christus* etc.). Da Philostratos Synkretist war, sei es verständlich, daß er jede unmittelbare und absichtlich polemische Beziehung zum Christentum vermied.[1] Der philostrateische Apollonios sei "Lehrer, Reformator, Prophet und Wundertäter, durch Leiden erniedrigt und durch Wunder verherrlicht wie Christus"[2]. Die Geburtsgeschichten und die Lehrtätigkeit der beiden Helden seien ähnlich. Philostratos habe auch die christlichen Wundergeschichten nachgeahmt, besonders die Dämonenaustreibungen und die Totenerweckungen.[3] "Die Erzählung der Totenerweckung, die Apollonios in Rom verrichtete" (sc. VA 4,45), "darf man nur lesen, um sogleich in ihr das unverkennbare Nachbild der entsprechenden neutestamentlichen Erzählung Luc 7,11. Mark 5,39 zu sehen."[4] Baur wagt es, die beiden letzten Bücher der VA als Leidensgeschichte des Apollonios anzusehen. Vor allem die Erscheinung des Apollonios in VA 8,12 vor seinen Freunden sei eine Nachbildung der nachösterlichen Erscheinungen Jesu. Demetrios zweifelt dort, ob Apollonios lebendig oder tot war.

---

[1] Baur 1832,123-141.
[2] Baur 1832,142.
[3] Baur 1832,143-150.
[4] Baur 1832,145.

"Da streckte Apollonios die Hand aus und sagte: 'Fasse sie an! Wenn ich dir entschlüpfe, dann bin ich ein Schatten aus dem Reiche der Persephone, wie ihn die Götter der Unterwelt den Mutlosen und Trauernden erscheinen lassen. Wenn ich aber bei deiner Berührung an Ort und Stelle bleibe, so überzeuge auch Damis, daß ich lebe und meinen Leib noch nicht verlassen habe.'"[5] Jetzt konnten die Jünger nicht mehr zweifeln, sondern sie standen auf, hingen sich an ihn und umarmten ihn.

Baur sieht darin Ähnlichkeiten mit dem Neuen Testament: "Wer kann hier umhin, an den zweifelnden Thomas zu denken, dessen Zweifel Jesus dadurch hob, daß er sich an seinen Händen und an seiner Seite von ihm betasten ließ? (Joh 20,24f)"[6]. Ebenso wie das frühe Christentum viel vom Heidentum und Judentum übernommen habe, so daß das christliche Element nirgends rein erhalten bleiben konnte, so habe auch der Pythagoreismus in seiner vollendetsten Form viel vom Christentum übernommen.[7]

Die Abhandlung stammt aus einer Zeit, die für die innere Entwicklung Baurs sehr wichtig war. Seit dem Jahre 1812 stand er nämlich unter Einwirkung der Geschichtstheorie von F.W.J. Schelling: Die Intelligenz sei ein unendliches Bestreben, sich zu organisieren, und entspreche dem Fortgang von Thesis zu Antithesis und von da zur Synthesis. Im Jahre 1831 gab Baur einen Aufsatz heraus über die Situation der Gemeinde in Korinth und die Verhältnisse anderer christlicher Gemeinden untereinander, in dem das frühe Christentum nicht mehr als eine monolithische Einheit dargestellt wurde, sondern als lebendiger Prozeß aus dem Gegeneinander gegensätzlicher Parteien, d.h. von Judenchristen und Heidenchristen. Dahinter steht deutlich die Geschichtstheorie Schellings. Deren Einwirkung erleichterte die Rezeption der Philosophie G.W.F. Hegels, von der Baur eben im Jahre 1832, dem Jahr, in dem er seinen Aufsatz über Apollonios herausgab, erstmals erkennbar macht, daß er sie kennt, und unter deren Einfluß er im Winter 1834-35 deutlich steht. Baur war sich seiner philosophischen Prämissen bewußt und scheute vor ihnen nicht zurück.[8]

Eine unumstrittene Einwirkung der Geschichtstheorie Hegels ist in der Abhandlung über Apollonios zwar noch nicht nachzuweisen, aber es ist deutlich, daß Baur eben zu dieser Zeit eifrig Beispiele sammelte, für die sich die dialektische Geschichtstheorie als richtig erweisen würde. Der Gedanke, der antike Pythagoreismus (Thesis) sei vom Christentum (Anti-

---

[5] Die Übersetzung folgt Mumprecht.
[6] Baur 1832,151.
[7] Baur 1832,235.
[8] Über Baur und seine Philosophie s. Berger 1986,27-48.

thesis) beeinflußt worden und habe so seine vollendete Form (Synthesis) erreicht, ist vor diesem Hintergrund mehr als verständlich.

Obgleich die These von der Abhängigkeit des Philostratos von den Evangelien jahrzehntelang kritisiert wurde, tauchte sie auch nach Baur immer wieder auf.[9] Wir werden in diesem Kapitel darauf zurückkommen. Zuerst aber soll die Diskussion über eine völlig entgegengesetzte Hypothese dargestellt werden, die die VA für einige Jahre in den Brennpunkt der Diskussion von Theologen und Philologen rückte und die darum besondere Aufmerksamkeit verdient. In seinem Werk *Agnostos Theos. Untersuchungen zur Formengeschichte religiöser Rede* (1913)[10] behauptet der berühmte Altphilologe EDUARD NORDEN, daß das Neue Testament, genauer gesagt die Areopagrede des Paulus in Apostelgeschichte 17, von der Apollonios-Tradition abhängig sei.[11]

Die Schilderung vom Aufenthalt des Paulus in Athen sei vom religiösen Stoff her durchaus traditionell hellenistisch-jüdisch. Das einzig Auffallende sei das Wort ἄγνωστος, das in dieser Literatur nicht als Prädikat Gottes vorkomme. Die Herkunft des Begriffes ἄγνωστος θεός erklärt Norden mit Hilfe der VA.[12]

Apollonios trifft in Ägypten einen jungen Mann aus Naukratis, der sich in einer schwierigen Lage befindet, weil seine Schwiegermutter in ihn verliebt ist. Als Apollonios ihn fragt, ob er der Aphrodite opfere, erhält er eine bejahende Antwort, die Apollonios mit Worten lobt, die Apg 17,22-34 ähnlich sind und nach Norden Gegenstand einer heftigen Diskussion wurden:

"Übrigens kann ich Abneigung gegen irgendeine Gottheit, wie sie Hippolytos gegenüber der Aphrodite hegte, nicht für Weisheit halten; denn weiser ist es, von allen Göttern gut zu sagen, zumal in Athen, wo man sogar den unbekannten Göttern Altäre errichtet hat."[13]

Nach Norden muß jeder Leser der VA 6,3 mit Kopfschütteln fragen, "wozu in aller Welt über athenische Frömmigkeit auf dem Nil geredet wurde". Die Worte paßten gar nicht zum Kontext, sondern seien aus einem anderen Zusammenhang entnommen. Sie hätten nur dann Sinn, wenn sie in Athen gesprochen worden wären.[14] Tatsächlich berichtet

---

[9] Eine gute Bibliographie bei Hopfner (1931,161).

[10] In diesem Kapitel wird das Buch von Norden nur bezüglich der Traditionsgeschichte behandelt. Über Norden und die neutestamentliche Formgeschichte s.u. Kapitel 2.2.1.

[11] Norden 1913,1-124.

[12] Norden 1913,1-30.

[13] Die Übersetzung folgt Mumprecht.

[14] Norden 1913,42-43.

Philostratos, daß Apollonios in Athen viel über den Kultus gelehrt habe (VA 4,19), nachdem er von einem Hierophanten zurückgesetzt worden war. Der Gedanke an einen unbekannten Gott sei von Philostratos aus dem Werke περὶ θυσιῶν des Apollonios entnommen. Das einzige erhaltene Fragment dieses Werkes (Euseb. *praep.ev.* 4,13,1) zeige, daß Apollonios dort die bildlose Verehrung des höchsten Gottes im Anschluß an eine Inschrift über ἄγνωστοι θεοί behandelt und so den einen Gott über die vielen gestellt habe.

Laut Norden sind die Darstellungen über Apollonios und Paulus bei Philostratos und Lukas der Form nach traditionelle Reiseberichte aus der Kaiserzeit. VA 6,3 und Apg 17,22-34 haben zwei wichtige gemeinsame Züge: a) Die Altäre von ἄγνωστοι θεοί (ἄγνωστος θεός) werden beide Male als Zeichen der besonderen Frömmigkeit Athens hingestellt. b) Trotz solcher Frömmigkeit sei gerade in dieser Stadt eine Verletzung religiöser Empfindungen vorgekommen (VA: durch ἀμαθία des Hierophanten; Apg: durch ἄγνοια). Die Tätigkeit des Apollonios fällt chronologisch und topographisch mit der des Paulus zusammen. Nach Norden ist es wahrscheinlich, daß der Redaktor der Apostelgeschichte von der Wirksamkeit des Apollonios gehört hatte. Er habe auch die Schrift des Apollonios gekannt und die Gegenüberstellung von einem bedürfnislosen Gott und den vielen Göttern nachträglich in das Werk des Lukas hineingetragen. Wenn Apollonios, als er über ἄγνοια τοῦ θείου sprach, über die Götter im Plural redete, so mußte der Redaktor nur diese Inschrift monotheisieren, so daß aus ἄγνωστος θεός in der Predigt des Paulus der Gott des Christentums wurde.[15]

Norden kennt keine Altarinschrift, in der der Begriff ἄγνωστος θεός im Singular steht, obgleich der Plural bei Philostratos, Pausanias und Tertullian belegt ist.[16] Das sei kein Zufall, weil der Gedanke von einem unerkennbaren Gott, was das Wort den Griechen bedeuten würde, unhellenisch sei und dem Realitätssinn der Griechen nicht entspreche.[17] Durch die "Theokrasie" aber wurde die Mystik ein entscheidender Faktor religiösen Empfindens. Die γνῶσις τοῦ θεοῦ wurde somit zum Losungswort in der Konkurrenz der Religionen.[18] Obgleich Norden die genaue Herkunft des unhellenischen Begriffes ἄγνωστος θεός wegen zu dürftiger Quellen nicht zu bestimmen wagt, verbindet er ihn mit den orientali-

---

[15] Norden 1913,31-56.
[16] Norden 1913,115.
[17] Norden 1913,83-115.
[18] Norden 1913,109.

schen Systemen.[19] Also hat der Redaktor der Apostelgeschichte die Gegenüberstellung zwischen dem einen und den vielen Göttern in der Apollonios-Tradition durch Verwandlung des Numerus der Inschrift als ein
Mittel religiöser Propaganda benutzt.[20]

Mit seinem Buch betrat Norden, wie schon in einem Seminar, das in
lebhafter Diskussion mit den Exegeten der theologischen Fakultät gehalten wurde und in dem er seine These aussprach,[21] theologisches Gebiet.
ADOLF VON HARNACK, der kurz zuvor drei Arbeiten über die Apostelgeschichte herausgegeben und dort die Meinung vertreten hatte, es habe
keinen späteren Redaktor der Apostelgeschichte gegeben,[22] ließ nicht
lange auf eine Antwort warten,[23] sondern verteidigte kräftig seine Meinung. Auch wenn die Apostelgeschichte des Lukas in die Hände eines
Redaktors gefallen wäre, gehörte die Rede des Paulus in Athen nicht der
Arbeit dieses Redaktors an, sondern die Schilderung des Aufenthaltes des
Paulus in Athen und die Areopagrede seien nach von Harnack aus sachli-
chen und sprachlichen Gründen dem ursprünglichen Werk zuzurechnen.
Der jüdisch-stoische religiöse Stoff in der Rede liefere hier keine Ent-
scheidungsmöglichkeit, da ihn sich bereits Lukas, der Hellene und helle-
nisch gebildete Schriftsteller, zu eigen machen konnte. Weil die Rede
zum ursprünglichen Werk gehöre, müsse die Hypothese Nordens schärfster Prüfung standhalten können, wenn sie trotz solcher Gründe annehm-
bar erscheinen wolle.[24]

Von Harnack findet es keineswegs auffallend, daß als Wanderprediger
reisende Missionare aus dem Osten nach Athen kommen, die Menge der
berühmten Tempel beachten, die Bevölkerung unwissend finden und in
ihrer Missionspredigt auf irgendeine Weise an den religiösen Zustand der
Stadt anknüpfen. Apollonios und Paulus hätten beide einen bedürfnislosen Gott verkündigt. Daher komme es, daß die überraschende Überein-
stimmung allein und ausschließlich darin liege, daß jener mit seiner Rede
an einen Altar unbekannter Götter, dieser an einen Altar eines unbekannten Gottes als Zeichen besonderer Frömmigkeit anknüpfte. Es könne sein,
daß philosophisch-religiöse Reden in Athen oft in Anknüpfung an einen

---

[19] Norden 1913,109-115. Erst Colpe bemerkte, daß Norden die Überlieferung der
"orientalischen Systeme" hauptsächlich aus jüdischen und christlichen Texten gesammelt hat,
s. Colpe 1961,26-30.

[20] Norden 1913,115-124.

[21] Norden 1913,V-VI.

[22] *Lukas der Arzt, der Verfasser des dritten Evangeliums und der Apostelgeschichte*,
1906; *Die Apostelgeschichte*, 1908; *Neue Untersuchungen zur Apostelgeschichte*, 1911.

[23] "Ist die Rede des Paulus in Athen ein ursprünglicher Bestandteil der Apostelgeschichte?", 1913.

[24] Von Harnack 1913,1-5.

Altar unbekannter Götter gehalten worden seien. Es sei jedoch nicht überliefert, daß Apollonios in Athen über einen unbekannten Gott geredet habe. Vielmehr habe Norden die Evidenz dafür aus drei Stellen (VA 6,3; VA 4,18; περὶ θυσιῶν) sammeln müssen.

Nach Norden passen die Worte des Apollonios nicht zum Kontext, aber von Harnack sieht keinen Grund, warum sich der Hierophant in den biederen Naukratiter und Athen in Äthiopien verwandelt haben sollten. Hippolytos passe gut zum Kontext, da er das große, allen bekannte Beispiel für den Mangel an Ehrerbietung gegenüber Aphrodite war. "Ganz natürlich vielmehr kommt Athen hier hinein; denn Hippolyt gehört hierhin"[25].

Somit gäbe es keine Veranlassung, eine literarische Abhängigkeit zu vermuten. Immerhin kann sich von Harnack ein Verhältnis zwischen den Texten derart vorstellen, daß Lukas selbst und nicht der angebliche Redaktor das Werk des Apollonios benutzte.[26] Der Skopus von Harnacks scheint also, wie auch der Titel seines Artikels zeigt, die Verteidigung seiner eigenen Grundthese zu sein, es habe keinen nachlukanischen Redaktor der Apostelgeschichte gegeben. Wegen des Werkes von Norden hält er es für nötig, davor zu warnen, mit Hilfe des religionsgeschichtlichen Vergleichs überall zu viele literarische τόποι zu finden. Er zitiert den Spruch "des nüchternen Engländers: 'Make no comparison.'"[27]

Als einer der größten deutschen Philologen fand Norden weithin große Beachtung. Vielen seiner Kollegen erschien deshalb der Artikel des Theologen von Harnack nichts anderes als eine persönliche Reaktion zu sein.

RICHARD REITZENSTEIN arbeitete ebenso wie Norden auf dem Grenzgebiet zwischen Theologie und Philologie. Sein Buch hatte er schon sehr positiv besprochen (1913a).[28] Wie er selbst hervorhebt,[29] lagen wegen früherer Auseinandersetzungen ganz persönliche Gründe vor, sich gegen von Harnack zu äußern. Sogleich trat er energisch für Norden ein (1913b).[30] Im Artikel von Harnacks sah er einen Angriff auf die Philologen, aus seiner Feder keineswegs den ersten. Es ist deutlich, daß Reit-

---

[25] Von Harnack 1913,30-42.
[26] Von Harnack 1913,41f.
[27] Von Harnack 1913,46.
[28] "Agnostos theos".
[29] Reitzenstein 1913b,422. Darin hatte Reitzenstein zweifellos recht, weil von Harnack manchmal das Revier der Theologen sehr zugespitzt zu verteidigen pflegte. Vgl. neben den Beispielen von Reitzenstein auch den Streit über das Regenwunder im Quadenland (von Harnack 1894, Geffcken 1899).
[30] "Die Areopagrede des Paulus".

zenstein selbst als Philologe sprechen und seinerseits die philologische Kompetenz des Theologen von Harnack in Frage stellen wollte,[31] was vor allem in seinem Schlußwort deutlich wird.[32]

Auch OTTO WEINREICH, der große Tübinger Philologe, der schon sein Interesse an dem Grenzgebiet zwischen Theologie und Philologie bewiesen hatte, nahm Stellung für Norden und auch für Reitzenstein. Letzterer habe freilich zu starke Worte benutzt.

"Entschuldbar ist das immerhin, denn es handelte sich dabei für ihn um die prinzipielle Wahrung des Rechtes, auf den Grenzgebieten zwischen Theologie und Philologie mitzuarbeiten ... Daß sich da der Philologe das Recht wahren will, mitzusprechen und sogar mitzuentscheiden, ist natürlich und ist seine Pflicht."[33]

Weinreich ist der festen Überzeugung, daß das Werk des Apollonios die Quelle für die Rede des Paulus war.[34] Wichtig aber erscheint, daß Weinreich hinsichtlich des Kultes der unbekannten Götter nicht ganz mit Norden übereinstimmt. Laut Weinreich genügten früher die Weihungen für "alle Götter". Erst nach neuen Entwicklungen der Begriffe γνῶσις und ἄγνωσις θεοῦ sei die polytheistische Fassung dieses Gottesbegriffes ergänzend zu jenen allgemeinen Weihungen, die die Gesamtheit aller nur möglichen Götter umfassen sollen, hinzugekommen. Die ἄγνωστοι θεοί der Altäre seien aber nicht so sehr 'unerkennbare' Götter als vielmehr 'unbekannte Götter'. Die Weihungen an unerkennbare Götter stammten erst aus dem 1. und 2. Jahrhundert nach Christus.[35] Aber daß Norden im großen und ganzen Recht habe, ist nach Weinreich jedem Philologen einsichtig.[36]

Ein junger Philologe aus Berlin - damals erst 25 Jahre alt! -, der nicht stillschweigend zuschauen konnte, wenn ein Theologe den großen Berliner Professor der klassischen Philologie angriff, war der später so berühmte WERNER JAEGER. Weil Norden nicht selbst auf den Angriff antwortete, kann vorsichtig vermutet werden, daß die Hand zu Esau, die Stimme jedoch teilweise zu Jakob gehört. Laut Jaeger stelle von Harnack seine eigene Meinung über den Charakter der Apostelgeschichte zu pro-

---

[31] S. besonders Reitzenstein 1913b,416.

[32] "Ich glaube, daß sein Versuch gescheitert ist und scheitern mußte, da der rein philologische Beweis, den er zugrunde legte, Beherrschung der philologischen Methode und Versenkung in die Sprache vermissen ließ. Das hat leider der Streit über die Areopagrede des Paulus mit besonderer Deutlichkeit erwiesen" (Reitzenstein 1913b,422).

[33] Weinreich 1913,2949-50.

[34] Weinreich 1913,2951-57.

[35] Weinreich 1913,2956-60.

[36] Weinreich 1913,2949f.

blemlos gegen die Hypothese Nordens.[37] Was den Kontext der Worte des Apollonios in der VA anbetrifft, teilt Jaeger nicht die Meinung von Harnacks, Athen passe gut zum Zusammenhang, weil Hippolytos erwähnt werde. Die Altäre hätten in Athen ja erst viel später gestanden und hätten nichts mit Hippolytos zu tun. Dazu komme, daß die Tragödie Hippolytos des Euripides sich in Troizen und nicht in Athen abspielte, weil Hippolytos zu den Mysterien nach Attika und nicht nach Athen reiste. Auch Philostratos spreche nicht über "den Athener Hippolytos". Eher stehe Hippolytos im Gegensatz zur Erwähnung der Altäre. Nach Jaeger müsse "der Philologe ... mit aller für dieses Forschungsgebiet nur möglichen Wahrscheinlichkeit" die Berufung auf Altäre unbekannter Götter bei Apollonios auf seine Rede in Athen zurückführen.[38] Jaeger sieht es für notwendig an, die Bedeutung der Philologie in der Diskussion hervorzuheben.[39] Diese Einstellung dürfte hinter seiner überraschenden Sicherheit stehen.[40]

Bereits nach dem Jahre 1913 war der Höhepunkt der Diskussion vorbei. Bald gehörte auch die Spannung zwischen Theologen und Philologen der Vergangenheit an, denn einige große Theologen verteidigten Norden und einige große Philologen von Harnack. TH. BIRT versuchte zu zeigen, daß der Text des Philostratos verdorben sei (1914), was HANS LIETZMANN seinerseits bestritt und für Norden eintrat (1918). Bedeutend war, daß der Philologe EDUARD MEYER, der an den Diskussionen teilnahm, die Norden zum Schreiben seines Buches veranlaßten und dem er in seiner Vorrede herzlich dankt, nunmehr öffentlich eine andere Meinung vertrat und zweimal gegen Norden auftrat:[41] der Text sei völlig korrekt überliefert und bilde eine literarische Einheit. Philostratos habe hier den jungen Naukratiter viel frömmer als Hippolytos schildern wollen. In Athen verehrten die Menschen sogar unbekannte Götter, und trotzdem hatte Hippolytos Aphrodite bewußt verletzt; der Ägypter aber versuche, über alle Götter Gutes zu reden. Daß Philostratos dieselbe Inschrift wie Lukas erwähne, sei reiner Zufall. Der berühmte, aber manchmal spitz formulierende Philologe WILHELM SCHMID benutzte äußerst harte Worte, als er die Hypothese Nordens zurückwies.[42] Auch ALFRED WIKENHAU-

---

[37] Jaeger 1913,601-605.

[38] Jaeger 1913,606-609.

[39] Jaeger 1913,609-610.

[40] Im selben Jahr versuchte TH. PLÜSS, den Gedanken von einem ἄγνωστος θεός im Gegensatz zu Norden nicht als spät, sondern als althellenisch nachzuweisen. Ein Jahr später (1914) verteidigte er nochmals seine Meinung.

[41] Meyer 1917,399f; 1923,97.

[42] Schmid scheut sich nicht davor, von "Nordens willkürlicher Interpretation" zu reden

SER (1921)[43] und LUDWIG DEUBNER (1921-1922)[44] lehnten sie ab. Nachdem schließlich auch RUDOLF BULTMANN (1930) ihre Meinung teilte, fand die Hypothese Nordens nur noch wenig Zustimmung.

Nach BULTMANN bleibe es zweifelhaft, ob es im griechischen Altertum wirklich Altäre gab, die "einem unbekannten Gott" oder "unbekannten Göttern" geweiht waren. Gab es sie, so nur in dem Sinne, daß man nicht wußte, welcher Gott bzw. welche Götter jeweils zuständig wären und Verehrung forderten. Über die grundsätzliche Unerkennbarkeit des Wesens der betreffenden Gottheit sei damit nichts ausgesagt. Der Begriff "unbekannter Gott" sei weder ein fester, eindeutiger noch überhaupt ein Gottesbegriff, sondern sage lediglich, "daß der unbekannt bezeichnete Gott ein ausländischer oder in seiner Fremdheit unverständlich ist, oder daß es ein mir vielleicht unbekannter Gott ist, um den es sich handelt."[45] Einige Jahre später wiederholte Bultmann seine Meinung im ThWNT (1933). Βωμοὶ ἀγνώστων θεῶν waren offenbar Altäre, von denen man nicht mehr wußte, welchen Göttern sie einst geweiht worden waren. Gott gelte erst bei Plotinos und bei den christlichen Alexandrinern als irrational im strengen Sinne.[46] Somit habe sich Lukas keinen heidnischen Gottesbegriff geliehen.

Später fand die These Nordens nur noch wenig Zustimmung.[47] Es waren die Argumente von von Harnack und Meyer, die entscheidend wurden. Dazu kommt, daß die These, die Apostelgeschichte sei in der heutigen Fassung eine Arbeit eines unbekannten Redaktors, nur selten vertreten wird. ERNST HAENCHEN nimmt die These Nordens in seinem Kommentar nicht mehr ernst.[48] Jaeger, der einmal für sie eintrat, änder-

---

(1918,256). Nach Schmid hatte Norden diese einfache Stelle "nach der Regel σκότισον" (Quint. *inst.* 8,2,18) "erst zum Rätsel und dann zum Fundort für eine sensationelle Hypothese" gemacht (1918,262). In der Argumentation folgt Schmid weitgehend von Harnack, fügt aber auch Neues hinzu. Philostratos kritisiere weniger den Heros Hippolytos als den Dichter, der von der athenischen Frömmigkeit abgefallen sei. Nach Schmid sei es aber auch möglich, daß der wichtigste Satz der VA aus den Arethas-Scholien zur Apollonios-Vita des Philostratos stamme. Möglicherweise habe sich Arethas bei dieser Stelle an die Apostelgeschichte erinnert und seine Reminiszenz in den verlorengegangenen Archetypus der VA-Handschrift in seiner bekannten Art hineingeschrieben (1918,256-262).

[43] Wikenhauser 1921,369-380.

[44] Deubner 1920-21,421-422.

[45] Bultmann 1930,171. - Vgl. auch Diog. Laert. 1,110.

[46] Bultmann 1933,120-122.

[47] Dibelius (1939,40) konnte schon zusammenfassen: "Die etwas künstliche Konstruktion einer literarischen Abhängigkeit bei Norden hat sich im allgemeinen nicht durchgesetzt." Vorsichtige Zustimmung findet Norden aber noch bei Solmsen (1941,151) und Mumprecht (1983,1002). Zusammenfassung und weitere Literatur bei Gärtner 1955,38-41.

[48] Haenchen 1977,500.

te seine Meinung.[49] Auch GERD PETZKE, EWELYN LYALL BOWIE und
MARIA DZIELSKA lehnen sie ab.[50] Heute ist die Diskussion über die
These beendet. Es gibt keine Veranlassung mehr zu glauben, daß Lukas
die Worte des Paulus von der Apollonios-Tradition übernahm.

Während und nach der Diskussion über die Hypothese Nordens wurde
die von Baur gestellte Frage, ob nicht die VA von dem Neuen Testament
abhängig sei, mehrfach aufgegriffen. Reitzenstein lehnte zwar im Jahre
1906 die Vermutung ab, daß Philostratos die Auferstehungsgeschichte der
VA dem Johannesevangelium entnommen habe, hielt es aber immerhin
für möglich, daß Philostratos hier den christlichen Glauben berücksichtige.[51] Auch Weinreich wies eine Abhängigkeit bei VA 4,45 zurück.[52]

JOHANNES HEMPEL, der in *Untersuchungen zur Überlieferung von
Apollonios von Tyana* (1920) die Apollonios-Überlieferungen eingehend
erforschte, sieht eine Ähnlichkeit zwischen VA 8,11-13 und Joh 20. Aber
er stellt auch fest, daß es sich aus stilistischen Gründen nicht um eine
direkte Abhängigkeit handeln kann.[53] Hempel erwägt auch die Möglichkeit einer indirekten Abhängigkeit, aber das Damisbuch, das er hier als
Quelle vermutet, sei spätestens um 150 n. Chr. verfaßt worden. Damals
habe das Johannesevangelium kaum den Einfluß gehabt, wie für eine
derartige Annahme vorauszusetzen sei. Darum lehnt Hempel auch eine
indirekte Abhängigkeit ab. Hier schließt er sich der Meinung an, daß das
Damisbuch wirklich existierte und daß Philostratos es als Quelle benutzte. Da diese Meinung heute seltener vertreten wird,[54] konnte Hempel die
Diskussion über dieses Thema nicht beenden.

Später interessierte die Frage nach der literarischen Abhängigkeit die
Forscher kaum,[55] und zwar nicht deshalb, weil sie von Hempel *ad acta*
gelegt worden wäre; im Gegenteil, die Quellenfrage des Philostratos war
noch offen, und die radikale Lösung von Meyer fand mehr und mehr
Zustimmung.[56] Da Hempel bezüglich der Quellenfrage eine von Meyer
abweichende Auffassung vertrat, wäre es möglich gewesen, die Frage
nach der Abhängigkeit aus einem neuen Blickwinkel zu behandeln, aber

---

[49] Jaeger 1961,111f.
[50] Petzke 1970,199f; Bowie 1978,1676; Dzielska 1986,80.
[51] Reitzenstein 1906,48.
[52] Weinreich 1909,171-174.
[53] Hempel 1920,73-81.
[54] S. u. S. 173ff.
[55] Weinreich wiederholte seine Ablehnung (1926,649).
[56] S. Koskenniemi 1991,23.

die Diskussion über diese Frage ging nur langsam weiter. Es ist schwer, den Grund dafür zu finden. Jedenfalls scheint es, daß immer weniger Theologen die VA selbst lasen. Darum tauchte auch die Frage nach der literarischen Abhängigkeit nur zufälligerweise auf.

Einer der wenigen Artikel über dieses Thema, der vor dem zweiten Weltkrieg verfaßt wurde, war der der Altertumswissenschaftlerin GER-TRUD HERZOG-HAUSER. Sie vertrat in einem Vortrag (1930) die Meinung, Philostratos habe die Evangelien gekannt und versucht, die Geschichten von Jesus zu überbieten. Das werde deutlich bei den Geburtsgeschichten (VA 1,4 und Lk 1,28ff), bei den Dämonenaustreibungen (VA 4,20 und Lk 8,26ff) und bei den Totenerweckungen (VA 4,45 und Lk 8,41ff). Das "Emmaus-Wunder" des Apollonios (VA 8,10) sei der Erzählung des Lukas ähnlich (Lk 24). Auch hier wolle Philostratos mit der biblischen Erzählung konkurrieren. Nach Herzog-Hauser kannten sowohl Philostratos als auch seine Auftraggeberin Julia Domna das Christentum gut, aber die Kaiserin sei zu vorsichtig und vielleicht auch zu hochmütig gewesen, offen gegen das Christentum zu polemisieren. Der wortgewandte Journalist Philostratos habe aber die Aufgabe erhalten zu zeigen, wo das wahre Heil[57] zu finden sei.[58]

Herzog-Hauser rechnet also damit, daß die Kaiserin dem Christentum gegenüber zwar vorsichtig, im letzten aber feindlich gesonnen war. Wenn das nicht stimmt,[59] bleibt ihre Auslegung kaum glaubhaft. Die ältere Literatur über diese Fragestellung wird von ihr nur sehr bruchstückhaft berücksichtigt.[60] Dazu kommt, daß die Texte viel gründlicher miteinander verglichen werden müssen, als sie es tut.[61]

Die Reaktion des Heidentums auf das Christentum in den ersten christlichen Jahrhunderten wurde von dem Patristiker und Philologen PIÈRRE DE LABRIOLLE (1934) untersucht.[62] Er ging davon aus, daß Philostratos die Evangelien kannte. Die Totenerweckung (VA 4,45), die de Labriolle mit Lk 8,40ff verglich, zeige die Vertrautheit des Philostratos mit den christlichen Erzählungen.[63] Darüber hinaus habe der Verfasser, der nach de Labriolle die Damis-Quelle selbst fingierte,[64] am Kaiserhof gelebt, an

---

[57] Herzog-Hauser geht nicht der Frage nach, was das "Heil" bei Philostratos bedeuten könnte.

[58] Herzog-Hauser 1930,194-200.

[59] S. Koskenniemi 1991,76-77.

[60] Vgl. über die Diskussion im 19. Jahrhundert die Sekundärliteratur Herzog-Hausers mit der Bibliographie Hopfners (Hopfner 1931,161).

[61] S. Kapitel 3.1.2.

[62] *La réaction paienne. Étude sur la polémique antichrétienne du Ier au VIe siècle.*

[63] De Labriolle 1934,183-184.

[64] Hier stützt sich de Labriolle (1934,179) auf den Artikel von Meyer (1917).

dem Julia Mammaea, die Mutter des künftigen Kaisers, ein reges Interesse für das Christentum gezeigt habe.[65] Philostratos habe zwar das Christentum nicht direkt erwähnt und wolle diese Religion auch nicht parodieren, aber er habe unter mehreren Quellen auch einige christliche Schriften benutzt.[66]

De Labriolle, mit der Philostratos-Forschung bestens vertraut, kann interessante Beziehungen zwischen den Hofkreisen, die Philostratos gut bekannt sind, und den Christen eindeutig nachweisen. Jedenfalls sollte nicht vergessen werden, daß der Synkretismus jener Zeit auch einen Kontakt zwischen Philostratos und Christen ermöglichte und daß deshalb der Verfasser und der zeitliche Kontext der VA von größerer Bedeutung sind, als man oft meint.[67] De Labriolle, der die Reaktion der Heiden auf das Christentum untersuchte, hat einen ganz anderen Ansatz als zum Beispiel die Vertreter der klassischen Formgeschichte, die die Reaktion des Frühchristentums auf seine heidnische Umwelt erforschten. Von diesem Blickwinkel her sieht er etwas, was nicht vergessen werden darf. Einen eingehenden Textvergleich gibt de Labriolle aber nicht. Darum bietet er in seiner Darstellung nur eine interessante Vermutung. Erst nach einem gründlichen Vergleich der Texte, der im zweiten Hauptteil dieser Untersuchung versucht wird, kann seine Auffassung, die ernst genommen werden muß, aufs Neue erwogen werden.

HANS JOACHIM SCHÜTZ wollte in seiner Dissertation (1953) die mit den neutestamentlichen Wundergeschichten ähnlichen Abschnitte der VA mit Hilfe der formgeschichtlichen Methode untersuchen und Ähnlichkeiten aufgrund literarischer Abhängigkeit der beiden Quellen aus uns verlorenen Geschichten erklären.[68] Seiner Aufgabe konnte er aus mehreren Gründen nur zum Teil nachkommen. Er schrieb seine Abhandlung kurz nach dem Zweiten Weltkrieg in Jena. Während er die ältere Literatur, vor allem aus dem 17., 18. und 19. Jahrhundert, ausführlich berücksichtigte,[69] baute er bezüglich der neueren Literatur hauptsächlich auf den Arbeiten Weinreichs und Bultmanns auf.[70] Seine Dissertation blieb ungedruckt. Nur wenige lasen sie.

---

[65] Euseb. *hist.eccl.* 6,21.
[66] De Labriolle 1934,170-189.
[67] Über Philostratos und die Christen s. Koskenniemi 1991,76-77.
[68] *Beiträge zur Formgeschichte synoptischer Wundererzählungen, dargestellt an der vita Apollonii des Philostratus.*
[69] Es ist zu vermuten, daß hierbei Schütz Einblick nahm in das vor dem zweiten Weltkrieg gesammelte und in der damaligen DDR verbliebene Material für das Projekt *Corpus hellenisticum Novi Testamenti.*
[70] Sogar der PRE-Artikel Solmsens (1941) fehlt in seiner Bibliographie.

Nach Schütz benutzte Philostratos viele mündliche und auch schriftliche Überlieferungen über Apollonios. Er vertraut den Angaben des Philostratos über dessen Quellen und vermutet, Philostratos habe Kultlegenden von mehreren Tempeln gesammelt, sogar Vorlagen für die Verteidigungsrede gehabt und auch die Damis-Quelle, die eine pseudonyme Sammlung volkstümlicher Apollonios-Überlieferungen gewesen sei, wirklich benutzt.[71] Philostratos habe dasselbe allgemein-religiöse Material gesammelt wie die Evangelisten, was in einigen Wundererzählungen deutlich werde. Schütz glaubt, gemeinsame, anonyme hellenistische Grundlagen hinter den Wundererzählungen der VA und denen der Evangelien gefunden zu haben.

Dies ist seiner Meinung nach der Fall bei den Totenerweckungen in Lk 7,11-17 und in VA 4,45.[72] Beide Erzählungen sind nach Schütz typische volkstümliche Wundererzählungen, wobei er sich nicht direkt auf antike Quellen stützt, sondern auf die Topik bei den antiken Wundererzählungen, wie sie in den Werken von Weinreich und Bultmann dargestellt ist. Nach Schütz haben wir "... hier den glücklichen Tatbestand vor uns, daß zwei voneinander unabhängige Überlieferungsreihen eine und dieselbe Wundergeschichte an sich gerissen haben". Wir seien dadurch in der Lage, Umfang und vielleicht auch Ursache der redaktionellen Veränderungen herauszufinden. Philostratos habe mit der "anonymen hellenistischen Novelle" seinen Helden als θεῖος ἀνήρ bezeichnet, Lukas dagegen habe die Messianität Jesu hervorgehoben.

Schütz vermutet eine hellenistische Novelle auch hinter VA 4,20 einerseits und der Heilung des gerasenischen Besessenen (Mk 5,1-20 parr)[73] und des epileptischen Knaben (Mk 9,14-29 parr) andererseits.[74] Ähnlich behandelt er die "Sturmbeschwörungen" (VA 4,13; Mk 4,35-41parr)[75] und die Heiltätigkeit der beiden Helden.[76] Hierbei ist aber deutlich, daß es nicht um literarische Abhängigkeit geht. Deshalb gehören diese Ausführungen nicht in dieses Kapitel hinein.[77]

---

[71] Schütz 1953,9-15.
[72] Schütz 1953,20-26.
[73] Schütz 1953,27-43.
[74] Schütz 1953,36-43.
[75] Schütz 1953,44-48.
[76] Schütz 1953,49-53.
[77] Schütz kann keine antiken Belege und überhaupt nur wenig Evidenz für seine "ursprünglichen" Novellen bieten. Teils fußt er auf Bultmann, teils zieht er eigene kühne Schlüsse. - Zur Existenz einer Novelle hinter VA 4,45 und den entsprechenden evangelischen Wundergeschichten s. u. S. 193ff. Die Ausführungen von Schütz bei VA 4,13 und 4,20 können kaum ernst genommen werden.

Schütz nimmt also eine anonyme hellenistische Novelle hinter einigen neutestamentlichen Erzählungen und der VA an, nennt aber dafür keine vorchristlichen Belege. Hier fußt Schütz klar auf den Werken von Weinreich und Bultmann und setzt voraus, daß sie die Topik der Wundererzählungen[78] zutreffend herausgearbeitet haben. Das Problem, daß die VA erst hundert bis hundertfünfzig Jahre nach den Evangelien geschrieben wurde, behandelt Schütz nicht, was seine Ursache im Ansatz der formgeschichtlichen Methode haben dürfte.

Die deutsche kirchliche Diskussion über die Entmythologisierung spiegelt sich in einem Einzelfall in der Apollonios-Forschung wider, wenn ARNOLD EHRHARDT in einem Artikel (1964) meint,[79] daß die Emmausgeschichte in Lk 24 schon in der Zeit des Philostratos dazu eingeladen habe, "entmythologisiert zu werden". Die Geschichte über die Erscheinung des Apollonios enthalte "die älteste geglückte Entmythologisierung eines Auferstehungs-Berichtes", indem Philostratos die lukanische Geschichte redigiert habe. Die Aufgabe, über Apollonios zu schreiben, habe Philostratos nicht von Julia Domna, sondern von der den Christen gegenüber freundlich gesinnten Julia Mammaea bekommen. Von daher kenne auch Philostratos die Emmausgeschichte des Lukasevangeliums. Er habe die wunderhaften Züge des Berichtes gedämpft, aber alles Wesentliche bewahrt und so die lukanische Geschichte seinen heidnischen Lesern in einer entmythologisierten Form dargeboten.

Sein Vorverständnis, den Gedanken der Entmythologisierung, will Ehrhardt nicht verhüllen; er scheut sich nicht, die Quellen zu verbessern, um seine Auslegung zu stützen. Es ist seine eigene und für die These unnötige Erfindung, daß Julia Mammaea statt Julia Domna die Auftraggeberin des Philostratos gewesen sei (vgl. VA 1,3).[80] Auch einen Textvergleich nimmt Ehrhardt nicht vor - ein solcher hätte seine Auffassung widerlegt, Philostratos habe die Geschichte durch Verminderung des Wunderhaften entmythologisiert. Vor allem aber ist sein Artikel ein Beispiel dafür, daß Apollonios doch in den letzten Jahrzehnten auch außerhalb der wissenschaftlichen Theologie eine Rolle spielte.

Viel bekannter als die oben vorgestellten Abhandlungen ist die Dissertation von GERD PETZKE (*Apollonius von Tyana und das Neue Testament*, 1970), zur Zeit die letzte theologisch orientierte Monographie über Apol-

---

[78] S. u. Kapitel 2.2.

[79] "Emmaus. Romulus und Apollonios." S. auch seinen Artikel "The disciples of Emmaus" (1963-64).

[80] Die Religionspolitik der Severer war vom Toleranzdenken durchzogen. Somit ist es unwesentlich, wer von den Syrerinnen Philostratos beauftragte, s. Koskenniemi 1991,76-77.

lonios, zugleich der erste Band in der Reihe *Studia ad corpus hellenisticum Novi Testamenti*.[81] Petzke, ein Schüler von Herbert Braun, behandelt die gängigen Fragen der Apollonios-Forschung; sein Buch muß in der vorliegenden Abhandlung in allen Unterkapiteln dieses Hauptteiles berücksichtigt werden. Er nimmt auch die Frage nach der literarischen Abhängigkeit zwischen der VA und den Evangelien auf.

Die außergewöhnlichen Umstände bei Geburt und Tod des Apollonios sind nach Petzke keine Besonderheit; sie seien typisch für die Antike und kein Beweis für eine Abhängigkeit, die Petzke entschieden verneint.[82] Die von Herzog-Hauser als das Emmaus-Wunder des Apollonios bezeichnete Erscheinung des Helden in Dikaiarchia (VA 8,10) sei keine Erscheinung nach dem Tod. Darum seien alle Vergleiche dieser Szene mit den Auferstehungsgeschichten in Lk 24,36ff und Joh 20,24ff hinfällig.[83]

Dagegen sei die Erzählung von der Totenerweckung in VA 4,45 eine sehr enge Parallele zu Lk 7,11ff. Zahlreiche Züge sind nach Petzke beiden Erzählungen gemeinsam, "die Begegnung des Wundertäters mit dem Trauerzug (Vers 12); die große Menge, die dem Trauerzug folgt (12); Jesus berührt den Sarg und redet den Toten an (14) - Apollonios berührt das Mädchen und redet es an; beide Auferweckten sprechen als Zeichen des wiedergekehrten Lebens (15)." Es gebe auch Unterschiede: "der Tote wird bei Lukas als der einzige Sohn einer Witwe bezeichnet (12), die Tochter bei Philostratos als Tochter aus hohem Haus kurz vor der Hochzeit - beides sind steigernde Motive." Nach Petzke müsse eine Abhängigkeit nicht sofort vermutet werden, weil sich auch bei Apuleius (*flor.* 19) über den Arzt Asklepiades eine ähnliche Erzählung finde. Petzke glaubt, daß das Motiv der Totenerweckung weit verbreitet war, da ja auch Philostratos selbst auf die Erweckung der Alkestis von Herakles hinweist. Darum gebe es keine Veranlassung anzunehmen, Philostratos habe die Geschichte dem Lukasevangelium entliehen. Nach Petzke habe Philostratos die älteren Apollonios-Traditionen bearbeitet und dabei deutlich die

---

[81] Die enge Beziehung dieser Serie zu dem großen Projekt *Corpus hellenisticum Novi testamenti* kommt nicht nur in ihrem Namen vor, sondern auch darin, daß die Herausgeber (H.D. Betz, G. Delling und W.C. van Unnik) an dem Riesenprojekt ebenfalls mitarbeiten. Die zum Teil auffallend gründliche Behandlung der älteren Sekundärliteratur läßt vermuten, daß Petzke - wie wohl schon vor ihm Schütz (s.o. Anm. 69) - das für das *Corpus hellenisticum* gesammelte Material benutzen konnte.

[82] Petzke 1970,137-139.

[83] Petzke 1970,140f.186. Er zitiert hier Bieler (1935-36), Windisch (1936) und Braun (1957).

Wunderhaftigkeit gemildert, was seiner Tendenz entspreche.[84] Eine lite-rarische Abhängigkeit von Lukas lehnt er eindeutig ab.[85]

Drei Jahre danach kehrt Petzke in der Festschrift für Herbert Braun zum Thema zurück und hält an seiner früheren Beurteilung fest. In bei-den Traditionskreisen seien in einem frühen Stadium die Wunderberichte nicht mit reflektierten theologischen Aussagen verbunden gewesen, son-dern erst durch die Überarbeitung des jeweiligen Redaktors sei ein re-flektierter Bezug zur Lehre des Wundertäters hergestellt worden. Beide Wundergeschichten seien - aus dem Rahmen der Redaktion gelöst - ohne Schwierigkeit austauschbar: nur der Ort und der Name des Wundertäters müßten geändert werden. Darum könne die Frage nach der Historizität für beide Seiten nur in gleicher Weise beantwortet werden.[86]

Petzke will also keineswegs eine literarische Abhängigkeit zwischen den Geburtsgeschichten der Evangelien und denen der VA annehmen. Damit mag er recht haben, aber auf einen eingehenden Vergleich hätte er dennoch nicht verzichten sollen. Bei den Auferstehungsgeschichten glaubt Petzke freilich, daß sie nicht miteinander verglichen werden kön-nen, weil die Erzählung der VA keine Erscheinung nach dem Tode sei.[87] Petzke läßt leider wegen einer modernen Beschreibung der antiken Wirklichkeit, nämlich wegen der Gattung 'Erscheinung nach dem Tode', den Vergleich ausfallen. Dazu kommt, daß Philostratos es bewußt in der Schwebe läßt, ob es sich um Erscheinungen des Auferstandenen handelt oder nicht.[88] Was die Geschichten über die Totenerweckung betrifft, vermutet Petzke, daß Philostratos die Wundertätigkeit des Apollonios hier wie auch anderswo gemildert habe. Wie aber erklären sich dann die Wunder des Apollonios in der VA, die für die Zeitgenossen anstößig sein konnten, z.B. die Vorhersage der Ermordung Domitians (VA 8,26), über die Cassius Dio erschüttert schreibt (Dio Cass. 67,18)? Nach Petzke sei das Motiv der Totenerweckung weit verbreitet gewesen, aber die These wird von ihm nur unbefriedigend begründet. Zumindest kommen Zweifel auf, daß Petzke hier neben Apul. *flor.* 19 nur Alkestis, die Philostratos selbst erwähnt, nennen kann. Die konkrete geschichtliche Situation in der Abfassungszeit der VA, etwa die Bekanntschaft des Philostratos mit den

---

[84] Petzke 1970,129f.
[85] Petzke 1970,137.
[86] Petzke 1973,371-378.
[87] Zur Frage s. u. S. 199f.
[88] In VA 7,41 hört Damis, daß er Apollonios in Dikaiarchia treffen werde. "Lebend oder wie?", habe Damis nach Philostratos gefragt und habe zur Antwort bekommen: "ὡς μὲν ἐγὼ οἶμαι, ζῶντα, ὡς δὲ σὺ οἴει, ἀναβεβιωκότα".

Christen, berücksichtigt Petzke gar nicht.[89] Darum beantwortet auch er
die Frage nach der literarischen Abhängigkeit zwischen der VA und den
Evangelien nur mangelhaft. Im zweiten Hauptteil werden wir darauf zurückkommen.[90]

In einem kurzen Artikel versucht G.M. LEE (1973) das Markusevangelium dadurch zu datieren, daß er zeigen will, schon der historische
Apollonios habe es gekannt. Apollonios antwortet (VA 4,18) dem Hierophanten, der ihn nicht in die Mysterien einweihen wollte, mutig: "Das
Schlimmste, dessen ich beschuldigt werden kann, hast du noch nicht erwähnt, nämlich daß ich über die Weihen besser Bescheid weiß als
du."[91] Hier sieht Lee eine Anspielung auf die Erzählung von der Taufe
Jesu. Apollonios habe vielleicht die Geschichte aus dem Markusevangelium schon gekannt, und Philostratos habe dies historisch zuverlässig wiedergegeben. Zwar sei Philostratos "nach dem Oxford Classical Dictionary" (!) sehr unzuverlässig, "but he is not usually regarded as a complete
liar. His main source was Damis of Niniveh, a companion of Apollonios". Da Philostratos den Aufenthalt des Apollonios in Athen auf die
Zeit Neros datiere, zeige die Anspielung auf das Markusevangelium, daß
jenes schon damals geschrieben gewesen sei.[92] Sekundärliteratur neben
dem *Oxford Classical Dictionary* zitiert Lee nicht.

Lee rechnet also damit, daß Philostratos hier nicht nur auf Damis aufbaut und geschichtlich zuverlässig ist, sondern daß er sogar *ipsissima
verba Apollonii* wiedergibt. Daß Philostratos die Damis-Quelle wirklich
benutzte und daß Damis tatsächlich der Apollonios-Schüler war, ist für
Lee selbstverständlich. Aber auch wenn dies zuträfe, wäre die literarische
Abhängigkeit zwischen den Erzählungen zweifelhaft. So leicht ist es weder, das Markusevangelium zu datieren, noch die Apollonios-Überlieferungen zu benutzen.

Seit Anfang der 70er Jahre wurde die literarische Abhängigkeit des Philostratos von den Evangelien manchmal vermutet,[93] manchmal abgelehnt.[94] Die bislang neuesten Ausführungen zum Thema lieferten GRA-

---

[89] Dieser Mangel hat deutlich mit der generellen Schwierigkeit des Buches von Petzke
zu tun, daß er - von der formgeschichtlichen Methode dazu angeleitet - allzuwenig historisch
arbeitet, s.u. S. 81f.

[90] S. Kapitel 3.1.2.

[91] Übers. Mumprecht.

[92] Lee 1973,115f.

[93] So Sabourin im Anschluß an de Labriolle 1972,288f; Kee 1983,287-289.

[94] Nach Morton Smith (1981 (1978),10) hat bereits Petzke (1970) die Frage endgültig
beantwortet. Wie wir sahen, bot Petzke aber weder viel Neues noch behandelte er die Frage

HAM ANDERSON in seiner gründlichen Philostratos-Monographie (1986) und HERMAN HENDRICKX in seinem Buch *The miracle stories of the synoptic Gospels* (1987).

ANDERSON widmet der Frage literarischer Abhängigkeit nur einige Sätze. Er behauptet, Philostratos sei nicht von den christlichen Quellen abhängig, obgleich die kanonischen und noch mehr die apokryphen Evangelien vieles enthielten, was auch die Sophisten interessierte. Oft gehe es um volkstümliche und kultivierte Fassungen von Ereignissen gleichen Typs. Solche Analogien gäbe es auch in der pythagoreischen Tradition, was zeige, daß die christliche Hagiographie neben der heidnischen existierte.[95]

Anderson geht also nicht im Detail auf die Frage nach der Abhängigkeit ein. Daß die Sophisten Geschichten liebten, die auch im frühen Christentum erzählt wurden, könnte auch als Argument für literarische Abhängigkeit angeführt werden. Was Anderson über mehrere Analogien sagt, wäre leichter zu glauben, wenn er es besser mit antiken Quellen dokumentiert hätte. Anderson ist sich aber bereits auf Grund früherer Forschungen[96] seiner Sache sicher. Wir haben jedoch oben gesehen, daß die Texte noch nie eingehend genug miteinander verglichen worden sind.

Auch HENDRICKX behandelt die Frage nach der literarischen Abhängigkeit nur kurz und auch nur im Blick auf die Totenerweckungen, wobei die Ähnlichkeiten "rather thematic than literary" seien. Die Tradition von einer "Totenerweckung unterwegs" sei vor, in und nach der Zeit der lukanischen Tradition belegt (Hendrickx nennt nur die philostrateische Geschichte und weist auf Asklepios hin). Wegen der gemeinsamen Gattung könnte nach Hendrickx die Entstehung der lukanischen Wundergeschichte aus der hellenistischen Umwelt hergeleitet werden. Theologie, Sprache und die Abhängigkeit von I Kön 17 zeige jedoch, daß die Ähnlichkeit der Gattung nicht einen solchen Schluß zulasse.[97]

Bei Hendrickx wird somit nur **eine** Richtung der Abhängigkeit (von der hellenistischen zur christlichen) erwogen und zurückgewiesen, und auch da ist die Argumentation in vieler Hinsicht mangelhaft. Zum einen setzt er voraus, daß es tatsächlich eine Gattung "Totenerweckung unterwegs" gab, zum anderen, daß sie zeitlich nicht nur nach der lukanischen Redaktion (Philostratos), sondern auch vor und in ihrer Zeit belegt sei.

---

ausführlich genug.

[95] Anderson 1986,144; 151.

[96] Bezüglich der literarischen Abhängigkeit und der nichtchristlichen Analogien zitiert er Hopfner (1931), Petzke (1970) und Réardon (1970); von den antiken Quellen erwähnt er nur kurz Lukian *Alex.* 24 und *Peregr.* 40 (Anderson 1986,151).

[97] Hendrickx 1987,214-216.

Diese Behauptung wird nur oberflächlich begründet; offenkundig beruht die traditionsgeschichtliche Beurteilung auf dem Motivarsenal des formgeschichtlichen Studiums. Da aber auch dies teilweise fraglich wird,[98] konnte Hendrickx die Unabhängigkeit des Philostratos von den Evangelien nicht aufzeigen.

Die Frage nach der literarischen Abhängigkeit zwischen der Apollonios-Tradition und dem Neuen Testament ist also auf dreierlei Weise beantwortet worden: 1) Das Neue Testament, genauer gesagt Apg 17, ist von der Apollonios-Tradition abhängig. 2) Die VA ist von den Evangelien abhängig. 3) Die VA und das Neue Testament sind voneinander unabhängig.

Von diesen drei Antworten gehört die erste eindeutig der Vergangenheit an. Zum einen waren die βωμοὶ ἀγνώστων θεῶν nicht den unerkennbaren Göttern geweiht, sondern sie waren Altäre, von denen man nicht mehr wußte, welchen Göttern sie einst geweiht worden waren (vgl. Diog. Laert. 1,110). Zum anderen fußte sie wenigstens damals auf der Annahme, daß die Apostelgeschichte des Lukas von einem späteren unbekannten Redaktor bearbeitet wurde. Zum dritten setzt sie voraus, daß der Abschnitt über die unbekannten Götter in Athen in VA 6,3 keine logische Einheit bildet. Schließlich muß die Evidenz, daß hinter Apg 17 die Predigt des Apollonios in Athen über unbekannte Götter stehe, aus drei Textstellen zusammengesucht werden. Das alles macht die erste Antwort unglaubhaft.

Dagegen ist immer noch nicht deutlich geworden, ob die zweite oder die dritte Antwort die richtige ist. Der Versuch Lees, das Markusevangelium mit Hilfe der Apollonios-Tradition zu datieren, führt freilich in die Irre. Auch bei der Dämonenaustreibung (VA 4,20) gibt es keinen Grund, eine literarische Abhängigkeit anzunehmen. Dagegen gibt es Stellen, bei denen die Antwort noch unsicher ist. Es geht um die Geburtsgeschichten (VA 1,4-6; Mt 1,18-25; Lk 1,28-2,20), um die Totenerweckungen (VA 4,45; Mk 5,22-24. 35-43 parr. und Lk 7,11-17) und um die Auferstehungsgeschichten (VA 8,12; Lk 24,36-49 und Joh 20,24-29). Da bisher kein eingehender Vergleich zwischen diesen Texten durchgeführt wurde, wird er im zweiten Hauptteil versucht (3.1.2.).

---

[98] S. folgendes Kapitel 2.2.

2.2. Die formgeschichtliche Untersuchung der Evangelien und die VA

2.2.1. Die religionsgeschichtliche Arbeit

Das rege formgeschichtliche Interesse in der neutestamentlichen Exegese, das von der Untersuchung des Alten Testaments übernommen wurde, gründete sich zum Teil auf die Arbeit mehrerer berühmter Altphilologen, von denen hier RICHARD REITZENSTEIN[99], OTTO WEINREICH und EDUARD NORDEN genannt werden müssen.

Die Untersuchung *Antike Heilungswunder* von WEINREICH (1909) hatte als wichtige Materialsammlung für die spätere formgeschichtliche Arbeit der Neutestamentler große Bedeutung. Ohne Vollständigkeit erreichen zu wollen, sammelte er antike Heilungswunder.[100] Die spätere Forschung konnte seine Arbeit nur wenig ergänzen. Weinreich untersucht die Heilungen, die durch Handauflegung,[101] durch Traum[102] und durch Statuen[103] geschehen sein sollen. Die Verwendung der Apollonios-Tradition für die neutestamentliche Exegese beruht bei Weinreich im dritten Bereich (Statuen)[104] auf zu späten Quellen und hat im zweiten (Traum) im Vergleich mit dem übrigen reichen Befund eine zu schmale Quellenbasis, um überzeugend zu sein.[105] Die größte Bedeutung gewinnt die Apollo-

---

[99] Reitzenstein hat, so viel ich sehen kann, keinen direkten Kontakt mit der Vorgeschichte der Formenkritik. Immerhin beschäftigte er sich unmittelbar vor Entstehung der neutestamentlichen Formgeschichte viel mit der VA (1906, 1910) und sprach die Hoffnung aus, daß die Einwirkung der heidnischen Literatur auf die christliche von einem fähigen Theologen untersucht werde ("Ich beneide den Theologen, der einmal mit voller Kenntnis beider Literaturen das ganze Gebiet dieser Erzählungen durchwandern wird; er wird nicht nur eine Fülle falscher Auslegungsversuche mühelos beseitigen, sondern sich und uns erst ganz zur Anschauung bringen, wie stark das Christentum und wie stark wir selbst vom Hellenismus beinflußt sind. Möge er bald kommen!" 1906,150). Was Dibelius und Bultmann einige Jahre später getan haben, scheint wie eine Erfüllung dieser Hoffnung gewesen zu sein (s.u. S. 40ff). Über die Bedeutung Reitzensteins für die θεῖος ἀνήρ-Hypothese und für die Diskussion über Aretalogie s.u. S. 64ff und 103f.

[100] Weinreich 1909,V.

[101] Weinreich 1909,1-75.

[102] Weinreich 1909,76-136.

[103] Weinreich 1909,137-170.

[104] Weinreich 1909,162-165.

[105] Weinreich 1909,112.126f.

nios-Tradition im ersten Bereich (Handauflegung), aber auch bei den Totenerweckungen, die Weinreich in einem Exkurs zusammenstellt.[106]

Die Vorstellung von der Heilung durch θεοῦ χείρ kann Weinreich aus der Antike reichlich belegen. Er widmet einen Abschnitt den menschlichen Wundertätern, die durch Handauflegung geheilt haben, und sieht, daß eine der Götterhand entsprechende Heilkraft bei Menschen selten genannt wird und daß "die wenigen, aber recht bezeichnenden Fälle" in den "üppigen Legendenkranz der Philosophenbioi" führen.[107] Neben einigen Völkern, denen Heilkraft zugeschrieben wurde,[108] erwähnt Weinreich nur vier Menschen, von denen nicht weniger als zwei in der VA beschrieben werden. Dem "Brahmanen Jarbas" (= Jarchas) werden mehrere Wunder zugeschrieben, und Apollonios vollbringt eine "Totenerweckung"[109] durch Handauflegung. Darüber hinaus wird nur von der wunderwirkenden Hand des Pythagoras (Porph. *vita Pyth.* 23; Iambl. *vita Pyth.* 63,60) und des Jamblichos (Eun., *vit. soph.* 459) erzählt.[110] Somit nimmt die VA in Weinreichs Werk über die Wundererzählungen eine zentrale Stellung ein.

Die Geschichte von der Totenerweckung in VA 4,45 gibt Weinreich Anlaß, ein Motiv "Wunder bei der Begegnung unterwegs" zu gestalten. Er weist eine literarische Abhängigkeit des Philostratos von den Evangelien zurück und führt antike Totenerweckungsgeschichten an. Von der Zeit vor Jesus zitiert er nur Herakleides Pontikos bei Diogenes Laertios (8,67) und Aristophanes (Frösche 170-177), von denen er mit Recht die letztgenannte Stelle nicht für einen Beleg für Totenerweckung zu halten wagt. Von der Zeit vor und nach Jesus zitiert er eine Geschichte über den Arzt Asklepiades, die Plinius (*nat.* 7,124), Apuleius (*flor.* 19) und Aulus Cornelius Celsus (2,6) erzählen, die aber keine Totenerweckungsgeschichte, sondern eine Erzählung von der hervorragenden Fähigkeit eines Arztes ist. Dazu kommen noch der Roman des Jamblichos (S.223 Hercher) und die Erweckung eines Scheintoten bei Artemidor (4,82).

Von größerer Bedeutung für die neutestamentliche Exegese als das angebliche Motiv ist der geringe Befund an antiken Totenerweckungsgeschichten bei Weinreich. Sieht man von der über Empedokles ab, ist VA 4,45 die einzige Geschichte, in der es nicht unbedingt um einen Scheintoten geht, obgleich das auch hier möglich ist. Ebenso wichtig ist die zeitliche Einordnung der Geschichten, weil die von Herakleides Pontikos

---

[106] Weinreich 1909,171-174.
[107] Weinreich 1909,45.
[108] Weinreich 1909,47f.
[109] Anführungszeichen bei Weinreich (1909,46).
[110] Weinreich 1909,45-48.

die einzige vorchristliche ist. Könnte die Geschichte der VA ins 1. Jahrhundert datiert werden, so wäre sie die einzige heidnische Darstellung einer Totenerweckung in zeitlicher Nähe zu Jesus. VA nimmt also hier wie schon oben deutlich eine Sonderstellung ein.

In der Vorrede seines Buches zeigt Weinreich den Zweck seiner Sammlung auf. Obgleich er erst einige Jahre später ausdrücklich seinen Glauben an eine Evolution der Religion deutlich ausspricht,[111] sind die Ansätze teilweise schon jetzt spürbar;[112] aber noch beherrscht sein Denken die Idee von der Gesetzmäßigkeit menschlichen Denkens. Weinreich zitiert als Motto seines Vorworts das Wort von Björnstjerne Björnson: "Ich bin der Ansicht, daß die Mirakel einer ebenso großen Gesetzmäßigkeit unterliegen wie alle andern Dinge, ob wir gleich das Gesetz nicht schauen." Weinreich aber sieht diese Gesetzmäßigkeit des Wunders nicht rationalistisch außerhalb des Menschen, sondern idealistisch innerhalb von ihm: "Die 'Gesetzmäßigkeit der Mirakel' liegt nicht in den Erscheinungen außerhalb, sondern im menschlichen Denken und seinen Formen - so möchte ich mir jenes Wort Björnsons, das ich oben anführte, deuten."[113] So wird in der Vorgeschichte des formgeschichtlichen Studiums nicht nur nach den Formen der antiken Heilungsberichte gesucht, sondern auch nach denen des menschlichen Denkens. Daher wird verständlich, daß Weinreich die Datierung der Apollonios-Tradition kaum beachtet.

Das Buch EDUARD NORDENs *Agnostos Theos. Untersuchungen zur Formengeschichte religiöser Rede* (1913), bedeutete einen wichtigen Schritt auf dem Wege zur neutestamentlichen Formgeschichte. Er sieht hinter der Areopagrede des Paulus ein Schema religiöser Missionspredigt,[114] aber hier seien die Ähnlichkeiten zwischen der Apollonios-Tradition und dem Neuen Testament seiner Meinung nach so auffällig, daß sie nicht mit formgeschichtlicher Ähnlichkeit, sondern mit literarischer Abhängigkeit erklärt werden müßten. Da Norden somit von der Formenkritik in den Bereich der Traditionskritik eintritt, behandelten wir ihn ausführli-

---

[111] S. u. S. 68f.

[112] So kann Weinreich (1909,Vf) folgendes über die Handauflegung sagen: "Wo geschichtliche Zusammenhänge ein Volk mit dem andern verbinden und von einer Zeit zur andern hinüberführen, da mögen diese Vorstellungen großenteils überkommen sein. Doch möchte ich dies Weitergeben und Vererben nicht zu hoch einschätzen: sicherlich entstehen gerade in diesem Gebiet gleiche Formungen des Glaubens auch spontan, auf Grund gemeinsam gegebener Voraussetzungen menschlichen Denkens, aus dunklen Empfindungen heraus oder wirklichen (wenngleich unbegreiflichen) inneren Erlebnissen."

[113] Weinreich 1909,VIII.

[114] Norden 1913,3-30.

cher im vorigen Abschnitt.[115] Auf die Aktualität der Apollonios-Tradition in der unmittelbaren Vorgeschichte der neutestamentlichen Formenkritik muß aber auch hier hingewiesen werden.[116]

2.2.2. Martin Dibelius, Rudolf Bultmann und Karl Ludwig Schmidt

Das erste methodische Handbuch für die formgeschichtliche Untersuchung des Neuen Testaments war *Die Formgeschichte des Evangeliums* von MARTIN DIBELIUS (1919). Er unterscheidet zwischen "Klein-Literatur" und "großer Literatur". Für die erstgenannte sei typisch, daß bei ihr die Person des Verfassers in den Hintergrund trete und der Volksüberlieferung Raum gegeben werde, in der sich viele Namenlose durch Weitergabe des Überlieferten, durch Veränderungen oder durch Vermehrungen schaffend betätigt hätten. Es gebe noch keinen Meister, der die Formen zerbrechen könne. Darum vollziehe sich die Entwicklung in gleichmäßigem Zeitmaß und sei bestimmten Gesetzen unterworfen. Das literarische Verständnis der synoptischen Evangelien beginne "mit der Erkenntnis, daß sie Sammelgut enthalten. Die Verfasser sind nur zum geringsten Teil Schriftsteller, in der Hauptsache Sammler, Tradenten, Redaktoren."[117]

Für unser Thema ist wichtig, was Dibelius über die Geschichte des urchristlichen Erzählguts sagt.[118] Neben einer Erzählart, der jeder Ausdruck individueller Empfindung fern liegt ("Paradigma"), habe es auch eine andere Erzählweise gegeben, von Dibelius "Novelle" genannt, die farbig und nicht ohne Kunst Geschichten aus dem Leben Jesu zu erzählen wußte. Diesen Geschichten sei Breite, Topik und Technik, die eine gewisse Lust zu fabulieren verrate, gemeinsam. Sie seien "ihren Geschwistern 'weltlicher' Herkunft" ähnlich und handelten von Jesus dem Thaumaturgen. Daß die "weltlichen" Geschichten eine derartige Einwirkung auf die christlichen Novellen haben konnten, verrate, daß die Christen schon damals in der Welt heimisch wurden.

Dibelius sieht bei der Entstehung der Novellen drei Möglichkeiten. Man konnte die in der Predigt überlieferten schlichten Paradigmen erweitern durch das, was man noch wußte oder in Erfahrung bringen konnte. Man konnte sie aber auch verändern und variieren durch unbewußte Entlehnungen aus nichtchristlichen Geschichten, aus alttestamentlichen Er-

---

[115] S. o. S. 20ff.
[116] Über die Bedeutung Nordens für die Formenkritik s. Zimmermann 1982,128; Hahn 1985,434-435.
[117] Dibelius 1919,1f.
[118] Dibelius 1919,36-56.

zählungen, griechischen Novellen, Mythen und Märchen. So wurde das Bild Jesu immer mehr mit den typischen Zügen des Wundertäters ausgeschmückt. Der dritte Weg bestand darin, daß man ganz fremde Geschichten oder Stoffe entlehnte und auf Jesus übertrug.[119] Die Novellen seien in Konkurrenz zu heidnischen Wundertätern geschaffen worden. Allerdings habe die synoptische Tradition einige in der späteren christlichen Literatur vorkommende wunderhafte Züge noch fast völlig abgelehnt.

Dibelius nimmt also an, daß die griechischen Wundergeschichten die christlichen stark beeinflußt haben, aber er hält es nicht für notwendig, seine Sicht der Entstehung der christlichen Novelle mit Hilfe der außerchristlichen Quellen lückenlos zu begründen. Er begnügt sich vielmehr mit einigen wenigen Hinweisen auf antike Quellen. Dabei ist die VA deutlich der meistzitierte Text[120] und liefert vor allem bei Heilungs- und Totenerweckungsgeschichten das Muster der "weltlichen Novelle". VA wird fünfmal zitiert, während die übrigen außerchristlichen und außerjüdischen Quellen insgesamt nur zehnmal erwähnt werden. Es ist aber eindeutig, daß Dibelius nicht danach strebt, eine vollständige Topik der Novelle zu liefern. Er weist deshalb nur auf einige antike Texte hin. Es geht ihm um "grundsätzliche Überlegungen", nicht, wie später Bultmann, um eine Einzelanalyse neutestamentlicher Texte.[121] Die wichtigste Sekundärliteratur ist für ihn das Werk Weinreichs (1909), dessen Summarien er im Kapitel über die "Novelle" viermal zitiert. Das Verdienst von Dibelius wird wohl nicht geschmälert, wenn man feststellt, daß in seinen Ausführungen über Wundertäter auch die Ansichten von Reitzenstein (1906, 1910) und Wetter (1916) Eingang gefunden haben. Jedenfalls muß man annehmen, daß er die θεῖος ἀνήρ-Hypothese schon kannte.[122]

So bekommt Apollonios schon in der ersten Auflage der *Formgeschichte* bei der Skizzierung der Novelle eine Schlüsselposition zugewiesen. In der zweiten Auflage, in der Dibelius einige Vorwürfe seiner Kritiker abzuwehren versucht, gewinnt Apollonios noch mehr an Bedeutung. Es sei nämlich nicht sachgemäß, den Vergleich zwischen Jesus und Asklepios bzw. Sarapis zurückzuweisen mit dem Argument, daß Asklepios und Sarapis Götter seien, Jesus aber Gott in Menschengestalt, "denn dieselbe Welt, die den Asklepios ob seiner Taten feiert, traut ähnliche Taten auch dem Apollonios von Tyana, dem Alexander von Abonuteichos, vielen Magiern und Thaumaturgen zu"[123].

---

[119] Dibelius 1919,54f.
[120] Dibelius zitiert VA 3,38. 4,20 (*bis*). 4,45 (*bis*).
[121] So zutreffend Hahn 1985,448.
[122] S. Kapitel 2.3.1.1.
[123] Dibelius 1933,93f.

Dibelius nimmt an, daß vor und in der Zeit Jesu viele Wundergeschichten erzählt wurden, auch über menschliche Wundertäter. Bei dieser
Hypothese erhält Apollonios eine entscheidende Bedeutung. Er spricht
zwar von "vielen Magiern und Thaumaturgen", aber er erwähnt nur Apollonios und Alexander von Abonuteichos. Was Apollonios betrifft, übt Dibelius keine Quellenkritik. Er datiert die Geschichten der VA ohne weiteres in das 1. christliche Jahrhundert und parallelisiert sie mit der Welt der
Wundergeschichten der Evangelien. Auf die historische Frage geht er
überhaupt nicht ein. Er verzeichnet auch keine weiteren heidnischen
Wundergeschichten aus der Zeit Jesu. Seiner Skizzierung der Entstehung
der christlichen Novellen Glauben zu schenken fiele leichter, wenn er
einige der angeblich vielen Magier und Thaumaturgen namentlich genannt hätte.

Für die Rolle der Apollonios-Tradition in der späteren Forschung war die
Veröffentlichung der *Geschichte der synoptischen Tradition* von RUDOLF
BULTMANN (1. Aufl. 1921) noch wichtiger als das Buch von Dibelius.[124] Bultmann wollte die Geschichte der Einzelstücke der Tradition
darstellen, "von der Entstehung dieser Tradition wie von ihrer Abhandlung bis zu der Fixierung". Er selbst sagt, er unterscheide sich von Dibelius, indem er unter anderem die Geschichte der Einzelstücke vollständi-
ger verfolge und indem er "das eine Hauptproblem des Urchristentums,
das Verhältnis des palästinensischen und des hellenistischen Urchristentums", konsequenter berücksichtige.[125] Vom Ansatz her hatte Bultmann
großes Interesse an den hellenistischen Parallelen, was vor allem bei den
Wundergeschichten zutage tritt.

Bultmanns Buch fußt stark auf der Arbeit von Weinreich. Allerdings
zeigt er sich, wie schon in seiner Dissertation über die kynisch-stoische
Diatribe, hervorragend mit den heidnischen Autoren der römischen Kaiserzeit vertraut. Seine Beiträge zur Phänomenologie und Topik der antiken Wundergeschichten halfen während vieler Jahrzehnte Forschern, sich
einen Überblick über den Wunderglauben der Antike zu verschaffen. Die
Grundlage der religionsgeschichtlichen Herausforderung für die neutestamentliche Forschung bilden einerseits Bultmanns Beitrag zum Stil der
Wundergeschichten,[126] andererseits sein Verzeichnis der volkstümlichen
Wundergeschichten, die denjenigen der Evangelien ähnlich sind.[127]

---

[124] Über die Bedeutung Bultmanns für die Formgeschichte s. Zimmermann 1982,130;
Hahn 1985,446-449.
[125] Bultmann 1921,3.
[126] Bultmann 1921,136-138.
[127] Bultmann 1921,142-146.

Im ersten Verzeichnis ("der Stil der Wundergeschichten") führt Bultmann insgesamt rund 50 Belege aus der griechisch-römischen Literatur an. Davon ist die VA mit 11 Belegen nach Lukians *Philopseudes* (18 Belege) deutlich das meistzitierte Werk.[128] Darüber hinaus werden Inschriften 17mal zitiert.

Einige typische Züge der Wundergeschichten, nämlich "die Plötzlichkeit des Wunders" (8 Belege[129]), "vergebliche Versuche der Ärzte" (6 Belege), "das wunderwirkende Wort" (5 Belege) und "παράδοξον des Wunders" (2 Belege), werden aus der heidnischen Literatur recht gut belegt. Aber bei den übrigen Zügen ist es anders. Vor allem fällt auf, daß die Anzahl der neutestamentlichen Belege im Vergleich zu den heidnischen nicht weniger als doppelt so groß ist, daß sie somit die Topik der Erzählungen entscheidend gestalten. Ebenso wichtig ist es zu sehen, daß nur wenige literarische Belege, im Grunde genommen nur ein einziger (Diod. 1,25), bei Bultmann vorchristlich sind.

Die VA ist also neben *Philopseudes* (um 168)[130] das meistzitierte Werk im ersten Verzeichnis Bultmanns. Aber an welchen Stellen fügte Bultmann das Werk des Philostratos in seine Argumentation ein?

Werden die Textstellen aus der VA aus dem Verzeichnis gestrichen, bleiben folgende angeblich typischen Züge der Wundergeschichten ganz und gar ohne griechisch-römische Belege: "die Angabe des Alters der Kranken", "der Heiland begegnet (bei der Totenerweckung) dem Leichenzug"[131], "der Dämon bittet um Gnade", "der Dämon richtet irgendeine Störung an".[132] Man merkt sofort, daß die Züge, die überhaupt Bedeutung haben, mit den Totenerweckungen und vor allem mit den Exorzismen im Zusammenhang stehen. Diese Beobachtung muß später beachtet werden.

Beim Vergleich der heidnischen Wundergeschichten, die nach Bultmann den neutestamentlichen ähnlich sind, gewinnt die VA eine noch größere Bedeutung als im Verzeichnis der typischen Züge der Erzählungen. Darin zitiert Bultmann rund 50 Texte, von denen 17 Inschriften

---

[128] Die übrigen fünf literarischen Belege stammen aus Diodoros (1,25), Tacitus (*hist.* 4,81), Apuleius (*flor.* 19), Ailianos (*nat.anim.* 9,33) und Diogenes Laertios (8,67).

[129] Bultmann verweist neben einzelnen Quellen meist pauschal auf Weinreich (1909).

[130] Wegenast 1975,775.

[131] Bultmann zitiert zwar Apul. *flor.* 19 und IG 4,952,27ff; dabei handelt es sich aber bei Apuleius nicht um einen Leichenzug, und bei der Inschrift geht es nicht um eine Totenerweck-kung.

[132] Jos. *ant. Iud.* 8,2,5 (= 8,46-48) ist der Erzählung aus VA 4,20 so ähnlich, daß eine direkte oder indirekte literarische Abhängigkeit des Philostratos von Josephos nicht ausgeschlossen werden kann.

sind. Von den literarischen Texten wird VA am meisten zitiert (6 Belege), während Lukians *Philopseudes* 4mal, Cassius Dio 3mal, Tacitus, Apuleius und Aristeides je 2mal zitiert werden.[133] Vorchristlich sind von den literarischen Belegen nur Hdt. 3,42 und Theokr. 22,1,17-22.

Sieht man die Themen des Verzeichnisses heidnischer Wundergeschichten durch, ergeben sich folgende Beobachtungen: Einige Themen kann Bultmann in heidnischen Texten mühelos belegen, z.B. die Rettung aus Seenot (13 Belege). Die Situation sieht bei anderen Themen allerdings ganz anders aus. Von den sechs Totenerweckungen, die Bultmann zitiert, ist keine vorchristlich belegt:[134] Drei Stellen geben eine und dieselbe Geschichte von der Erweckung eines Toten oder eines Scheintoten wieder (Plin. *nat.* 7,124; 26,15; Apul. *flor.* 19).[135] *Philops.* 26 bei Lukian ist nur eine kurze Erwähnung. Der "ausführlichen Geschichte" (so Bultmann) des Philostratos kommt deshalb eine besondere Bedeutung zu.

Noch auffallender ist die Lage bei den Dämonenaustreibungen. Bultmann kennt insgesamt vier, von denen zwei aus der VA stammen (3,38. 4,20). Bei den zwei anderen Belegen, beide aus Lukians *Philopseudes*, handelt die eine Stelle nicht von einem Dämon, der in einem Menschen wohnt (*Philops.* 31). Die letzte Erzählung spricht von einem Exorzisten, der auffallenderweise kein Römer oder Grieche, sondern ein Syrer ist. Geht es also um Heiden, das heißt um Menschen in der griechisch-römischen Umwelt des Christentums, sind die Exorzismen der VA die einzigen, die Bultmann zitiert.

Bultmann zieht klare und weitreichende Schlüsse aus dem vorhandenen Material. Zwar müsse für gewisse Wundergeschichten ein palästinischer Ursprung angenommen werden,[136] in der überwiegenden Zahl dürfte aber ein hellenistischer Ursprung der Wundergeschichten wahrscheinlicher sein. Der Unterschied zwischen Q und Mk sei charakteristisch. Q gründe sich auf die palästinische Tradition und enthalte nur wenige Wundergeschichten.[137] Dagegen habe bei Markus, vor allem in

---

[133] Die übrigen zitierten Texte sind *Anth.Pal.* 9,143.144; Calpurnius, *bucol.* 4,97; Dion Chr. 3,30; Diog. Laert. 8,6; Hdt. 3,42; Iambl., *vita Pyth.* 135; Lukian, *Alex.* 24; Orig. *c. Cels.* 1,68; Plin. *nat.* 7,124; Plut. *Caes.* 38 (726c); Pomponius Mela 3,87; Porphyr. *vita Pyth.* 29; Suet. *Aug.*7; Theokr. 22,1,17-22; BGU 2,423,6ff; P.Berol. 1,120; ein Fluchtafel vom 3. Jh. n. Chr. (*Rheinisches Museum* 55,261).

[134] Allerdings gibt Diogenes Laertios als seine Quelle Herakleides Pontikos an, s. u. S. 196.

[135] Bultmann kennt nicht die kurze Erwähnung des Aulus Cornelius Celsus über diese Geschichte des Asklepiades (2,6) (s. S. 210f).

[136] Bultmann 1921,146.

[137] Bultmann übergeht die Frage, welche Rolle die Wundergeschichten in einer Sammlung haben könnten, die überwiegend aus Reden bestand.

seinen Wundergeschichten, der Hellenismus bereits einen wesentlichen Beitrag zum Jesusbild geliefert; erst recht sei natürlich bei den Wundergeschichten, die Matthäus und Lukas über Q und Markus hinaus aufweisen, ein hellenistischer Ursprung anzunehmen.[138] Nach Bultmann wurde früher das Alte Testament als Quelle der Wundergeschichten der Evangelien zu hoch eingeschätzt; davon dürfe aber nicht mehr ausgegangen werden, da die Ähnlichkeiten nur gering seien. Bultmann verlangt also ziemlich viel, bevor er eine Genealogie gutheißen kann.

Wenn er die VA als Vergleichsmaterial für die neutestamentlichen Wundergeschichten heranzieht, übt er weder Quellenkritik am Werk des Philostratos, noch zeigt er Interesse an der Datierung des Werkes oder der Apollonios-Tradition, obgleich es von großer Bedeutung ist, ob ihre Wundergeschichten aus dem 1. oder erst aus dem 3. Jahrhundert stammen. Die entscheidende Frage lautet, warum Bultmann die geschichtliche und kritische Fragestellung vernachlässigt. Meines Erachtens gibt es darauf zwei Antworten:

1) Als Bultmann sein Buch schrieb (1921), galt die VA noch als eine gute Quelle für Apollonios. Natürlich übten viele Forscher im 19. Jahrhundert scharfe Quellenkritik, aber erst Meyer konnte (1917) zwingend den problematischen Charakter der VA als Quelle für den historischen Apollonios nachweisen. Es folgte eine rege Diskussion, die vor dem Jahre 1921 keineswegs beendet war. Die Natur der VA war zur Zeit der jungen Formgeschichte noch unklar, und diese Tatsache hinterließ ihre Spuren auch in allen späteren Auflagen von Bultmanns Werk.

2) Es war kein Zufall, daß Bultmann die VA nicht kritisch behandelte. Was die heidnischen Wundergeschichten betrifft, vermied er bewußt die geschichtliche Fragestellung und gab offen zu, daß das von ihm angeführte Material nie oder nur in den seltensten Fällen als Quelle für bestimmte synoptische Wundergeschichten gelte. Es illustriere die Atmosphäre, zeige Motive und Formen und helfe so, das Eindringen von Wundergeschichten in die evangelische Tradition zu verstehen.[139] Bultmann rechnet hier eigentlich nicht mit einer Genealogie, sondern eher mit einer Analogie; insofern könnten seiner Meinung nach auch amerikanische und buddhistische Wundergeschichten auf gleicher Ebene berücksichtigt werden. Hiermit formuliert Bultmann sehr deutlich seinen Ausgangspunkt.

Wegen der klaren Fragestellung treten jedoch auch die Probleme eindeutig hervor.

---

[138] Bultmann 1921,147.
[139] Bultmann 1921,146.

Zum einen arbeitet Bultmann beim Vergleich mit dem AT genealogisch: Könne die Entstehung einer bestimmten Wundergeschichte durch einen alttestamentlichen Text nicht bewiesen werden, stehe der alttestamentliche Glaube nicht hinter der Wundergeschichte. Hier folgt also aus einer Analogie keine Genealogie. Mit den heidnischen Wundergeschichten verfährt er jedoch ganz anders. Auch wenn die Entstehung einer Wundergeschichte aus den heidnischen Wundergeschichten nicht anzunehmen sei, "illustrieren diese Geschichten die Atmosphäre". Warum aber dienen die alttestamentlichen Wundergeschichten nicht dazu, die "Atmosphäre zu illustrieren", auch wenn eine Ableitung nicht beweisbar ist? Bultmann weiß *a priori*, daß die intertestamentlichen und jüdischen Wundergeschichten aus der gleichen Welt wie die heidnischen stammen und nicht etwa eine Weiterentwicklung des alttestamentlichen Wunderglaubens darstellen. Darum soll jede jüdische (mit Ausnahme der alttestamentlichen) Wundergeschichte, die einer neutestamentlichen ähnlich ist, als Beleg für die Hellenisierung des jüdischen Glaubens und nicht als Zeichen des alttestamentlich-jüdischen Glaubens dienen. Auf diese Weise versucht Bultmann, die Hellenisierung des frühen Christentums und seine Entfremdung vom ursprünglichen israelitischen Glauben nachzuweisen.

Zum anderen führt das Fehlen der historischen Fragestellung zu Schwierigkeiten. Bultmann kann einen "antiken" Wunderglauben unzweifelhaft nachweisen. Allerdings dauerte die Antike weit mehr als tausend Jahre. Das Apolloniosbild der VA datiert Bultmann nicht. Ist dies aber erwiesenermaßen ein Produkt aus der Zeit des Philostratos, so fehlen bei ihm vor allem bei den Totenerweckungen und Exorzismen griechisch-römische Belege aus der Zeit Jesu völlig. Wenn die Belege ausschließlich aus dem 2. und 3. Jahrhundert stammen, vielleicht sogar von den christlichen Geschichten abhängig sind,[140] wie können sie dann die Atmosphäre des 1. vorchristlichen und 1. christlichen Jahrhunderts im hellenistischen[141] Heidentum illustrieren? Eine unausgesprochene Selbstverständlichkeit bei Bultmann ist, daß Geschichten von Wundertätern bereits zur Zeit Jesu im Heidentum überall erzählt wurden; dafür ist Philostratos mit seinen Geschichten über Apollonios ein unersetzbarer Zeuge. Es ist natürlich möglich, daß es auch andere heidnische Wundergeschichten in zeitlicher Nähe zu Jesus gab, aber da Bult-

---

[140] S. u. Kapitel 3.1.2.

[141] In dieser Abhandlung wird das problematische Wort 'hellenistisch' im Gegensatz zu 'semitisch' gebraucht. Somit umfaßt es sowohl die 'hellenistische' wie auch die 'kaiserzeitliche' Periode der griechischen Kultur. Wenn dagegen von der "hellenistischen Periode" gesprochen wird, weist das Wort auf ein Zeitalter, das mit dem Tode Alexanders des Großen anfing und mit der Schlacht bei Aktion endete.

mann sie nicht nennt, bleibt diese Frage offen. Er baut stillschweigend auf eine hypothetische Rekonstruktion mangelhaft überlieferter Quellen auf.

Ein Drittes wird selten ausgesprochen. Es überrascht, in welchem Maß Bultmanns Argumentation zu einem Zirkelschluß führt.[142] In der Analyse des Stils der Wundergeschichten zitiert er das Neue Testament doppelt so oft wie die heidnischen Texte, was bedeutet, daß die Ausarbeitung der Topik entscheidend auf den neutestamentlichen Texten ruht, die dann mit Hilfe eben dieser Topik ausgelegt werden sollen. Allein mit Hilfe der heidnischen Literatur hätte Bultmann seinen Beitrag zum Stil der Wundergeschichten nie leisten können. Die Hellenisierung des Christentums wird also teils mit christlichen, teils mit jüdischen, und nur zum kleinen Teil mit griechisch-römischen Wundergeschichten bewiesen.

Der dritte wichtige Bahnbrecher für die formgeschichtliche Arbeit war KARL LUDWIG SCHMIDT, der durch mehrere Abhandlungen zur Entwicklung dieser Methode beitrug. Für unser Thema ist sein Artikel in der Festschrift Gunkels (1923) von Bedeutung,[143] in dem er nachzuweisen versucht, daß die Evangelien, wie Dibelius behauptete, tatsächlich der Kleinliteratur zuzurechnen seien. Es lohne sich nicht, sie mit der antiken Literatur zu vergleichen, weil sie ihrer Natur nach ganz anders seien. Darum sei eine "Paläontologie der Evangelien", d.h. eine Erforschung ihrer Vorstufen, dringend nötig, und dabei solle nicht nur die antike Volksüberlieferung, sondern auch die aller Zeiten mit dem Evangelienstoff verglichen werden.[144]

"Denn diese Art von biographischer Überlieferung, auf die wir geführt worden sind, folgt denselben Überlieferungsgesetzen in allen Zeiten, in allen Sprachen, in allen Kulturen, Rassen und Bekenntnissen. Sie ist ihrem Wesen nach **zeitlos** und **ortlos** und nicht in erster Linie durch die Sache bedingt, die sich eine besondere literarische Form geschaffen hätte."[145]

---

[142] Bultmann ist sich später (1931,5) des vorhandenen Zirkelschlusses bewußt, aber er sieht ihn nicht bei dem "einen Hauptproblem der Geschichte des Urchristentums", d.h. bei der Frage nach dem Verhältnis vom palästinischen zum hellenistischen Christentum, sondern nur generell in der formgeschichtlichen Forschung: "Aus den Formen der literarischen Überlieferung soll auf die Motive des Gemeinschaftslebens zurückgeschlossen werden, und aus dem Gemeinschaftsleben heraus sollen die Formen verständlich gemacht werden", s. Blank 1981,89.137.180.

[143] "Die Stellung der Evangelien in der allgemeinen Literaturgeschichte", zitiert nach dem Neudruck bei Hahn 1985,126-228.

[144] Schmidt 1985 (1923),215-228.

[145] Schmidt 1985 (1923),167.

In diesem Vergleich findet auch die VA ihren Platz.[146] Schmidt weist den Vergleich zwischen der VA und den Evangelien zurück, nicht aber den zwischen den Quellen der Werke, weil die Vorstufen der VA seiner Ansicht nach denen der Evangelien entsprechen. Schmidt, der die Philostratos-Forschung gut kennt, hält den Vergleich nur in dem Falle für möglich, daß die Auffassung Meyers über das Damisbuch zurückgewiesen wird, weil "sonst ein 'gemachter' Roman ... der gewachsenen Überlieferung gegenüber" stünde. Selbst der "sich zunächst anbietende Vergleich mit dem Lukas-Evangelium müßte in sich zusammenschrumpfen, da eine schwindelhafte Mache ... etwas anderes ... wie eine ehrliche Arbeit" sei. Schmidt lehnt aber im Anschluß an Hempel (1920) die Auffassung Meyers eindeutig ab, obgleich er denkt, daß Philostratos "sehr stark" an der Prägung des von ihm mitgeteilten Stoffes beteiligt war. Trotzdem führe die nicht recht faßbare Einzelgeschichten-Überlieferung, die hinter Philostratos und seinen Quellen liege, uns ebenso wie bei den Evangelien auf einen volkstümlichen, unliterarischen Erzählungstypos.

Der Artikel von Schmidt bietet Ansätze für die notwendige Reflexion, die oben manchmal erwünscht war. Einige Einwände müssen aber erhoben werden.

Bei dem Vergleich zwischen der VA und den Evangelien bleibt bei ihm eine leichte Inkonsequenz nicht aus. Einerseits weist er selbst den Vergleich zwischen den fertigen Evangelien und der antiken Literatur zurück, andererseits aber sagt er, erst die Auffassung Meyers, die er selbst zurückweist, mache dies bei der VA unmöglich. Beide Alternativen müssen hier erwogen werden.

Wichtig und gut begründet ist seine Beobachtung, daß sich die fertigen Evangelien tatsächlich nur schwer mit einem Werk mit fingierten Quellen vergleichen lassen. Besonders von der redaktionsgeschichtlichen Fragestellung her würde dies große Schwierigkeiten bieten. Aber zu dieser Art von literaturgeschichtlicher Erforschung der Evangelien, für den Vergleich zwischen den fertigen Werken und den fertigen Evangelien, ermuntert Schmidt auch sonst in seinem Artikel überhaupt nicht.

Wenn aber Schmidt den Stoff der Evangelien und den der VA vergleicht und dabei die Ablehnung der These Meyers voraussetzt, nimmt er eine für seine eigene Auffassung ganz unnötige Einschränkung vor. Wenn nämlich Meyer Recht behält, fingierte Philostratos die Geschichte von Damis, nicht aber notwendig den Stoff, der in diesem Fall ein Florilegium aus der griechischen Literatur darstellt. Das bedeutet, daß ein Traditionsprozeß, der spezifisch mit Apollonios verbunden ist, fraglich

---

[146] Schmidt 1985 (1923),163-166.

wird, nicht aber, daß die einzelnen Geschichten von Philostratos frei erfunden wurden. Das Alter des Materials wird problematisch, aber das spielte für Schmidt sowieso keine Rolle.

Mit der Datierung des Stoffes verbindet sich eine weitere Schwierigkeit. Wenn die geistesgeschichtlichen Entwicklungslinien innerhalb der Kultur keine Bedeutung haben und wenn sich der Volksglaube ebensogut in der antiken wie in der modernen Kultur nachweisen läßt, so ist der Stoff der Evangelien überall in der Welt heimisch, wohl auch in den frühesten Formen des Christentums. Von einer "Verweltlichung" der Christen[147] kann man aber dann nur so reden, daß man glaubt, mit Jesus sei etwas Überweltliches in die Welt gekommen. So kann paradoxerweise in der strengen Sachkritik Schmidts gegen das Lukasevangelium[148] sein implizites Glaubensbekenntnis erkannt werden.

Die VA spielte in den Arbeiten von Dibelius, Bultmann und Schmidt eine maßgebliche Rolle. Ohne sie wären die Kapitel über die christlichen Wundergeschichten bei den beiden zuerst genannten ganz anders geschrieben worden. Mit gutem Grund kann deshalb behauptet werden, die Apollonios-Tradition spiele immer mit, wenn die grundlegenden Arbeiten von Dibelius und Bultmann in der formgeschichtlichen Untersuchung benutzt werden. Es ist spannend zu sehen, wie ihre Arbeit aufgenommen und weiterentwickelt wurde.

2.2.3. Die spätere Forschung

Nach Veröffentlichung des Artikels von Schmidt erregte die VA in der formgeschichtlichen Untersuchung überrraschend wenig Interesse, was um so erstaunlicher ist, als Bultmann und Dibelius ihre Handbücher in mehreren Auflagen herausgaben. Apollonios nahm in ihrer Argumentation eine wichtige Rolle ein, aber diese wurde, soweit ich sehen kann, in der Kritik an der formgeschichtlichen Methode nie eingehend überprüft.[149] Am nächsten kommt die Kritik, die mit katholischem *imprimatur* versehen wurde und in der die Werke der deutschen Formgeschichtler nicht mit rein wissenschaftlichem Maßstab gemessen wurden.[150]

---

[147] Schmidt 1985 (1923),224.
[148] Schmidt 1985 (1923),225.
[149] Z.B. Fascher 1924; Koehler 1927; Manson 1943.
[150] "As the flowering of a century and a half of German rationalist criticism, it may perhaps be hoped that the blossom, being inbred, will be sterile, and that in the new Germany

LAURENCE J. MCGINLEY versuchte, die zitierten griechisch-römischen Belege zu analysieren und zu datieren. Er stellte als Resultat fest, daß nur wenige heidnische Exorzismen und Totenerweckungen zitiert worden seien.[151] Allerdings bemerkte er nicht, daß diese hauptsächlich aus der VA stammen und somit chronologisch problematisch sind.

Im Zuge weiterer philologischer Philostratos-Forschung wurde der geschichtliche Wert der VA immer geringer eingeschätzt.[152] Wenn die Exegeten schwiegen (abgesehen von neuen Auflagen der oben behandelten Bücher), so kam dies wahrscheinlich daher, daß die VA und vor allem die Sekundärliteratur der Philologen ungelesen blieb. Die stark anwachsende wissenschaftliche Literatur hatte zur Folge, daß nur noch wenige Gelehrte die ganze Altertumswissenschaft einschließlich der neutestamentlichen Exegese beherrschten. Das Zeitalter der Spezialisten war schon gekommen. Was Apollonios und die VA betrifft, so meldete sich die neutestamentliche Exegese[153] durch die formgeschichtlichen Dissertationen von DIETMAR ESSER (1969) und GERD PETZKE (1970) wieder zu Wort.

ESSER[154] versucht, mit Hilfe formgeschichtlicher Untersuchung der VA die Gattung der Evangelien zu bestimmen. Dabei will er zuerst die literarische Form der VA definieren. Bei dieser Arbeit liefert die Topik Ludwig Bielers den Grundstein: Apollonios werde von seiner Geburt an bis zu seinem Tod und den Erscheinungen nach seinem Tode als θεῖος ἀνήρ dargestellt.[155] Alles diene der Haupttendenz, das neupythagoreische Ideal zu verkünden, mit der der Verfasser den Bestrebungen seiner Auftraggeberin Julia Domna zu entsprechen versuche. Darum sei die VA, die Philostratos mit Zügen eines Romans, z.B. mit zoologischen, teratologischen und paradoxographischen Schilderungen und Exkursen versah, eine romanhafte Biographie eines "göttlichen Menschen".[156]

---

the line will be more clearly drawn between the exegesis which is truly Christian, and that which is fundamentally pagan", McGinley 1944,154. S. aber auch die Kritik von Blank (1981,31-37; 137-141; 181), der sieht, daß die Formgeschichtler von jungen Texten ausgehen (*Analyse und Kritik der formgeschichtlichen Arbeiten von Martin Dibelius und Rudolf Bultmann*).

[151] *Form-criticism of the synoptic healing narratives. A study in the theories of Martin Dibelius and Rudolf Bultmann*, s. bes. McGinley 1944,119-143.150-154.

[152] Mesk 1919; Solmsen 1941.

[153] Über Schütz 1953 s. o. S. 29ff.

[154] *Formgeschichtliche Studien zur hellenistischen und zur frühchristlichen Literatur unter besonderer Berücksichtigung der vita Apollonii des Philostrat und der Evangelien* (1969).

[155] Esser 1969,91-94.

[156] Esser 1969,94-98.

Wenn Esser die VA mit den Evangelien vergleicht, will er wenigstens bei Matthäus und Lukas eine deutliche Nähe zu biographischen Formen feststellen, während die Züge der antiken Romanliteratur erst in den Apokryphen spürbar sei. Die VA und die übrige Parallelliteratur würden zeigen, "daß sich die christliche Literatur im Laufe der Zeit mehr und mehr der Formen der profanen und damit auch der gehobenen Literatur bedient hat ..., daß sie sich in Richtung auf die Welt entwickelt hat"[157].

Wenn Esser die Frage nach der literarischen Form der VA aufwirft, geht er kühn auf eine alte *quaestio vexata* der Philostratos-Forschung ein. Seit Jahrzehnten hat man geglaubt, daß das Werk Züge aus mehreren Gattungen, sowohl Züge eines Romans als auch einer Biographie enthalte, aber ihre literarische Form konnte nicht genauer bestimmt werden.[158] Esser nimmt aber die in mehrerlei Hinsicht problematische Topik Bielers[159] kritiklos auf und weicht bei mehreren Einzelfragen von der übrigen Philostratos-Forschung ab,[160] ohne seine Auffassung zu begründen. Darum steht seine interessante These, die eine Auseinandersetzung mit dem Artikel von Schmidt darstellt, auf schwankendem Boden.

Bekannter als die Untersuchung Essers ist die andere deutsche formgeschichtliche Dissertation *Die Traditionen über Apollonius von Tyana und das Neue Testament* von PETZKE (1970). Der Schüler Herbert Brauns stellte sich als Aufgabe, "das religionsgeschichtliche Material der Vita Apollonii des Philostratus für die Neutestamentler zu erschließen"[161]. Petzke will die außerphilostrateischen und die philostrateischen Traditionen über Apollonios analysieren. Dabei vergleicht er im ersten Hauptteil die Resultate mit dem formgeschichtlich ähnlichen Material des Neuen Testaments. Im zweiten Hauptteil folgt der religionsgeschichtliche Vergleich. Das Vorhaben ist also vielversprechend.[162]

---

[157] Esser 1969,169.

[158] Zur Frage s. Koskenniemi 1991,8-9.

[159] S. u. S. 72ff.

[160] Esser sieht das Problem der zeitlichen Differenz zwischen Apollonios und Philostratos, hält es aber für möglich, mit Hilfe der VA und der übrigen Apollonios-Überlieferung die historische Wahrheit über Apollonios zu finden. Er zeigt kein Interesse an einer eingehenden Analyse der außer-philostrateischen Quellen über Apollonios (vgl. 1969,61-65). Trotzdem wagt er Aussagen darüber, was seiner Meinung nach als geschichtlich zuverlässig anzusehen sei (1969,58-61). Dabei hat er auffallend viel Vertrauen zu den Berichten über die Reisen des Apollonios und glaubt, was noch überraschender ist, daß Apollonios tatsächlich mit einigen Kaisern befreundet war (1969,58). Interessant, aber keineswegs sicher, ist seine Auffassung, daß der Sitz im Leben der VA im religiösem Bereich zu suchen sei. Zu diesen Fragen s. u. Kapitel 3.1.1.

[161] Petzke 1970,IX.

[162] Über Petzke und die Traditionsgeschichte s. o. S. 31ff, über Petzke und die θεῖος ἀνήρ-Hypothese s. u. S. 81f.

Petzke sammelt viel Material aus der VA, das formgeschichtlich dem der Evangelien ähnlich ist.[163] So umfassend hatte dies vor ihm niemand getan, und das bleibt sein großes Verdienst, besonders weil er viele interessante formgeschichtliche Parallelen findet und so eine mit (Strack-) Billerbeck vergleichbare Materialsammlung bietet. In seiner Zusammenfassung[164] dieses Abschnittes meint er, daß es nicht möglich sei, eine gültige und vollständige Geschichte der referierten Traditionen zu schreiben. Denn bei den Traditionen über Jesus gebe es mehrere Quellen, bei denen über Apollonios sei die Lage wesentlich schlechter. Petzke aber geht auf die Frage nach dem Traditionsprozeß ein, den Apollonios auslöste.

Ein großer Teil des Spruchstoffes sei aus drei Gründen an den Anfang des Traditionsprozesses zu stellen. Erstens seien die Sprüche von Philostratos schon deutlich redigiert (eingeleitet, kommentiert und mißverstanden), zweitens seien sie von Ironie, Überspitzung und Kürze geprägt, und drittens könne nicht ausgeschlossen werden, daß sie auf einen Pythagoreer zurückzuführen seien.[165]

Die Einzelerzählungen könnten nicht mit derselben Sicherheit der ersten Traditionsstufe zugerechnet werden. Philostratos habe für seine Wundergeschichten und Personallegenden Vorlagen gehabt; der Verfasser selbst habe sich nämlich zu Wundergeschichten gelegentlich rationalistisch geäußert. Die Personallegenden zeigten eine bereits fortgeschrittene Tradition der Apollonios-Verehrung, die sich im Spruchgut nicht nachweisen lasse.[166]

Von der Reise nach Indien habe Philostratos wahrscheinlich einen Reisebericht gehabt, da die Verbindung zwischen den Stoffteilen lose ist und Philostratos größere Zusammenhänge benutzen konnte. Petzke vermutet hier eine "φασίν-Quelle", über deren Existenz er selbst jedoch keineswegs sicher ist. Ausführliche Beschreibungen, die Dialoge und Reden auf den Reisen weist Petzke dem Verfasser zu, auf Vorlagen aber gingen der Aufenthalt des Apollonios in Babylon und die Reise nach Rom zurück.[167]

Auf Grund der formgeschichtlichen Untersuchung der VA schenkt Petzke dem Philostratos Glauben, wenn dieser in der Einleitung über seine Quellen spricht. Er habe wirklich Briefe, Lokaltraditionen und längere Reisetraditionen benutzt, aber ob eine davon oder alle zusammen

---

[163] Petzke 1970,50-147.
[164] Petzke 1970,147-153.
[165] Petzke 1970,147f.
[166] Petzke 1970,148.
[167] Petzke 1970,148.

mit den Damis-Papieren zu identifizieren seien, wagt Petzke nicht zu entscheiden. Philostratos habe zweifellos seine Quellen kräftig bearbeitet, und es sei unmöglich, sie zu datieren. Nach Petzke haben jedenfalls sowohl Apollonios als auch Jesus einen Traditionsprozeß ausgelöst, der in manchen Punkten ähnlich verlief. Am Anfang standen in beiden Fällen Einzeltraditionen (Sprüche und Erzählungen), die Schüler sammelten. Diese Traditionen wurden zunächst redigiert und in einen zeitlichen und örtlichen Zusammenhang gebracht. Philostratos und die Evangelisten schlossen diesen Traditionsprozeß ab, indem sie (allerdings unter verschiedenen Gesichtspunkten) eine Gesamtdarstellung des Apollonios bzw. Jesu gestalteten. Als Philostratos die Traditionen zusammenstellte, habe er keine zusammenhängende Chronologie beabsichtigt, was beweise, daß er wirklich verschiedene Quellen benutzte. So wie beim Leben Jesu seien auch beim Leben des Apollonios chronologische Schwierigkeiten vorhanden.

Das Problem der zeitlichen Distanz zwischen Apollonios und Philostratos wird von Petzke gesehen, in der Schlußbetrachtung behauptet er aber:

"Diese große zeitliche Differenz zwischen Apollonius und der VA konnte einmal dadurch überbrückt werden, daß die außerphilostrateische Apolloniustradition in die Untersuchung aufgenommen wurde. Die VA konnte in den Gesamtprozeß der apollonischen (*sic*) Tradition eingeordnet werden."[168]

Petzke vergleicht tatsächlich das Apolloniosbild der außerphilostrateischen Tradition[169] mit dem formgeschichtlich gestalteten Material der VA.[170] Was er nach dem Vergleich zweier verschiedener Spuren der Apollonios-Tradition für historisch zuverlässig halten kann, wird kurz skizziert: Apollonios wurde in Tyana Anfang des 1. Jahrhunderts geboren,

"lebte als Pythagoreer, zog durch Länder und Städte und lehrte; mit großer Wahrscheinlichkeit besaß er auch magische Fähigkeiten. Sehr wahrscheinlich hat er noch unter Domitian gelebt. Über seinen Tod ist uns nichts bekannt. Am besten trifft auf Apollonius die Bezeichnung 'pythagoreischer Wanderprediger' zu."

Über Jesus wüßten wir "historisch betrachtet" nicht viel mehr.[171]

Falls die Untersuchung Petzkes unumstritten sein könnte, würde sie die bedeutendsten Grundlagen der formgeschichtlichen Forschung auf

---

[168] Petzke 1970,234.
[169] Petzke 1970,19-49.
[170] Petzke 1970,154-157.
[171] Petzke 1970,157.

überzeugende Weise bestätigen.[172] Die Überlieferung über Jesus und die über Apollonios könnte denselben Gesetzen unterworfen werden. Wenigstens ein Teil der Apollonios-Tradition wäre sehr alt und würde dadurch als Vergleichsmaterial für das Neue Testament noch interessanter als früher. Mit Hilfe der formgeschichtlichen Methoden, die Petzke bei der außerphilostrateischen Apollonios-Tradition mit der Traditionsgeschichte verbindet, könnte man das historisch Zuverlässige über Apollonios ebensogut erreichen, wie es den Neutestamentlern bei Jesus mit Hilfe aller bisherigen exegetischen Untersuchungsmethoden gelungen sei, obgleich der zeitliche Abstand zwischen Apollonios und Philostratos um hundert Jahre größer ist als zwischen Jesus und den Synoptikern. Allerdings bietet die Darstellung Petzkes breite Angriffsflächen, wie eine eingehende Betrachtung der oben referierten Resultate zeigt.

Er will, wie wir sahen, die Sprüche "an den Anfang" stellen, da sie eingeleitet, kommentiert und mißverstanden werden, da sie von Ironie, Überspitzung und Kürze geprägt und vielleicht auf einen Pythagoreer zurückzuführen seien. Warum muß aber "der Anfang" bei Apollonios selbst liegen, und warum sollen nur **seine** Worte von einem bestimmten Stil geprägt sein? Wenn die angeblichen Schüler des Apollonios wirklich Neupythagoreer waren, tradierten sie nicht nur eine umfangreiche Tradition echter und unechter Worte des Pythagoras, sondern es gab auch andere Lehrer in der Schule. So kann "der Anfang" ebensogut bei Pythagoras oder aber, wenn Speyer recht hat,[173] bei dem Verfälscher der Damis-Memoiren um 200 n. Chr. liegen. Dazu kommt, daß es nicht eindeutig ist, daß Apollonios wirklich Neupythagoreer war.[174] Falls er es nicht war, auf wen sind die Sprüche dann zurückzuführen?

Nach Petzke verfügte Philostratos somit über Vorlagen von Wundergeschichten, die er rationalistisch redigierte, und von Personallegenden, die eine bereits fortgeschrittene Tradition der Apollonios-Verehrung zeigen. Was die Wundergeschichten betrifft, sieht Petzke die Tendenz des Philostratos wahrscheinlich zu einseitig.[175] Über Personallegenden hatte der Verfasser Material auch ohne Vorlagen, die von der spezifischen

---

[172] Petzke selbst schreibt seine Zusammenfassung unter der Voraussetzung, "daß die von Bultmann und anderen gemachten Beobachtungen stimmen" (1970,150).

[173] S. Koskenniemi 1991,85f.

[174] Bowie 1978,1671-1673; vgl. aber die Begründung bei Petzke 1970,155. Über die große Schwierigkeit des Philostratos, zwischen Monismus und Dualismus zu unterscheiden, s. z.B. VA 3,34f. Dzielska findet in der Philosophie des historischen Apollonios Züge von Mittelplatonismus (1986,129-151).

[175] S. Koskenniemi 1991,58-69.

Apollonios-Tradition stammen.[176] So wird die Skizzierung mit der "fortgeschrittenen Tradition der Apolloniosverehrung" fraglich. Gewiß hatte Philostratos Vorlagen, aber die entscheidende Frage lautet, wie alt sie waren und ob sie vor ihm etwas mit Apollonios zu tun hatten oder nicht.

Philostratos besaß nach Ansicht Petzkes über die Reise nach Indien einen Reisebericht, da der Stoff in diesem Teil nur lose verbunden ist. Petzke rechnet hier mit der Möglichkeit einer "φασίν-Quelle". Nun aber herrscht seit Meyer (1917!) die Überzeugung, Philostratos habe eben hier Lücken seiner Quellen mit viel paradoxographischer Literatur gefüllt. Hans Rommel (1923) unterstützte diese These mit einer eingehenden Argumentation und durch Textvergleiche.[177] Sogar Anderson, der viel Vertrauen zur "Damisquelle" hat, nimmt an, daß Philostratos eben durch "φασίν" andeuten wolle, daß er selbst den Bericht aus verschiedenen Quellen kompilierte und nicht das Damisbuch benutzte.[178] Die Frage, ob Meyer oder Anderson oder keiner von beiden Recht behält, gehört zu Kapitel 3.1. Überraschend ist jedenfalls, daß Petzke hier die ältere Literatur übersah. Eine philostrateische Kompilation aus mehreren paradoxographischen Quellen erklärt dagegen die lose Bindung gut.

Petzke sagt weiter, er habe die zeitliche Distanz zwischen Apollonios und Philostratos dadurch überbrückt, daß die außerphilostrateischen Quellen in die Untersuchung mit aufgenommen und daß die VA so in den Gesamtprozeß der Apollonios-Tradition eingeordnet wurde. Seine knappe Zusammenfassung über das geschichtlich Zuverlässige zeigt allerdings nicht, daß die zeitliche Distanz zwischen Apollonios und Philostratos wirklich überbrückt wurde, und auch in seinen wenigen zusammenfassenden Sätzen steht keineswegs alles außer Zweifel.[179]

Zusammenfassend muß gesagt werden, daß Petzke trotz des interessanten Vergleichs zwischen dem Neuen Testament und der VA in seiner formgeschichtlichen Arbeit scheiterte. Mit Speyer läßt sich urteilen, daß Petzke mit seinen weitgehenden Schlüssen versuchte, den zweiten Schritt vor dem ersten zu machen. Er untersuchte nämlich den Traditionsprozeß, ohne die Traditionen datieren zu können. Es ist darum noch keineswegs nachgewiesen, daß der Traditionsprozeß bei Apollonios ähnlich wie bei Jesus verlief. Das geschichtlich Zuverlässige in der Apollonios-Tradition

---

[176] S. u. S. 190ff.
[177] S. u. S. 178f.
[178] Anderson 1986,215.
[179] Versuche, das historisch Zuverlässige vom Unzuverlässigen zu trennen, gibt es in der Apollonios-Forschung oft, und meistens sind sie ebenso knapp wie bei Petzke, vgl. z.B. Meyer 1917,423f; Harris 1969,198; Anderson 1986,190f. Daß Apollonios z.B. Neupythagoreer war, steht keineswegs außer Zweifel, s.o. Anm. 174.

wurde deshalb von ihm mit Hilfe der formgeschichtlichen Methode keineswegs auf gleiche Ebene mit dem gestellt, was wir über Jesus wissen, auch wenn nur wenige Skeptiker unsere Kenntnisse über den "historischen Jesus" so knapp aussprechen dürften, wie Petzke es tut. Die wirkliche Leistung Petzkes ist, daß von ihm wohl alle möglichen formgeschichtlichen Parallelen der VA mit dem Neuen Testament gesammelt wurden. Aber ebenso wie mit dem Werk von Billerbeck eine große Anzahl methodischer Probleme verbunden ist, so ist es auch mit dem Buch von Petzke. Mit seinen Schlüssen sollte vorsichtig umgegangen werden, einerseits, weil der erste Band der Serie *Studia ad Corpus Hellenisticum Novi Testamenti* von Altphilologen vernichtend kritisiert wurde,[180] andererseits, weil sein Buch davon sehr beeinträchtigt ist, daß die diachronische Betrachtungsweise durchweg ebenso fehlt wie in der frühen Formgeschichte. Es scheint, daß sich die redaktionsgeschichtliche Methode, die die Frage nach den Intentionen des Verfassers aufwirft, eher auf die VA übertragen läßt, da Philostratos bestimmt nicht nur ein Sammler und Tradent war.[181]

In dem Buch *Urchristliche Wundererzählungen*[182] strebt GERD THEISSEN (1974) - ein Schüler von Philipp Vielhauer und somit ein Enkelschüler von Bultmann, dessen *Geschichte der synoptischen Tradition* er mit Ergänzungsheft in enger Zusammenarbeit mit dem Meister vervollständigte - nach einem deutlichen methodischen Fortschritt im Blick auf die frühere formgeschichtliche Erforschung der neutestamentlichen Wundergeschichten. Theißen teilt die Wundergeschichten in mehrere Arten auf, definiert seine Betrachtungsweisen sorgfältig und berücksichtigt die Kritik, die der früheren Formgeschichte zuteil geworden war. Der soziologische Aspekt der neutestamentlichen Forschung wird eng mit der Formgeschichte verknüpft. Für unser Thema sind vor allem zwei Aspekte bei Theißen wichtig: die "synchronische Betrachtungsweise", mit deren

---

[180] S. Speyer 1973; Bowie 1978,1653. Besonders grobe Fehler macht Petzke, wenn er das Nachleben des Apollonios in der Kirchengeschichte darstellt (1970,5-10). - Ganz anders wird seine Arbeit von Theologen ausgewertet. So schenken z.B. GEORG STRECKER und UDO SCHNELLE (1983,83) dem Versuch Petzkes Glauben und sagen, er habe die Parallelität der Entwicklung von hellenistischer und neutestamentlicher Wundertradition nachgewiesen (so auch Strecker 1983,105).

[181] Zwar haben wir es schwer, die Redaktionsarbeit des Philostratos genauer zu bestimmen, da wir wenig über seine Quellen wissen. Dafür aber kennen wir seine große Produktion und können recht gut seinen geschichtlichen Kontext bestimmen. Der Versuch, die Rolle des Philostratos zu beschreiben, wird in dieser Arbeit in Kap. 3.1.4. und bei Koskenniemi 1991 gemacht.

[182] Die englische Übersetzung des Werkes wurde im Jahre 1986 veröffentlicht.

Hilfe er Wundergeschichten als strukturierte Formen behandelt,[183] und die "religionsgeschichtliche Funktion urchristlicher Wundergeschichten", die ihn zu historischen Fragestellungen führt.[184]

Wenn Theißen die Wundergeschichten synchronisch betrachtet, erstellt er zwei wichtige Verzeichnisse, "das Inventar[185] der Motive" und "das Inventar[186] der Themen".[187]

Wie schon bei Bultmann stammt im Inventar der Motive die Mehrheit der Belege aus dem Neuen Testament. Theißen will, anders als die klassische Formgeschichte, bewußt[188] alle Motive isoliert aufzählen, auch wenn es keine außerneutestamentlichen Parallelen für sie gibt.[189] Er zitiert jedoch griechisch-römische Texte rund 110mal,[190] also doppelt so viele wie Bultmann in seiner Erstauflage der *Geschichte der synoptischen Tradition*. Die VA ist mit 25 Belegen deutlich der am meisten zitierte literarische Text, dem, wie bei Bultmann, Lukians *Philopseudes* (15 Belege)[191] folgt. Die nichtliterarische Evidenz wird hervorgehoben (die Inschriften werden 16mal, die Zauberpapyri 22mal zitiert).[192] Das Parallelmaterial gewichtet aber Theißen wesentlich geringer als Bultmann.

Etwas anders ist die Lage im Verzeichnis "Inventar der Themen". Dort führt er insgesamt 45 Belege aus der griechisch-römischen Antike an. Die Bedeutung der VA als Parallelmaterial tritt jetzt mit 15 Belegen immer mehr hervor. Der *Philopseudes* Lukians liefert drei und die Bacchanten des Euripides wie auch der Sarapishymnus des Aristeides und die homerischen Hymnen je zwei Belege. Die Bedeutung der übrigen

---

[183] Theißen 1974,53-128.
[184] Theißen 1974,129-228. S. zu diesem Abschnitt u. S. 85ff.
[185] Theißen 1974,57-81.
[186] Theißen 1974,94-120.
[187] Unter dem Wort "Motiv" versteht er "kleinste unselbständige Erzähleinheiten", während der Begriff "Thema" bei ihm für "jene Grundgedanken von Erzählungen, die einer Folge von Personen und Motiven innere Abrundung und Geschlossenheit verleihen", verwendet wird (Theißen 1974,16-18).
[188] Vgl. Theißen 1974,18.
[189] So zitiert Theißen z.B. bei "Kommen des Wundertäters", "Auftreten von Gegnern" und "Erschwernis der Annäherung" keine antiken oder jüdischen Texte.
[190] Ein Motiv, nämlich "die Konstatierung des Wunders", wird in der folgenden Statistik nicht berücksichtigt, und zwar aus zwei Gründen: a) dieses Motiv ist wie kein anderes trivial; b) es gibt 36 Belege, eine Anzahl, die jede Statistik verzerren würde.
[191] Lukian wird insgesamt 21 mal zitiert.
[192] Die übrigen Texte sind Apul. *flor.*19; Apul. *apol.* 42; Apul. *met.* 10,13; Dio Cass. 65,8; Diog. Laert. 8,67. 8,69; Hld. 6,14; 6,15; Lukian. *trag.* 272. Ov. *met.* 7,255ff; Ov. *fast.* 6,753-755; Plin. *nat.* 28,7; Plut. *Cor.* 13; Plut. *mor.* 706; Plut. *Pyrrh.*3,7-9; Porph. *vit. Pyth.*; Strab. 17,801 (*bis*); Suet. *Vesp.* 7; Tac. *hist.* 4,81 (*quater*); POxy 10,1242.

literarischen Werke ist gering,[193] allerdings spielen die Asklepiosinschriften (4mal) und die Zauberpapyri (7mal zitiert) neben der VA eine große Rolle.

Bei diesem Inventar fällt auf, daß, wie schon bei Bultmann, die Belege für griechisch-römische Totenerweckungen und Exorzismen sehr gering sind. Bei den Totenerweckungen verzichtet Theißen darauf, eine entsprechende Topik zu gestalten. Fast alle antiken Totenerweckungen könnten als Wiedererweckung der Scheintoten durch Wundertäter verstanden werden. Er zählt sie deshalb zu den Therapien.[194] Bei den Exorzismen zitiert er nicht weniger als 9mal die VA, die neben Lukians *Philops.* 16 als einziger literarischer Text vorgeführt wird.[195] So ruht die Parallelität zwischen den christlichen und den heidnischen Wundergeschichten auf diesen zwei Gebieten in hohem Maß auf der VA. Das macht die Frage dringend, in welcher Zeit die Erzählungen des Philostratos zu datieren sind. Stammen sie aus der Zeit des Apollonios, sind sie für die neutestamentliche Exegese von großer Bedeutung, müssen sie aber erst dem 3. Jahrhundert zugewiesen werden, stellt sich die Frage, inwieweit sie noch die Vorstellungen der Zeit, in der das Neue Testament entstanden ist, beleuchten können. Im zweiten Hauptteil dieser Arbeit (Kapitel 3.1.1.) werden Möglichkeiten erwogen, das Material der VA zu datieren.

Die VA liefert also Theißen das wichtigste Parallelmaterial für die urchristlichen Wundergeschichten, was seine eigenen Worte verdeutlichen: "Parallelen aus erzählenden Texten sind selbstverständlich von größerem Gewicht als vergleichbare Motive aus anderen Gattungen, aus medizinischen Traktaten, Zauberanweisungen, Reflexionen, Sprüchen usw."[196] Wenn die Geschichten über Apollonios aus dem 1. Jahrhundert stammten, so wären sie von großer Bedeutung. Theißen übt aber keine Quellenkritik, sondern behält überraschend viel Vertrauen zu Philostratos.[197] Heute muß gefragt werden, ob er dabei den Quellen gerecht wird.[198]

---

[193] Aristeid. *or.* 3; Dio Cass. 41,46; Plut. *mor.* 662; Plut. *Caes.* 38; Sen. *benef.* 6,16,2; Sol. *frg.* 12,61f; Lukian, *Peregr.* 43; Lukian, *Demon.* 35; Tac. *hist.* 4,81; Ulp. 63,1,3.

[194] Theißen 1974,98 Anm. 25.

[195] Die Zauberpapyri, die Theißen hier zitiert, stammen alle aus später Zeit und verändern deshalb das Bild nicht (PGM 4,304ff. 3205ff aus dem 4. Jahrhundert und PGM 13,242-244. 795 aus dem 3. Jahrhundert).

[196] Theißen 1974,57.

[197] S. u. S. 187ff.

[198] S. Kapitel 3.1.1.

Es hat seine Gründe, daß Theißen kein Interesse an der Datierung der Apollonios-Tradition hat. Für die formgeschichtliche Erforschung hatte das Alter des Vergleichsmaterials von Anfang an nur wenig Bedeutung. Theißen, der die Quellen auch diachronisch behandelt, hält es durchaus für möglich und nützlich, die Wundergeschichten synchronisch zu betrachten.[199] Er weicht immerhin deutlich von Bultmann dadurch ab, daß er den antiken Raum nicht verlassen will[200] und daß er die ahistorische Betrachtungsweise eindeutig ablehnt.[201]

So wird verständlich, daß Theißen nicht einmal versucht, die Apollonios-Tradition zu datieren. Ihm genügt, daß "alle antiken Texte ... ja demselben kulturellen Raum (entstammen) und ... sich daher synchronisch betrachten (lassen)"[202]. Diese Meinung ist aber, wenigstens bei der VA, aus zwei Gründen problematisch.

a) Wie Theißen einmal erwähnt,[203] dauerte die Antike mehr als tausend Jahre. Dabei muß nicht nur die Frage nach den literarischen Beziehungen der Texte, wie z.B. bei der VA und den evangelischen Wundergeschichten, immer wieder aufgeworfen werden, sondern es muß auch überlegt werden, ob überhaupt allgemein von "demselben kulturellen Raum" gesprochen werden kann. Die hellenistisch-römische Kultur bildete keinen monolithischen Block; vielmehr waren die geographischen und soziologischen Unterschiede beträchtlich. Darum können verschiedene Entwicklungslinien erkannt werden. Fragen wir z.B., was die Mischung der verschiedenen nationalen Kulturen des Ostens und des Westens in der frühen Kaiserzeit für die geistige Atmosphäre bedeutete, in der um 220 Philostratos, ein griechischer, vom alten Sophismus geprägter Schriftsteller, am römischen Kaiserhof auf Grund volkstümlicher Überlieferung über einen Mann schrieb, der im 1. Jahrhundert nach Indien und zurück gereist

---

[199] "**Form**geschichte enthält ein synchronisches Moment: Sie analysiert Gattungen, das heißt, sie klassifiziert Ähnlichkeiten und Beziehungen von Texten, deren Gleichzeitigkeit in einem kulturellen Raum ein methodisches (nicht grundsätzliches) Absehen von ihrem historischen Nacheinander erlaubt. Wenn zum Beispiel Texte als Gleichnisse eingeordnet werden, geschieht das unabhängig von deren chronologischem und traditionsgeschichtlichem Verhältnis" (Theißen 1974,11f).

[200] "Diese (sc. synchronische) Betrachtungsweise ist nicht unhistorisch, sofern sie nur Parallelen aus einem historisch abgrenzbaren Raum zusammenträgt. Sie wird erst unhistorisch, wenn der antike Raum verlassen und Parallelen aus allen möglichen volkstümlichen Überlieferungen zusammengetragen werden. Darauf wird im folgenden verzichtet" (Theißen 1974,12 Anm. 3).

[201] "Etwas anderes ist es, wenn 'Strukturalisten' synchronische gegen diachronische Betrachtungsweise ausspielen und für eine ahistorische oder gar antihistorische Betrachtungsweise plädieren. Das ist wohl eher eine Modeerscheinung" (Theißen 1974,12 Anm. 3).

[202] Theißen 1974,57.

[203] S. u. S. 86.

sein soll, so wird bald deutlich, daß sich die zeitlichen, geographischen und sozialen Faktoren nicht leicht wegschieben lassen, auch wenn dies nur für die synchronische Phase der exegetischen Arbeit wichtig ist. Darum sollte das Parallelmaterial der VA schon vor der synchronischen Betrachtungsweise sorgfältiger analysiert und datiert und gleichzeitig synchronisch und diachronisch bearbeitet werden.

b) Theißen lehnt in seiner synchronischen Erforschung die ahistorische Betrachtungsweise ab. Sie kann aber, falls sie methodisch reflektiert benutzt wird, wenigstens einen formgeschichtlichen Dienst leisten und die Motive und Themen zeigen, die der ganzen Menschheit gemeinsam sind. Damit wird keineswegs ein ursprünglicher, angeblich allen Völkern gemeinsamer Glaube postuliert, sondern ganz einfach die Trivialität des Motivs bzw. des Themas benutzt. So konnte beispielsweise Bultmann mühelos sein Motiv "Plötzlichkeit des Wunders"[204] und Theißen sein Motiv "Konstatierung des Wunders"[205] belegen. Ein Vergleich mit Wundergeschichten, die aus mehreren Kulturen und Epochen stammen, hätte möglicherweise dazu geführt, den Wert dieser Motive im religionsgeschichtlichen Vergleich als gering anzusehen. Für diese Auffassung hätte z.B. die VA Gründe genug geboten.[206]

In der jüngsten Zeit sieht HELMUT KÖSTER[207] noch keine Probleme bei dem, was die klassische Formgeschichte über die Wundergeschichten sagte. Nach seiner Ansicht gehören sie "durchweg in den Bereich der frühchristlichen Propaganda und haben in der hellenistischen Welt, sei es in der Propaganda des Asklepioskultes, sei es in den Berichten umhergezogener Wanderphilosophen (Apollonios von Tyana) oder in den kanonischen und apokryphen Apostelakten, zahlreiche Parallelen"[208]. Hier stellt Köster die christlichen Wundergeschichten mit der konkurrierenden religiösen Propaganda eng zusammen, und man sieht auch, wie bei ihm die Rolle der Apollonios-Tradition eng mit der Rolle des Apollonios als angeblichem Rivalen Jesu verknüpft ist.[209]

---

[204] Bultmann 1921,138.

[205] Theißen 1974,75.

[206] Diese Motive kommen in der VA mehrfach vor; vgl. zur "Plötzlichkeit des Wunders" z.B. 4,20; 4,45; 7,38; zur "Konstatierung des Wunders" z.B. 4,10; 4,25; 8,12. Hier stimmt sicher die Beobachtung von Rudolf und Martin Hengel, "daß diese festen Formen in der Regel durch die Sache und das Geschehen selbst bedingt sind" (Hengel - Hengel 1980 [1959],368).

[207] "Formgeschichte/Formenkritik (II)".

[208] Köster 1983,293.

[209] S. Kapitel 2.3.

Eine ganz andere Meinung legt KLAUS BERGER in seinem neuen Handbuch (*Formgeschichte*, =1984a) dar und wagt es, eine "neue Formgeschichte" anzustreben.[210] Hinter seinem Buch steht sein methodisches Programm, das er im Jahre 1977 aufstellte, ebenso wie sein umfassender Artikel "Hellenistische Gattungen und Neues Testament" im ANRW (=1984b). Die Diskussion wird in *Einführung in die Formgeschichte* (1987) weitergeführt. Die Begriffe "Form", "Gattung", "Gattungskritik", "Gattungsgeschichte" und schließlich auch "Formgeschichte" finden bei ihm eine Definition, die von der der klassischen Formgeschichte abweicht.[211] Berger will eine Methode entwickeln, die neben einigen wenigen Abschnitten, mit denen sich die klassische Formgeschichte beschäftigte, auch dem übrigen Teil des Neuen Testaments gerecht wird.

Bei Berger fällt sofort auf, daß Apollonios von Tyana seine Bedeutung fast völlig verloren hat,[212] was folgende Gründe hat:

Zunächst übt Berger Kritik an der von Bultmann und Theißen sogenannten Gattung "Wundererzählung". Er betont, daß "Wunder/Wundererzählung" "kein Gattungsbegriff, sondern moderne Beschreibung eines antiken Wirklichkeitsverständnisses" sei. Das Problem sei die Abgrenzung des modernen Begriffs. Nach ihm gehören die verschiedenen "Wunder-Erzählungen" des Neuen Testaments einer ganzen Reihe von erzählenden Gattungen an.[213]

Weiterhin arbeitet Berger, anders als seine Vorgänger, nicht mit den mündlichen, sondern mit den schriftlichen Formen. Das alles hat zur Folge, daß nach Berger als formgeschichtliche Vorstufen für die neutestamentlichen Texte vor allem alttestamentliche Erzählungen über Elija und Elischa sowie hellenistische "inschriftliche Wunderberichte"[214] in Frage kommen. Deshalb verlieren die Geschichten der VA, die traditionell mit den "Wundergeschichten" des Neuen Testaments verglichen worden sind, ihren bisherigen Stellenwert.[215]

Berger hält auch das von Bultmann und Theißen gesammelte Motivarsenal, das nach den beiden Forschern gattungskonstruierend gewesen sei, für problematisch. "Denn dieser Zaun, der die Wunderberichte von anderen abgrenzen soll, hat zu viele Löcher, d.h. wichtige Elemente

---

[210] Berger 1984a,8.
[211] Berger 1984a,9.
[212] S. aber Berger 1987,83.
[213] Berger 1984a,305f.
[214] Hier stützt er sich auf seinen eigenen ANRW-Artikel (1984b).
[215] Berger sieht in vielen Wunderberichten Züge einer Volksaudienz und darum in den neutestamentlichen Wundern den Ausdruck der "quasi-herrscherlichen Hoheit" Jesu (1987a, 76-80).

fehlen zu häufig." Zum einen setze man hier die Gattung "Wunderge-schichte" voraus, zum anderen hätten Bultmann und Theißen die Motive nur mangelhaft belegen können.[216]

Gegen Bultmann schätzt Berger das Alte Testament als eine Vorstufe für die neutestamentlichen Wunder hoch ein. Bei den heidnischen Wundertexten schenkt er fast ausschließlich den hellenistischen In-schriften Beachtung. Die traditionell erwähnten Wundergeschichten haben viel von ihrer Bedeutung verloren. Den Grund dafür sieht er nicht in der zeitlichen Differenz der Quellen zum Neuen Testament, sondern in der Frage nach der Gattung.

Für die formgeschichtliche Untersuchung bedeutet das Buch Bergers eine Spaltung, deren Konsequenz für die Forschung sich noch nicht ab-sehen läßt.[217] Es geht vor allem um die Bedeutung der mündlichen bzw. schriftlichen Geschichte der Tradition. So verglich beispielsweise Schmidt, der die Paläontologie des Evangeliums untersuchen wollte, gern die Traditionsprozesse bei Jesus und Apollonios miteinander. Für Berger hat diese Fragestellung weniger Relevanz. Da die Diskussion zwischen diesen beiden Ansätzen noch nicht beendet ist, wird der Apollonios-Tradition entweder eine große oder aber eine marginale Bedeutung zugemessen.

2.2.4. Schluß

Die Traditionen über Apollonios spielten schon in der Vorgeschichte der formgeschichtlichen Methode eine maßgebliche Rolle. Ihre Bedeutung wurde in den Handbüchern und grundlegenden Arbeiten der klassischen Formgeschichte (Dibelius, Bultmann, Schmidt) in solchem Maße gestei-gert, daß diese Abschnitte über die christlichen Wundergeschichten ohne die VA ganz anders geschrieben worden wären. Darum ist die Apollo-nios-Tradition, auch wenn sie nicht jedesmal ausdrücklich erwähnt wird, immer dann von Bedeutung, wenn die Topik von Dibelius und Bultmann benutzt wird, und insbesondere da, wo die Geschichte der mündlichen Traditionen untersucht wird. Der Gebrauch der Apollonios-Traditionen in der frühen Formgeschichte wurde nie kritisch behandelt, obgleich die Philostratos-Forschung vielleicht dazu Anlaß gegeben hätte. Petzke

---

[216] Berger 1984a,305-307.
[217] Über die Unterschiede zur klassischen Formgeschichte s. Berger 1984a,11-13; Kritik bei Hahn (1985,475f), der bei Berger "den entscheidenden Ansatz der von Dibelius, Bultmann und anderen ausgearbeiteten Formgeschichte" (1985,476) aufgegeben sieht.

meinte, mit der einseitig benutzten formgeschichtlichen Methode bewiesen zu haben, daß die Traditionsprozesse bei Jesus und Apollonios ähnlich verlaufen seien. Das ist aber fragwürdig, auch wenn heute einige Forscher diese These übernehmen. Theißen führte die Arbeit Bultmanns weiter, in der "neuen Formgeschichte" Bergers verlor die Apollonios-Tradition viel von ihrer Bedeutung, weil er die Gattung 'Wundergeschichte' zurückweist und sich mit den literarischen Erzählungen beschäftigt.

In der formgeschichtlichen Untersuchung des Neuen Testaments wurde außer bei Petzke immer nur der **philostrateische** Apollonios erwähnt. Die Frage, inwieweit Philostratos der Tradition des 1. Jahrhunderts treu blieb, stellten die Formgeschichtler meistens nicht, weil sie meinten, daß die antiken Texte aus ein und demselben kulturellen Raum stammten. Die Datierung der philostrateischen Apollonios-Traditionen ist jedoch für die Forschung von großer Bedeutung. Wenn sie erst dem 3. Jahrhundert zugewiesen werden können, hat die formgeschichtliche Forschung die Geschichten über Jesus mit deutlich jüngerem Material verglichen. Weil darüber hinaus eine literarische Abhängigkeit des Philostratos von den Evangelien nicht auszuschließen ist,[218] muß die Zuverlässigkeit des Philostratos erneut überprüft werden. Es ist auch deutlich, daß die Rolle der Apollonios-Traditionen in der formgeschichtlichen Untersuchung eng mit der Rolle des Apollonios als großem göttlichen Mensch verbunden ist. Die Möglichkeiten, die Apollonios-Traditionen zu datieren, werden in Kapitel 3.1. untersucht.

---

[218] S. oben Kapitel 2.1.

2.3. Die Diskussion über den "göttlichen Menschen"

2.3.1. Der "hellenistische göttliche Mensch"

2.3.1.1. Die religionsgeschichtliche Arbeit

2.3.1.1.1. Θεῖος ἀνήρ (ἄνθρωπος) und die Anfänge der θεῖος ἀνήρ-Topik

Derjenige Altertumswissenschaftler, der zu Beginn dieses Jahrhunderts[219] am intensivsten das Grenzgebiet zwischen der Altertumswissenschaft und der neutestamentlichen Exegese bearbeitete, war RICHARD REITZENSTEIN, der vor allem durch zwei Bücher, *Hellenistische Wundererzählungen* (1906) und *Hellenistische Mysterienreligionen* (1910), der späteren religionsgeschichtlichen Forschung wichtige Anstöße gab. Nach Reitzenstein (1910)[220] haben sich die orientalischen Kulte in der vor- und frühchristlichen Zeit rasch verbreitet, was aus einigen wenigen Notizen aus den Quellen über die Tätigkeit ihrer wandernden Diener ersichtlich werde. Diese Leute seien keine offiziellen Priester gewesen, die an einem bestimmten Heiligtum des Mutterlandes angestellt waren, sondern sie hätten sich als Priester und Propheten ausgegeben und ihre Verkündigung durch den ekstatischen Geist ihrer Rede sowie durch Weissagung und Wunder beglaubigt. Reitzenstein spricht von der Unterdrückung "eines offenbar helle-nistisch-orgiastischen Mysterienkultes in Italien im Anfang des 2. Jahrhunderts v. Chr.", er bezieht sich also auf den sog. Bac-chanalienskandal im Jahre 186 v. Chr. (Liv. 39,8ff).[221] Bald darauf sollen Magier, Chaldäer und ägyptische Wundertäter Italien durchzogen

---

[219] Im Mittelalter wurde wegen der Auffassung des Aristoteles, der in seiner Nikomachi-schen Ethik (1145A,15-20) von einer Art von ἀρετή, nämlich der ἡροικὴ καὶ θεία, redet, jahrhundertelang rege über *virtus heroica* diskutiert, ob es einem Menschen möglich sei, die göttliche Tugend zu erreichen. Soweit ich sehe, hat die moderne θεῖος ἀνήρ-Diskus-sion, in der Platon von großer Bedeutung ist, keinen direkten Kontakt mit der früheren, die sich hauptsächlich mit Aristoteles beschäftigte, s. Saarinen 1990.

[220] Schon im Jahre 1906 benutzte Reitzenstein die antike Wendung (s. u. S. 99f) θεῖος ἀνήρ über Apollonios (1906,50), baute aber damals seine These noch nicht auf. Erst einige Jahre später gewann θεῖος ἄνθρωπος bei ihm eine große Bedeutung.

[221] Über den Bacchanalienskandal s. Eisenhut 1975,799 und Baumann 1990,334-348.

haben, und schon zu Ciceros Zeit habe ein vornehmer Römer, Nigidius Figulus, all jene Zauberei geübt, zu denen Papyri[222] Anweisung geben:

"Eine allgemeine Vorstellung von dem θεῖος ἄνθρωπος, dem Gottmenschen, beginnt sich durchzusetzen, die tiefstes Erkennen, Seher- und Wunderkraft und eine Art persönliche Heiligkeit verbindet. Ohne diese Vorstellung blieben Erscheinungen wie der Prediger und Wundertäter Apollonios von Tyana oder der Seher und Religionsgründer Alexander von Abonuteichos unverständlich. Schon vorher beginnt die römische Größe sich neben dem Philosophen oder an dessen Stelle als Seelsorger dem orientalischen Prophet zu halten, jener Sergius Paulus der Apostelgeschichte kaum anders als Memmius, der Gönner des Lukrez. Es gilt als selbstverständlich in der erzählenden Literatur, daß solche Männer die Zukunft voraus wissen und gar Tote auf Augenblicke wieder beleben können. Im Leben ist Prophet der ehrenvolle, Goet der verächtliche Titel für sie."[223]

Reitzenstein nimmt also an, daß der griechisch-römische Glaube orientalischen Einflüssen unterlag. Problematisch ist dabei jedoch, daß er dies nur knapp und auch nur fehlerhaft belegen kann. Die ägyptischen Wundertäter nennt er nicht. Was die Geschichten über die Totenerweckungen betrifft, wurde im vorigen Unterkapitel nachgewiesen, daß sie in der hellenistischen Antike nicht sehr verbreitet waren; von einer Selbstverständlichkeit kann dabei keineswegs geredet werden. Die Quellen über Publius Nigidius Figulus, den Freund Ciceros, werden bei Reitzenstein nicht eingehend behandelt,[224] die Zauberpapyri sind wesentlich später zu datieren.[225] In der knappen Begründung der vermuteten Entwicklung ist der philostrateische Apollonios neben Alexander von Abonuteichos der einzige, zu dem die wichtigsten Kennzeichen passen (Philosoph am Kaiserhof, die Fähigkeit, in die Zukunft zu sehen und Tote zu beleben, Anklagen wegen Goetentums). Obwohl Reitzenstein die Verbreitung der orientalischen θεῖος ἀνήρ-Vorstellung nur mangelhaft begründen konnte, wurde gern auf sie zurückgegriffen.

Die Diskussion wurde weitergeführt von einem jungen Dozenten aus Uppsala, GILLIS P. WETTER (1916) - damals noch nicht einmal 30 Jahre alt und bald schon Professor - , indem er das Johannesevangelium mit Hilfe der antiken göttlichen Menschen auszulegen versuchte.[226] Nach ihm kannte die Antike viele Männer, die als θεῖοι oder sogar υἱοὶ θεοῦ

---

[222] Gemeint sind natürlich vor allem die Zauberpapyri.

[223] Reitzenstein 1910,11-14.

[224] S. u. S. 209f.

[225] S. u. S. 225f.

[226] *"Der Sohn Gottes". Eine Untersuchung über den Charakter und die Tendenz des Johannes-Evangeliums. Zugleich ein Beitrag zur Kenntnis der Heilandsgestalten der Antike.* Selbstverständlich kennt Wetter das Buch Reitzensteins (s. Wetter 1916,4.47), baut aber keineswegs nur auf seinen Resultaten auf. Über seine Johannesauslegung s.u. S. 115f.

oder Götter betrachtet wurden. Sie seien Magier, Gaukler, Pseudo-
propheten, Philosophen, Priester oder Regenten gewesen, denen gemeinsam war, voll göttlicher Kraft zu sein. Celsus, der das Christentum gegen
Ende des 2. Jahrhunderts angriff, habe von vielen solchen Männern zu
erzählen gewußt,[227] und in anderen Quellen werde eine große Schar von
Menschen erwähnt, die Wetter als Vertreter dieses Typus versteht.[228]
Nach ihm kennen wir von diesen Söhnen Gottes meistens nur die Namen,
was seine Ursache einerseits darin habe, daß die Kirche sie als Nebenbuh-
ler des christlichen Heilands fast totschwieg, andererseits darin, daß wir
uns hier auf dem Boden volkstümlicher Religiosität befänden, "die nie in
den Folianten der Literatur aufbewahrt wird. Es ist Glaube der Massen,
der hier vor uns tritt, und der von den Gebildeten der Zeit (Lucian und
Celsus sind typische Beispiele) mit Spott und Verachtung betrachtet
wurde." Die Arbeit der Wissenschaftler wird aber dadurch erheblich
erleichtert, daß wir einige eher zusammenhängende Berichte, "z.B. über
Simon Magier und Apollonius von Tyana", besitzen.[229]

Wetter wollte zeigen, daß diese Männer in den Gedanken des antiken
Menschen zu demselben Typus gehörten, wenn sie auch aus verschiedenen Völkern stammten und sogar verschiedenen Religionen angehörten.
Die Gottessöhne (er benutzt auch den Terminus θεῖος ἄνθρωπος[230])
seien als Heilande, Offenbarer und Lehrer eines Gottes verstanden und
göttlich verehrt worden.[231] Sie seien Wundertäter gewesen, aber nicht
als Magier betrachtet worden;[232] sie seien vom Himmel gekommen und
gingen nach ihrem Leben in den Himmel zurück;[233] schließlich hätten
sie Glauben an sich selbst als Richter verlangt.[234] Wetter rechnet nicht
mit einer festen Topik, sondern meint, daß sie sich in viele Richtungen
verzweigen konnte.[235]

Apollonios von Tyana dient bei Wetter als Vertreter einer Seite der
vielseitigen Topik: "Apollonios von Tyana, der in so vieler Hinsicht in
der Gestalt eines derartigen Propheten, Philosophen, Wundertäters, oder

---

[227] Wetter 1916,4f. Über diese Männer s. S. 217f.

[228] Wetter behandelt (1916,4-11) das Celsuszitat und nennt Simon Magus, Marcus
Magus, Elchasai, Judas den Galiläer, Theudas, Dositheos, Apsethos und Karpokrates, von
denen also die große Mehrheit aus dem jüdisch-christlichen Bereich stammen. Vgl. zu dem
Heiden Apsethos und zum Celsuszitat u. Kapitel 3.2.1.

[229] Wetter 1916,17f.

[230] Z.B. Wetter 1916,71.78.82.

[231] Wetter 1916,26-64.

[232] Wetter 1916,64-82.

[233] Wetter 1906,82-113.

[234] Wetter 1916,113-137.

[235] Wetter 1916,31.

wie wir sie nur nennen wollen, erscheint, kann gewissermassen als Typus erscheinen."[236] Daher kommt es, daß Wetter sehr oft Belege aus der VA anführt und Apollonios erwähnt.[237] Die Frage nach der historischen Zuverlässigkeit oder nach der Datierung der Apollonios-Traditionen wirft Wetter nicht auf, aber er weiß, daß "seine Gestalt mit der Tünche der Philosophie teils übermalt worden ist". Apollonios vertrete nur einen Teil der Topik, und er stehe unter den vielen "Gottessöhnen" keineswegs allein da.

Anders als Reitzenstein begnügte sich Wetter nicht, mit den göttlichen Menschen als einer Erscheinung der Antike zu rechnen, sondern das Phänomen ist für ihn ein Zeichen ursprünglicher, primitiver Religiosität, die am Anfang fast überall in der Welt gleich war[238] und die nicht selten auch in höheren Formen von Religion wiederkehren soll. Nach ihm habe die Vorstellung vom Gottessohn, die er mit der θεῖος ἀνήρ-Auffassung eng verbindet, eine altorientalische Herkunft,[239] aber sie sei von den Griechen umgedeutet und spiritualisiert worden, obgleich "nicht selten jene konkreten, realen Züge geblieben (sind), und der Gottessohn selbst in seiner ganz primitiven Gestalt vor uns (steht)"[240].

Wer das Buch Wetters heute liest, wird von der Fülle der Belege aus verschiedensten Quellen beeindruckt sein. Durch sein fleißiges Quellenstudium konnte der Verfasser einige Männer mit übermenschlichen Fähigkeiten erwähnen, die in der heutigen Diskussion vergessen sind.[241] Er bietet aber keine Begriffsanalyse, sondern begnügt sich damit, pauschal über "Propheten, Philosophen, Wundertäter, Gottmenschen, oder wie wir sie nur nennen wollen", zu reden und meint, gezeigt zu haben, daß "Gott, Gottessohn, Gotteskraft und Prophet, wenigstens oft, als Synonyme er-

---

[236] Wetter 1916,31.
[237] Wetter 1916,8. 14. 31. 35. 66. 69f. 78. 90f. 93. 178.
[238] "So würden wir es hier überall mit einer Gestalt zu tun haben, die in früher semitischer Frömmigkeit, ja überhaupt in primitiver Religion eine bedeutende Rolle zu spielen scheint. Wir stoßen auf Vorstellungen, die mit 'mana', mit 'Kraft' in Verbindung stehen, wo Priester und Zauberer als mit derartiger Kraft ausgerüstet gedacht werden, Gestalten, die uns fast überall in primitiver Frömmigkeit begegnen und nicht selten auch in den höheren Formen der Religion wiederkehren. Derwische und ähnliche Gestalten, wie sie noch auf den Strassen des Orients zu schauen sind, gehören gewissermassen unter sie, so auch die rasenden Propheten, denen Saul begegnete, als er die Eselinnen seines Vaters suchte ..." (Wetter 1916,187f).
[239] Wetter 1916,181-188.
[240] Wetter 1916,188.
[241] Z.B. Apsethos der Libyer (Wetter 1916,7).

schienen"[242]. Um aber einen glaubwürdigen Typus aufbauen zu
können, arbeitet er zu großzügig.

Untersucht man den Hintergrund Wetters genauer, findet man leicht die
Ursache seiner Großzügigkeit. Sein religionsgeschichtliches Denken ist
massiv von einem Entwicklungsglauben geprägt, nach dem eine primitive
Gesellschaft immer auch eine primitive Religion aufweise, die sich mit
der Gesellschaft in Richtung höherer Formen entwickle. Das *mana*, das
hier als ein Schlüsselwort bezeichnet werden kann, stammt aus dem von
R.H. Codrington im Jahre 1891 erschienenen Buch, das für Wetters
Auffassung von weitreichender Folge war.[243] Gemäß diesem Denken
ist eine genaue Definition und Datierung der Quellen weniger interessant,
weil es immer und überall Zeichen einer niedrigeren und einer höheren
Religiosität in der Welt gibt.

Apollonios von Tyana spielt bei Wetter eine bedeutende, aber angesichts der vielen berühmten Männer keine entscheidende Rolle. Dem
Stand der damaligen Apollonios-Forschung, die erst durch den Artikel
Meyers (1917) entscheidende neue Anstöße bekam, entspricht, daß das
philostrateische Apolloniosbild nur leicht kritisiert wird. Denkt man noch
an das evolutionistische Schema Wetters, versteht man gut, daß er nicht
viel Interesse an einer Datierung der verschiedenen Apollonios-Überlieferungen hatte.

Das Gottmenschentum plante OTTO WEINREICH ausführlich zu
behandeln, aber leider müssen wir mit einem Aufsatz zufrieden sein, in
dem der Altphilologe auf Literaturhinweise verzichtete, weil der Artikel
nicht wissenschaftlich sein will, sondern eine an die Jugend gerichtete,
literarisch ausgezeichnete Empfehlung der klassischen Studien.[244] In
den Grundlinien folgt Weinreich deutlich Wetter.

Weinreich definiert das Gottmenschentum nur beiläufig. Es weise auf
solche Leute hin, die das besaßen, was die alten Melanesier *mana*, die
Indianer *wakanda* und die Vertreter der antiken Religionen δύναμις,
ἀρετή oder *virtus* nannten. Es seien besonders Häuptlinge und Medizin-

---

[242] Wetter 1916,26.

[243] Über das Buch und die Auffassung von *mana* vgl. die scharfsinnige Analyse von
Gallagher (1982,4-6). Das evolutionistische Denkschema beleuchtet der Artikel "Evolutio-
nism" von Waller - Edwardson in *The encyclopedia of religion* 5 (1987),214-218. Codrington
war selbst noch nicht Evolutionist, aber sein Buch rief in der religionsgeschichtlichen
Forschung eben diese Richtung hervor, die dann in E. Tylor und James Frazer (*The golden
bough*) ihre berühmten Vertreter fand.

[244] S. Weinreich 1926,633. 651. Der Artikel, "Antikes Gottmenschentum", erschien in
Neue Jahrbücher für Wissenschaft und Jugendbildung.

männer, aber auch die Adligen und Priesterkönige gewesen, die nach der primitiven dynamistischen Denkweise solche Kräfte besaßen.[245]

Seiner Definition des Gottmenschentums folgt Weinreich durch die griechische Literatur. Homer war seiner Meinung nach natürlich nicht mehr auf der primitiven religiösen Entwicklungsstufe der Melanesier, aber an einer Stelle (*Od.* 19,109ff) schimmere "das alte Königsmana" noch durch. Noch bedeutender sei das alte Königsmana in der Mystik des 6. Jahrhunderts v. Chr. geworden. Pythagoras, Empedokles, Platon, Epikuros und hellenistische Herrscher wie auch die römischen Kaiser trügen Züge, die von der *mana*-Vorstellung hergeleitet worden seien. Aus der Kaiserzeit erwähnt Weinreich Arnuphis den Ägypter, Julianos, Apollonios von Tyana, Alexander von Abonuteichos und Proteus Peregrinus. Er beendet seine Aufzählung mit dem Celsuszitat.[246]

Angesichts des Artikels von Weinreich bedauern wir, daß sein geplantes Buch nie veröffentlicht wurde,[247] obgleich er noch lange wissenschaftlich tätig war. Gerade dieser hervorragende Kenner der Antike hätte sicherlich auch die Wundertäter aus der Zeit Jesu herausgesucht, wenn es sie überhaupt gab. Jetzt muß man mit dem kurzen Artikel zufrieden sein, den es sich genau zu betrachten lohnt. Zum einen kann Weinreich auf Grund seiner vagen Definition zwar aus der klassischen Periode mühelos "Gottmenschen" benennen, aber nicht mehr aus der frühesten römischen Kaiserzeit. Denn er erwähnt nur noch die römischen Kaiser aus dem 1. Jahrhundert, alle anderen Belege stammen erst aus dem späten 2. Jahrhundert oder der darauffolgenden Zeit. Zum anderen ist auch sein religionsgeschichtliches Denken vom gleichen Glauben an die Entwicklung der Religion wie bei Wetter bestimmt. Somit fällt es schwer, der von ihm gezeichneten Entwicklungslinie wirklich Glauben zu schenken.

Eine weitere, terminologische Beobachtung hat eine Bedeutung für die ganze θεῖος ἀνήρ-Diskussion bis zum heutigen Tag. Weinreich - wie gelegentlich vor ihm u. a. Wetter - benutzt problemlos das Wort "Gottmensch" als synonym für "göttlichen Mensch", θεῖος ἀνήρ. Darin sollte man aber vorsichtiger sein, weil ein θεῖος ἀνήρ kein θεάνθρωπος ist. Das letztgenannte Wort ist jung und kommt nach den Lexika erst bei

---

[245] Weinreich 1926,634-635.

[246] Weinreich 1926,635-650. Über das Celsuszitat s. u. S. 217f..

[247] Man wagt nicht zu behaupten, daß Weinreich sein später (1933) erschienenes Buch *Menekrates Zeus und Salmoneus. Religionsgeschichtliche Studien zur Psychopathologie des Gottmenschentums in Antike und Neuzeit* meint. Sein Buch ist der Versuch, durch Menekrates die "Religionspsychopathologie" der neueren Zeit zu untersuchen. Zugleich ist es ein Dokument dafür, wie naives Vertrauen in die junge und aufstrebende Psychologie einen großen Wissenschaftler auf Irrwege führte.

den christlichen Kirchenvätern vor.[248] Die alte Beobachtung von Ulrich
von Wilamowitz-Moellendorff, daß das Wort ϑεός den Griechen ein
Prädikatsbegriff war, der eine dem Menschen überlegene Macht
prädizierte.[249] Der Unterschied zwischen "Gottmensch" und "göttlichem
Mensch" sollte bewahrt werden.

Ein weiterer Versuch, das Material über die göttlichen Menschen in der
Antike zu sammeln, war das Buch *Paulus und Christus. Ein biblisch-
religionsgeschichtlicher Vergleich* (1934) von HANS WINDISCH, der die
ganze frühere Literatur über das Thema einschließlich der kurzen
Erwähnungen der göttlichen Menschen in der Sekundärliteratur gut
kennt.[250]

Wie Wetter und Weinreich folgt auch Windisch der Meinung, die
primitive Auffassung von *mana* stehe hinter der antiken θεῖος ἀνήρ-
Vorstellung.[251] Diese Vorstellung will er im griechischen Denken
belegen, und darum wird die Geschichte und Entwicklung der θεῖος
ἀνήρ-Vorstellung skizziert. Einige Personen seien schon von Homer und
Pindaros als göttlich (θεοείκελος, θεοειδής, διογενής) bezeichnet
worden. Vor Platon sei das Wort θεῖος im allgemeinen Sinn von
verschiedenen Menschen benutzt worden, die irgendwie mit der Gottheit
im Zusammenhang standen. Der Urbegriff θεῖος ἀνήρ sei in der Antike
für folgende Leute verwendet worden: "*homo religiosus, ...* der Mantis,
Priester, der Hierophant in den Mysterien, der Myste, der Inspirierte, als
solcher jeder Dichter ... endlich der (gerechte) Herrscher, der Staats-
gründer und der Gesetzgeber."[252] Aus älterem Material habe Platon
sein eigenes Bild des θεῖος geschaffen und habe mit dem Wort den
Herrscher und Staatsmann beschrieben. Zugleich aber habe er in neuem
Sprachgebrauch damit auch und vor allem den Philosophen bezeichnet,
und zwar seien sie als fast die einzigen wahren θεῖοι von ihm gewürdigt
worden.[253] Später habe vor allem die Stoa[254] eine Lehre vom θεῖος
ἄνθρωπος entwickelt, was Zenon bei Diogenes Laertios (6,119f) beweise.
Das Motiv von der Gottgleichheit des Weisen ziehe sich durch die ganze

---

[248] Das Wort fehlt in Liddell - Scott. Über das Vorkommen bei den Kirchenvätern s.
Lampe 1961 s. v.
[249] Wilamowitz-Moellendorff 1931,14-21.
[250] Windisch 1934,24f.
[251] "Die griechische Anschauung von θεῖος hat ihre Wurzel in der über die ganze Erde
verbreiteten Vorstellung vom 'heiligen Menschen', der mit 'Kraft' (*mana* usw.) begabt ist und
den Mitmenschen darum als *tabu* gilt" (Windisch 1934,25).
[252] Windisch 1934,38. Die Belege von θεῖος ἀνήρ (ἄνθρωπος), die Windisch
nicht vollständig angibt, sind unten (S. 99f) gesammelt.
[253] Windisch 1934,38.
[254] S. Windisch 1934,42-51.

stoische Tradition, was vor allem die Produktion von Seneca zeige, der es sogar wage, den Weisen mit den Göttern zu vergleichen.[255] Bei ihm gehöre die Religion unbedingt zum Bild des Weisen.[256] Nach der Zeit Senecas habe Epiktetos zwar das Wort θεῖος sparsam benutzt und nie die Wendung θεῖος ἀνήρ verwendet, habe aber eben mit dem Wort θεῖος zwei Philosophen bezeichnet, Diogenes und Herakleitos (*ench.* 15), was zeige, daß Epiktetos die präzise Bedeutung des Wortes gekannt habe, obgleich er nur wenigen Personen diesen Ehrentitel gönnte.[257] Epikuros sei im Kreise seiner Schüler wie ein θεῖος ἀνήρ verehrt worden, auch wenn die Worte nicht fallen.[258] Windisch weist auf das Zeugnis des Celsus hin und folgert daraus, daß die Wendung auf dreierlei Personen hinweise: 1) auf die Orakelpriester und göttlichen Seher sowie auf andere, die mit der griechischen Volksreligion in Zusammenhang standen, 2) auf die Denker und 3) auf die Staatsmänner und Herrscher. So glaubt Windisch, eine präzise Bedeutung des Wortes gefunden zu haben.[259] Die alte religiöse Überlieferung lebe in jedem Einzeltypos fort. Nach ihm gab es sowohl eine zentrale Kategorie des θεῖος ἀνήρ als auch viele Einzelmotive, die beide das frühe Christentum beeinflußt haben sollen.[260]

Windisch stellt auch Personen zusammen, die in der Antike als θεῖοι betrachtet wurden. Neben einigen Herrschern[261] seien Pythagoras,[262] Empedokles,[263] Menekrates,[264] Simon Magus,[265] Apollonios von Tyana[266] und Alexander von Abonuteichos[267] die bedeutendsten göttlichen Menschen der Antike gewesen, von denen Apollonios von Tyana von allen der theologisch interessanteste sei, weil er zeitlich am

---

[255] *Sapiens autem vicinus proximusque dis consistit, excepta mortalitate similis Deo* (*dial.* 2,8,2); *non multo te di antecedunt* (*epist.* 53,11) (Windisch 1934,44).

[256] *Bonus ... vir sine deo nemo est* (*epist.* 41,2) (Windisch 1934,46). Hier übersieht aber Windisch, daß Seneca nicht nur einige wenige θεῖοι nennt, sondern jeden guten Mann, d.h. wohl jeden guten Philosophen.

[257] Windisch 1934,48.

[258] Windisch 1934,52-55.

[259] Windisch 1934,58f.

[260] Windisch 1934,87-89.

[261] Windisch 1934,70-77.

[262] Windisch 1934,59-63.

[263] Windisch 1934,63-67.

[264] Windisch 1934,67-69. Menekrates lebte zur Zeit des Philippos von Macedonien. Er war Wunderheiler und wurde von vielen als wahnsinnig angesehen, s. Weinreich 1933,1-27.

[265] Windisch 1934,77.

[266] Windisch 1934,70-77.

[267] Windisch 1934,77f.

nächsten zu Christus und Paulus stehe.[268] Er gehöre in den Gedanken des antiken Menschen mit beiden zu dem gleichen θεῖος-Typus, was symbolhaft in der *Historia Augusta* ausgedrückt werde. Nach dieser Quelle habe der Kaiser Severus Alexander in seinem Lararium Apollonios, Christus, Abraham und Orpheus geehrt.[269] Windisch formuliert vorsichtig und spricht zunächst bloß von der "Überlieferung", ohne zu überlegen, aus welcher Zeit sie stammen könnte. Erst wenn er über Simon Magus schreibt, wird seine Auffassung über den philostrateischen Apollonios sichtbar: "Apollonios war nicht der einzige Zeitgenosse der Apostel, der als Wundermann und göttlicher Heilbringer mit ihnen konkurrieren konnte."[270]

Das besondere Verdienst von Windisch ist, daß er die Begriffe eingehend analysiert hat. Es ist wichtig zu sehen, daß θεῖος ἀνήρ bei Windisch eine sehr weite Kategorie ist, in der der Wundertäter nur einen Subtypus vertritt. Allerdings überzeugt die von ihm skizzierte Geschichte der Wendung θεῖος ἀνήρ nicht, weil er die Wendung θεῖος ἀνήρ (ἄνθρωπος) nur an wenigen Stellen verifizieren kann.[271] Keiner der zitierten antiken Verfasser sprach von einer weiten Kategorie mit verschiedenen Subtypen,[272] sondern eine derartige Auffassung ist nichts anderes als ein modernes, hypothetisches Konstrukt, das auf Grund der spärlichen, verschiedenartigen antiken Belege behauptet worden ist. Nicht vergessen werden soll, daß Windisch, Wetter und Weinreich in ihrer Skizzierung der Geschichte der θεῖος ἀνήρ-Vorstellung vom nunmehr überholten Entwicklungsglauben abhängig sind.

Für Windisch ist die erste Gruppe der göttlichen Menschen deutlich von größter Bedeutung. Zu ihr gehört Apollonios. Den philostrateischen Apollonios, den einzigen ihm bekannten Wundertäter aus der Zeit Jesu, versteht er im großen und ganzen als den historischen, als Zeitgenossen

---

[268] Windisch 1934,70.

[269] *Hist. Aug. Alex. Sev.* 29. Windisch (1934,76) bezweifelt selbst die Historizität der Angabe. Heute wird die Zuverlässigkeit der *Historia Augusta* allgemein als gering angesehen (so schon Dessau 1889). Die Unhistorizität der Angabe dürfte nunmehr außer Zweifel stehen.

[270] Windisch 1934,77.

[271] Eine vollständigere Aufzählung der Stellen u. S. 99f.

[272] Natürlich versucht der Wissenschaftler, die antike Wirklichkeit durch Kategorien zu systematisieren, aber man muß den Unterschied zwischen den antiken und den modernen Kategorien sorgfältig beachten; von Bedeutung ist, daß Windisch nicht beweisen kann, daß irgendein antiker Autor eine reflektierte Kategorie des θεῖος ἀνήρ gebildet hat. Gegen den möglichen Einwand, man suche vergebens nach solchen Kategorien, kann z.B. auf die sorgfältige und reflektierte Theorie der Rhetorik (z.B. bei Quintilian) oder aber auf die theoretische Betrachtung des Wesens der Tugend bei Aristoteles in seiner Nikomachischen Ethik verwiesen werden (1145 A ff).

und Rivalen der Apostel. Es ist darum lehrreich, die Bibliographie von Windisch zu betrachten. Er zitiert viele wichtige Abhandlungen über Apollonios, z.B. Hempel (1920), der die Thesen Meyers (1917) kritisierte, den grundlegenden Artikel Meyers benutzt er dagegen nicht. Das läßt vermuten, daß Windisch die VA noch als eine recht gute Quelle über Apollonios ansah. Aber auch alle anderen von Windisch erwähnten göttlichen Menschen sind problematisch, weil Pythagoras, Empedokles und Menekrates Jahrhunderte vor Jesus lebten, Alexander aber mehr als ein Jahrhundert danach, und weil Simon Magus kein Grieche, sondern ein Samaritaner war. Immerhin trägt seine religionsgeschichtliche Arbeit als Materialsammlung wesentlich zur heutigen θεῖος ἀνήρ-Diskussion bei.

Einen entscheidenden Impuls der späteren Forschung gab LUDWIG BIELER in seinem Werk ΘΕΙΟΣ ΑΝΗΡ (1935-36).[273] Der große Wiener Philologe sagt, daß es weniger seine Aufgabe sei, "glaubwürdig Bezeugtes aus Legende und Anekdote herauszulösen, um etwa den geschichtlichen Apollonios oder Peregrinus zu gewinnen". Er versucht eher, den Typus des θεῖος ἀνήρ mit Hilfe der volkstümlichen Überlieferung aufzubauen. "Das Bild, an dem sich das Volk, an dem sich die Nachwelt erbaut, ist noch in ganz anderem Maße als ein wirkliches Menschenleben dem Zwang des Typus unterworfen."[274] Bieler scheut sich nicht davor, selbst diesen Typus ausdrücklich als eine platonische Idee zu bezeichnen:

"Sie (sc. seine eigene Untersuchung) will vielmehr den Gesamttypus, gewissermaßen die platonische Idee des antiken Gottmenschen schauen lassen, der sich, mag der einzelne θεῖος nie und nirgends alle wesentlichen Züge in letzter Vollkommenheit lückenlos in sich vereinigen, doch in jedem seiner Vertreter bald mehr, bald weniger ausprägt; jeder liefert Steine, die sich schließlich zum anschaulichen Bilde vereinigen lassen."[275]

Das Interesse Bielers, der übrigens an der Einzigartigkeit des Christentums festhält,[276] ist also nicht lediglich von historischer Art, sondern er will deutlich die großen Männer der Religionen auch auf einer allgemeineren Stufe betrachten.[277]

---

[273] ΘΕΙΟΣ ΑΝΗΡ. *Das Bild des "göttlichen Menschen" in Spätantike und Frühchristentum*, erster Teil 1935, zweiter Teil 1936.

[274] Bieler 1935,1,21.

[275] Bieler 1935,1,4.

[276] Bieler 1935,1,148-149.

[277] Bieler benutzt beiläufig auch das Wort *mana* (1935,1,141), ohne aber ein Interesse an dem Entwicklungsglauben zu zeigen, der z.B. bei Wetter, Windisch und Weinreich damit verbunden wird.

Bieler versucht auf elf Seiten, die Bedeutungsgeschichte der Wörter θεῖος und θεῖος ἀνήρ durch sprachliche Vorbemerkungen darzustellen.[278] Als Definition bietet er folgendes: "Er ist ein Mensch mit Menschenmaß überragenden Eigenschaften und Fähigkeiten, Liebling der Götter und eine Art Mittler zwischen der Gottheit und den Menschen, zugleich ihr Ratgeber und κατορθωτής, zu dem sie von fernher gezogen kommen."[279] Bieler meint, mit dieser Beschreibung, eine feste Gruppe von Männern herausgefunden zu haben, die von der Antike als θεῖοι ἄνδρες verstanden wurde.

Bieler betont selbst ausdrücklich, daß seine "Quellen ... durchwegs der römischen Kaiserzeit an(gehören)"[280]. Die ältesten Quellen sind neben der *Vita Augusti* Suetons (um 120) *Peregrinus, Alexander* und *Demonax* von Lukian, die zugleich die einzigen außerchristlichen und außerjüdischen Schriften sind, die älter sind als die VA des Philostratos. Aus dieser Zeit stammen als außerchristliche Schriften noch die Darstellung von Herakles von Marathon[281] sowie einige Viten von Diogenes Laertios und Heliodors *Aethiopica*. Dazu kommen neben mehreren späteren griechischen Zeugnissen auch christliche, vom Neuen Testament an bis zu einigen mittelalterlichen Texten, weiterhin auch Märchen und Mythen aus Afrika, Litauen und Nordamerika.[282] Alle heidnischen Quellen sind also mindestens hundert Jahre jünger als beispielsweise das Markusevangelium. Bieler zitiert aber auch viele Quellen, die im oben referierten Verzeichnis fehlen.[283]

Die hauptsächliche Leistung Bielers ist, daß er den Typus des göttlichen Mannes darstellt, wobei sich der philostrateische Apollonios als unersetzbar erweist. In der VA kommt die Topik des angeblichen göttlichen Menschen wie in keiner außerchristlichen Quelle sonst vor, was zunächst für die Lebensschicksale des Apollonios, aber auch für seine Persönlichkeit gilt. Er besitzt übermenschliches Wissen und Können. Seine Tätigkeit als öffentlicher Lehrer folgt dem angeblichen Schema. Apollonios wird öffentlich gehört und verehrt; er stammt von den Göttern ab.[284] Das alles mache ihn zu einem hervorragenden und neben Jesus

---

[278] Bieler 1935,1,9-20.
[279] Bieler 1935,1,20.
[280] Bieler 1935,1,7.
[281] Philostratos VS 552-554.
[282] Bieler 1935,1,7-9.
[283] Z.B. die Zauberpapyri (1935,1,80); Cassius Dio (1935,1,45); Homer (1935,1,47); Plinius und Julian (beide 1935,1,46).
[284] Das philostrateische Apolloniosbild entspricht der angeblichen Topik in vielen Punkten. Ich habe von Bieler folgendes gesammelt: a) "Typische Lebensschicksale": Die Geburt wird vorausgesetzt, Wunder bei der Geburt, eine geistige Frühreife, Kenntnis der fremden

zum mit Abstand wichtigsten Vertreter des angeblichen θεῖος ἀνήρ-Typus.

Ein genaues Studium des Buches von Bieler wirkt auf den heutigen Leser verwirrend. Auch wenn die Überlieferung eher "dem Zwang" unterworfen ist, scheint Bieler wirklich zu glauben, daß es eine platonische Idee gibt, die bezüglich überragender Personen die Weltgeschichte bestimmt. Damit erklärt sich auch, daß er die amerikanischen, afrikanischen und litauischen Märchen und Mythen auf gleicher Ebene berücksichtigt. Dieser deutliche Idealismus Bielers, der nur selten beobachtet worden ist,[285] muß hervorgehoben werden.

Bielers "Definition" bleibt unklar. Genügen nur einige Teile des Typus, um jemanden als θεῖος ἀνήρ zu identifizieren, so müssen viele (z.B. Aischylos, Mucius Scaevola, Archimedes und Cicero) mit ihren "überragenden Eigenschaften und Fähigkeiten" als θεῖοι ἄνδρες erkannt werden. Verlangt man dagegen, daß alle Teile stimmen, fallen die meisten in den Quellen genannten Personen aus. Es bleiben eigentlich nur der Jesus der Synoptiker und der philostrateische Apollonios übrig. Dabei drängt sich die Frage auf, ob diese beiden Gestalten zeitlich nahe genug beieinander stehen. Falls sich das Apolloniosbild der VA ins 1. Jahrhundert datieren läßt, sind Bielers Belege für die Grundzüge der Topik in dieser Zeit zutreffend; wird das Apolloniosbild aber hauptsäch-

---

Sprachen, ohne sie erlernen zu müssen, Gegenspieler, Wunder beim Lebensende und Erscheinung nach dem Tode. b) "Typische Persönlichkeit": Die Schönheit der Gestalt, die Vollkommenheit der Rede, die Stetigkeit des Charakters, die asketische Lebensweise. c) "Wissen und Können": Weisheit, Wunder, Anklage der Magie, Wissen vieler verborgener Dinge, Kenntnis der Zukunft. d) "Lehre und Wirken": Offenbarungen, Eingreifen in das öffentliche Leben, Tätigkeit als Friedensstifter, Herrschaft über Tiere, Hilfe in Not des täglichen Lebens, Tätigkeit als Kulterneuerer. e) "Anhang und Schule": Scharen von Schülern. f) "Aufnahme bei der Umwelt": Ehrung des θεῖος ἀνήρ, Spott. g) "Gott und Gottessohn": Stammbaum von Gott, göttliche Verehrung.

[285] Eine grundlegende Kritik des Bielerschen Idealismus habe ich nur bei Holladay (1977,30) und bei Gallagher (1982,10-18) gefunden. Nach Holladay gehört das Werk Bielers eigentlich in den Bereich der geistesgeschichtlichen Untersuchung. Etwas ironisch vergleicht er Platon und Bieler: "allthough unlike Plato, Bieler does not admit the possibility of a single *aisthetos* θεῖος ἀνήρ ever possessing all the traits of the *noetos* θεῖος ἀνήρ". Gallagher betont, daß Bieler von allen, die im angeblichen Anschluß an ihn einen festen Typus des θεῖος ἀνήρ vermutet haben, grob mißverstanden worden ist, und daß Bieler selbst bewußt war, daß er mit seiner hypothetischen Hilfskonstruktion eine vielseitige Erscheinung untersuchte. Es ist zweifellos richtig, daß Bieler unrecht getan wird, wenn sein Buch unter Absehung seines Idealismus benutzt wird, aber ich bezweifle, ob er methodisch so klar dachte, wie Gallagher auf Grund von Analogien bei Max Weber behauptet. Es scheint eher, daß Bieler, der z.B. sorglos das Wort *mana* benutzen kann, ohne mit der mit ihm verbundenen Auffassung einig zu sein, von der Fülle der interessanten Belege zu einem unreflektierten Denken verleitet wurde.

lich dem 3. Jahrhundert zugewiesen, fallen bei Bieler beinahe alle
heidnischen Belege aus der Zeit Jesu weg.

In seinem Buch vermag Bieler eine Topik nicht zwingend zu begründen, obgleich er von den zahlreichen Texten, die er zitiert, mehrere
Belege für den jeweiligen Topos erwähnt. Zum einen versagt die Mehrzahl der Texte bei dem jeweiligen Punkt der Topik; z.B. wird das Kennzeichen "körperliches Wachstum" nur in zwei Texten gefunden[286], und
"Elementarereignisse beim Tode"[287] kommen nur in drei Texten vor.
Zum anderen gibt es keine Texte, die der angeblichen Topik überall
folgen; lediglich die kanonischen Evangelien und die VA tun das in den
meisten Punkten. Sonst sammelt Bieler die Evidenz aus vielen Texten,
die gesondert betrachtet nur eine kleine Anzahl der τόποι enthalten.
Ohne die Evangelien und die VA hätte Bieler diese Topik nie aufbauen
können. Für Bieler selbst ist das alles nicht problematisch, weil
entsprechend seiner idealistischen Weltanschauung θεῖος ἀνήρ eine
platonische Idee ist, die von einem Text aus oder von den Quellen
keineswegs lückenlos gefunden werden muß. Ihre Existenz braucht keine
Begründung. Benutzt man aber das Buch Bielers, ohne seinen Idealismus
zu teilen, muß man sich folgendes bewußt machen: 1) Wer auf die Topik
Bielers zurückgreift, der stützt sich weitgehend auf die VA und das
philostrateische Apolloniosbild, auch wenn Apollonios selbst nicht
erwähnt wird. 2) Wer die Evangelien mit Hilfe der Topik Bielers
auszulegen versucht, gerät in einen *circulus vitiosus*. Daß diese Sätze
nicht nur spekulativ sind, wird unten näher ausgeführt.

Bieler und auch die älteren Fürsprecher des θεῖος ἀνήρ-Konzeptes
fanden unter den Theologen große Zustimmung.[288] Trotzdem vergingen
drei Jahrzehnte, bevor die nächste bedeutende religionsgeschichtliche
Abhandlung erschien.[289]   HANS DIETER BETZ, der schon in den
fünfziger Jahren viel im Grenzgebiet zwischen Antike und Christentum
arbeitete, verwendet in seinem Buch *Lukian von Samosata und das Neue
Testament* (1961) beinahe fünfzig Seiten darauf zu zeigen, daß die Topik

---

[286] Bieler 1935,1,38.
[287] Bieler 1935,1,47.
[288] S. u. Kapitel 2.3.2.
[289] FRIEDRICH PFISTER ("Herakles und Christus") versuchte im Jahre 1937 zu zeigen,
daß "der Verfasser des Urevangeliums, das in verschiedenen Fassungen den drei Synoptikern
bekannt war, eine kynisch-stoische Heraklesbiographie vor Augen hatte und in enger Abhängigkeit von dieser das Leben Jesu gestaltete" (1937,59f). Diese These wurde von dem Altphilologen HERBERT JENNING ROSE zurückgewiesen (1938) und wird z.B. von MORTON
SMITH als "absurd" bezeichnet (1971,192). Viel besser begründet war auch der Artikel von
HANS LEISEGANG (1950) nicht ("Der Gottmensch als Archetypus")

des θεῖος ἀνήρ bei Lukian vorkomme (die Wendung θεῖος ἀνήρ benutzt Lukian nur einmal!).[290] Obgleich diese Abhandlung nichts mit Apollonios direkt zu tun hat - Lukian erwähnt Apollonios nur einmal[291] -, ist sie für die θεῖος ἀνήρ-Hypothese wichtig und muß hier behandelt werden. H.D. Betz bietet keine eingehende Begriffsanalyse, sondern fußt vor allem auf Reitzenstein, Windisch und Bieler. Er gibt eine lange Reihe von Bezeichnungen an, die für den "göttlichen Menschen" verwendet worden seien. Da einige Bezeichnungen (z.B. καλός und σοφός) in der griechischen Literatur sehr gebräuchlich sind, bleibt die Definition unklar.[292] Betz kann mehrere anregende Parallelen zur Jesusüberlieferung aufzeigen, aber er schenkt zu wenig Aufmerksamkeit der Tatsache, daß die Helden Lukians dem späten zweiten Jahrhundert angehören. Daraus daß H.D. Betz die Topik schon fertig vor sich liegen sah und häufig Reitzenstein, Wetter und Bieler zitierte, darf geschlossen werden, daß der philostrateische Held auch in dieser wichtigen Abhandlung eine bedeutende Rolle spielt.

Von Anfang unseres Jahrhunderts an glaubte man also in der religionsge-schichtlichen Forschung, daß die Antike einen Typus des göttlichen Menschen kannte. Reitzenstein (1910), Wetter (1916), Weinreich (1926), Windisch (1934), Bieler (1935-36) und H.D. Betz (1961) bauten die ent-sprechende Topik auf, aber eine eindeutige Definition konnte sich nicht durchsetzen.

Obgleich die Argumentation bei allen diesen Forschern ähnlich ist, sind die Ausgangspositionen völlig unterschiedlich. Während Reitzenstein eine orientalische Einwirkung auf die hellenistische Religion annahm, leiteten Wetter, Windisch und Weinreich die antike θεῖος ἀνήρ-Auffassung von einer primitiven Religiosität her, die am Anfang überall auf der Erde ähnlich gewesen sei und die in Form der θεῖος ἀνήρ-Vorstellung noch in höheren Ausformungen der Religion durchschimmere. Ganz anders dachte Bieler, der ausdrücklich von der platonischen Idee des göttlichen Menschen und von einem Zwang des Typus sprach.

---

[290] H.D. Betz 1961,100-143.

[291] Lukian nennt Apollonios von Tyana im Zusammenhang mit dem damaligen schlechten Ruf des Alexander, der als Magier betrachtet wurde (*Alex.* 5). Der in *Demonax* 31 kurz erwähnte Apollonios kann zwar der Tyaneer sein (Petzke 1970,20), aber dies dürfte aus zeitlichen Gründen eher unwahrscheinlich sein.

[292] Die Bezeichnungen, die für den "göttlichen Menschen" verwendet worden sein sollen, sind nach H.D. Betz folgende: τὶς τῶν κρειττόνων, ἀνὴρ δαιμόνιος, θαυμά-σιος, θαυμαστός, ἐπουράνιος, θεοειδής, θεοπρεπῆς, θεός, θεσπέσιος, ἱερός, ἰσόθεος, καλός, σοφός, τρισόλβιος, ὑπεράνθρωπος, ὑπερνέφε-λος, ὁ κανών (1961,100-103).

Die Gestaltwerdung der θεῖος ἀνήρ-Topik läßt sich gut aufzeigen, ebenso die Tatsache, daß Apollonios von Tyana für die oben genannten Abhandlungen eine entscheidende Rolle spielt. Es ist wichtig zu erkennen, daß es eben der philostrateische Apollonios war, der hier die Hauptlast des Beweises trägt, dessen Traditionen allerdings nicht immer sachgemäß ausgewertet wurden. Reitzenstein und Wetter schrieben noch vor dem wegweisenden Artikel Meyers, der die Frage nach der historischen Zuverlässigkeit aufs Neue stellte. Windisch übersah den Artikel. Schon von seinem Ansatz her wollte Bieler nicht auf die historische Fragestellung eingehen. So ist es spannend zu sehen, ob und wie die wichtige Philostratosliteratur neben den in diesem Kapitel genannten Abhandlungen später berücksichtigt wurde.

Nach unserer Einsicht wären - wenn überhaupt - ohne den philostrateischen Apollonios alle in diesem Unterkapitel dargestellten Abhandlungen sicher ganz anders geschrieben worden. Der Apollonios- und der Philostratos-Forschung kommt hier eine für die Untersuchung des Hintergrundes des Neuen Testaments entscheidende Aufgabe zu. Wir bezweifeln, ob der Typus des heidnischen göttlichen Menschen ohne den philostrateischen Apollonios überhaupt entworfen worden wäre. Von Bedeutung ist weiter die Beobachtung, daß Bieler seine Topik hauptsächlich auf Grund des Jesusbildes der kanonischen Evangelien und des Apolloniosbildes der VA gestaltete, so daß sie in der Auslegung des Neuen Testaments nur zu einem Zirkelschluß führen kann.

2.3.1.1.2.   Die spätere Forschung: der Gebrauch der Topik und ihre nachträgliche Begründung

Nachdem die Topik gestaltet war, ging die religionsgeschichtliche Diskussion über die göttlichen Menschen weiter, jetzt parallel zu der mit ihr eng verbundenen Diskussion über die Aretalogie.[293] Die θεῖος ἀνήρ-Hypothese fand sowohl ihre Befürworter als auch ihre Gegner.

In seinem Buch *Die Gegner des Paulus im 2. Korintherbrief. Studien zur religiösen Propaganda in der Spätantike* (1964) stellt DIETER GEORGI die θεῖος ἀνήρ-Topik als Hintergrund der Schwierigkeiten des Paulus in Korinth dar[294] und nimmt eine starke Konkurrenz zwischen verschiedenen missionierenden Gruppen zur Zeit Jesu an.[295] Nach Georgi

---

[293] S. u. Kapitel 2.3.1.2.

[294] Georgi 1964,192-200. Über die Auslegung des II Kor bei Georgi s. u. S. 128f.

[295] Georgi 1964,187-192. Er stützt sich auf Bieler, Windisch und H.D. Betz (1961), von denen der erstgenannte seiner Ansicht nach die wichtigsten Texte zum Phänomen des θεῖος

spielten die Person und die Fähigkeiten des Missionars bei dieser
Auseinandersetzung eine entscheidende Rolle. Wesentlich für den Erfolg
einer Botschaft war es, ob und wie der Missionar das Göttliche in seinem
Auftreten zur Schau stellen konnte. Dion Chrysostomos distanziere sich
freilich in der 33. Rede (33,4) von einem Typ des θεῖος ἄνθρωπος, der
alles über Menschen, Dämonen, Götter, Natur und zehntausend andere
Dinge wisse, aber in der Zeit des Neuen Testaments habe das Publikum
ganz konkret darauf gewartet, daß solche Leute das Göttliche in
Menschengestalt vorführen könnten. Dagegen hingen kynisch-stoische
Popularphilosophen, wie z.B. Proteus Peregrinus, dem Mirakulösen an.
Am stärksten erkennbar aber war nach Georgi diese Neigung bei den
Neupythagoreern, von denen Apollonios von Tyana der wichtigste sei.
Sie hätten maßgeblichen Einfluß auf die weitere philosophische und
religiöse Entwicklung genommen. Georgi verweist neben menschlichen
Wundertätern auf die Bedeutung des Sarapiskultes. Wegen religiöser
Propaganda der Heiden sollen auch die Juden *ad maiorem gloriam Dei*
davon erzählt haben, wie die Kraft Gottes in den Großen der Geschichte
des jüdischen Volkes sichtbar wurde.[296]

Georgi ist davon überzeugt, daß die ausgedehnte Wander- und Wundertätigkeit des Apollonios nicht Produkt der späteren Legende sei; vielmehr
setze diese jene als Tatsache voraus. Nach ihm habe Apollonios sicher
Darbietungen von philosophischem Tiefsinn mit allerlei eindrücklichen
Bekundungen ungewöhnlicher Fähigkeiten verbunden, "von der rhetorischen an". Das habe ihm Gegner eingebracht, die ihn im (nach Georgi
sicher historischen) Prozeß unter Domitian zum Märtyrer machten. Im
Anschluß an Norden hält Georgi den 58. Brief des Apollonios für echt
und behauptet, Apollonios habe sich "ohne Zweifel" als Verkündiger der
elementaren und wirksamen Gegenwart göttlich-kosmischer Kraft in der
Menschenwelt verstanden und sich selbst als Beispiel vorgestellt. Darum
habe ihm nicht erst Philostratos das Prädikat θεῖος zugeteilt. Nach
Georgi existiere jedoch keine "befriedigende historisch-kritische Untersuchung über die Biographie des Philostratos". Bezüglich der Literatur
verweist er auf Hempels Artikel in RAC (1957).[297]

Die Darstellung Georgis ist reizvoll und schön geschrieben, aber einige
kritische Bemerkungen dazu sind dennoch notwendig.

Den Grundstein der Argumentation Georgis liefert die Annahme eines
harten Wettbewerbs, in dem viele verschiedene Gruppen ihre eigenen

---

ἀνήρ zusammengestellt hat (Georgi 1964,147).

[296] Georgi 1964,145-167.

[297] Georgi 1964,196f.

göttlichen Menschen priesen. Bei den Juden ist das aber mehr als fraglich.[298] Ob der Sarapiskult etwas mit der Konkurrenz zwischen den Philosophenschulen und den Wundertätern zu tun hatte, bleibt auch unsicher.[299] Die Textstelle von Dion Chrysostomos (33,4) wird von Georgi falsch interpretiert.[300] Uns interessiert nunmehr, wie er Apollonios und die Apollonios-Tradition behandelt.

Laut Georgi gibt es keine "befriedigende historisch-kritische Untersuchung" über die VA, aber schon die von Hempel erwähnten Artikel von Meyer (1917) und Solmsen (1941) wären Grund genug, mit der Apollonios-Tradition vorsichtiger umzugehen, als er es tut. Daß beispielsweise Philostratos seinen Helden als großen Rhetor und Meister der attischen Sprache darstellt, paßt nur allzu gut zu den Idealen des Verfassers.[301] Georgi stellt über die Lehre und den Prozeß des Apollonios auffallend kühne Behauptungen auf. Ob der 58. Brief echt ist, erscheint keineswegs sicher, und somit ist auch der Anspruch des Helden fraglich.[302] Georgi übt weder Quellenkritik noch setzt er sich mit den früheren Forschern auseinander, vielmehr benutzt er die VA des Philostratos kritiklos als eine historisch zuverlässige Quelle. Wenn diese Einstellung als falsch erwiesen werden kann, bricht seine Argumentation, die von einem Wettbewerb zwischen den Anhängern der verschiedenen Wundertäter ausgeht, zusammen.

In einem ThWNT-Artikel (1969) stellt sich der Altphilologe WÜLFING VON MARTITZ kritisch zum θεῖος ἀνήρ-Begriff, der "mindestens in der vorchristlichen Zeit" kein feststehender Begriff gewesen sei; es seien

---

[298] S. u. S. 88ff.

[299] S. u. S. 220ff.

[300] Dion Chrysostomos benutzt zwar die Wendung θεῖος ἄνθρωπος, aber daß er damit Lehrer meint, die mit ihm mit Wundern konkurrieren, muß zuerst in den Text hineingelesen werden, bevor es daraus ausgelegt werden kann. Dion sagt nämlich kein Wort über die Wunder, sondern über angebliche Kenntnis aller Dinge und über schöne, aber leere Rhetorik. Daß jemand einen gewissen Anspruch erhebt, *rerum cognoscere causas* (vgl. Verg. *georg.* 2,490), macht ihn nicht zu einem mit anderen konkurrierenden Wundertäter. Wenn Dion sagt οἱ πάντα εἰδέναι φασὶ καὶ περὶ πάντων ἐρεῖν, ἦι διατέτα-κται καί τινα ἔχει φύσιν, klingt es so, als ob diese Popularphilosophen, die Dion hier mit der Wendung θεῖοι ἄνθρωποι (für ihn wahrscheinlich kein fester Terminus) bezeichnet, über naturphilosophische Fragen diskutiert haben. Solche Diskussionen über das Wesen der Dinge, die auch der philostrateische Apollonios mehrfach (VA 3,34; 3,37; 8,11) führt, haben ihre Wurzeln in der vorsokratischen Philosophie; sie gehören zu verschiedenen Varianten der Popularphilosophie und haben an sich mit Wundern nichts zu tun. Somit kann diese Stelle schwerlich als Beleg für die Darstellung Georgis benutzt werden.

[301] S. Koskenniemi 1991,45-57.

[302] Über die Echtheit der Briefe im allgemeinen s. Bowie 1978,1690f; Anderson 1986, 190; über die Schwierigkeiten beim 58. Brief s. Penella 1978,119f.

vielmehr durchaus Personen θεῖοι genannt worden, ohne daß ihnen damit charismatischer Charakter verliehen worden sei.[303] Daher kritisiert von Martitz "die freigebige Benutzung des Ausdrucks" bei Bieler, die "zu dem falschen Eindruck" führe, als habe es eine solche Bezeichnung und eine feste Vorstellung schon in dieser frühen Zeit gegeben."[304] In einer Anmerkung schloß sich auch EDUARD SCHWEIZER teilweise von Martitz an.[305]

GERD PETZKE (1970) hat neben anderen Gebieten der Apollonios-Forschung[306] auch die Frage des göttlichen Menschen bearbeitet. Nachdem er mit Hilfe der traditionsgeschichtlichen und der formgeschichtlichen Methode gezeigt zu haben glaubt, was in der Apollonios-Tradition als historisch zuverlässig gelten kann, vergleicht er die Aussagen über die Gestalt Jesu mit denen über Apollonios. Petzke distanziert sich von dem Begriff θεῖος ἀνήρ, da er selten definiert werde, und wenn, "dann so weit, daß alle herausragenden Gestalten der Antike darunter begriffen werden können". Dazu komme, daß die Entstehung der θεῖος ἀνήρ-Vorstellung keineswegs geklärt sei. Da die Untersuchung dieses Problems und die Frage nach den alttestamentlichen Einflüssen den Rahmen seiner Arbeit sprengen würde, begnügt er sich damit, die Parallelen aufzuzeigen, gleichgültig ob es sich dabei um ein θεῖος ἀνήρ-Motiv handelt oder nicht. Petzke, der viele spannende Parallelen zwischen den beiden Traditionskreisen aufzeigt,[307] warnt vor weiterreichenden Schlüssen.[308]

Von sorgfältigem Nachdenken über die Möglichkeiten seiner Untersuchung zeugt, daß Petzke die Probleme der θεῖος ἀνήρ-Topik und der weitergehenden Schlüsse sah. Das bedeutet aber zugleich, daß man sein Buch, bevor die von ihm selbst erwähnten Probleme nicht gelöst sind, nur zum Teil benutzen kann. Vor allem wird die Frage nach dem religionsgeschichtlichen Kontext der beiden Traditionskreise in den ersten zwei

---

[303] Von Martitz 1969,339.

[304] Von Martitz 1969,338 Anm. 23. Dabei hat von Martitz den Ausgangspunkt Bielers mit seinem Idealismus übersehen, und möglicherweise hat er auch, wie Gallagher behauptet (1982,13-14), seine methodische Grundlage nicht klar genug gesehen. Zu dieser Zeit gab es aber schon mehrere Theologen, die Bieler genau wie von Martitz verstanden hatten (s.u. Kapitel 2.3.2.2.).

[305] Schweizer bestreitet zwar, daß die θεῖοι ἄνδρες als Gottessöhne bezeichnet worden seien (1969,378, Anm. 305), er bestreitet aber nicht ihre Existenz und benutzt selbst den Begriff (1969,379).

[306] S. o. Kapitel 2.1. und 2.2.3.

[307] Petzke 1970,162-194.

[308] Petzke 1970,161-162. Das hindert ihn nicht, später selbst den Begriff θεῖος ἀνήρ ohne weiteres zu benutzen, ohne ihn zu definieren (1976,200).

Jahrhunderten dringlich. Ohne die geschichtliche Darstellung der übrigen
Wundertäter jener Periode bleibt der religionsgeschichtliche Vergleich
Petzkes ein Torso. Wenn er selbst die Schlüsse nicht zu ziehen wagt,
was klug ist, wie können die anderen Forscher es tun?[309] Dazu kommt,
daß sein wichtigster Schluß, nämlich daß die Traditionsprozesse bei Jesus
und bei Apollonios ähnlich seien, wie schon oben gesehen, fraglich bleibt,
weil er weder die weitere literarische Produktion des Philostratos noch
den historischen und geistesgeschichtlichen Kontext der VA berücksichtigt. Im zweiten Hauptteil dieser Arbeit werde ich darum den religionsgeschichtlichen Hintergrund der VA untersuchen.

Die Diskussion über die göttlichen Menschen und die Gattung
Aretalogie wurde von MORTON SMITH im Jahr 1971 in einem Artikel
zusammengefaßt[310] und zugleich wesentlich weitergeführt.[311] Er war
der Meinung, daß es in der Antike göttliche Menschen gab, welche nur
zufälligerweise in der Literatur erwähnt worden seien. So spreche Livius
nur in einem Satz von dem Begründer des Bacchanalienkultes (Liv.
39,8,3f), und sowohl Kleandros (Hdt. 6,83,2) als auch der Syrer Eunus
(Diod. 34,2,5-8), die beide Propheten waren, würden nur aufgrund der
von ihnen verursachten sozialen Unruhen erwähnt. Ebenso hören wir
auch nur durch Zufall von mehreren messianischen Propheten in
Palästina. Celsus aber könne am Ende des 2. Jahrhunderts sagen, daß es
in Palästina und Syrien viele gab, die den Anspruch erhoben, Götter oder
Gottessöhne zu sein (Orig. *c. Cels.* 7,9), was Origenes keineswegs
bestreite. Bis zur Zeit der Antoninen sei uns also die Volksreligion der
Antike, die Welt der wandernden Propheten, Magier und Wundertäter, nur
durch zufällige Erwähnungen bekannt. Dann erst habe der Rationalismus
seinen Einfluß verloren, so daß die literarisch tätige Oberschicht, z.B.
Lukian, diese Welt als erste ironisch berücksichtigt habe, und zwar so
häufig, daß auch uns etwas davon überliefert sei.

Nicht nur die Heroen und Erscheinungen der Götter in Menschengestalt
werden bei Morton Smith hervorgehoben, sondern auch der griechische
Brauch, den Wohltäter wie einen Gott zu verehren. Das alles habe
ebenso wie die Philosophie die Grenze zwischen Menschen und Göttern
fließend werden lassen. Hinter der Schar der göttlichen und für Götter
erklärten Menschen ("this mob of divine or deified men") stand nach
Smith der Glaube, daß die Götter anthropomorph seien. Der viel-

---

[309] Später übersahen allerdings viele die Warnung Petzkes, s.u. Kapitel 2.3.2.
[310] "Prolegomena to a discussion of aretalogies, divine men, the Gospels and Jesus", mit
forschungsgeschichtlicher Skizze (1971,188-195).
[311] S. auch u. Kapitel 2.3.1.3.

gestaltige Kult des Asklepios zeige, wie vielfältig und anpassungsfähig der Glaube an solche Gestalten war.

Nach Morton Smith waren Jesus wie Apollonios und Asklepios, "to mention only two", zuerst berühmte Wundertäter und Wunderheiler, erhielten aber später in der volkstümlichen Überlieferung göttliche Väter und Geburtsgeschichten. Beide seien als Lehrer einer Moral dargestellt worden, beide hätten den Tempelkult reformiert und an Mysterien teilgenommen oder selbst solche eingesetzt. Jesus sei zum Konkurrenten des Asklepios geworden, als dieser zum Prinzip der kosmischen Ordnung wurde. Wenn wir Briefe von Apollonios-Gläubigen hätten, würden sie ohne Zweifel über Gott in Apollonios spekulieren. Beide seien als Heiland ("savior") und Erscheinungen Gottes betrachtet worden, ihre Prophezeiungen seien jeweils von ihren Schülern aufbewahrt worden. Beide seien der Magie angeklagt worden, wobei Jesus und Asklepios umgebracht worden seien, während Apollonios den Tod vermieden habe. Am Ende seien alle drei in den Himmel aufgenommen worden.[312]

Die Annahme Morton Smiths, daß wir dem Zufall die knappen Angaben über Wundertäter vor der Zeit der Antoninen verdanken, ist lehrreich und zweifellos berechtigt. Hier sieht Smith eine geistesgeschichtliche und soziale Entwicklung insofern, als erst in der Zeit der Antoninen der schon früher in der Unterschicht gelebte Glaube auch literarisch überliefert worden sei. Dagegen muß gesagt werden, daß einerseits diese Annahme auf einem *argumentum e silentio* bezüglich der frühen kaiserzeitlichen Literatur beruht und daß andererseits in unserer Zeit auch die nichtliterarischen Quellen berücksichtigt werden können und müssen; Inschriften, Papyri[313] und archäologische Funde untersucht Smith jedoch nicht, obgleich z.B. die Papyri außerhalb der literarischen Kreise das tägliche Leben in Ägypten während mehrerer Jahrhunderte beschreiben und obwohl z.B. der von Smith erwähnte Bacchanalien-Skandal in einigen Inschriften belegt ist. Der dringenden Aufgabe, das nichtliterarische Vorkommen des Wunderglaubens zu prüfen, versuche ich im zweiten Hauptteil (Kapitel 3.2.2.) nachzukommen. Bis dahin muß offen bleiben, ob nicht auch der nichtliterarisch nachweisbare Wunderglaube erst in der Zeit der Antoninen Verbreitung fand. Eben aus dieser Zeit stammen nämlich die von Origenes zitierten Worte des Celsus

---

[312] Morton Smith 1971,187f.

[313] Morton Smith zitiert allerdings die Zauberpapyri, vgl. über sie u. S. 224f. Es ist keine Frage, daß die Magie im Mittelmeerraum jahrhundertelang von großer Bedeutung war. Die Wundertäter aber, wie der philostrateische Apollonios und Alexander von Abonuteichos, sind etwas anderes als die Kenner der magischen Riten, die als Verbrecher galten.

(*c.Cels.* 7,9).[314]   Damit müßte allerdings die Schar der göttlichen
Menschen zur Zeit Jesu als bisher nicht nachgewiesen angesehen werden.

In dem, was Smith über Jesus und Apollonios schreibt, ist deutlich die
Typologie Bielers zu erkennen.[315]   Zu Smith's Wendung "to mention
only two" finden sich in der modernen θεῖος ἀνήρ-Literatur mehrere
Parallelen;[316] meistens wird dann außer Jesus eben Apollonios erwähnt.
Daß die VA mehr als hundert Jahre später als die Evangelien geschrieben
wurde, spielt für Smith keine Rolle; insofern wird er den Quellen nicht
gerecht.[317]

In seinem Buch *The charismatic figure as miracle worker* will DAVID
LENZ TIEDE (1972) zeigen, daß die Antike nicht nur eine, sondern
mehrere Vorstellungen über göttliche Menschen hatte.   Er nimmt dabei
an, daß die Neigung, Geschichten wie ein *aretalogus*[318] zu erzählen, im
Laufe der Jahrhunderte immer mehr Anklang fand.

Einen eigenen Typus bildeten nach Tiede die Pythagoreer, die zuerst
Pythagoras und danach Apollonios als große göttliche Menschen ("divine
men") ansahen.[319]   Was Apollonios betrifft, so meint Tiede im Anschluß an Reitzenstein, daß das älteste *stratum* der Apollonios-Überlieferung eine Sammlung von Wundergeschichten gewesen sei, die
Philostratos als Quelle benutzt habe.[320]   Obwohl er die Quellenlage als
problematisch ansieht, hält er an der Existenz der Damis-Memoiren fest.
Er geht davon aus, daß man später versucht habe, Apollonios gegen die
Vorwürfe anderer Apollonios-Schüler zu verteidigen.   Philostratos habe

---

[314]   Zu der Möglichkeit, daß diese Wundertäter Christen waren, s. u. S. 216f.

[315]   Smith beklagt zwar, daß das Werk Bielers Schwächen aufweist ("it was somewhat
careless"), aber grundsätzliche Kritik übt er nicht (1971,191f).

[316]   S. z.B. Wetter o. S. 66.

[317]   Daß Apollonios von den eleusinischen Mysterien zuerst ausgeschlossen und später
wie zahllose andere Griechen eingeweiht wurde (VA 4,18; 5,19), hat wenig mit dem
Abendmahl oder der Taufe zu tun.   Was Smith mit dem Wort "savior" bei Apollonios meinen
mag, bleibt unklar (σωτήρ wird er in der VA nie genannt).   Wenn irgendwo, dann werden
hier die großen Unterschiede zwischen jüdischem Denken, das hinter den Evangelien steht,
und griechischem Denken, das hinter der VA steht, deutlich: So bedeutet beispielsweise
σωτηρία bei Philostratos etwas völlig anderes als im Neuen Testament.   Überraschenderweise nimmt Smith an, daß die Schüler des Apollonios seine "Prophezeiungen" bewahrt
haben, obgleich es kaum Hinweise auf eine solche Schülerschaft gibt (s.u. S. 176f).   Auf
Spekulationen über die nichtexistenten Briefe der vielleicht nichtexistenten Apollonios-
Gläubigen kann nur eine tendenziöse und den antiken Quellen gegenüber gewalttätige
Pseudowissenschaft aufbauen.

[318]   Über Tiede und die Aretalogie s. u. S. 109.

[319]   Tiede 1972,14-29.

[320]   Tiede 1972,26.

seinerseits alles getan, um Apollonios nicht als Magier, sondern als Philosophen darzustellen.[321]

Ein anderer Subtypus des göttlichen Menschen, in dem die göttliche Weisheit hervorgehoben wird, wurde nach Tiede von Sokrates abgeleitet. Diejenigen Schriftsteller, die die Weisheit des Sokrates betonten (Cicero, die früheren Verfasser bei Diogenes Laertios, Plutarch, Lukian und Celsus), kritisierten zugleich eine andere Richtung (Theokritos, einen μάντις bei Plutarch[322]) hart, indem sie versuchten, das Übernatürliche in der Gestalt des Sokrates hervorzuheben. Trotz aller Kritik seien die wunderhaften Züge des großen Weisen immer wichtiger geworden.[323] Auch die Philosophenschulen hätten ihre göttlichen Weisen gehabt, und schon zur Zeit Lukians scheine die Tendenz in Richtung Wundertäter stark gewesen zu sein.[324]

Ein weiterer Typus des göttlichen Menschen sei der des Heroen gewesen. Vor allem Herakles sei ein gutes Beispiel dafür, daß die Tradition lebendig war und ständig zunahm.[325]

So gab es nach Tiede für göttliche Menschen nicht nur einen stabilen Typus, sondern mehrere Subtypen, bei denen er eine Entwicklung in Richtung der Betonung des Wunderhaften erkennt. Während Lukian im *Demonax* der älteren Tradition treu geblieben sei und die Weisheit des Philosophen betont habe, müsse er selbst bezeugen, daß andere allerdings immer mehr Interesse am Wunderhaften zeigten. Vor allem Philostratos und Porphyrios hätten unter diesem Druck Apollonios bzw. Pythagoras nicht nur als Weise, sondern auch als Wundertäter dargestellt.[326] Diese verschiedenen Typen seien in den kultivierten und literarischen Kreisen erst ab der Mitte des 2. Jahrhunderts nachweisbar.[327] Tiede datiert die "general conception of the divine man" ins 2. und 3. Jahrhundert nach Christus.[328] Eine ähnliche Entwicklung sei auch im hellenistischen Judentum erkennbar: Im Mosesbild der jüdischen Verfasser werde das Wunderhafte immer wichtiger.[329]

Mit der Annahme mehrerer Typen bringt Tiede einen neuen Gesichtspunkt in die Diskussion ein; allerdings bedeutet dies nichts anderes als die

---

[321] Tiede 1972,23-29.
[322] *Mor.* 580-582.
[323] Tiede 1972,30-42.
[324] Tiede 1972,43-70.
[325] Tiede 1972,71-82.
[326] Tiede 1972,83-100.
[327] Tiede 1972,98.
[328] Tiede 1972,243.
[329] Tiede 1972,101-240.

Rückkehr zu Wetter und Windisch, die einen vielseitigen Typus vermuteten. Dies war auch die Meinung von Bieler, dessen Buch allerdings mißverstanden und als Votum für einen einheitlichen Typus aufgefaßt wurde.[330] Tiede hätte gründlicher die Frage behandeln müssen, ob man überhaupt von einer Gesamtkonzeption "göttlicher Mensch", die alle Subtypen in sich einschließt, ausgehen kann. Dieser Frage wird im zweiten Hauptteil dieser Arbeit nachgegangen (Kapitel 3.2.).

Weiterhin ist neu bei Tiede, daß er eine Entwicklung innerhalb der θεῖος ἀνήρ-Vorstellung vermutet und sie ins 2. oder 3. nachchristliche Jahrhundert datiert. Aus dieser späten Datierung resultiert für die neutestamentliche Auslegung, in der die θεῖος ἀνήρ-Hypothese Einfluß gewann, die kritische Anfrage, ob die Vorstellung überhaupt in ihr brauchbar ist. Bei einer so späten Datierung spielen auch Apollonios und die Apollonios-Tradition eine Rolle, weil damit Philostratos und seine Quellen zeitlich im Mittelpunkt stehen. Wenn dieser, wie Tiede meint, eine Damis-Quelle tatsächlich benutzt hat, so handelt es sich dabei um eine verlorene Schrift, deren Umfang und Tendenz von großem Interesse sind. Allerdings müssen Existenz und mögliche Tendenz dieser Quelle kritisch untersucht werden.[331]

In GERD THEISSENs Buch *Urchristliche Wundergeschichten* (1974) gewinnt die Apollonios-Tradition, wie schon oben gesehen[332], große Bedeutung; er untersucht die Wundergeschichten "synchronisch ... als strukturierte Formen,[333] diachronisch als reproduzierte Erzählungen, funktional als symbolische Handlungen"[334]. Dabei erweist sich die "diachronische Betrachtungsweise" als besonders lehrreich; denn hier betont Theißen ausdrücklich die Notwendigkeit, die Traditionen über die Wundertäter zu datieren und deren Auftreten historisch einzuordnen.[335]

Für Theißens These ist von Bedeutung, daß Menekrates, der letzte Wundercharismatiker der klassischen Zeit, im 4. Jahrhundert v. Chr. lebte. Abgesehen von König Eunus,[336] der eher ein hellenistischer Söldnerführer denn ein religiöser Wundertäter gewesen sei, gebe es 300 Jahre lang keine Nachricht über charismatische Wundertäter. Selbst wenn man

---

[330] S. u. S. 119ff.
[331] S. u. S. 173ff.
[332] S. oben S. 56ff.
[333] S. o. S. 56ff.
[334] Theißen 1974,12f.
[335] "Die griechisch-römische Antike umfaßt ein ganzes Jahrtausend. Und innerhalb dieser Zeit hat es zweifellos eine Geschichte des Wunderglaubens gegeben" (Theißen 1974, 262).
[336] S. u. S. 209.

eine lückenhafte Quellenlage annehme, so müsse man doch davon ausgehen, daß mögliche Wundertäter in dieser Zeit kaum größere Bedeutung
erlangt hätten.

"Das wird im 1. Jahrhundert n. Ch. anders. Besonders im Osten des römischen Reiches
finden wir nun Wundercharismatiker: Apollonius v. Tyana stammt aus dem östlichen
Kleinasien, Jarbas ist ein indischer Weiser, den er auf seinen Reisen trifft (VA III,39),
Plutarch erzählt von einem Wundermann am Roten Meer, der fast ohne Nahrung existierte,
mit Nymphen und Dämonen zusammen lebte und die Gabe der Prophetie besaß (*Mor.*
V,421aff). Von geschichtlicher Bedeutung ist allein Apollonius von Tyana ..."[337].

Neben Jarchas, der hier, wie auffälligerweise einmal bei Weinreich[338],
Jarbas heißt[339], und Apollonios nennt Theißen auch Simon Magus und
mehrere jüdische Wundertäter und meint, man könne von einer Renaissance des Wunderglaubens im 1. nachchristlichen Jahrhundert sprechen.[340]

Eine derartige Beurteilung der religiösen Wundertäter sctzt voraus, daß
Theißen die θεῖος ἀνήρ-Hypothese kritisch betrachtet: Ein Wundercharismatiker könne wohl θεῖος ἀνήρ genannt werden, aber nicht jeder
θεῖος ἀνήρ sei deshalb ein Wundertäter. Zudem würden "allzu verschiedene Personen diesem Typos zugerechnet: Plato und Eunus, Hannibal und Jesus, Augustus und Antonius." Theißen vermißt in der "klassische(n) Arbeit" Bielers die notwendige historische Differenzierung.
Außer Bieler zitiert er Windisch und Morton Smith (1971).[341]

Die Darstellung Theißens ist reizvoll: Nach dem Quellenstudium
versucht er, das Auftreten der Wundertäter im 1. Jahrhundert n. Chr. zu
erklären. Dabei erscheint mir äußerst bedeutsam, daß nach mehr als
fünfzig Jahren religionsgeschichtlicher Forschung noch immer nur einige
wenige heidnische Wundertäter aus dem 1. christlichen Jahrhundert
genannt werden können. Zwei der vier Beispiele für Wundertäter aus
dieser Zeit, Apollonios von Tyana und Jarchas, entstammen der *Vita
Apollonii*, die beiden übrigen sind der Samaritaner Simon Magus und der
von Plutarch erwähnte anonyme Eremit am Roten Meer. Wenn Theißen
von einer Intensivierung des Wunderglaubens im 1. Jahrhundert n. Chr.
spricht, so ist festzuhalten, daß er für diese Datierung weder epigraphische noch papyrologische noch archäologische Zeugnisse berücksichtigt.
So bleiben, vom Urchristentum und der VA abgesehen, die Werke

---

[337] Theißen 1974,268.
[338] S. u. S. 38.
[339] Vgl. z.B. VA 2,40f.
[340] Theißen 1974,273.
[341] Theißen 1974,264.

Lukians vom Ende des 2. Jahrhunderts n. Chr. und ein Beleg bei Plutarch die ersten literarischen Anzeichen für die von Theißen postulierte Renaissance des Wunderglaubens. Allerdings ruht die Datierung ins 1. Jahrhundert n. Chr. fast ausschließlich auf der Vermutung, daß Philostratos in seinem Werk die Verhältnisse im ersten Jahrhundert historisch korrekt geschildert habe.

Theißen zeigt überraschend viel Vertrauen zu Philostratos. Er führt Jarchas, den Leiter der legendären indischen Weisen, als historische Gestalt vor und geht - entgegen der Mehrheit der Philostratosforscher - davon aus, daß Philostratos die Reisen des Apollonios zuverlässig beschrieben hat. Die Ursache dafür, daß Theißen Philostratos so großes Vertrauen entgegenbringt, ist in seiner Auswahl der Sekundärliteratur zu suchen. In seiner Bibliographie sind zwar die Werke von Bieler, Esser und Petzke aufgeführt; die wichtigen kritischen Arbeiten von Meyer (1917) und Solmsen (1941) fehlen dagegen. So ist es nicht verwunderlich, daß Theißen den philostrateischen Apollonios als historisch zuverlässige Person behandelt. Ein Beweis dafür, daß Theißens Arbeit tatsächlich hier auf Sekundärliteratur beruht, ist der kleine Fehler Jarbas/Jarchas betreffend. Was für Weinreich ein Lapsus war, nämlich die Verwechslung des philostrateischen Jarchas mit dem Gaetulenfürsten Jarbas bei Vergil,[342] das hat bei Theißen nach über 60-jähriger Philostratos-Forschung ganz andere Bedeutung und Konsequenz. Er datiert die Apollonios-Traditionen ins 1. Jahrhundert n. Chr., obgleich Philostratos sein Werk erst im 3. Jahrhundert verfaßte. Theißen fragt nicht, inwieweit Philostratos dem historischen Apollonios oder der Tradition des ersten Jahrhunderts gerecht geworden ist. Nicht nur aus diesem Grund, sondern auch, weil er seine Datierung der Renaissance des Wunderglaubens unzureichend begründet, muß unbedingt geklärt werden, inwieweit das Apolloniosbild der VA wirklich dem 1. Jahrhundert angehört, und ebenso, welche Wundertäter wir aus der frühen Kaiserzeit kennen (Kapitel 3.1. und 3.2.).

Vor allem Georgi, Morton Smith und Hadas[343] gingen davon aus, daß die Juden die θεῖος ἀνήρ-Vorstellung aus dem Heidentum aufgenommen und sie später den Christen überliefert haben. Ganz anders denkt CARL R. HOLLADAY, der die Darstellung der alttestamentlichen Helden bei den jüdischen Schriftstellern eingehend erforschte (1977). Er formuliert die Grundbedingungen für die angebliche Einwirkung der θεῖος ἀνήρ-Vorstellung auf das Neue Testament klar und zutreffend: 1) Man glaubt, daß

---

[342] *Aen.* 4,36; 4,196-218; 4,326.
[343] S. u. S. 104ff.

die θεῖος ἀνήρ-Topik in der hellenistischen Welt allgemein bekannt war. 2) Die Wendung θεῖος ἀνήρ enthalte im Rahmen des alttestamentlichen Glaubens einen Widerspruch, denn ein Mensch könne zwar im Alten Testament als Mensch Gottes, aber nie als göttlicher Mensch bezeichnet werden. 3) Die Juden hätten jedoch aufgrund der Hellenisierung ihres Glaubens ihre alttestamentlichen Helden, vor allem Moses, zu hellenistischen θεῖοι ἄνδρες umgedeutet. 4) Die jüdische Umdeutung der alttestamentlichen Helden habe schließlich das frühe Christentum beeinflußt.[344]

Holladay untersucht kritisch den dritten Punkt der Hypothese. Er geht davon aus, daß die θεῖος ἀνήρ-Vorstellung, falls die genannte Voraussetzung sich als nicht zutreffend erweisen sollte, zur Auslegung des Neuen Testaments nichts beitragen könne, da für das frühe Christentum das Judentum zweifellos wichtiger gewesen sei als das Heidentum.[345]

Nach Holladay haben die hellenistischen Juden Philon, Josephos und Artapanos die Kluft zwischen Gott und Mensch in Wirklichkeit keineswegs verringert, sondern erweitert, so daß die θεῖος ἀνήρ-Vorstellung im hellenistischen Judentum keinen Platz haben finden können; das heißt, er bezweifelt, daß sich das Bild von der hellenistisch-christlichen Missionsarbeit, wie es Georgi darzustellen versuchte,[346] aufgrund der Quellen bestätigen läßt. Holladay kritisiert auch, daß üblicherweise von "der" θεῖος ἀνήρ-Auffassung gesprochen wird, als ob diese Wendung in der Tat ein antiker *terminus technicus* gewesen sei. Ihm zufolge kann die θεῖος ἀνήρ-Vorstellung in der neutestamentlichen Christologie-Forschung keinen Platz beanspruchen.

Zwar stellt der Kritiker Holladay die Voraussetzungen der Hypothese viel klarer dar als die meisten ihrer Befürworter; allerdings war die Entstehung der Hypothese viel komplizierter und vielseitiger, als er aufzeigt: Keineswegs alle Forscher behaupteten anfangs, das hellenistische Judentum habe dem Christentum diesen hellenistischen Begriff vermittelt. So rechnet Wetter mit der *mana*-Vorstellung, die allen Religionen ursprünglich gemeinsam gewesen sei, Reitzenstein vermutet eher, daß die Christen notwendig dann von der θεῖος ἀνήρ-Vorstellung beeinflußt wurden, als sie vom palästinischen Raum in die hellenistische Welt ausgingen, Bieler hat seine platonisch-idealistischen Gedanken von der Entstehung der Topik, während nur eine, allerdings zahlenmäßig starke Gruppe von Forschern, zu der z.B. Georgi gehört, die Voraussetzungen

---

[344] Holladay 1977,15-17.
[345] Holladay 1977,23-24.
[346] S. oben S. 78ff.

ähnlich wie Holladay darstellt. Wenn in der späteren neutestamentlichen
Forschung oft pauschal auf alle diese Forscher hingewiesen wird, fällt es
schwer zu entscheiden, welches der genannten Erklärungsmuster vertreten
wird. Holladay zeigt jedenfalls, daß das von ihm dargestellte Schema,
das wohl heute das gebräuchlichste ist, das fragwürdigste ist, weil die
Juden ihre alttestamentlichen Helden eben nicht als hellenistische θεῖοι
ἄνδρες beschrieben haben. Obwohl Holladay die jüdischen Wundertäter
zur Zeit Jesu, auf die einige Forscher vor ihm hingewiesen haben,[347]
besser hätte berücksichtigen sollen, ist sein Buch eines der wichtigsten
auf diesem Gebiet, weil er eine wesentliche Frage deutlich formuliert und
klar beantwortet hat.

Als weiterer Fortschritt ist zweifellos auch das Buch von HOWARD
CLARK KEE *Miracle in the early Christian world* etc., 1983, anzusehen.
Kee bietet einen hervorragenden Forschungsüberblick über die Vorgeschichte und die dogmatischen Voraussetzungen der religionsgeschichtlichen Schule.[348] Er will die von ihr konstruierte Konzeption völlig
außer acht lassen und das religionsgeschichtliche Studium ohne sie betreiben.[349] Eine derartige Konstruktion ist für ihn die θεῖος ἀνήρ-Hypothese, die Reitzenstein viel zu früh ansetze,[350] da sie erst bei Philostratos nachweisbar sei.[351] Kee glaubt nicht, daß Philostratos eine
Damis-Quelle benutzt hat. Er zeigt einige grobe Fehler des Philostratos
auf, die die Annahme nahelegen, daß die Hauptzüge des philostrateischen
Apolloniosbildes nicht im 1., sondern erst im 3. Jahrhundert entstanden
seien. Er hält es für möglich, daß Philostratos ein heidnisches 'Evangelium' habe schreiben wollen.[352]

Anders als die Befürworter der θεῖος ἀνήρ-Hypothese behandelt Kee
die VA streng kritisch und bringt damit, obgleich er die Sekundärliteratur
nicht zitiert, die Ergebnisse Meyers und Solmsens wieder zur Geltung.
Wenn jedoch Kees kritische Beurteilung der VA zutrifft, dann wird damit
die θεῖος ἀνήρ-Hypothese grundlegend in Frage gestellt. Allerdings ist
die Apollonios-Forschung seit Solmsen weitergegangen; so enthält das in
jüngster Zeit erschienene Buch von Anderson (1986) viele Einwände

---

[347] S. den Exkurs, u. S. 100ff.

[348] Kee 1983,1-41.

[349] Über den Grund dafür s. Kee 1983,44-46.

[350] Die Untersuchungen Reitzensteins zur θεῖος ἀνήρ-Vorstellung hält Kee für "tis-
sues of anachronism and unfounded guesswork" (1983,38).

[351] Kee 1983,37; s. auch seinen kurzen Exkurs über die θεῖος ἀνήρ-Auffassung
(1983,297-297), in dem er vor allem H.D. Betz (1961) kritisiert, sowie seinen kurzen Artikel
in *The interpreter's dictionary of the Bible* (1976,243).

[352] Kee 1983,256-265.

gegen die Forscher, auf die sich Kee stützt, so daß eine erneute Behandlung der Probleme der Philostratos-Forschung ansteht. Die Frage nach
der Anlage und dem Quellenwert der VA muß deshalb im zweiten
Hauptteil untersucht werden.

In seinem Buch *Divine man or magician? Celsus and Origen on Jesus*
(1982) bietet EUGEN V. GALLAGHER zunächst einen forschungsgeschichtlichen Überblick über die θεῖος ἀνήρ-Hypothese und sucht im Anschluß
daran folgende Fragen zu beantworten: 1) Gab es eine hellenistische
θεῖος ἀνήρ-Vorstellung, und falls es sie gab, welches waren ihre
Kennzeichen und Varianten? 2) Kam diese Vorstellung ausschließlich
oder hauptsächlich in biographischen Texten vor? Gab es also einen
Zusammenhang zwischen göttlichen Menschen und der Gattung
"Aretalogie"? 3) In welchem Kontext wurden solche Texte verfaßt und
verwendet? Gab es zwangsläufig einen Zusammenhang zwischen
göttlichen Menschen, Aretalogien und religiöser Propaganda?[353]

(1) Der Hauptgrund, warum Gallagher die erste Frage negativ beantwortet, ist soziologischer Art. Weder gab es noch konnte es ein festes
hellenistisches Bild bzw. eine allgemein verbindliche Typologie des
göttlichen Menschen geben, weil es damals keine einheitliche Vorstellung
von der Gesellschaft, vom Menschen und von der Natur gab.[354] In den
Auseinandersetzungen über den "göttlichen Menschen", die Gallagher bei
Celsus, Origenes, Philostratos, Lukian und Eusebios untersucht, zeige sich
deutlich, daß sich die Kriterien für einen göttlichen Menschen bei seinen
Anhängern und bei seinen Gegnern stark unterschieden.[355] Es habe nur
ein einziges gemeinsames grundlegendes Kennzeichen gegeben, nämlich
daß ein Gott Gutes für die Menschheit tun müsse.[356] Trotzdem will
Gallagher den Begriff "göttlicher Mensch" nicht aufgeben, obgleich die
Reihe der Kriterien ("set of criteria") in verschiedenen Gruppen sehr
uneinheitlich gewesen sei.[357]

(2) Gallagher bestreitet einen Zusammenhang zwischen göttlichen
Menschen und Aretalogien, weil er göttliche Menschen außer in

---

[353] Gallagher 1982,1-2.
[354] Hier kritisiert Gallagher zu Recht diejenigen Neutestamentler, die durch eine Fehl-
interpretation Bielers einen festen Typus annahmen (1982,173f).
[355] Das kann Gallagher deutlich z.B. anhand des Streites zwischen Celsus und Origenes
aufzeigen, wenn sie über die Geburt Jesu (1982,53-65) und über seine Jünger (1982,82-87)
reden. Der Gott der einen Gruppe war leicht ein Magier für die andere.
[356] Gallagher 1982,174-180.
[357] Gallagher 1982,175.

Biographien z.B. auch in inschriftlichen und historiographischen Texten und in Reden findet.[358]

(3) Die dritte Frage beantwortet Gallagher eindeutig negativ, weil die Texte nicht nur für die religiöse Propaganda, sondern auch zu apologetischen Zwecken verfaßt worden seien.[359] Als Beispiel dafür nennt er *Contra Celsum* von Origenes und *Adversus Hieroclem* von Eusebios.

Das Buch von Gallagher bringt somit die Diskussion ein großes Stück weiter, läßt aber noch sehr viele Probleme offen.

Zu Recht betont er den soziologischen Aspekt. Die Beobachtung, daß die Menschen in der frühen Kaiserzeit auf Grund verschiedener Auffassungen in grundlegenden Fragen kein einheitliches Bild von einem göttlichen Menschen hatten und auch nicht haben konnten, bedeutet wohl, daß die Behauptung, es gäbe einen einzigen festen Typus, unhaltbar ist. Diese Annahme war jedoch kein ursprünglicher Bestandteil der θεῖος ἀνήρ-Hypothese, sondern wurde erst später - und zwar unreflektiert - in der exegetischen Forschung hinzugefügt.

Wenn Gallagher aber trotzdem an dem Begriff "göttlicher Mensch" festhalten will, stellt sich die Frage, inwieweit er darin den Quellen gerecht wird. Jesus, der für Celsus ein Magier war, war für Origenes Gott, und wenn Sarapis von Ailios Aristeides und Osiris von Diodoros gerühmt werden, so sind damit gleichfalls Götter gemeint. Der Herrscherkult, den er hervorhebt,[360] berührt eine Frage, die gesondert behandelt werden muß.[361] Gallagher spricht oft von den "Prätendenten eines göttlichen Status" ("candidates for divine status"), die von den einen als Gott, von den anderen gelegentlich als Magier angesehen worden seien. Von daher wäre es konsequent, diesen weitaus zutreffenderen Terminus anstelle des belasteten Ausdrucks "göttlicher Mensch" zu verwenden, vor allem wenn man bedenkt, daß von dem einzigen einheitlichen Kennzeichen für einen göttlichen Menschen lediglich soviel gesagt werden kann, daß jener "der Menschheit Gutes tun" solle.

Die Quellen, die Gallagher in seinem Buch untersucht, stammen fast auschließlich aus dem 2. oder 3. Jahrhundert n. Chr. Insofern leistet seine Abhandlung zwar einen Beitrag zur kirchengeschichtlichen Forschung, aber sie läßt sich für die neutestamentliche Exegese nur bedingt verwenden. Die Datierung des Materials wird bei Gallagher dadurch

---

[358] Augustus wird in dem Beschluß einer Provinzsynode verehrt (OGIS 1,458), Osiris im Geschichtswerk des Diodoros (1,17,1-2), und Sarapis wird in der achten Rede des Aristeides gepriesen (Gallagher 1982,145-150. 174).

[359] Gallagher 1982,173.

[360] S. o. Anm. 355.

[361] S. u. S. 222ff.

problematisch, daß die Sekundärliteratur über Philostratos und Apollonios fast völlig fehlt.

H.D. BETZ, der schon 1961 zur religionsgeschichtlichen Forschung beitrug,[362] kehrte im Jahre 1983 zu diesem Fragenkomplex zurück.[363] Er hält trotz kritischer Stimmen an der Existenz eines θεῖος ἀνήρ-Typus fest. Die Tatsache, daß antike Autoren das Phänomen auf verschiedene Weise behandelten und sogar verschiedene Begriffe (θεῖος, θεσπέσιος, δαιμόνιος) benutzten, "darf nicht zu dem Fehlschluß verleiten, es gäbe das Phänomen nicht oder es sei nicht verschieden interpretierbar"[364]. Die Antike habe mehrere traditionell gewordene θεῖος ἀνήρ-Vorstellungen gekannt, welche durchaus zu den Voraussetzungen der altkirchlichen Christologie gehörten.[365]

Den θεῖος ἀνήρ - er benutzt sowohl die Wendung "göttlicher Mensch" ("divine man") als auch das Wort "Gottmensch"[366] - definiert H.D. Betz folgendermaßen: "Der Ausdruck θεῖος ἀνήρ wird speziell auf solche Personen bezogen, die kraft besonderer charismatischer Begabung über das allgemeinmenschliche Maß hinausragen. Statt des Begriffes θεῖος können auch andere gebraucht werden, insbesondere θεσπέσιος, δαιμόνιος"[367]. Zwischen Unsterblichkeit und Sterblichkeit befinde sich der Bereich, in dem δαίμονες und ἥρωες näher bei den Göttern, θεῖοι ἄνδρες näher bei den Menschen seien und grundsätzlich den Menschen zugeordnet werden müßten. Die Fähigkeit, Wunder zu tun, hält H.D. Betz also nicht für konstitutiv. Auf Grund dieser Definition kann er mehrere "Seher, Propheten, Mystagogen, Dichter, Philosophen und Wundertäter" sowohl aus der klassischen Antike als auch aus der römischen Kaiserzeit anführen.[368]

Das unbestreitbare Verdienst von H.D. Betz ist, daß er hierbei stets unvoreingenommen die Quellen befragt und so die θεῖος ἀνήρ-Hypothese nachträglich zu begründen sucht. Aus der Mythologie und der klassischen Periode nennt er nicht weniger als vierzehn "Seher, Prophe-

---

[362] S. u. S. 76f.

[363] Da H.D. Betz schon 1968 diesen Artikel als Grundlage seiner exegetischen Schlüsse angibt (1980 (1968),416), scheint er schon damals wenigstens im Entwurf existiert zu haben. Die Kritik und die Sekundärliteratur der siebziger Jahre wurden also erst nachträglich, wenn auch fast vollständig, berücksichtigt.

[364] H.D. Betz 1983,235. Er kritisiert von Martitz, O. Betz, Hengel und Holladay (vgl. zu O. Betz u. S. 136f, zu Hengel u. S. 138).

[365] Die Schlüsse, die er für die neutestamentliche Forschung zieht, werden u. S. 129ff dargestellt.

[366] Über die Kritik dieses Sprachgebrauches s. oben S. 79f.

[367] H.D. Betz 1983,236.

[368] H.D. Betz 1983,238-288.

ten, Mystagogen und Wundertäter" von Orpheus bis Zalmoxis;[369] allerdings datiert er deren Traditionen nicht. Aus der hellenistischen Periode erwähnt er jedoch keinen, aus den ersten zwei christlichen Jahrhunderten nur vier große Wundertäter, nämlich Apollonios von Tyana, Jesus von Nazareth, Alexander von Abonuteichos und Simon Magus. Daneben werden Nigidius Figulus, Apuleius, der "Prophet" bei Plutarch[370], Herakles bei Philostratos (VS 552), Proteus Peregrinus, Julianos und Arnuphis kurz erwähnt. Allerdings vermutet H.D. Betz, daß es darüber hinaus in dieser Zeit zahlreiche Gottmenschen gegeben habe. Gründe für diese Annahme nennt er nicht. Außer den Wundertätern führt er einige Dichter und viele Philosophen an, die die Antike zusammen mit jenen in einem gemeinsamen Typus zusammengefaßt habe.

In diesem Zusammenhang spielt der Apollonios der VA eine große Rolle, weil er, von dem Samaritaner Simon abgesehen, Jesus zeitlich am nächsten steht. Die wichtigste Sekundärliteratur bis zu Bowie (1978) wird vollkommen berücksichtigt. H.D. Betz versteht es auch, die legendären Traditionen kritisch zu behandeln. Er zitiert Petzkes knappe Zusammenfassung über das historisch Zuverlässige,[371] aber die Fragen nach der Rolle des Philostratos und nach der Datierung der von ihm behandelten Traditionen werden nicht aufgeworfen.

H.D. Betz nimmt also, ebenso wie Tiede und schon vor ihm Wetter und Windisch, an, daß die Antike statt eines festen Typus einen weiten, verschieden interpretierbaren Typus gekannt habe. Ob dies jedoch so zutrifft, muß hinterfragt werden, und zwar deshalb, weil H.D. Betz im Jahr 1983 zu keiner genaueren Definition des Gottmenschen kommt als im Jahre 1961. So wird θεῖος ἀνήρ zu einem Sammelbegriff, unter dem sehr verschiedene, besonders herausragende Menschen subsumiert werden; allerdings droht auch bei ihm das Urprinzip, von dem alle Interpretationen abgeleitet werden, eine platonische Idee zu bleiben. Die Frage, ob die Antike oder erst die moderne Wissenschaft die Kategorie θεῖος ἀνήρ gebildet hat, bleibt nach wie vor offen.

Das Verzeichnis der Wundertäter bei H.D. Betz ist umfassend, aber keineswegs vollständig. So bleiben, um nur einige Wundertäter aus dem 2. Jahrhundert zu nennen, Apsethos der Libyer (Hippol. *haer.* 6,7) und Neryllinos (Athenag., *suppl.* 26) unerwähnt. Das bedeutet, daß ein

---

[369] H.D. Betz 1983,240-248.
[370] S. u. S. 211f.
[371] S. o. S. 53.

zuverlässiges Verzeichnis über die Wundertäter in der frühen Kaiserzeit nach wie vor ein Desiderat ist.[372]

Während die θεῖος ἀνήρ-Hypothese von mehreren Forschern kritisiert[373] und einmal sogar für überholt erklärt wurde[374], weist GAIL PATERSON CORRINGTON diese Kritik entschieden zurück (*The "divine man". His origin and function in hellenistic popular religion*, 1986). Das Konzept des göttlichen Menschen ist ihrer Meinung nach keineswegs am Ende angelangt, sondern im Gegenteil in ein neues Stadium getreten, in dem nunmehr die Beziehung zwischen der θεῖος ἀνήρ-Vorstellung und der Entstehung des Neuen Testaments geklärt werde.

Wenn einige Forscher die Existenz eines festen Typus ablehnen, stimmt Corrington ihnen darin zu, behauptet aber, daß das Fehlen einer festen Topik, die für alle überragenden Personen gelten konnte, nicht die Existenz der Vorstellung ausschließe. Hätte sie nie existiert, dann hätte Gallagher keine Grundlage für seine These gefunden, derzufolge der θεῖος ἀνήρ der einen Gruppe für deren Gegner ein Magier war, wie der Streit zwischen Celsus und Origenes zeige.[375] Θεῖος ἀνήρ sei eine hypothetische Kategorie, die verschiedene soziologische Gruppen auf verschiedene Weise interpretieren könnten.[376]

Das hellenistische Judentum gewinnt bei Corrington wieder einmal große Bedeutung als Mittler zwischen der heidnischen θεῖος ἀνήρ-Vorstellung und dem Christentum. Sie meint, daß die frühere Forschung, die sich stark an Philon und Josephos orientierte, in die Irre gegangen sei, weil die soziologischen Gruppen, denen Wunder und Krafttaten etwas bedeuteten, viel volkstümlicher gewesen seien als jene gebildeten Apologeten. Genauso entsprachen ihrer Meinung nach die Evangelien und die Apostelgeschichte mehr der Art des Volkes als der der Oberschicht.[377]

Die Atmosphäre, in der die θεῖος ἀνήρ-Vorstellung lebte, versucht Corrington durch sorgfältige Durchsicht der von der Oberschicht verfaßten Literatur zu bestimmen, in der der volkstümliche Glaube kritisiert und ironisiert werde. Dieser Glaube komme aber auch in der mündlichen

---

[372] Im zweiten Hauptteil (Kapitel 3.2.1.) werden wir dieser Aufgabe nachkommen.

[373] Ein strenger Kritiker der θεῖος ἀνήρ-Hypothese in der heutigen Diskussion ist Berger (1984 b). Da seine Kritik am engsten mit der Aretalogie-Diskussion zusammengehört, wird sie dort behandelt, s. u. S. 111ff.

[374] S. Kingsbury u. S. 156f.

[375] Corrington 1986,40-42.

[376] Corrington 1986,43-49.

[377] Corrington 1986,46f.

Tradition vor, die mit Hilfe späterer Dokumente, wie z.B. Inschriften, Papyri und Philosophenviten, rekonstruiert werden könne. Sie ist sich also der Schwierigkeit bewußt, die die Datierung der Quellen verursacht.[378] Corrington sieht so in der Kritik des Aberglaubens bei Theophrastos, Plutarch und Cicero den Volksglauben vorausgesetzt.[379] Die Gestalt des Pythagoras, Empedokles und Menekrates,[380] vor allem aber die des Apollonios, der jedoch unkritisch behandelt wird,[381] sowie die satirische Ironie Lukians[382] beleuchteten die Atmosphäre, in der die volkstümliche θεῖος ἀνήρ-Vorstellung verbreitet gewesen sei. Sie lasse sich auch im *Corpus Hermeticum* und in den Zauberpapyri nachweisen, die zwar erst ins 2.-3. bzw. ins 2.-6. Jahrhundert gehören, nach Corrington aber weit ältere Vorstellungen widerspiegeln.[383]

Sehr deutlich zeige sich der Volksglaube in den Darstellungen der jüdischen Helden, aber da sieht sie einen beträchtlichen Unterschied zwischen den Werken von Philon und Josephos einerseits und den volkstümlichen Schriften eines Artapanos andererseits.[384] So meint sie gezeigt zu haben, daß eben der volkstümliche Glaube die Atmosphäre bestimmte, in der die θεῖος ἀνήρ-Vorstellung ihren Sitz im Leben hatte.

Corrington stellt in ihrem Buch eine beachtenswerte These vor; mehrere kritische Anmerkungen scheinen jedoch notwendig.

Die Wendung θεῖος ἀνήρ wird hier sachgemäß behandelt, indem sie nicht mehr als ein antiker Begriff betrachtet, sondern ausdrücklich als eine moderne, hypothetische Kategorie aufgefaßt wird. Den theoretischen Grund für den Gebrauch solcher Kategorien hat am eingehendsten der Soziologe Max Weber untersucht, aber er warnte eindringlich davor, eine reale Existenz der idealen Kategorien anzunehmen.[385] Diese Warnung übersieht Corrington. Eine weitere Schwierigkeit liegt darin, daß sie die

---

[378] Corrington 1986,61f.

[379] Corrington 1986,78-84.

[380] Corrington 1986,84-89.

[381] Soweit ich sehe, datiert außer Corrington keiner der übrigen Forscher Apollonios zum Teil ins 1. vorchristliche und das Buch des Philostratos ins 2. Jahrhundert. Sie geht in ihrer Darstellung der VA ohne Weiteres davon aus, daß Philostratos das Damisbuch benutzt hat: "Although Philostratus' *Vita Apollonii* is relatively late (second century C.E.), it is based upon an earlier account, the 'awkward and barbaric' one of the Assyrian Damis, who presumably is responsible for the aetiologies, curiosities, and miracles which Philostratus nonetheless retains" (Corrington 1986,90; vgl. auch ebd. 89-93).

[382] Corrington 1986,95-104.

[383] Corrington 1986,110-130.

[384] Corrington 1986,130-139. In ihrer religionsgeschichtlichen Untersuchung übersieht sie, daß die Schrift des Artapanos, der über die ägyptischen und griechischen Götter schreibt, eindeutig euhemeristisch geprägt ist. Zur Frage s. Holladay 1977,226-227.

[385] Vgl. Kee 1983,44-46.

Anwendung der θεῖος ἀνήρ-Hypothese in der neutestamentliche Exegese verteidigt und die Existenz der Kategorie eben mit dem Buch von Gallagher zu begründen sucht, obgleich es sich dabei hauptsächlich um späte Texte handelt.

Der soziale Aspekt, der schon von Wetter[386] und danach beispielsweise von Morton Smith berücksichtigt wurde, wird von Corrington zu Recht hervorgehoben, wobei sie hier allerdings mehrere Schwierigkeiten übersieht. Zum einen ist festzuhalten, daß es nicht lediglich die unteren Volksschichten waren, die Alexander von Abonuteichos verehrten, sondern daß einer von denen, die am meisten begeistert waren, der römische Statthalter Rutilianus war. Es ist unbestritten, daß Alexander Kontakte auch mit Kaiser Mark Aurel hatte.[387] Maximos, *ab epistulis Graecis* Hadrians (VA 1,12), und der Hofsophist Philostratos, die über Apollonios schrieben, gehörten beide zweifellos zu den kultivierten Schichten der Bevölkerung; Philostratos wurde sogar von der Kaiserin selbst beauftragt, die *Vita Apollonii* zu schreiben. Schon im 1. Jahrhundert haben zwei künftige Kaiser in Palästina beeindruckt zugesehen, wie der jüdische Exorzist Eleazar Dämonen austrieb (Jos. ant. Iud. 8,42-49). Zum anderen lassen die Papyri, die am besten den volkstümlichen Alltag beleuchten, weder in der hellenistischen Periode noch während der zwei ersten Jahrhunderte Interesse an den göttlichen Menschen erkennen. Dagegen weisen die offiziellen Gebäude, die allerdings nicht von den unteren Volksschichten geplant wurden, im 2. Jahrhundert die Tendenz auf, die abwehrende Magie zu betonen.[388] Die Quellen gestatten nicht, ein einfaches Bild zu zeichnen, nach der die kulturell höhergestellten Schichten der Bevölkerung die göttlichen Menschen verpönten, die unteren Schichten sie aber verherrlicht hätten.

Vielleicht noch problematischer ist bei Corrington die mangelhafte Beachtung der Datierung der Quellen. Es trifft zu, daß die Zauberpapyri weit ältere Anschauungen widerspiegeln. Trotzdem wird allgemein eine Intensivierung der Magie in den ersten Jahrhunderten angenommen, die wohl zum Teil in der Redaktion der Zauberpapyri im 1. vorchristlichen Jahrhundert ihren Grund hatte.[389] Obgleich Corrington auf die schwierige Datierung hinweist, geht sie über das Problem hinweg. Im Blick auf unser Thema ist besonders wichtig, daß sie ohne weiteres davon ausgeht, daß Philostratos ein Damisbuch tatsächlich benutzte und daß es stark von

---

[386] S. o. S. 66.
[387] S. u. S. 213ff.
[388] S. u. S. 224f.
[389] S. u. S. 224f.

der θεῖος ἀνήρ-Vorstellung geprägt war. Eine weitere wichtige Frage in diesem Zusammenhang ist, ob das Apolloniosbild des Philostratos im wesentlichen dem 1. oder dem 3. Jahrhundert nach Christus angehört.

Das hellenistische Judentum spielt, wie wir gesehen haben, in Corringtons Buch eine wichtige Rolle als Vermittler zwischen Hellenismus und Christentum, wie die Thematik der θεῖος ἀνήρ-Auffassung zeigt. Aus sozialen Gründen sei das Bild der jüdischen Helden bei Philon und Josephos nicht so sehr von der θεῖος ἀνήρ-Vorstellung geprägt, Artapanos dagegen vertrete den Volksglauben und sei insofern von ihr beeinflußt. Weil bei Corrington die Begründung der θεῖος ἀνήρ-Auffassung knapp ist, muß Artapanos fast ausschließlich sowohl die Existenz des hellenistischen Phänomens als auch seine Einwirkung auf das frühe Christentum beweisen. Warum aber bleiben sowohl die alttestamentlichen als auch die jüdischen Wundertäter vor und in der Zeit Jesu außer Betracht?

Das lehrreiche und schön geschriebene Buch von Corrington spiegelt die mehrfach behandelten Schwierigkeiten der θεῖος ἀνήρ-Hypothese wider. Wünschenswert wäre in diesem Zusammenhang die sorgfältige Datierung der antiken Belege bezüglich des heidnischen Wunderglaubens. Ein deutlicher Mangel ist, daß die jüdischen Wundertäter der Zeit Jesu im Rahmen ihrer Untersuchung keinen Platz finden. Die Frage nach der Bedeutung der jüdischen Wundertäter in der Forschungsgeschichte kann, da sie den Rahmen dieser Arbeit sprengen würde, nur in einem Exkurs behandelt werden.[390]

Zusammenfassend läßt sich feststellen, daß seit den späten sechziger Jahren die θεῖος ἀνήρ-Hypothese in der religionsgeschichtlichen Forschung hin und wieder kritisiert worden ist. Zunächst wurde bestritten, daß die Wendung θεῖος ἀνήρ ein feststehender Begriff sei (von Martitz, 1969). Diese Kritik übernahmen und erweiterten mehrere Neutestamentler.[391] Tiede (1972) versuchte zu zeigen, daß es in der hellenistischen Periode mehrere Typen des göttlichen Menschen gab, eine These, die später immer mehr Zustimmung fand. Holladay (1977) konnte nachweisen, daß die Juden in viel geringerem Maß von der vermeintlichen Topik beeinflußt waren, als man früher glaubte.

Gleichzeitig fand das Konzept aber auch seine Befürworter. Georgi (1964) fußte weitgehend auf Bieler. Morton Smith (1971) nahm "eine Schar von göttlichen Menschen" an, die vor der Zeit der Antoninen nur

---

[390] S. S. 10ff.
[391] S. u. Kapitel 2.3.2.3.

in den unteren und deshalb nicht literarisch tätigen Schichten der antiken Gesellschaft große Bedeutung gehabt hätten. Theißen (1974) vermutete eine Intensivierung des Wunderglaubens im 1. christlichen Jahrhundert. In H.D. Betz (1983) fand die θεῖος ἀνήρ-Hypothese endlich einen Vertreter, der die Mühe auf sich nahm, sie mit Hilfe der antiken Quellen zu begründen.

Heute hat die Hypothese sowohl Kritiker als auch Befürworter. Der Anteil der Neutestamentler in der Diskussion ist auffallend groß. Seit Holladay (1977), Gallagher (1982) und Corrington (1986) gehört die Annahme einer festen Topik, die erst nachträglich ein Teil der Hypothese geworden war, wohl endgültig der Geschichte an. Dagegen ist die Frage nach der Gesamtkonzeption jetzt sehr aktuell, wobei es entscheidend ist, ob sich heidnische Wundertäter in der Zeit Jesu nachweisen lassen.

Apollonios von Tyana wurde seit Ende der sechziger Jahre seltener als früher erwähnt. Er spielt allerdings eine entscheidende Rolle vor allem bei Georgi, Morton Smith und Theißen. Indirekt gewinnt Apollonios bei allen Fürsprechern der θεῖος ἀνήρ-Hypothese große Bedeutung durch das Werk Bielers. Die Ergebnisse der altphilologischen Apollonios-Forschung wurden allerdings oft ignoriert.

Wegen unterschiedlicher Meinungen warten viele religionsgeschichtliche Fragen noch auf eine eindeutige Antwort. Die Aufgabe dieser Arbeit wird im weiteren Verlauf von folgenden Gesichtspunkten festgelegt:

1) θεῖος ἀνήρ (ἄνθρωπος) ist kein fester Begriff und überhaupt keine antike Kategorie, sondern ein moderner, hypothetischer Versuch, ein antikes Phänomen zu verstehen.[392]

---

[392] Eine vollständige Zusammenstellung der Belege von θεῖος ἀνήρ (θεῖος ἄνθρωπος) habe ich nicht gefunden. Vorwiegend aus der oben zitierten Literatur, in der Windisch in dieser Hinsicht die solideste Arbeit leistete, teilweise auch durch eigenes Quellenstudium habe ich, ohne Anspruch auf Vollständigkeit zu erheben, folgendes Material gesammelt: *Il.* 16,798 (ἀνδρὸς θεοῖο über Achill gesagt); Pind. *Pyth.* 6,68 (ὁ θεῖος ἀνήρ); Hes. *erg.* 731 (ὅ γε θεῖος ἀνήρ); Plat. *rep.*1,331e (σοφὸς γὰρ καὶ θεῖος ἀνήρ über Simonides gesagt); Plat. *Men.* 99d (καὶ οἱ Λάκωνες, ὅταν τινὰ ἐγκωμιάζουσιν ἀγαθὸν ἄνδρα, 'θεῖος ἀνήρ', φασίν, οὗτος); Plat. *soph.* 216b (καί μοι δοκεῖ θεὸς μὲν ἀνὴρ οὐδαμῶς εἶναι, θεῖος μήν· πάντας γὰρ ἐγὼ τοὺς φιλοσόφους τοιούτους προσαγορεύω. Es geht um die Antwort auf den Humor von Sokrates, der einen Fremdling Gott nennt); Plat. *Phil.* 18b (θεῖος ἄνθρωπος); Plat. *leg.* 2,666d (τίς ἂν οὖν πρέποι θείοις ἀνδράσιν); Plat. *leg.* *1,642d* (τῇδε γὰρ ἴσως ἀκήκοας ὡς 'Επιμενίδης γέγονεν ἀνὴρ θεῖος); Aristot. *NE* 7,1145A (σεῖος ἀνήρ vgl. Plat. *Men.* 99d); Plut. *mor.* 24a (ὥσπερ ἡμεῖς καὶ πράγματα καὶ ἤθη καὶ νὴ Δία λόγους καὶ ἄνδρας εἰώθαμεν δαιμονίους καὶ θείους προσαγορεύειν); Plut. *mor.* 1119c (θείοις ἀνδράσι); Philon, *virt.* 177 (τὸ μὲν γὰρ μηδὲν συνόλως ἁμαρτάνειν ἴδιον

2) Das Wort θεῖος hat eine weite Bedeutung, die sich nur teilweise mit der Anschauung der Griechen deckt, daß ein Mensch göttlich verehrt werden konnte.

3) Die göttliche Verehrung eines Menschen - eines Heros oder eines Herrschers - bedeutet nicht unbedingt, daß ihm Wunder zugeschrieben wurden. Es geht um zwei verschiedene Fragestellungen, die nach dem jahrzehntelang herrschenden Durcheinander wenigstens zunächst je für sich betrachtet werden müssen.

4) Am bedeutsamsten für die θεῖος ἀνήρ-Hypothese sind von Anfang an die Wundertäter, von denen Apollonios der wichtigste ist. Darum muß in der Weiterführung der Diskussion zunächst die Evidenz der heidnischen Wundertäter überprüft werden. Dabei fällt der Apollonios-Forschung eine besondere Aufgabe zu.

EXKURS: Die jüdischen Wundertäter

Einen interessanten Beitrag zur θεῖος ἀνήρ-Diskussion, ohne den Apollonios und die Apollonios-Tradition in der θεῖος ἀνήρ-Hypothese nicht eingeordnet werden können, leisten die Forscher, die den jüdischen Hintergrund Jesu betonen. Da es im Rahmen dieser Abhandlung nicht möglich ist, die Frage nach Wundern und Wundertätern im alttestamentlichen und intertestamentarischen Judentum ausführlicher darzustellen, wird die Sachlage im folgenden nur kurz skizziert. Drei Meinungen über die Bedeutung des jüdischen Hintergrundes für die Wunder Jesu lassen sich erkennen. Die erste sieht sowohl das Judentum in der Zeit Jesu wie auch das Urchristentum als "hellenistisch" geprägt an (These der religionsgeschichtlichen Schule, repräsentativ RUDOLF BULTMANN), die zweite betont das Jüdische gegenüber dem Griechisch-Römischen (z.B. RICHARD GLÖCKNER), die dritte will im religionsgeschichtlichen Vergleich beide Bereiche berücksichtigen (z.B. KLAUS BERGER und PAUL ACHTEMEIER).

θεοῦ τάχα δὲ καὶ θείου ἀνδρός); Ios. *ant. Iud.* 3,180; *ep. Apoll.* 48,3 (ὡς περὶ θείου ἀνδρός); Dion Chr. 33,4 (δοκεῖτέ μοι πολλάκις ἀκηκοέναι θείων ἀνθρώπων, οἳ πάντα εἰδέναι φασὶ καὶ περὶ πάντων ἐρεῖν, ἧι διατέτακται καί τινα ἔχει φύσιν); Mark Aurel 7,67 (λίαν γὰρ ἐνδέχεται θεῖον ἄνδρα γενέσθαι καὶ ὑπὸ μηδενὸς γνωρισθῆναι); Philostr. VA 8,15 (θεῖον ἡγούμενοι ἄνδρα); Iambl. *protr.* 5 (86 K) (τὸν ἐν ἡμῖν θεῖον ἄνθρωπον); Iambl. *vita Pyth.* 11,56 (εἴτε θεὸν εἴτε δαίμονα εἴτε θεῖόν τινα ἄνθρωπον) Porph. *abst.* 2,45,2 (θείων καὶ θεοσόφων ἀνδρῶν). Aufgrund eingehenden Studiums dieser Textstellen kann man nicht zu dem Schluß kommen, daß θεῖος ἀνήρ eine feste antike Kategorie war.

1) Im Laufe dieser Abhandlung ist deutlich geworden, daß am Anfang dieses Jahrhunderts die engsten Parallelen zu Jesus bzw. den Evangelien in der hellenistischen Kultur gesehen wurden. Bezüglich des göttlichen Menschen bedeutet das, daß Menschen wie Eleazar, Barjesus oder Choni kaum genannt wurden. Das griechisch-römische Heidentum wurde meist unreflektiert auf Kosten des Judentums hervorgehoben. Allerdings versuchte BULTMANN, auch den jüdischen Wundergeschichten nachzugehen. Dabei sieht er die jüdischen Wundertäter nicht als Erben der alttestamentlichen Vorläufer, sondern sieht in ihrem Vorhandensein ein Zeichen dafür, daß die jüdische Kultur ebenso wie auch die christliche an die heidnische Umwelt angeglichen war.[393] Ein maßgebendes Verzeichnis der jüdischen Wundertäter hat die religionsgeschichtliche Schule nicht vorgelegt.

2) GLÖCKNER, Dominikanerprior in Walberberg, bestreitet den für die θεῖος ἀνήρ-Hypothese notwendigen Sitz im Leben der urchristlichen Wundergeschichten.[394] Die harte Konkurrenz der Christen mit jüdischen und heidnischen Missionaren sei nicht glaubhaft, weil keine einzige neutestamentliche Wundergeschichte eine echte Konkurrenzgeschichte sei, in der Jesus als Sieger über einen anderen Kult oder eine andere Gottheit erwiesen werden solle.[395] Auch Umfang und Gültigkeit einer am Bild des göttlichen Menschen orientierten Christologie sei in der früheren Forschung wiederholt in Frage gestellt worden. "Verschiedene Anzeichen weisen darauf hin, daß die neutestamentlichen Wundergeschichten mehr von der alttestamentlichen Frömmigkeit geprägt sind als daß hellenistische Religiosität in ihnen zu Wort kommt." Er strebt danach, einen neuen und akzeptableren Sitz im Leben für die alttestamentlichen Wundergeschichten vom alttestamentlichen Glauben her zu finden und versucht überraschenderweise, dafür einen Sitz im Leben **Jesu** zu finden. Viele neutestamentliche Wundergeschichten seien zugleich Bitt- bzw. Gebetserhörungsgeschichten, die von Gott erzählten, der in Jesus Christus die Bitten der Armen und Elenden höre und sich ihrer erbarmend

---

[393] Bultmann sagt in der *Geschichte der synoptischen Tradition*, daß das Alte Testament in einigen Fällen hinter den neutestamentlichen Wundergeschichten stehen könne. "In einzelnen Fällen kann das durch Beibringung von Parallelen bestätigt werden; im allgemeinen zeigen die oben beschriebenen Stileigentümlichkeiten der synoptischen Wundergeschichten, daß diese Geschichten in derselben Atmosphäre entstanden sind wie die jüdischen und hellenistischen Wundergeschichten" (1921,141-142).

[394] *Neutestamentliche Wundergeschichten und das Lob der Wundertaten Gottes in den Psalmen. Studien zur sprachlichen und theologischen Wundergeschichten und Psalmen*, 1983.

[395] Glöckner zitiert reichlich Sekundärliteratur und kritisiert vor allem Dibelius, Theißen und Köster.

annehme. So will Glöckner die neutestamentlichen Wundergeschichten mit Hilfe der Psalmen verstehen.

Den Grund der θεῖος ἀνήρ-Hypothese kritisiert er kurz, aber scharf und sachgemäß. Er kennt gut sowohl die Vertreter der Hypothese als auch ihre Kritiker, von denen er O. Betz (1972 u. 1974), Tiede (1972), Kee (1973) und Betz - Grimm (1977) zitiert. Bei ihm hat nicht nur Apollonios, sondern auch die ganze θεῖος ἀνήρ-Hypothese ihren Stellenwert verloren. Glöckner hat mehr Vertrauen in die Geschichtlichkeit der Evangelien als die meisten Forscher; überraschend jedoch ist, daß er stillschweigend an den alttestamentlichen Wundertätern, vor allem an Elija und Elischa, vorbeigeht.[396]

3) Der Weg der Forscher, die sowohl die jüdischen als auch die heidnischen Wundertäter berücksichtigten, wie beispielsweise BERGER[397] und ACHTEMEIER,[398] ist fraglos der richtige, weil die Alternative "hellenistisch" oder "alttestamentlich-jüdisch" falsch und deshalb zu vermeiden ist. Allerdings gibt es bis jetzt keine Darstellung mit einem Verzeichnis aller Wundertäter aus der Zeit Jesu. Da auch diese Abhandlung hauptsächlich die Verwertbarkeit der hellenistischen Parallelen prüfen soll, bleibt eine entsprechende Untersuchung der jüdischen Wundertäter ein dringendes Desiderat der religionsgeschichtlichen Forschung.

---

[396] Den jüdischen Hintergrund Jesu haben aus verschiedener Sicht vor allem PAUL FIEBIG und GÉZA VÉRMÈS betont. Fiebig (*Jüdische Wundergeschichten im Zeitalter Jesu* etc., 1911) behauptet, daß die Wundertätigkeit zur Zeit Jesu zum Bild des Rabbinen gehörte, was heute nicht mehr angenommen wird. Dagegen sind die Bücher von Vérmès (*Jesus the Jew*, 1973; *The Gospel of Jesus the Jew*, 1981) von Bedeutung. Vérmès betont die alttestamentlichen Vorbilder der jüdischen Wundertäter (vor allem Elija und Elischa) und nennt aus zeitlicher Nähe zu Jesus mehrere Wunderheiler, Exorzisten und Wundertäter (1973,58-85). Aus diesem Grund hält er den historischen Jesus für einen der heiligen Wundertäter Galiläas (1973,223) und bestreitet die These Hengels, von der Mitte des 3. Jahrhunderts v. Chr. an sei eine Trennung zwischen palästinischem und hellenistischem Judentum nicht mehr zutreffend (1981,9f). Die Bücher von Vérmès, obgleich unsensationell geschrieben, können nicht vom jüdisch-christlichen Dialog losgelöst werden. Auch wenn sie unter Umständen zur "Heimholung Jesu" in das jüdische Volk dienen können, bieten sie einen erfrischenden und wichtigen Ansatz für die religionsgeschichtlich-vergleichende Erforschung der Evangelien.

[397] S. o. S. 111ff.

[398] S. u. S. 135f.

2.3.1.2. Die Gattung Aretalogie

Eng mit der θεῖος ἀνήρ-Hypothese verbunden ist die Diskussion über die Gattung der literarischen Werke, die von angeblichen θεῖοι ἄνδρες erzählen. Dabei verbinden sich die religionsgeschichtlichen Fragen mit den literaturgeschichtlichen, die in diesem Unterkapitel behandelt werden. Die Rezeption der literaturgeschichtlichen Forschung in der neutestamentlichen Exegese läßt sich von der Rezeption der θεῖος ἀνήρ-Hypothese nicht trennen. Darum werden die Konsequenzen aus der literaturgeschichtlichen Forschung zusammen mit denen aus der θεῖος ἀνήρ-Hypothese behandelt.

Die enge Verwandtschaft zwischen den genannten Problemkreisen zeigt sich schon darin, daß die Arbeiten RICHARD REITZENSTEINs für beide einen entscheidenden Anstoß bedeuteten. In seinen *Hellenistischen Wundererzählungen* (1906) behauptet er, Lukian habe in *Verae historiae* und *Philopseudes* die Gattung 'Aretalogie' parodiert.[399] Diese Gattung beinhalte lügnerische Wundergeschichten; Juvenalis zeige, daß er sie kenne, da er von "*mendax aretalogus*" (15,13ff) spreche. Schon die neue Komödie habe das Wort gekannt, da Terenz (*ad.* 535) einen Sklaven sagen lasse, daß er den Zorn seines Herrn auf dessen Sohn stets zu besänftigen wisse: "*Laudarier te audit lubenter: facio te apud illum deum; virtutes narro.*" Ἀρετὰς λέγειν, das Terenz hier mit der Wendung *virtutes narrare* wiedergebe, werde als ein den Zuschauern bekannter *terminus technicus* gebraucht. Die Wendung sei ursprünglich im Kult benutzt worden. Auch die LXX habe im technischen Sinne die Formulierung τὰς ἀρετὰς τοῦ θεοῦ λέγειν verwendet. Die Aretalogie blieb nach Reitzenstein im Laufe der Zeit nicht auf den kultischen Bereich beschränkt. Wer vor einer kritiklosen Hörerschaft von abenteuerlichen Fahrten erzähle, sei für Juvenalis *aretalogus*. Mit einigen anderen Belegen für die Worte ἀρεταλόγος/*aretalogus* und ἀρεταλογία/*aretalogia* führt Reitzenstein seine Skizzierung weiter: Der Terminus Aretalogie sei von religiösem auf weltliches Gebiet übertragen worden. Dabei sei die Aretalogie zu einer festen Gattung geworden, die wunderhafte Erzählungen auch über Menschen umfasse.[400] Das versucht Reitzenstein darüber hinaus mit Hilfe der ägyptischen Religiosität zu bele-

---

[399] Die Bezeichnung war schon im Jahre 1896 bei OTTO CRUSIUS in der PRE vorgekommen (1896,670-672).

[400] Reitzenstein 1906,6-13.

gen.[401] Durch eingehende Behandlung der Quellen des Philostratos, vor allem anhand des angeblichen Damisbuchs und der verlorengegangenen Pythagoras-Vita des Apollonios, will er Unterstützung für seine These finden.[402]

Es würde zu weit von Apollonios und von der neutestamentlichen Exegese wegführen, sollte nunmehr eine Forschungsgeschichte der angenommenen Literaturgattung Aretalogie geschrieben werden. Hier sei in Bezug auf Reitzenstein nur betont, daß er kein literarisches Werk erwähnen kann, das in der Antike mit dem Wort Aretalogie bezeichnet wurde, was ihn selbst nicht daran hindert, mehrere Werke für Aretalogien zu halten.[403]   Was die Forschungsgeschichte bis Hadas und Morton Smith (1965) betrifft, begnügen wir uns mit einigen Bemerkungen. Die Ansicht von der Aretalogie als einer spezifischen Gattung wurde in der Regel abgelehnt, z.B. von WOLFF ALY in seinem PRE-Artikel (1935). Die Forschungssituation der frühen sechziger Jahre spiegelt MARTIN P. NILSSON in seiner *Geschichte der griechischen Religion* (1961) gut wider.[404] Aufgrund der Form sei es nicht richtig, von einer Literaturgattung Aretalogie zu sprechen, da Vers und Prosa abwechselten. Die Verwandtschaft liege nur im Inhalt, der nicht mythologisch sei, sondern die Wohltaten eines Gottes in der Gegenwart preise. Ἀρεταλόγος sei dagegen ein fester Terminus gewesen, der die Vortragenden solcher Erzählungen bezeichne.[405]

In der Mitte der sechziger Jahre begann jedoch die Diskussion erneut. Diesmal wirkte sich die Apollonios-Tradition stark aus. MOSES HADAS und MORTON SMITH (1965) gingen davon aus, daß die Antike in der Tat eine Gattung Aretalogie gekannt habe, die mit der Verehrung der göttlichen Menschen in Zusammenhang stehe.

---

[401] Reitzenstein 1906,13-15.

[402] Reitzenstein (1906,40-55) rechnet damit, daß ein Pythagoreer noch im 2. christlichen Jahrhundert den von Moiragenes gesammelten Stoff mit einer Reise-Aretalogie verband und die Person eines barbarischen Begleiters Damis annahm. Diese Auffassung entspricht der damaligen kritischen Apolloniosforschung, wird aber seit Meyer (1917) immer seltener vertreten.

[403] Reitzenstein erwähnt die apokryphen Apostelakten (1906,35) und die verlorene Pythagoras-Vita des Apollonios (1906,39).

[404] In der *Geschichte der griechischen Literatur* von WILHELM SCHMID (6. Aufl. 1920,2, 299) wird zugegeben, daß Reitzenstein die Einwirkung der hellenistischen Wundergeschichten auf die christliche Erzählliteratur aufgezeigt habe. Der Terminus Aretalogie sei aber "nie technisch" gewesen. - Man sucht vergeblich einen Abschnitt über die Aretalogie z.B. in der *Geschichte der griechischen Literatur* von ALBIN LESKY (1. Aufl. Bern 1957-58).

[405] Nilsson 1961,228.

HADAS meint, daß für die Vorgeschichte der Gattung vor allem die Erinnerung an Sokrates wichtig gewesen sei. Allerdings sei in hellenistischer Zeit in der Geschichtsschreibung die strenge Objektivität aufgegeben und den Lesern mehr Unterhaltung geboten worden, vor allem bei der Beschreibung großer Persönlichkeiten. Dabei hätten propagandistische Tendenzen Eingang in die Biographien gefunden. So sei aus der Biographie die Aretalogie als spezifische Gattung entstanden:

> "For the present we may define it as formal account of the remarkable career of an impressive teacher that was used as a basis for moral instruction. The preternatural gifts of the teacher often included power to work wonders; often his teaching brought him the hostility of a tyrant, whom he confronted with courage and at whose hands he suffered martyrdom. Often the circumstances of his birth involve elements of the miraculous." Danach folgen noch weitere Züge, die Hadas nicht unbedingt mit der Aretalogie verbindet.[406]

Nach Hadas haben wir keinen vollständigen Text, der als Aretalogie bezeichnet wurde. Obgleich das Wort ἀρεταλογία nach Auskunft der Lexika nicht üblich war, sei es jedoch allgemein gebraucht worden. Zu den Belegen bei Reitzenstein und Aly kann Hadas nur wenige hinzufügen. Zuerst seien die ἀρεταί der Götter gepriesen worden. Erst später habe man angefangen, die Tugenden der Menschen zu rühmen. Das Phänomen sei von der römischen Aristokratie verpönt worden. Das aber weise darauf hin, welche Bedeutung solche Lehrer, die wunderhafte Erzählungen vortrugen, in den unteren Volksschichten hatten. Die ältesten aretalogischen Werke seien verlorengegangen, die Pythagoras-Tradition aber zeige, daß es solche wirklich gegeben habe. Auch Lukian bezeuge, daß einige Leute den Anspruch erhoben hätten, übermenschliche Fähigkeiten zu besitzen.[407] Die Stoiker hätten ihre Lehrer als Wundertäter dargestellt, aber der Typus ("pattern") finde sich in vollkommener Form nur in der VA des Philostratos.[408]

Hadas teilt dem Wort Aretalogie eine neue Bedeutung zu. Es geht bei ihm, obgleich das nicht deutlich gesagt wird, lediglich um die Aretalogien auf Menschen, die nur in Prosa verfaßt wurden. Die Preisungen der Götter, die besser belegt sind und oft in Versform verfaßt wurden, behandelt er nicht.

Weil nach Hadas das Werk des Philostratos das beste Beispiel für eine Aretalogie sei, ist es natürlich, daß MORTON SMITH im zweiten Teil seines Buches die Bedeutung der VA hoch einschätzt.[409] In seiner Dar-

---

[406] Hadas 1965,3.
[407] Hadas 1965,57-66.
[408] Hadas 1965,67-72.
[409] Morton Smith 1965,101-104.

stellung über ihren Charakter und ihre Quellen folgt er der kritischen
Linie der Philostratos-Forschung (Meyer, Solmsen); so hält er es für
fraglich, ob Philostratos wirklich eine Damis-Quelle benutzte. Jedenfalls
sei es schwierig, die Quellen von der eigenen Intention des Philostratos
zu trennen, weil das Apolloniosbild des Philostratos ein Idealbild des
heiligen Mannes sei, wie ihn sich der Verfasser vorstellte.[410] Smith hält
auch das Lukasevangelium und die *Vita Mosis* Philons für Aretalogien.

Fünf Jahre später führte SMITH die Diskussion über die Aretalogie
weiter.[411] Obgleich wir keinen Text besitzen, der in der Antike als
Aretalogie bezeichnet wurde, sagt er angeblich[412] im Anschluß an
Nilsson, daß "an 'aretalogy' ... a miracle story or a collection of miracle
stories" gewesen sei und daß sie ihren Sitz im Leben vorrangig im
Rühmen und in der Propaganda der betreffenden Gottheit gehabt habe.
'Αρεταλογία bedeute das, was der ἀρεταλόγος tat, also sowohl seine
Tätigkeit als auch das Produkt seiner Rede. Obgleich ἀρεταλόγοι
zunächst Götter priesen, bezeugten die ironischen Worte Suetons und
Juvenalis', daß es auch solche gegeben habe, die auf volkstümliche Weise
die großen Taten eines menschlichen Helden priesen und so Aretalogien
auf Menschen verfaßten.[413] Da die Gattung volkstümlich gewesen sei,
lasse sie sich nicht genau definieren. Im Nachtrag, der aufgrund der
Diskussion hinzugefügt wurde, betont Smith den Inhalt der Aretalogie auf
Kosten der Form.[414] Auf die unterschiedliche Verwendung zwischen
Prosa und Vers geht er nicht ein, obgleich er auf die Isis-Aretalogien
hinweist.[415] Er scheint vorauszusetzen, daß die Aretalogien auf Menschen in Prosa verfaßt wurden.

Im Anschluß an K.L. Schmidt (1923!) glaubt Smith, daß das Damisbuch das beste Beispiel für eine Aretalogie sei, weil es - anders als die
übrigen, uns aber nicht überlieferten - nicht nur eine Sammlung der

---

[410] Morton Smith 1965,196-198.

[411] Der Vortrag wurde bald (1971) in Form eines Artikels publiziert ("Prolegomena to
a discussion of aretalogies, divine men, the gospels and Jesus"). Über Smith und die θεῖος
ἀνήρ-Hypothese s. o. S. 82ff.

[412] Morton Smith 1971,176.

[413] Morton Smith 1971,174-177.

[414] "The term 'literary form' is ambiguous. Of some literary forms the definition is
precise and completely formal ... But other literary forms have no precise formal definitions
and are therefore determined largely by content ... The aretalogy belongs to this latter type
of literary form." Es sei nicht möglich zu sagen, daß einige Werke der Antike als Aretalogien
bezeichnet worden seien, was auch nicht von Bedeutung für die neutestamentliche Exegese
sei, weil keiner annehme, daß einer der Evangelisten eine feste literarische Form nachahmte
(Morton Smith 1971,195-198). Zwischen Form und Inhalt wird hier also auffällig deutlich
unterschieden.

[415] Morton Smith 1971,175.

Wundergeschichten, sondern auch Material über Reisen, Sprüche, Prophezeiungen, Märtyrertod, Flucht und Erscheinungen des Helden enthalten habe und darum die engste Parallele zu den kanonischen Evangelien darstelle. Das Damisbuch, von dem wir durch die VA Testimonia haben, biete eine Vielzahl von Aretalogien. Dieses sei uns als einziges erhalten geblieben, weil die Aretalogien nicht dem Geschmack der kultivierten literarischen Kreise entsprochen hätten.[416] Erst in der Zeit der Antoninen sei der Rationalismus der Oberklasse zurückgetreten und habe der wunderhaften Literatur Platz gemacht, aber auch damals seien die Werke zunächst satirisch gewesen (Lukian). Die Vorstellung von göttlichen Menschen und Geschichten über sie habe es schon lange davor gegeben.[417]

Nach Smith herrscht also Konsens darüber, was eine "Aretalogie" war. Er zitiert dabei Nilsson, läßt aber unerwähnt, daß eben Nilsson, wie die meisten Philologen, bezweifelt, ob man überhaupt von einer Gattung Aretalogie sprechen kann.[418] Smith wirft das Problem der unterschiedlichen Verwendung von Prosa und Poesie überhaupt nicht auf, sondern versucht, so schnell wie möglich und mit geschickten Formulierungen an der Frage nach der Gattung 'Aretalogie' vorbeizukommen. Der nach der Diskussion hinzugefügte Nachtrag macht aber deutlich, daß es ihm bei der Aretalogie nicht um die Form, sondern um den Inhalt geht. Eine offene Frage bleibt, warum dann überhaupt von einer Gattung gesprochen werden muß und nicht vielmehr lediglich von einer Tendenz, das Wunderhafte zu betonen.

Insbesondere fällt auf, daß Smith überraschenderweise keine Bedenken gegenüber der Damis-Quelle mehr hat, obgleich er einige Jahre früher sich der kritischen Forschung anschloß und bezweifelte, ob es überhaupt eine Damis-Quelle gegeben habe.[419] Jetzt änderte er also seine Meinung ohne jegliche Argumentation, wobei er als einzigen Forscher lediglich Schmidt (1923) zitiert. Smith beruft sich an anderer Stelle auf den Artikel Meyers,[420] in dem sich der Verfasser hauptsächlich auf die Damis-Frage konzentriert und die Meinung vertritt, daß Damis nur eine

---

[416] Morton Smith 1971,178-179.
[417] Morton Smith 1971,174-181.
[418] S. o. S. 104.
[419] S. Morton Smith 1965,196.
[420] Morton Smith 1971,191. Er nennt den Artikel Meyers "a careful study", aber auch "aftermath of the earlier age". Obgleich die These Meyers schon vor ihm vertreten wurde, kann sein Artikel keineswegs so negativ bezeichnet werden, wie Smith es tut. Das zeigt z.B. der PRE-Artikel Solmsens (1941) und später vor allem der Artikel von Bowie (1978) und das Buch von Dzielska (1986). Smith geht deutlich zu schnell über die wichtigen Argumente hinweg.

Fiktion des Philostratos sei.   Smith geht an Meyers Argumenten
stillschweigend vorüber, obgleich sie hier von großer Bedeutung sind.
Der Gedanke drängt sich auf, daß das Damisbuch in Smith's Konstruktion
ein zu wichtiger Teil ist, als daß es in Frage gestellt werden könnte.

Morton Smith hielt seinen Vortrag im SBL Annual Meeting (1970).
Schon auf demselben Kongress meldete sich HOWARD CLARK KEE zu
Wort, der seine Einwände später in Form eines Artikels (1973) her-
ausgab.[421] Ihm zufolge haben Smith und andere, die die Evangelien mit
Hilfe der Aretalogie auslegen wollen, den Quellen Unrecht getan.

Wir besitzen nach Kee überhaupt keine Aretalogien auf Menschen; alle
Belege wiesen auf Götter hin, die sich durch große Taten auszeichne-
ten.[422]   Die Richtung, die von Hadas und Smith repräsentiert werde,
vertrete gegen das Zeugnis der Quellen die Meinung, daß die 'Aretalogie'
ein antiker Typus der Biographie gewesen sei, in dem ein Mensch als
Wundertäter dargestellt wurde. Hadas habe die VA als einziges Werk
genannt, in dem das von ihm gestaltete Schema ("pattern") in allen
Details vorkomme, aber nach Kee fehlt sowohl bei Damis als auch in der
VA ein wichtiger Teil der angenommenen Topik, nämlich gerade der
Märtyrertod.   Darum sei die VA keine Aretalogie, sondern eine romanhafte Biographie.[423]   Kee kritisiert an Smith nicht die Benutzung der
vielleicht nicht existierenden Damis-Quelle, die jener zur Begründung der
Topik der Aretalogie heranzieht,[424] sondern er versucht zu zeigen, daß
auch Damis nicht den Märtyrertod des Apollonios kannte.[425]   Deshalb
könne es sich hier nicht um eine verlorengegangene Aretalogie handeln.
Als Sekundärliteratur zitiert auch Kee nur den Artikel von Schmidt
(1923).[426]

Im Streit zwischen Smith und Kee waren also Apollonios und die
Apollonios-Überlieferung ein wichtiges Argument für beide Forscher.
Beide gingen gleichermaßen ohne Zögern davon aus, daß Philostratos die
Damis-Quelle wirklich benutzte und daß es noch möglich sei, diese
Quelle wenigstens zum Teil zu rekonstruieren. Smith vertrat aber früher
(1965) und Kee später eine andere Meinung. Erst im Jahre 1986 kritisiert
Kee nämlich die Fürsprecher der Gattung der Aretalogie, die ohne

---

[421] "Aretalogy and Gospel."

[422] Kee 1973,404.

[423] Kee 1973,404-408.

[424] Nach Kee ist allerdings der Gebrauch des Damisbuches als Parallelmaterial der Evangelien "rather limited", weil es nur durch Philostratos uns bekannt ist (1973,495), aber ihre
Existenz bezweifelt Kee hier noch nicht (vgl. aber u. S. 90f).

[425] Kee 1973,409-412.

[426] Kee 1973,412.

weiteres davon ausgingen, daß das Damisbuch tatsächlich existiert habe.[427]

In seinem oben[428] zitierten Buch *The charismatic figure as miracle worker* (1972) führt DAVID LENZ TIEDE die Diskussion über die Aretalogie weiter. Er überprüft die philologische und literaturgeschichtliche Evidenz der Gattung und bleibt wegen der Kritik Nilssons (1961)[429] unsicher, ob die Aretalogie eine eigene Gattung war, wie Hadas und Smith (1965) behaupteten. Tiede ist aber davon überzeugt, daß das Rühmen der Taten der Weisen in der hellenistischen Periode zunehmend an Bedeutung gewann, und in diesem Sinn kann er das Wort Aretalogie billigen.[430]

Obwohl PHILIPP VIELHAUER (1975) das θεῖος ἀνήρ-Konzept für einleuchtend hält,[431] weist er dennoch die Aretalogie als Gattung entschieden zurück, meint jedoch, daß die Zusammenstellung der Wundergeschichten dem Lobpreis der Wundertäter gedient habe. "Aretalogie" bezeichne nicht die Form, sondern den Inhalt und Zweck sehr unterschiedlicher literarischer Gattungen. Deshalb sollte man mit dem Begriff zurückhaltend sein.[432]

In den achtziger Jahren wurde die Diskussion über die Aretalogie immer noch kontrovers geführt. Die Artikel in ANRW Band 2.25.2 (1984) lassen erkennen, daß es derzeit tatsächlich keinen Konsens gibt. Einerseits tritt nämlich HELMUT KÖSTER in seinem Artikel[433] - wie schon in seiner *Einführung in das Neue Testament* (1980) und in seinem TRE-Artikel (1983) - unverändert[434] dafür ein, daß die Aretalogie eine spezifische Gattung war. Andererseits jedoch weisen KLAUS BERGER

---

[427] Kee (1986,84-86) weist im Anschluß an Tiede und Holladay das θεῖος ἀνήρ-Konzept in der neutestamentlichen Exegese zurück.

[428] S. o. S. 84ff.

[429] S. oben S. 104.

[430] Tiede 1972,1. 5-6.

[431] S. u. S. 123 und 145ff.

[432] Vielhauer 1975,310.

[433] "Frühchristliche Evangelienliteratur".

[434] Köster behandelte schon im Jahre 1968 kurz die Aretalogie in einem Artikel (HThR 61 [1968],203-247), der später im Buch *Trajectories through the early Christianity* veröffentlicht wurde (1971 [1970], bes. 173-179). Er rechnet in diesem Artikel, was auch *expressis verbis* gesagt wird (1971 [1970],174), mit einer Gattung Aretalogie und mit der Existenz mehrerer vorkanonischer Sammlungen der Wunder Jesu. Letztere Ansicht geht auf eine Vermutung Robinsons zurück, die er in einem Artikel aus dem Jahre 1965 vortrug, der gleichfalls später in Köster - Robinson 1971 (1970) aufgenommen wurde. Robinson nimmt darin christliche Sammlungen der Wundergeschichten an, begründet aber die Existenz der Gattung Aretalogie nicht (1971 [1970],44-62). Die Annahme der Gattung stammt bei Köster wahrscheinlich von Hadas - Smith oder von Reitzenstein.

und DETLEV DORMEYER dies zurück, und auch TIEDE zeigt jetzt größere Bedenken.

Da KÖSTERS Artikel in TRE und ANRW eine Zusammenfassung dessen darstellen, was er bereits in seiner *Einführung in das Neue Testament* ausgeführt hat, ist es angezeigt, von diesem Werk auszugehen. Nach Köster, der deutlich der Linie von Smith folgt, war die Aretalogie in hellenistischer Zeit eine der Biographie nahestehende Gattung[435] und wurde ursprünglich als kultische Aufzählung der großen Wundertaten eines Gottes verfaßt, zuerst in hymnischer Form, später auch als Prosaerzählung. Köster sieht hinter der Gattung auch die Biographien, in denen die hellenistische Entdeckung der Einzelpersönlichkeit deutlich wird. Weil für griechisches Denken die besondere Begabung grundsätzlich nichts anderes gewesen sei als die Kraft eines Gottes, könnten die göttlichen Gaben und die wunderbaren Taten von Menschen in derselben Form wie die Taten der Götter gepriesen werden. So sei es nicht verwunderlich, daß die Biographie, die auffallend unkritisch auch Wundergeschichten in ihre Darstellung mit einbezog, früh mit aretalogischen Elementen durchsetzt war und daß sich die Biographien von den Aretalogien nur schwer unterscheiden ließen. Köster bietet dafür einige Beispiele. Philon verwende die alttestamentlichen Wunder in der *Vita Mosis* aretalogisch. Philostratos benutze für seine *Vita* des Apollonios von Tyana eine Sammlung von Wundergeschichten, die eine reine Aretalogie gewesen sei. Auch die Biographien von Plutarch seien aretalogisch gefärbt. Solche Züge sieht Köster ebenso in der römischen Biographie und erst recht in den christlichen Heiligenlegenden sowie in der lateinischen Literatur der Spätzeit.[436] In TRE und ANRW versucht er daraufhin, mit Hilfe der Gattung Aretalogie die Entstehung der Evangelien verständlich zu machen; er geht dabei von der Annahme mehrerer Sammlungen urchristlicher Wundergeschichten aus.[437]

Die Probleme bei Köster sind unverkennbar. Er übersieht die Schwierigkeit, daß wir kein literarisches Werk besitzen, das in der Antike als Aretalogie bezeichnet wird. Köster meint, daß die großen Taten der Götter und der Menschen in gleichen Formen gepriesen wurden, aber er führt keinen Text vor, in dem ein Gott in Prosa oder ein Mensch in Versen verherrlicht wird. Falls man von einer Gattung "Aretalogie auf Menschen" sprechen kann, handelt es sich um eine Prosagattung. Da es dafür nur wenige Belege gibt, interessiert uns besonders, daß Köster bei

---

[435] Köster 1980,139.
[436] Köster 1980,136-140.
[437] Köster 1983,295; 1984,1509-1512.

Philostratos die "Sammlung der Wundergeschichten", womit er zweifellos die Damis-Quelle meint, nicht problematisiert. Das wird verständlich, wenn man sieht, daß Köster an dieser Stelle anstatt auf die Philostratos-Forschung auf Bieler hinweist; ebenso ist bei ihm deutlich die Stimme von Hadas und Smith[438] erkennbar, die eben die VA als Beispiel für eine Aretalogie hervorheben. Jedoch wird dabei die ältere Kritik am Begriff der Aretalogie wie auch an der Existenz der Damis-Quelle übergangen. Köster konnte somit die Existenz der Gattung in Wirklichkeit nicht nachweisen. Eng mit der θεῖος ἀνήρ-Hypothese verknüpft ist eine andere Frage, ob man anstatt von einer **Form** Aretalogie von einer **inhaltlichen Entwicklungslinie** sprechen kann, in der das Wunderhafte immer mehr betont wurde. Diese Frage aber kann nicht mehr in diesem Unterkapitel behandelt werden; sie gehört zum nächsten Hauptteil, in dem die Voraussetzungen der θεῖος ἀνήρ-Hypothese überprüft werden.

Anders als Köster will KLAUS BERGER[439] überhaupt nicht von einer Gattung Aretalogie sprechen. Neben einer heute grundlegenden Sammlung von Belegen zu den Begriffen ἀρεταλόγος/*aretalogus* und ἀρεταλογία/*aretalogia* nennt er die literarischen Texte, die jemals als Aretalogien betrachtet wurden.[440] Berger gibt zu, daß das Wort *aretalogus* gut belegt ist; es bezeichne (ähnlich wie ὑμνολόγος) jemanden, "der religiöse Propaganda mit Hilfe 'unglaublicher' Geschichten betreibt ... Was er tat, das Produkt seiner Rede, hätte man als ἀρεταλογία bezeichnen können, obwohl keineswegs erwiesen ist, daß man es tat"[441]. Der Übergang von Aretalogie im Sinne der Gottestaten zu Aretalogie im Sinne der Aufzählung der Taten menschlicher Helden habe in der Forschung eine beispiellose Konfusion bedeutet. Er sieht deshalb keinen

---

[438] S. u. S. 153.

[439] "Hellenistische Gattungen im Neuen Testament" = Berger 1984b, bes. 1218-1231.

[440] A. Inschriften: Hymnus des Isyllos (um 280 v. Chr.) IG 4 950, Weihinschrift des Soarchos (1. Jh. n. Chr.); Sarapisaretalogie (3.-2. Jh. v. Chr.) IG 9, 4, 1299; die lindische Tempelchronik (99. v. Chr.); Isishymnus aus Andros (1. Jh.) IG 12,739; Isishymnus aus Ios 2./3. Jh. n.Chr.) IG 12,5 Nr. 14; Isisaretalogie aus Nysa: Diod. 1,27; Osirishymnus: Diod. 1,27; Mandoulishymnus; Aretalogie des Men (Kaiserzeit); Aretalogie eines lydischen Gottes (3. Jh. n. Chr.). B. Papyri: Serapisaretalogie: Brief des Zoilos an Apollonios (258/57 v. Chr.); Traum des Nektanebos (2. Jh. v.Chr.); Apolloaretalogie (2. Jh. v. Chr.); Isishymnus (2. Jh. n. Chr.); Aretalogie des Imouthes-Asklepios (2. Jh. n.Chr.); Aretalogie des Steuermannes Syrion (2. Jh. n. Chr.); Dionysoshymnus (3. Jh. n.Chr.); Gerichtsverhandlung vor Trajan (3. Jh. n. Chr.); die Berliner Sarapisaretalogie (3. Jh. n. Chr.). C. Literarische Denkmäler: Die homerischen Hymnen an Demeter, Hermes und Dionysos; Hymnus an Hekate bei Hesiodos, Theogonie 411-452; Aretalogie des Bacchus bei Propertius 3,17; Aretalogie des Priepus bei Horaz, *sat.* 1,8; Juvenalis 15; Biographien: Pythagoras (Jamblichos); Apollonios von Tyana (Philostratos); Proklos (Marinos) (Berger 1984b,1219-1220; die Ausgaben und Literatur *ibid.*).

[441] Berger 1984b,1221.

Grund, von einer Gattung Aretalogie zu sprechen. Man könne nicht von den ironischen Darstellungen Lukians auf die Existenz echter Aretalogien auf Menschen schließen. Die *Vita Mosis*, die VA und die späteren Pythagoras-Viten des Porphyrios und Jamblichos würden oft als Beispiele für biographische Aretalogien erwähnt, aber diese Werke bezeichnet Berger als Biographien eines bestimmten Typs, der "nicht der hypothetischen Kreuzung mit einer hypothetischen Gattung bedarf"[442]. Während er die Aretalogie als Gattung zurückweist, hält er es für möglich, daß eine Tendenz in verschiedenen Gattungen, die man "aretalogisch" nennen könne, die Herausstellung wunderhafter Züge zur Folge gehabt habe;[443] er will jedoch klar unterscheiden zwischen Aretalogien auf Menschen und "Aretalogien" auf Götter.[444]

Berger sieht mit Recht hinter der Aretalogie-Hypothese das "Konzept von Jesus als dem θεῖος ἀνήρ", wie es im Anschluß an Bieler in der Theologie angewendet wurde, um die kanonische Christologie von nichtkanonischen Darstellungen abzugrenzen. Er kritisiert die Anwendung dieses Sammelbegriffs, unter dem "höchst Verschiedenartiges subsumiert wird"; θεῖος ἀνήρ als Typos sei weder philologisch noch historisch festlegbar. Das Konzept entstamme "einer Epoche der Erforschung der Religionsgeschichte, in der einseitig das Griechische ('Hellenische') betont wurde, während die Bedeutung des alttestamentlich-jüdischen Denkens für das Neue Testament nivelliert wurde. Gleiches gilt übrigens für das römische Denken"[445]. Im Anschluß an Tiede meint Berger, daß die Bedeutung des Wunders erst im 2. und 3. christlichen Jahrhundert zugenommen habe, weil das Römertum keine vorchristlichen Wundertäter gekannt habe. Er sieht[446] hinter dem "zähe(n) Festhalten an diesem Konstrukt" (sc. Aretalogie und θεῖος ἀνήρ-Konzept) "trotz mangelnder Belege" dogmatische Prämissen der Neutestamentler.[447]

Die Kritik Bergers an der Aretalogie als Gattung ist von weitreichender Bedeutung, weil erstens bis heute tatsächlich noch kein Text bekannt ist, der in der Antike als Aretalogie auf Menschen bezeichnet wurde. Stattdessen wurde auf Vermutungen und Rekonstruktionen aufgebaut, allerdings ohne dies auszusprechen (Köster, 1980). Es geht aber zweitens zugleich, wie Berger richtig sieht, um das ganze θεῖος ἀνήρ-Konzept.

---

[442] Berger 1984b,1228.
[443] Berger 1984b,1225-1228.
[444] Berger 1984b,1221f.
[445] Berger 1984b,1229.
[446] Berger 1984b,1231.
[447] Diese Kritik wird unten S. 154 behandelt.

Falls dieses ein Recht für sich beanspruchen kann, erscheint auch die Aretalogie in einem neuen Licht (nicht als Gattung, sondern als eine Tendenz, wunderhafte Züge in verschiedenen Gattungen herauszustellen). Dabei ist die Apollonios-Tradition von großer Bedeutung: Falls das Damisbuch, wie einst Reitzenstein und später Morton Smith angenommen haben, als Aretalogie definiert werden kann, würde das sogar die Gattung bestätigen. Wenn sich nämlich die Geschichten über Apollonios in das 1. christliche Jahrhundert datieren lassen und von einem aretalogischen Damisbuch herstammen, wird damit der Kritik Bergers der Boden entzogen. Falls aber das philostrateische Apolloniosbild dem 3. nachchristlichen Jahrhundert zugewiesen wird, behält Berger mit seiner Kritik völlig Recht.

Wie Berger so weist auch DORMEYER die Aretalogie als Gattung zurück. Aus der Existenz von Aretalogen folge nicht zwangsläufig eine entsprechende Gattung, denn die ἀρεταί des Gottes könnten durch eine Vielzahl von Gattungen zum Ausdruck gebracht werden, wie Hymnen, Epiphanien, Wundergeschichten und Romane. Wundergeschichten, die durch die epidaurischen Inschriften als ein Teil der Aretalogie belegt werden, decken nach Dormeyer die Aretalogie nicht vollständig ab.[448]

Auch TIEDE (1984), der schon 1972 über die sogenannte Aretalogie geschrieben hat,[449] äußert jetzt deutlich größere Bedenken gegenüber einer solchen Gattung, da der Terminus auf sehr verschiedene Texte angewandt worden sei.[450] Daher müsse man bei dem Vergleich zwischen mehreren aretalogischen Genera und vorchristlichen Sammlungen Vorsicht walten lassen. Auf einen derartigen Vergleich will Tiede jedoch keineswegs verzichten,[451] sondern im Gegenteil dazu ermuntern durch seine Annahme, daß die Wundergeschichten über Apollonios und Pythagoras "probably in written form" für eine religiöse Propaganda gesammelt worden seien.[452] Hier zitiert Tiede Petzke, der tatsächlich eine Schule der Anhänger des Apollonios annahm, aber es sei darauf hingewiesen, daß seine Argumente dafür oben[453] für nicht ausreichend gehalten wurden.

Fassen wir die Aretalogie-Diskussion kurz zusammen: Reitzenstein vermutete (1906), daß die Antike eine Gattung 'Aretalogie' gekannt habe,

---

[448] Hier stützt sich Dormeyer auf Esser (Dormeyer 1984,1571).
[449] S. o. S. 109.
[450] Tiede 1984,1715-1721.
[451] Tiede 1984,1716.
[452] Tiede 1984,1718.
[453] S. o. 51ff.

in der entweder die ἀρεταί der Götter oder die der Menschen gepriesen wurden. Zunächst wurde die Aretalogie als feste Gattung in der Forschung überwiegend abgelehnt, aber seit den sechziger Jahren ist die Diskussion durch das Buch von Hadas und Smith (1965) wieder aktuell geworden. Seitdem wurde sie in überraschendem Maß von Neutestamentlern geführt. Nunmehr halten Morton Smith (1971) und Köster (1980, 1983, 1984) an der Existenz der Gattung fest, während andere, vor allem Berger (1984b) und Dormeyer (1984), sie zurückweisen. Die Apollonios-Tradition war von Anfang an in die Diskussion einbezogen; das sogenannte Damisbuch, das angeblich eine größere Menge verlorengegangener Schriften vertreten hat, gilt für viele noch immer als Nachweis für die Gattung.

Heute dürfte trotz kontroverser Meinungen feststehen, daß die Aretalogie keine feste antike Gattung war. Erstens besitzen wir kein Werk, das in der Antike so bezeichnet wurde; zweitens wechseln in dem, was wir über die Worte der Aretalogen wissen, mehrere Gattungen miteinander ab, sogar Verse und Prosa.

Eine ganz andere Frage ist, ob vielleicht die Tendenz, Wunderhaftes zu betonen, auf mehrere Gattungen Einfluß nahm. Falls sie zu bejahen ist, muß weiter nach dem zeitlichen Beginn dieser Tendenz gefragt werden. Die Forschungssituation ist also analog zu der der θεῖος ἀνήρ-Diskussion, von der sich die Aretalogie-Diskussion weder in ihrer Rezeption in der neutestamentlichen Exegese noch in der Weiterführung der Diskussion unterscheiden läßt: Wie in ihr die Annahme einer festen Topik der Vergangenheit angehört, nicht aber die Frage nach der Existenz der Wundertäter, so kann man heute Aretalogie kaum für eine feste Gattung halten. Es fragt sich aber, ob nicht in verschiedenen Gattungen das Wunderhafte im Laufe der Zeit verstärkt herausgestellt wurde und ab wann diese Tendenz zu beobachten ist. In beiden Problemkreisen geht es um den Glauben an Wunder, um mögliche Entwicklungslinien in ihm und um ihre Datierung.

Die Philostratos-Forschung kann zur Weiterführung der Diskussion einen wesentlichen Beitrag leisten. Da die angeblichen Quellen des Philostratos oft als Hauptbeweis für die Aretalogie - sowohl dem Inhalt als auch der Form nach - angeführt wurden, muß zum einen untersucht werden, was die neueste Forschung darüber sagt. Zum anderen ist für die Bestimmung der möglichen Tendenz, das Wunderhafte zu betonen, die Datierung der Apollonios-Traditionen wichtig, umso wichtiger, als die Aretalogie-Diskussion in der heutigen Exegese des Neuen Testaments immer noch von großer Bedeutung ist.

2.3.2. Der "göttliche Mensch" in der Auslegung des Neuen Testaments

2.3.2.1. Die Rezeption der θεῖος ἀνήρ-Hypothese

Die θεῖος ἀνήρ-Hypothese wurde in die neutestamentliche Exegese bereits von GILLIS P. WETTER (1916) eingebracht. Er war selbst Neutestamentler und wirkte entscheidend bei der Gestaltung der Topik mit.[454] Sein Buch schrieb er, um die Probleme des Johannesevangeliums zu lösen.[455] Schon in der synoptischen Tradition sei wie im Hellenismus der Wundermann von Dämonen Gottessohn genannt worden. Auf diese Weise habe der Messias Jesus Züge eines hellenistischen Gottessohnes erhalten. So seien beispielsweise in der Darstellung des Prozesses Jesu die späteren Streitigkeiten zwischen Juden und Christen anachronistisch mitentwickelt worden,[456] wobei vor allem Johannes die hellenistische Topik in seinem Evangelium benutzt habe. Das Christentum sei in eine neue Welt eingetreten, in der hellenistische Vorstellungen maßgeblich waren: "Das Johannesevangelium scheint die notwendige Folge davon zu sein, daß der christliche Glaube jetzt auch von solchen Menschen umfaßt worden ist, die sich früher um einen Simon, einen Dositheos u.ähnl. geschart haben."[457] Johannes wolle zeigen, daß Jesus der wahre Gottessohn gewesen sei, der ihnen die einzig mögliche Erlösung bringen konnte. Deshalb werde im Evangelium der Gedanke vertreten, daß Jesus vom Himmel gekommen und vom Vater gesandt worden sei. Die Göttlichkeit Jesu müsse allen sichtbar gemacht werden. Das ganze Evangelium sei geschrieben, um zu zeigen, daß dieser Christus ein wahrer "Sohn Gottes" war.[458]

Wetter baut auf seiner eigenen Abhandlung auf, die schon oben[459] kritisiert wurde; insofern hat die θεῖος ἀνήρ-Hypothese in ihm von Anfang an einen theologischen Befürworter, der dieses Konzept auf die neutestamentliche Exegese anwendet. In eben dieser Zeit wurden auch sonst eifrig Linien von der religionsgeschichtlichen Untersuchung hin zur neutestamentlichen Exegese gezogen.[460] Obgleich Wetter nicht oft unter

---

[454] S. o. S. 65ff.
[455] Wetter 1916,1.
[456] Vor allem sei der Prozeß Jesu vor dem Hohen Rat mitsamt den hellenistischen Fragen über seine Gottessohnschaft anachronistisch (Wetter 1916,137-152).
[457] Wetter 1916,153.
[458] Wetter 1916,153-156.
[459] S. o. S. 65ff.
[460] Es kann leicht nachgewiesen werden, daß Dibelius (1919) deutlich unter der Einwir-

den berühmtesten Namen der religionsgeschichtlichen Schule genannt wird,[461] kommt seine enge Beziehung zu dieser Richtung schon darin zum Ausdruck, daß er in der Vorrede Wilhelm Bousset herzlich dankt.

Es ist verständlich, daß die religionsgeschichtliche Schule die θεῖος ἀνήρ-Hypothese in der neutestamentlichen Exegese zu verwenden suchte.

WALTER BAUER folgte in seinem Johanneskommentar (1925) der Ansicht Reitzensteins und Wetters[462] und meinte, daß die Schriften der frühen Christen in der Tat aus einer harten Konkurrenzsituation heraus zu verstehen seien. Daher komme es, daß der johanneische Jesus als Prophet und Sohn Gottes alle Konkurrenten hinter sich lasse.[463]

Als RUDOLF BULTMANN das Johannesevangelium mit Hilfe "eines besonderen Typus innerhalb des hellenistischen Christentums" auslegte (1925), gab auch er Wetter recht, dachte aber, daß der Charakter des Evangeliums mit der θεῖος ἄνθρωπος -Konzeption keineswegs vollständig gekennzeichnet werden könne. Darum versucht Bultmann, das Evangelium eher in den Kreis der hellenistischen Mysterienfrömmigkeit hineinzustellen.[464]

Vor dem zweiten Weltkrieg war das exegetische Interesse am "göttlichen Menschen" gering, besonders außerhalb Deutschlands. Das war auch noch in den vierziger und fünfziger Jahren der Fall. Dies ist verständlich überall dort, wo anstatt des **Jesusbildes** im frühen Christentum der **historische** Jesus untersucht wurde.[465] Die mit Abstand wichtigsten Werke dieser Jahrzehnte sind *Das Evangelium des Johannes* (1941) und *Die Theologie des Neuen Testaments* (1953)[466] von BULT-MANN.

---

kung Reitzensteins und Wetters stand, als er über die Formgeschichte des Evangeliums schrieb, s. o. S. 40ff.

[461] Vgl. Hempel 1961,991-994; Schlier 1963,1184-1185.

[462] Eine überwiegend positive Besprechung des Buches von Wetter findet sich bei Bauer 1929,149; er wünscht jedoch "eine noch größere Vollständigkeit des Vergleichsstoffes und eine genauere Abgrenzung verschiedener Typen".

[463] Bauer zitiert die Worte Reitzensteins, die oben S. 65 wiedergegeben worden sind, und hält es bei der erzählenden Literatur für eine Selbstverständlichkeit, daß "Propheten" - wie Bauer sie nennt - imstande gewesen seien, allerlei Übernatürliches zu tun. Wie bei Reitzenstein werden als Beispiele neben dem philostrateischen Apollonios nur Alexander von Abonuteichos und Proteus Peregrinus genannt; die anderen heidnischen "Propheten" seien relativ spät zu datieren (Bauer 1925,30f).

[464] Bultmann 1925,100f.

[465] So weist WILLIAM MANSON die Deutung Jesu als θεῖος ἄνθρωπος zurück; anders als Apollonios von Tyana sei Jesus Zeuge Gottes und Zeuge der Nähe seines Königtums und seiner Gerechtigkeit (1943,44f).

[466] Das Werk wurde in Einzellieferungen schon von 1948 an veröffentlicht.

In seinem Johanneskommentar nimmt Bultmann, wie schon einige vor ihm,[467] eine Quelle der Wundergeschichten an, die "Semeia-Quelle", die mit 1,35 anfange und mit 20,30f ende.[468] Sie habe Jesus als θεῖος ἄνθρωπος dargestellt. Dieses Motiv liege besonders in 1,42; 1,47f; 4,17-19; 11,1-14 vor. Der Evangelist habe jedoch seine Quelle aufs neue interpretiert und sehe z.B. in 1,35-51 mehr als nur das Wunder eines typischen göttlichen Mannes: durch das Wunder zeige Jesus, daß er die Seinen erkennt, und

"enthüllt ihnen in seinem Wort, was sie sind und sein werden; und dadurch erzwingt er Bekenntnis und Nachfolge ... Der Glaube an ihn beruht also darauf, daß dem Glaubenden in der Begegnung mit ihm die eigene Existenz aufgedeckt wird"[469].

Auch anderswo glaubt Bultmann, was eine leichte Revision seiner Meinung bedeutet,[470] zeigen zu können, daß der Evangelist das θεῖος ἄνθρωπος -Motiv aufs neue und tiefer interpretiere.[471] Antike Literatur zitiert Bultmann nur wenig; die wichtigsten Forscher sind für ihn Reitzenstein, Wetter und Bieler.[472] Zweimal erwähnt er Apollonios von Tyana,[473] beide Male jedoch, ohne die Quellenkritik zu berücksichtigen.

Die existentiale Deutung des Christentums läßt sich bei Bultmann deutlich erkennen: Die Wunder seien als Wunder nur Nebensache, die der Evangelist kritisch interpretiere. Der tiefere Sinn der Botschaft Jesu liege anderswo, nämlich in der Frage der Existenz des Individuums. Für diese Deutung christlicher Wundergeschichten ist die θεῖος ἀνήρ-Hypothese mit der angeblichen Redaktion des Evangelisten unersetzbar.[474]

Apollonios von Tyana spielt bei Bultmann nur scheinbar eine unbedeutende Rolle. Da er die Topik von Reitzenstein, Wetter und Bieler kritiklos übernommen hat, behielt der philostrateische Held seine Bedeutung in dieser Konstruktion. Falls sich die Topik als fehlerhaft erweist, wird der Auslegung Bultmanns der Boden entzogen.

---

[467] S. Bultmann 1941,78.

[468] Diese Quelle enthalte eine Zählung der Wunder. Für den Evangelisten sei der Begriff σημεῖον "nicht der eindeutige der naiven Wundererzählungen" gewesen. Im Evangelium stimmten die Begriffe σημεῖα und ῥήματα (λόγοι) gegenseitig so überein, daß σημεῖα keine bloße Demonstration, "sondern Hinweis, Symbol", und ῥῆμα nicht Lehre als Mitteilung eines Gedankenganges sei, "sondern geschehendes Wort" (Bultmann 1941,78f).

[469] Bultmann 1941,75.

[470] S. o. S. 116.

[471] Bultmann 1941,138. 202f. 306.

[472] Bultmann 1941,71f.

[473] Bultmann 1941,71. 512.

[474] Zur Kritik s. u. S. 119 und 154f.

In der *Theologie des Neuen Testaments* wiederholt Bultmann seine Thesen über das Johannesevangelium,[475] jedoch so, daß die θεῖος ἀνήρ-Hypothese noch mehr an Bedeutung gewinnt. Bultmann nimmt nämlich die θεῖοι ἄνδρες als Hintergrund der Verkündigung an, in der Christus als Gottessohn betrachtet wird. Obgleich schon die Urgemeinde Jesus so benannt habe, gewinne der Titel jetzt einen neuen Sinn. Zum einen sei es für griechisches Denken kein Paradoxon, daß Götter in menschlicher Gestalt erschienen, zum anderen erzähle die orientalisch-hellenistische Mythologie von Sohnesgottheiten, denen soteriologische Bedeutung zugeschrieben wurde. Die heidenchristliche Vorstellung von Jesus als Sohn Gottes habe sich differenziert, je nachdem, welche Tradition in ihr bestimmend war. Die synoptischen Evangelien und die Apostelgeschichte zeigen im wesentlichen den ersten Typus. Der zweite Typus, nach dem Jesus der präexistente Gottessohn ist, sei für Paulus und Johannes selbstverständlich gewesen und stehe sogar im Widerspruch zu der Auffassung, Jesus habe sich in seinem irdischen Leben durch seine Wunder als Gottessohn erwiesen. Bei Paulus (Phil 2,6-11) und Johannes liege aller Nachdruck auf der Tatsache der Menschlichkeit des mensch-gewordenen Gottessohnes. Ein dritter Typus der Gestalt der Gottessöhne sei durch die Gnosis bedingt.[476]

Bultmann zitiert Wetter und Bieler[477] und baut auf ihrer Topik auf, die er vorrangig bei den zwei ersten Typen benutzt, während sie dem dritten Typus seiner Meinung nach offenbar fremd war. Wiederum führt er antike Quellen nicht an, so daß Apollonios auch hier die gleiche scheinbar unbedeutende Rolle wie in der Sekundärliteratur, die er zitiert, spielt. Somit wird deutlich, daß für Bultmanns Auffassung alles auf eine korrekte Gestaltung der Topik ankommt.

Es ist unmöglich, die religionsgeschichtlichen Anschauungen Bultmanns von seinen formgeschichtlichen Studien einerseits und von seinen philosophischen Voraussetzungen andererseits zu trennen.

In allen seinen Untersuchungen läßt sich erkennen, wie sehr Bultmann das Griechische und wie wenig er das Jüdische berücksichtigt. Bei der Anwendung sowohl der religionsgeschichtlichen als auch der formge-schichtlichen Methode sicherte Bultmann jedoch die zugrundeliegenden Voraussetzungen nur mangelhaft ab. In seinen formgeschichtlichen Studien stützt er sich auf die Annahme, daß in und vor der Zeit Jesu wesentlich mehr heidnische Wundergeschichten erzählt wurden, als wir

---

[475] Bultmann 1953,389-394.
[476] Bultmann 1953,127-132.
[477] Bultmann 1953,120.

heute kennen. Später baut er auf der Topik Wetters und Bielers auf, ohne zu bemerken, daß besonders bei letzterem ein *circulus vitiosus* vorliegt.

Das berühmte Entmythologisierungsprogramm Bultmanns tritt in der *Theologie des Neuen Testaments* deutlich hervor. Der existentiale Gehalt des neutestamentlichen Kerygmas müsse vom Gesichtspunkt des modernen Menschen aus verständlich gemacht werden, indem er von der zeitbedingten Form mythischer Anschauungen befreit werde.[478] Eine solche zeitbedingte Anschauung sei die angeblich in vielen neutestamentlichen Schriften belegte θεῖος ἀνήρ-Auffassung - und so erhält der philostrateische Apollonios latent eine hohe Bedeutung in der jüngsten deutschen Theologiegeschichte.

Die Bedeutung Bultmanns für die neutestamentliche Forschung vor und besonders nach dem Kriege ist jedem Leser bekannt. Seine Bücher wurden in vielen Auflagen verbreitet, und seine Schüler setzten seine Arbeit fort. Als die θεῖος ἀνήρ-Hypothese in ihm einen Befürworter fand, wurde es deutlich, daß sie keineswegs auf dem Wege war, *ad acta* gelegt zu werden.

Vor dem zweiten Weltkrieg hatte die θεῖος ἀνήρ-Hypothese geringe Bedeutung für die neutestamentliche Exegese. Es ist natürlich, daß eben Bultmann und fast alle Neutestamentler, die auch sonst religionsgeschichtlich orientiert waren, sie aufnahmen. Vor allem sah man einen Zusammenhang zwischen den göttlichen Menschen und dem Wundertäter Jesus. Die Hypothese blieb verständlicherweise jedem fremd, der anstatt des Jesusbildes der Evangelisten bzw. Gemeinden den historischen Jesus untersuchen wollte. Apollonios wurde von allen Neutestamentlern, die die Hypothese übernahmen, als Beispiel für einen θεῖος ἀνήρ erwähnt, aber eine noch größere Bedeutung erhielt er aufgrund der Sekundärliteratur. Durch die Werke von Reitzenstein, Wetter und Bieler übte der philostrateische Apollonios so indirekt einen großen Einfluß auf die neutestamentliche Exegese aus.

2.3.2.2. Die θεῖος ἀνήρ-Hypothese und die Vielfalt der neutestamentlichen Theologien

Nach Erscheinen der Werke Bultmanns fand die θεῖος ἀνήρ-Hypothese bald sowohl ihre Befürworter als auch ihre Gegner.

Es war verständlich, daß Bultmanns enger Anhänger HERBERT BRAUN ihm folgte und die Einwirkung des hellenistischen Glaubens auf die

---

[478] Vgl. Ott 1958,496-499.

neutestamentliche Titulatur Jesu betonte.[479]   Dabei meint er, daß die
θεῖος ἀνήρ-Auffassung vor allem Markus (und dadurch alle Synoptiker)
und Johannes beeinflußt habe.   Braun kennt die ältere Sekundärliteratur
gut, begnügt sich aber nicht damit, sondern führt darüber hinaus eine
Vielzahl an Belegen an, darunter auch einige aus der VA.   Seine
Fußnoten bilden eine noch heute bedeutsame Materialsammlung[480];
problematisch ist nur, daß die zahlreichen Belege allzu selten datiert und
ausgelegt werden.   Mehr als durch seinen eigenen Artikel wurde die
θεῖος ἀνήρ-Hypothese durch die Arbeit seiner Schüler (H.D. Betz,
Schottroff, Petzke) verbreitet.[481]

In seinem bekannten Buch *Die Christologie des Neuen Testaments*
(1957) meint auch OSCAR CULLMANN, daß die Wendung θεῖος ἀνήρ ein
außerordentlich verbreiteter Titel gewesen sei, lehnt aber seine Anwendung in der neutestamentlichen Exegese ab.   Es habe zwar - hier fußt
Cullmann auf Wetter und Bultmann (1953) - viele Wundertäter gegeben,
die Gottessöhne oder θεῖοι ἄνδρες genannt worden seien; er nennt
Apollonios, Alexander von Abonuteichos und die von Celsus erwähnten
Wundertäter.[482]   Der "äußerst verbreitete" hellenistische Begriff sei aber
so fest in der polytheistischen Denkweise verankert, daß er sich schwer
auf monotheistischen Boden übertragen lasse.   Weil die θεῖος ἀνήρ-
Auffassung "auf die Evangelientradition von Jesus als Gottessohn keine
Anwendung finden kann"[483], sucht Cullmann eher alttestamentliche An-
knüpfungspunkte für die Gottessohnschaft Jesu.[484]

---

[479] "Der Sinn der neutestamentlichen Christologie" (1957).

[480] Braun 1957,350-364.

[481]   Ein Vergleich zwischen dem Sohn Gottes und den θεῖοι ἄνθρωποι wird dagegen von JOACHIM BIENECK entschieden zurückgewiesen (*Sohn Gottes als Christusbezeichnung
der Synoptiker*, 1951). Die Hoheit der hellenistischen Erlösergestalten und Thaumaturgen, die
unter anderem auch als Gottessöhne hätten bezeichnet werden können, sei "im allgemeinen
gar nicht so überaus beeindruckend". Das sei kein Wunder, da eben in dieser Epoche die
Begriffe "Gott" und "Götter" ihre größte Inflation erlebt hätten. Bieneck kritisiert scharf den
Vergleich Wetters zwischen Jesus und den göttlichen Menschen (1951,70-74).
Er verneint also keineswegs die Existenz hellenistischer Thaumaturgen und Erlösergestalten.
Von seiner Argumentation her würde man heute wohl diese vielen Gestalten, die angeblich
zwischen Göttern und Menschen standen, eifrig mit dem Jesus**bild** in verschiedenen Schriften
des Neuen Testaments vergleichen. Da Bieneck aber auf eine eigene religionsgeschichtliche
Arbeit verzichtet und die von anderen Wissenschaftlern nicht berücksichtigt, führt seine
Darstellung nicht weiter. Es geht bei ihm nur um einen systematisch bedingten Versuch, die
Herausforderung der religionsgeschichtlichen Thesen beiseitezuschieben.

[482] Hinsichtlich der von Celsus erwähnten Wundertäter kann Cullmann wegen der Auffassung C.H. Dodds (*The interpretation of the Fourth Gospel* 1953,251) die Frage, ob sie
vielleicht Christen waren, nicht entscheiden (1957,278). Zur Frage s.u. S. 216f.

[483] Cullmann 1957,282.

[484] Cullmann 1957,277f.

Cullmann billigt also die frühere religionsgeschichtliche Arbeit nur, um sie sofort zurückzuweisen. Eine eigenständige Untersuchung der Quellen bietet er nicht. Sein Bild von den Wundertätern zur Zeit Jesu beruht ganz auf der Arbeit seiner Vorgänger.

Anders als Cullmann vertrat FERDINAND HAHN in seinem einflußreichen Buch *Christologische Hoheitstitel* die Ansicht, die Diasporajuden hätten schon lange vor Jesus ihre alttestamentlichen Helden als θεῖοι ἄνδρες umgedeutet; allerdings hätten sie zugleich der Auffassung teilweise einen ganz neuen Inhalt gegeben, weil die Wundertaten der Helden allein als durch den von Gott verliehenen Geist bewirkt galten. Weil Jesu Wundertaten schon im palästinischen Urchristentum nach dem Bilde der alttestamentlichen Charismatiker verstanden wurden, sei die Aufnahme der jüdisch geprägten θεῖος ἀνήρ-Vorstellung den hellenistischen Judenchristen leicht gefallen. So sei die θεῖος ἀνήρ-Auffassung erstmals auf den irdischen Jesus übertragen worden.[485]

Hahn führt keine eigene religionsgeschichtliche Quellenarbeit durch, sondern stützt sich bei der hellenistischen Topik vor allem auf Wetter, Windisch und Bieler. Was das hellenistische Judentum betrifft, übernimmt er vieles aus dem erst später gedruckten Werk Georgis, das Hahn schon damals benutzen konnte. Die exegetischen Ansätze bedeuten eine Weiterführung der Auffassungen Bultmanns, dessen Werke im betreffenden Abschnitt häufig zitiert werden. Erweist sich aber der religionsgeschichtliche Boden Hahns als brüchig, muß seine Darstellung der frühen Christologie in diesem Punkt kritisch behandelt werden.

In den frühen sechziger Jahren gewinnt die θεῖος ἀνήρ-Hypothese plötzlich noch mehr an Bedeutung. Vor allem das Johannes- und das Markusevangelium werden mit ihrer Hilfe ausgelegt. Laut Morton Smith sei eine nach dem Krieg in der Theologie herrschende Pseudo-Orthodoxie erst damals zurückgetreten.[486] Er übersieht aber einen wichtigen Teil der früheren Literatur, z.B. die Werke Bultmanns, ebenso wie die Tatsache, daß es zu einem Bruch mit dem θεῖος ἀνήρ-Konzept nach Reitzenstein nie kam. Es fällt nicht schwer, die große Zahl der Artikel der sechziger Jahre zutreffender zu erklären. Zum einen steht hinter dieser Art der Auslegung die neue redaktionsgeschichtliche Methode, die die Frage nach den Intentionen der neutestamentlichen Verfasser betont.[487]   Das Jesusbild der Evangelisten und der Gemeinden nimmt in der Forschung

---

[485] Hahn 1963,292-308.

[486] Morton Smith 1971,192.

[487] So mit Recht Tiede (1972,254). Über die Geschichte der redaktionsgeschichtlichen Methode s. Zimmermann 1982,217-223.

mehr und mehr die Stelle des historischen Jesus ein, wobei beispielsweise die Aussagen Bultmanns wie auch die ältere religionsgeschichtliche Forschung neue Aktualität gewinnen. Zum anderen wird diese Entwicklung durch die oben behandelten religionsgeschichtlichen Arbeiten von Georgi[488] (1964) und Hadas - Smith[489] (1965) beschleunigt. Vor allem wird dies in der nordamerikanischen Exegese erkennbar, in der das Buch Georgis schnell große Bedeutung gewann.[490]

Deutlich spürbar ist die neue Entwicklung in der **Markusforschung**, in der die epochale Leistung des ersten Evangelisten auf verschiedene Weise gepriesen wird.

Nach SIEGFRIED SCHULZ (1964)[491] ist Markus der erste und einzige, der ein Evangelium schrieb.[492] Markus wolle eine fortlaufende *historia Jesu* verfassen, dessen Botschaft unapokalyptisch und gegen die Tora gerichtet gewesen sei. Anders als Lukas habe er sein Konzept nicht von der hellenistischen Historiographie übernommen, sondern "aus der volkstümlichen Tradition der θεῖος ἀνήρ-Viten, wie zum Beispiel Apollonios von Tyana, Alexander von Abonuteichos und Peregrinus Proteus"[493]. So sei Markus mit seiner zutiefst antiapokalyptischen und gegen die Tora gerichteten Konzeption - anders als die Urgemeinde - dem, was in Jesus zur

---

[488] S. o. S. 78ff.

[489] S. o. S. 103ff.

[490] Das zeigt deutlich die Vorrede der englischen Übersetzung, in der Georgi auf einer angenehm persönlichen Weise die Ereignisse um die Erscheinung der Abhandlung beschreibt. "In the meantime, I had been invited to the United States, and here I found that I had been very much identified with the book. 'Oh, the Gegner!' was a frequent reaction during introductions. Questions about a translation were raised frequently, but my previous experience with revising the work made me fearful that I might be tempted to rewrite the book completely once more ... That (sc. eine englische Übersetzung) would bring the book completely into the country where it had found the warmest welcome and where it has had its greatest impact" (Georgi 1983,X).

[491] Der Artikel "Die Bedeutung des Markus für die Theologiegeschichte des Urchristentums" ist ursprünglich sein Vortrag auf dem International Congress on the New Testament Studies aus dem Jahre 1961.

[492] Schulz will tatsächlich das Wort 'Evangelium' nur beim Markusevangelium benutzen, da die anderen Evangelien deutlich von Markus abweichen (1964,135). Dazu sagt Vielhauer mit Recht sarkastisch, mit gleicher Logik seien die *Elektra* des Sophokles und die des Euripides keine Tragödien, zumindest keine Elektra-Tragödien, da sie von den *Choephoren* des Aischylos abweichen (1975,409).

[493] Auch Lukas kenne dieses Schema (s. u. S. 126). "Die matthäische Bibel" sei der letzte Angriff auf die beherrschende Homologie und charakteristische Literaturform des hellenistischen Christentums von seiten des halachisch-apokalyptischen Judenchristentums, die die θεῖος ἀνήρ-Anschauung des Markus radikal neuinterpretiert habe (1964,139f).

Sprache gekommen sei, in einer veränderten Verkündigungssituation durchaus gerecht geworden.[494]

Schulz zitiert weder Sekundärliteratur noch antike Quellen, aber bei ihm ist deutlich die Stimme Bielers und Bultmanns zu vernehmen.[495] Er benutzt die Topik kritiklos, datiert die Quellen nicht und bietet so ein kennzeichnendes Beispiel dafür, zu welch mächtigen Konstruktionen die frühere religionsgeschichtliche Forschung in der heutigen neutestamentlichen Wissenschaft führt.

Die redaktionsgeschichtliche Arbeit Conzelmanns zum Lukasevangelium wird ausdrücklich von PHILIPP VIELHAUER (1964)[496] als Hintergrund seiner eigenen Untersuchung angegeben.[497] Markus habe die Bezeichnung "Sohn Gottes" in zweierlei Bedeutung auf Jesus angewandt: "im Sinne einer θεῖος ἀνήρ-Prädikation und im Sinne einer eschatologisch verstandenen Königstitulatur"[498]. Als θεῖος ἀνήρ gelte Jesus vor allem in den Wundergeschichten, aber die Auffassung greife über die eigentlichen Wunderberichte hinaus und bestimme die Versuchungsgeschichte, die Kreuzigungsszene, und vielleicht auch die Streitgespräche.[499] Antike Quellen zitiert Vielhauer hierbei nicht, sondern stützt sich stark auf Bultmann.

Ebenso deutlich ist die Abhängigkeit von der Lukasforschung bei JAMES M. ROBINSON in einem Artikel,[500] der auf einem Vortrag aus dem Jahr 1964 basiert. Er bedauert, daß es der Markusforschung noch nicht gelungen sei, einen den Arbeiten über Matthäus und Lukas vergleichbaren Durchbruch im Hinblick auf die eigentlichen Intentionen des Markus zu erzielen. Deshalb skizziert er nur kurz seinen Vorschlag, nach dem Markus die θεῖος ἀνήρ-Christologie seiner Quellen uminterpretierte[501], und beschäftigt sich hauptsächlich mit der θεῖος ἀνήρ-Christologie der Quellen des vierten Evangelisten.[502]

Mit Hilfe einer Spannung zwischen markinischer Wunderüberlieferung und Passionsgeschichte, d.h. zwischen dem θεῖος ἀνήρ und dem

---

[494] Schulz 1964,134-135.

[495] Einige Jahre später (1967), als er in seinem Buch *Die Stunde der Botschaft* wieder das Markusevangelium mit Hilfe der θεῖος ἀνήρ-Hypothese auslegt (1967,46f), baut er statt auf antiken Quellen auf Reitzenstein, Bieler und Bultmann auf (1967,365).

[496] "Erwägungen zur Christologie des Markusevangeliums".

[497] Vielhauer 1964,155.

[498] Vielhauer 1964,165.

[499] Vielhauer 1964,155-169.

[500] Zitiert nach der Übersetzung "Kerygma und Geschichte im Neuen Testament" (Köster-Robinson 1971).

[501] Robinson 1971 (1970),45-48.

[502] S. u. S. 128.

Gekreuzigten, versucht ULRICH LUZ (1965),[503] ein Schüler von Conzelmann und Schweizer, die Entstehung des Markusevangeliums zu
erklären.[504]   Dabei stellt er eine These vor, die später immer mehr
Zustimmung findet: Das Markusevangelium müsse von der Tatsache her
gelesen werden, daß in ihm nicht nur eine, sondern zwei Christologien
erkennbar seien.   Einerseits habe die θεῖος ἀνήρ-Vorstellung das
Christusbild des Evangeliums gefärbt, andererseits konkurriere mit ihr die
bekannte *theologia crucis* des Evangelisten.   Nach Luz sind beide
Christologien markinisch und keine nur traditionell. Es handele sich um
ein bewußtes christologisches Miteinander. Markus wolle die θεῖος
ἀνήρ-Christologie vom Kreuz her verständlich machen.[505]

Nachdem die Auslegung des Markusevangeliums mit Hilfe der θεῖος
ἀνήρ-Hypothese erst einmal begonnen hatte, lief die Diskussion in diesen
Bahnen weiter.[506]   Sehr weitgehende Schlüsse zieht THEODORE J.
WEEDEN (1968),[507] nach dessen Ansicht die Parusieverzögerung die
ängstlichen Christen dahin gebracht habe, den irdischen Jesus als θεῖος
ἀνήρ zu verstehen und die Jünger als Gewährsmänner dieser Lehre zu
nehmen. Markus habe mit Geschick sein Evangelium so eingeteilt, daß
die Jünger in der ersten Hälfte bis zum Petrusbekenntnis (1,1-8,29) die
ihnen vertraute *theologia gloriae* erkennen könnten. In der zweiten Hälfte aber stelle er Jesus, die einzige Autorität, die über den Jüngern stand,
als Vertreter der *theologia crucis* und als Widersacher der *theologia
gloriae* dar.   Weeden zitiert neben der oben erwähnten Markusforschung[508] Bieler und Georgi, allerdings keine antiken Quellen.[509]

---

[503] "Das Geheimnismotiv und die markinische Christologie".
[504] Luz 1965,9-11.
[505] Luz hält es nicht für notwendig, den Gebrauch der Wendung θεῖος ἀνήρ mit
Verweis auf antike Quellen zu begründen, sondern zitiert nur Reitzenstein (1906), Dibelius
(1919), Bultmann (1921), Georgi (1964) und Schweizer (1964) (Luz 1965,10f).
[506] Nach LEANDER E. KECK ("Mark 3,7-12 and Mark's Christology", 1965) stammt die
θεῖος ἀνήρ- Christologie aus den Quellen des Evangelisten. Markus aber kritisiere diese
Vorstellung und verstehe das ganze Leben Jesu vom Kreuz her. Wie auch immer, jedenfalls
sei das synoptische Sohn-Gottes-Verständnis vom hellenistischen Verständnis bestimmt "as
outlined by Wetter and Bieler". Neben diesen beiden Forschern stützt er sich auf Bultmann
(1953), zitiert aber keine antiken Quellen (Keck 1965,345-352).
   Ähnlich dachte auch HEINZ DIETER KNIGGE ("The meaning of Mark", 1968), der überzeugt
war, daß die Christen die hellenistische Vorstellung von den göttlichen Männern dem Bild,
das sie von Jesus hatten, anpaßten. Die ursprünglich einzeln überlieferten Wundergeschichten
hätten zu einer *theologia gloriae* geführt. Markus aber habe sie in seiner Gesamtdarstellung
von der *theologia crucis* her gedeutet. Knigge hält es überhaupt nicht für notwendig, die
θεῖος ἀνήρ-Vorstellung mit Hilfe der antiken Quellen oder aufgrund der Sekundärliteratur
zu begründen (1968,53-70).
[507] "The heresy that necessitated Mark's Gospel".
[508] U. a. Luz (1965), Schweizer (1965) und Vielhauer (1964) (Weeden 1968,145).

Die hellenistische θεῖος ἀνήρ-Auffassung wurde also in den sechziger Jahren von vielen Markusforschern als Schlüssel zum Verständnis des ältesten Evangeliums begriffen. Eben hier wird deutlich, daß die redaktionsgeschichtliche Methode wirklich "in der Luft" schwebte.[510] Man stellte gern die Frage nach dem theologischen Ansatz des Markus. Da er als ein volkstümlicher Evangelist galt, nahm es nicht wunder, daß man eben in seinem Werk die angeblich volkstümliche θεῖος ἀνήρ-Auffassung sehen wollte. Die θεῖος ἀνήρ-Topik wurde von den Forschern nicht in Frage gestellt oder genauer überprüft. Die antiken Quellen, darunter auch die VA, hatten explizit nur geringe Bedeutung.

Man könnte vermuten, daß die θεῖος ἀνήρ-Hypothese rasch ihren Platz in der Auslegung des **Lukasevangeliums** und der **Apostelgeschichte** gefunden hätte, galt Lukas doch seit jeher als der, der sein Vorbild in der hellenistischen Historiographie sah. Bei dem dritten Evangelisten gab es auch seit Jahrhundertbeginn eine derartige Auslegungsrichtung (Wetter, Bultmann). Vor allem trug HANS CONZELMANNs Abhandlung *Die Mitte der Zeit*, in der er die Theologie des Lukas untersucht, zur Entwicklung der redaktionsgeschichtlichen Methode wesentlich bei. Die Anwendung des θεῖος ἀνήρ-Konzepts kam in der Lukasforschung tatsächlich vor, aber überraschenderweise in einer wesentlich vorsichtigeren Form als bei der Auslegung des Markusevangeliums. Sowohl das Auftreten wie auch die Vorsicht werden durch die Betrachtung der Arbeit Conzelmanns verständlich.[511]

Einerseits ist CONZELMANN der Ansicht, daß bei Lukas die Tat vor dem Wort Priorität habe und daß eben diese die Lehre wie auch das erhabene Wesen Jesu als wahr erweise.[512] Zu dieser Auffassung würde

---

[509] ERICH GRÄSSER (1969-1970) folgte den Hauptlinien der Erforschung der sechziger Jahre ("Jesus in Nazareth [Mark VI,1-6a]. Notes on the redaction and theology of St. Mark"). Wenn Markus den Aufenthalt in Nazareth darstellt (Mk 6,1-6), sei es sein Ziel, der θεῖος ἀνήρ-Christologie mit der *theologia crucis* zu widersprechen. Wegen der Kritik von von Martitz und Schweizer weiß Grässer, daß diese Wendung kein fester Begriff der Religionsgeschichte ist. Obgleich die Wendung θεῖος ἀνήρ im Neuen Testament nicht vorkomme, beherrsche dieses Thema das markinische Material. Hierbei zitiert Grässer Vielhauer (1964) und Schulz (1967) (1969-1970,18f).

[510] So Marxsen 1956,5.

[511] Vor Conzelmann wurde das Lukasevangelium von Wetter (s. o. S. 114f), Bultmann (1953) (s. o. S. 116) und Braun (s. o. S. 119f) mit Hilfe der θεῖος ἀνήρ-Hypothese ausgelegt. Hadas und Smith halten das Werk für eine Aretalogie (s. o. S. 104ff). Die Apostelgeschichte wurde mit Hilfe der θεῖος ἀνήρ-Hypothese vor Conzelmann von Bultmann (1953) (s. o. S. 118) verstanden. Eine vorsichtige Verwendung des Begriffs θεῖος ἀνήρ bei Haenchen 1956,381.

[512] Conzelmann 1954,165-167.

außerordentlich gut passen, wenn Lukas Jesus als einen hellenistischen θεῖος ἀνήρ verstünde.[513] Andererseits aber zieht Conzelmann diesen Schluß selbst nicht, obwohl er in der dritten Auflage seines Werkes Bieler und den θεῖος ἀνήρ-Begriff erwähnt,[514] sondern weist im Gegenteil später den Begriff schroff zurück, allerdings beim Markusevangelium, jedoch mit einer weiteren Bedeutung. [515]

In seinem oben zitierten Artikel[516] zeigt SCHULZ, daß der Gedanke von der θεῖος ἀνήρ-Auffassung bei Lukas nicht mehr nur der Vergangenheit angehört. Lukas habe das Schema des göttlichen Menschen "bekanntlich" nicht nur im Evangelium auf Jesus, sondern in der Apostelgeschichte auch auf die Apostel angewandt. Der eigentliche Impetus zur Abfassung seiner Vita sei von der hellenistisch-römischen Historiographie ausgegangen.[517]

In einem Beitrag aus dem Jahre 1968, der unten im Rahmen des Buches *Entwicklungslinien durch die Welt des frühen Christentums* eingehend behandelt werden wird,[518] folgt HELMUT KÖSTER der Linie, daß die Wundergeschichten dem Lukasevangelium die grundsätzliche theologische Ausrichtung gegeben hätten. Der göttliche Mensch Jesus vollbringe Gottes herrliche Taten, solange Satan abwesend sei. Obgleich die Jünger dazu aufgefordert werden, Jesus auf seinen Wegen zu folgen, sei die Erzählung von Jesu Leiden und Tod als solche nicht mehr der Brennpunkt des Offenbarungsgeschehens. Die gleiche Theologie des göttlichen Menschen "tritt noch krasser in der lukanischen Apostelgeschichte hervor". Der Apostel werde so zum Nachfolger seines Meisters, daß er im Besitz derselben göttlichen Kraft in der Führung des gleichen göttlichen Geistes lebe. So werde sogar Paulus von Lukas genau nach dem Bild gestaltet, das er selbst im II Kor angreift.[519] In Kösters Artikel nimmt die Aretalogiediskussion erstmals seit Jahren *expressis verbis* Einfluß auf die Auslegung des Neuen Testaments mit Hilfe der

---

ausgelegt. Hadas und Smith halten das Werk für eine Aretalogie (s. o. S. 104ff). Die Apostelgeschichte wurde mit Hilfe der θεῖος ἀνήρ-Hypothese vor Conzelmann von Bultmann (1953) (s. o. S. 118) verstanden. Eine vorsichtige Verwendung des Begriffs θεῖος ἀνήρ bei Haenchen 1956,381.

[512] Conzelmann 1954,165-167.

[513] Vgl. Busse 1977,19-20.

[514] Conzelmann 1960,201.

[515] Conzelmann behandelt das Buch J. Schreibers über die Markuspassion, wobei er die θεῖος ἀνήρ-Christologie äußerst kritisch beurteilt: "Ich bedaure, hier scharf formulieren zu müssen: Das ist Alchemie statt Philologie. Schreiber bietet vielleicht das krasseste Beispiel, welche Wunder die Vokabeln 'hellenistisch', 'Epiphanie', 'θεῖος ἀνήρ' hervorzuzaubern. Auch eine Wirkung der schwindenden Kenntnis der Antiken Welt!" (Conzelmann 1972,244).

[516] S. o. S. 122f.

[517] Schulz 1964,144.

[518] S. u. S. 133ff.

[519] Köster 1971 (1970),177f.

θεῖος ἀνήρ-Hypothese; hierbei ist die Einwirkung des Werkes von Smith und Hadas (1965) erkennbar. Inhaltlich bedeutet dieser Terminus eigentlich nicht so sehr ein neues Argument, sondern nur eine Verwandlung der Terminologie, hatte man doch seit Bultmann verschiedene christliche Sammlungen von Wundergeschichten angenommen.

Bei Köster werden also die Konsequenzen aus dem Buch Conzelmanns gezogen, wobei die Grundlage in der Auslegung des Lukas von seinem Lehrer Bultmann zu suchen ist. Was die Apostelgeschichte betrifft, ist seine Auffassung durch das Buch von Georgi bedingt.[520] Eigenes Quellenstudium bietet Köster nicht.

Die oben erwähnten Beiträge bedeuten, daß die Theologie des Lukas, wenngleich wesentlich weniger als die des Markus, erneut in die Diskussion über den göttlichen Menschen einbezogen wurde. Allerdings wurde die lukanische Theologie meistens neben den anderen neutestamentlichen Schriften mit Hilfe dieser Hypothese verstanden, und die Fortschritte der Wissenschaft beschränken sich im wesentlichen auf die Wiederholung der Thesen von Wetter und Bultmann.

Neben dem Markus- und dem Lukasevangelium wurde auch das **Johannesevangelium** mit Hilfe der θεῖος ἀνήρ-Hypothese ausgelegt.[521] Hier standen die Werke Wetters und Bultmanns und die Quellenhypothese[522] zur Verfügung.

ERNST HAENCHEN läßt in einem Artikel über die johanneische Formel "Vater, der mich gesandt hat" (1962-1963) deutlich erkennen, wie er in der Quellenfrage und in der Deutung der johanneischen Christologie noch ohne jeden neuen Akzent auf Bultmann aufbaut.[523] Später revidierte er seine Meinung über die Semeia-Quelle mehrmals. Leider konnte er seinen Johannes-Kommentar selbst nicht mehr fertigstellen, aber er wurde im Jahre 1980 von Ulrich Busse herausgegeben. Darin wird deutlich, wie Haenchen immer mehr von der Auffassung Bultmanns abweicht.[524] Seine Briefe aus den Jahren 1966-1969, die Robinson in seinem Vorwort zitiert, zeigen, wie er sich bis zu seinem Tod mit der Quellenfrage beschäftigte, ohne eine endgültige Lösung zu finden. Jedenfalls lehnt er

---

[520] S. o. S. 78ff.

[521] Zur Forschungsgeschichte s. auch Moody Smith 1984,62-79 und Bittner 1987,11-13.

[522] Die Existenz der Semeia-Quelle wurde von mehreren Forschern, u.a. von EUGEN RUCKSTUHL, mit philologischer Argumentation bestritten (*Die literarische Einheit des Johannesevangeliums*, 1951). Wie die θεῖος ἀνήρ-Hypothese nur ein Teil der Argumentation bei Bultmann war, so konnte die Existenz der Quelle bestritten werden, ohne daß die Frage nach dem göttlichen Menschen tangiert wurde.

[523] Haenchen 1962-63,208f.

[524] Haenchen 1980,102.285.309.

in einem Brief aus dem Jahre 1968 die Bezeichnung "Semeia-Quelle" ab und bezweifelt 1969 in einem anderen, ob man die Quelle "bis in die Halbverse hinein rekonstruieren kann"[525].

Vor allem der Gedanke, Johannes habe die Wundertheologie seiner Quellen korrigiert, breitete sich immer mehr aus. In seinem oben[526] behandelten Artikel (1965) sieht ROBINSON hinter Joh 4,46-54 eine Geschichte aus der Semeia-Quelle, in der, wie in dieser Quelle üblich, dem Wunder der Glaube folge. Diese Theologie werde jedoch vom Evangelisten in charakteristischer Weise korrigiert (4,48).[527]

Anläßlich seiner Habilitation trat JÜRGEN BECKER (1969-70)[528] für die Auffassung ein, daß die Semeia-Quelle des vierten Evangeliums die hellenistische θεῖος ἀνήρ-Vorstellung enthalten habe. Er zitiert Wetter und Bultmann[529] und sagt, Johannes lasse die θεῖος ἀνήρ-Christologie "kühn aber planmäßig unter seinem Dach wohnen". Natürlich habe der Evangelist sie erst "im Wasser seiner Theologie getauft, bevor der Fremdling ihm zum Hausgenossen wurde",[530] d.h. Johannes habe die Christologie seiner Quelle mit Hilfe der Predigt vom Kreuz und von der Auferstehung Christi korrigiert.[531]

Die oben erwähnten Darstellungen zeigen, daß die Thesen Wetters und vor allem Bultmanns in der Johannes-Forschung nun wieder stärker als früher vertreten wurden. Nur H.D. Betz[532] versuchte, auf antiken Quellen aufzubauen, sonst aber läßt sich deutlich erkennen, wie die Topik Bielers, ihre Rezeption bei Bultmann und wohl auch schon die Markus-Forschung mitwirkten. Die VA wie die antiken Quellen überhaupt waren keiner Erwähnung mehr wert.

Im Jahre 1964 legte der Bultmann-Schüler DIETER GEORGI[533] den **II Kor** mit Hilfe der θεῖος ἀνήρ-Hypothese aus[534] und nahm an, daß die jüdischen und die christlichen Missionare heftig mit Philosophenschulen, Wundertätern und dem Sarapiskult konkurrierten, um Anhänger zu gewinnen. Die Gegner

---

[525] Haenchen 1980,VII-VIII.

[526] S. o. S. 123f.

[527] Robinson 1971 (1970),48-55.

[528] "Wunder und Christologie".

[529] Becker 1969-70,140f. Er weist auch auf den Artikel von von Martitz hin (*ibid.*).

[530] Becker 1969-70,142f.

[531] Becker 1969-70,143-148.

[532] S. o. S. 76f.

[533] *Die Gegner des Paulus im 2.Korintherbrief. Studien zur religiösen Propaganda in der Spätantike.* S. o. S. 78ff.

[534] Kurz vor ihm versuchten Schulz (1958) und Friedrich (1961), Klarheit über die Gegner des Paulus zu gewinnen. Die Frage scheint aktuell gewesen zu sein.

des Paulus hätten in diesem Wettbewerb viel Prestige gewonnen, wobei die θεῖος ἀνήρ-Christologie für sie die maßgebliche Rolle gespielt habe. Im Rückblick auf die Vergangenheit hätten die Gegner des Paulus versucht, mit Hilfe von Demonstrationen der Macht des Geistes und mit Hilfe ekstatischer Ausbrüche ins Jenseits und in die Zukunft die gegenwärtige Existenz zu überhöhen, was Paulus dann in II Kor 2,14-7,7 mit allen Mittel zu widerlegen suchte. Es sei deutlich, daß die Probleme des II Kor von denen im I Kor stark abwichen.[535]

Schon oben wurde darauf hingewiesen, daß Georgis religionsgeschichtliche Argumentation, in der Apollonios einen wichtigen Platz einnimmt, nicht weit über Vermutungen hinauskommt. Die Konkurrenz in Korinth bleibt also nur eine Hypothese,[536] was Georgis Auslegung des Briefes fragwürdig macht.

Von Georgis Buch inspiriert wollte der katholische Exeget JOACHIM GNILKA (1965) erstmals[537] die Gegner des Paulus im **Philipperbrief** mit denen im II Kor gleichsetzen.[538] Eigenes Quellenstudium bietet Gnilka nicht, so daß sein Artikel nur eine Extrapolation der unsicheren Resultate Georgis darstellt. Gnilka wiederholt seine Auffassung in seinem Kommentar über den Philipperbrief (1968)[539] und zeigt auch noch im Jahr 1990, daß die Evidenz seiner Argumentation für die heidnischen Wundertäter sehr dürftig ist.[540]

Eine zusammenfassende Würdigung des θεῖος ἀνήρ-Konzepts im Blick auf die neutestamentliche Exegese wurde von HANS DIETER BETZ 1968

---

[535] Georgi 1964,301-305. Er findet Zustimmung bei Robinson in einem Artikel, der erstmals im Jahre 1965 veröffentlicht wurde (1971 [1970],55-58).

[536] Zur Methode, von einem Text auf die Meinungen der Gegner des Verfassers zu schließen, vgl. Berger 1980,373-400.

[537] Nach Bultmann (1953,130) zeigt Phil 2,6-11, wie fremd dem Apostel eine Art von θεῖος ἀνήρ-Vorstellung war. Bultmann trägt aber keine Spekulation über die Gegner des Paulus vor.

[538] "Die antipaulinische Mission in Philippi", 1965, bes. 264-273.

[539] Gnilka 1968,211-218.

[540] Gnilka fußt stark auf Theißen und glaubt an eine Renaissance des Wunderglaubens im 1. nachchristlichen Jahrhundert: "Im Hellenismus knüpfte man an Pythagoras an, von dem Wunder überliefert waren. Dies gilt inbesondere für Apollonios von Tyana (ca. 3-97 n. Chr.), der als Wundercharismatiker durch die Lande zog. Im Judentum waren die Propheten Elija und Elischa als mächtige Thaumaturgen in der Erinnerung des Volkes geblieben. Daneben sind uns Jarchas, ein indischer Weiser, dem Apollonios auf seinen Wegen begegnete, und Simon Magus in Samaria bekannt" (1990,120f). Vgl. dazu das Referat und die Kritik dieser Auffassung, die Gnilka von Theißen aufgenommen hat (o. S. 87f).

in einem Artikel vorgestellt,[541] der laut Verfasser ein Parergon des RAC-Artikels aus dem Jahr 1983 ist. Das Fehlen des Terminus θεῖος ἀνήρ selbst sei kein schlüssiges Argument gegen das Vorhandensein dieses Vorstellungskomplexes im Neuen Testament, da diese Vorstellung eine Vielzahl von Würdetiteln an sich ziehen könne. "Es war eine hellenistisch-jüdische Variante dieser Auffassung, die das frühe Christentum beeinflußt hat, so daß sich die Weise, in der die Gestalt Jesu dargestellt wurde, z.B. selbstverständlich von der Darstellung des Apollonius von Tyana unterscheidet." Die Vorstellung vom göttlichen Menschen Jesus habe innerhalb des Neuen Testaments selbst weitreichende theologische Entwicklungen durchgemacht, so daß wir dort sogar einer Vielzahl von entsprechenden Ausdrucksweisen begegneten.

Die θεῖος ἀνήρ-Vorstellung könne im Neuen Testament chronologisch zuerst im vorsynoptischen Erzählgut entdeckt werden, vor allem in den Legenden und Wundergeschichten. Betz scheint aber noch keine abgeschlossenen Sammlungen vorauszusetzen.[542]

Markus forme diese "(theologisch gesehen) eher primitive und naive Christologie" völlig um. Er habe ein außergewöhnliches Interesse an den Wundern Jesu gehabt, interpretiere aber und verändere die frühe Christologie dadurch, daß er sein Material umdeute. Markus wolle nicht wie Paulus und Q die Christologie vom göttlichen Menschen ablehnen, sondern sie auf der Basis der Verkündigung von Kreuz und Auferstehung Jesu kritisch neu interpretieren.[543]

Matthäus entwickle seine eigene Version einer Christologie des göttlichen Menschen und deute ebenfalls seine Quellen um. Die Wunder Jesu bezeugten die Messianität Jesu, da in ihnen die alttestamentlichen Verheißungen erfüllt würden.[544]

Auch Lukas überarbeite die Christologie des göttlichen Menschen seiner Quellen. Offenbar wolle Lukas - hier stützt sich H.D. Betz auf Conzelmann - die Tätigkeit Jesu als göttlichem Menschen auf einen

---

[541] "Jesus as divine man", zitiert nach der Übersetzung "Jesus als göttlicher Mensch" (1980).

[542] H.D. Betz 1980 [1968],420-424. Neben eigener Argumentation fußt er hier auf Bultmanns *Die Geschichte der synoptischen Tradition*, auf *Die Formgeschichte des Evangeliums* von Dibelius und auf den Werken von Georgi und Schulz. Seine Auffassung kommt schon bei Wetter wie auch bei Bultmann 1953 vor.

[543] H.D. Betz 1980 (1968),424-427. Er zitiert Burkill, Vielhauer (1964), Luz (1965) und Schulz (1967). Die Wurzeln dieser Auffassung liegen bei Wetter und Bultmann. Vgl. dazu das Referat über die Markusforschung der sechziger Jahre, s.o. S. 122ff.

[544] H.D. Betz 1980 (1968),428. Matthäus wurde vor ihm selten mit Hilfe der θεῖος ἀνήρ-Hypothese ausgelegt. Vgl. aber Wetter und Bauer (s.o. S. 115f) und vor allem Schulz (s.o. S. 122f), der von Betz zitiert wird.

deutlich abgegrenzten Zeitraum, nämlich auf den "Zeitraum ohne Satan" (4,13-22,3), einschränken. Der göttliche Mensch Jesus sei bei Lukas der Mann des Geistes, was durch seine Weisheit und Wundertaten offenbar werde.[545] Auch die Apostelgeschichte sei von der θεῖος ἀνήρ-Auffassung geprägt.[546]

Johannes habe eigentümlicherweise miteinander verknüpft, was sich gegenseitig auszuschließen scheine, nämlich die Christologie vom göttlichen Menschen einerseits und die Vorstellung vom präexistenten Schöpfungsmittler wie auch die vom Logos-Offenbarer andererseits.[547]

H.D. Betz, der sich ausdrücklich und reflektiert anstatt mit dem historischen Jesus mit dem späteren Jesusbild beschäftigt,[548] meint also, daß viele Schichten der neutestamentlichen Überlieferungen von der θεῖος ἀνήρ-Vorstellung geprägt seien. Er schließt sich an jeden früheren Versuch an, das Neue Testament mit Hilfe der θεῖος ἀνήρ-Hypothese auszulegen.[549] Er vertritt die Meinung, daß das hellenistische Judentum die θεῖος ἀνήρ-Vorstellung schon in der vorchristlichen Zeit aufgenommen und sie dem Christentum vermittelt habe. Dabei spielt der philostrateische Apollonios für Betz scheinbar nur eine geringe Rolle. Das Gegenteil ist jedoch der Fall, da H.D. Betz als Sekundärliteratur Abhandlungen zitiert - sein eigenes Buch (1961), das von Hadas - Smith und das von Georgi (1964)[550] -, deren Erkenntnisse die besondere Bedeutung des philostrateischen Apollonios voraussetzen, schon allein deshalb, weil hinter ihnen die Thesen Bielers stehen.

---

[545] H.D. Betz 1980 (1968),429. Über das Lukasevangelium s. o. S. 125ff.

[546] H.D. Betz 1980 (1968),429. Sekundärliteratur zitiert er nicht. S. aber o. S. 125ff.

[547] H.D. Betz 1980 (1968),430f. Er zitiert dabei nur die Werke Bultmanns. Vgl. dazu Wetter (o. S. 115f) und die Übersicht über die Johannesforschung (o. S. 127ff).

[548] "Die gegenwärtige Diskussion über den Gegenstand der neutestamentlichen Christologie konzentriert sich auf den historischen Jesus und - obwohl dies bisweilen nicht ganz so deutlich wird - auf die Göttlichkeit Christi. Seit den Tagen der früheren Christenheit kann man eine mehr oder weniger deutliche Spannung feststellen zwischen dem Jesus der Geschichte und dem göttlichen Christus der Christologie. Heute scheint der göttliche Christus, wie ihn die christlichen Kirchen verstehen und in ihren Bekenntnissen formulieren, unvereinbar zu sein mit den Ergebnissen der historisch-kritischen Forschung hinsichtlich der menschlichen Realität des Jesus von Nazareth", H.D. Betz 1980 (1968),416f. Diese Auffassung wird dann mit Hilfe verschiedener Jesusbilder, die alle von der θεῖος ἀνήρ-Auffassung hergeleitet sein sollen, begründet.

[549] Da sein Titel "Jesus als göttlicher Mensch" lautet, ließ er die Auslegung des II Kor von Georgi (1964) in seinem Artikel außer acht. Da er den religionsgeschichtlichen Teil dieses Buches zitiert, ohne Georgi zu kritisieren (1980 (1968),422), billigt er offenbar auch diesen Versuch. Den Artikel von Gnilka erwähnt Betz nicht.

[550] H.D. Betz 1980 (1968),419.

Fassen wir die bisher dargestellte Diskussion zusammen, so wurde das θεῖος ἀνήρ-Konzept nach der Rezeption bei Bultmann in der neutestamentlichen Exegese sowohl vertreten als auch kritisiert. Besonders in den sechziger Jahren gewann das Konzept eine ganz neue Bedeutung, vor allem im Verständnis der Wunder Jesu. Das Markusevangelium, das Johannesevangelium und der II Kor werden mit Hilfe der genannten Hypothese ausgelegt. Bei H.D. Betz (1968) gewinnt das Konzept seine bisher größte Bedeutung. Hinter dieser Entwicklung, die noch durch die religionsgeschichtlichen Arbeiten von Georgi (1964) und Hadas - Smith (1965) beschleunigt wurde, steht das Interesse an der neuen redaktionsgeschichtlichen Methode. Das letztgenannte Werk hatte auch zur Folge, daß die Aretalogie in der exegetischen Diskussion bald eine große Rolle spielte (vgl. das Buch von Köster[551]).

Auffallend ist, daß die Forscher den antiken Quellen nur eine geringe Bedeutung zumaßen. Die angeblich vielen griechischen Wundertäter, die es nach der θεῖος ἀνήρ-Hypothese gegeben haben soll, zählte keiner auf. Es wurde die Sekundärliteratur zitiert, vor allem Bieler, aber auch Wetter, Bultmann und Georgi. Die Bedeutung des philostrateischen Apollonios für diese Werke wurde oben nachgewiesen. Daher kommt es, daß Apollonios, wenn er auch nicht oft genannt wurde, dennoch implizit in den sechziger Jahren einen wichtigen Platz in der Diskussion einnahm. Daß die Auslegung des Neuen Testaments mit Hilfe der Topik Bielers zu einem *circulus vitiosus* führt, sah niemand.

Keiner der Forscher zitierte die beiden wichtigsten Abhandlungen über Apollonios, nämlich die von Solmsen und Meyer. Keiner, der Apollonios erwähnte, sah es als notwendig an, Quellenkritik zu üben. Die Forschung ging also stillschweigend davon aus, daß das philostrateische Apolloniosbild zuverlässig sei und daß neben Apollonios zur Zeit Jesu und der Apostel zahlreiche andere heidnische Wundertäter lebten. Diese zwei Gedanken scheinen in den sechziger Jahren zu einer Selbstverständlichkeit geworden zu sein, die nicht mehr begründet werden mußte.

2.3.2.3. Das Nebeneinander der Hypothese und ihrer Kritik bis zu Vielhauers *Geschichte der urchristlichen Literatur*

In den siebziger Jahren wurde die θεῖος ἀνήρ-Hypothese einerseits wie früher vertreten, andererseits aber mehr als früher kritisiert. So wird zunächst chronologisch die Diskussion über die Bedeutung der Hypothese

---

[551] S. u. S. 133ff.

im allgemeinen in der neutestamentlichen Wissenschaft verfolgt. Danach werden verschiedene Versuche, einzelne Schriften des Neuen Testaments mit Hilfe dieser Topik auszulegen, vorgestellt. Als ein repräsentatives Dokument für die Forschungslage in der Mitte der siebziger Jahre wird Philipp Vielhauers *Geschichte der urchristlichen Literatur* (1975) untersucht.

Das Buch der beiden Bultmannschüler JAMES M. ROBINSON[552] und HELMUT KÖSTER *Trajectories through the early Christianity* (1970)[553] enthält ein klares und fesselndes Forschungsprogramm,[554] das später von Köster auch durchgezogen wurde.[555]   Ein Teil dieses Programms war die Untersuchung der neutestamentlichen Schriften aus dem Blickwinkel der θεῖος ἀνήρ-Vorstellung.

Im programmatischen Schlußkapitel verlangt Köster, daß die Literatur, die sich mit dem "göttlichen Menschen" beschäftigt, "also die Aretalogie", in der Evangelienforschung berücksichtigt werden sollte:

"Wenn man sich daran macht, die mündlichen Überlieferungen zu untersuchen, die dieser Literatur zugrunde liegen, sowie auch die Kulturbedingungen und die religiöse oder politische Abzweckung, die zu ihrer Abfassung führten, in Betracht zu ziehen, so werden wohl viel enger verschlungene Beziehungen zwischen dem Christentum und der Kultur seiner Zeit hervortreten als man allgemein annimmt."[556]

Köster weiß aufgrund der Forschungslage sehr wohl, daß ein derartiges Programm nicht vom Nullpunkt ausgehen muß.   Als er seinen Forschungsplan mit Robinson entwarf, hatte er schon klare Vorstellungen sowohl über die göttlichen Menschen als auch über den Stellenwert der θεῖος ἀνήρ-Hypothese in der neutestamentlichen Exegese.   Beide Forscher hatten ihre Auffassungen je einzeln in früheren Artikeln geäußert, welche jetzt im Buch gesammelt vorliegen.

Laut Köster habe in der römischen Periode der weitverbreitete hellenistische Glaube, demzufolge göttliche Macht in einigen charismati-

---

[552] Über die Auslegung des Mk und Joh bei Robinson s. S. 123 und 128.

[553] Zitiert nach der Übersetzung *Entwicklungslinien durch die Welt des frühen Christentums* (1971).

[554] Den Grundstein des neuen Programmes bildet die Herausforderung, auf folgenden drei Gebieten zu arbeiten: "Neue Maßstäbe für die Einteilung der frühchristlichen Literatur", "Regional begrenzte christliche Kirchen und die unterschiedlichen kulturellen Bedingungen der römischen Zeit", "'Jesus von Nazareth' und die kulturellen Bedingungen der Spätantike" (1971 [1970],251-261).   Apollonios und die Apollonios-Tradition spielen ihre Rolle auf dem erstgenannten Gebiet.

[555] S. u. S. 150ff.

[556] Köster 1971 (1970),252f.

schen Persönlichkeiten vorhanden sein konnte, seinen Niederschlag in einigen Biographien gefunden, nämlich in der VA, in der Alexanderlegende (vor allem Ps.-Kallisthenes), in Suetons *Vita Augusti*, bei Nikolaos von Damaskos und in den satirischen Lebensdarstellungen Lukians (*De morte Peregrini* und *Alexander*). Auch die jüdischen Apologeten, vor allem Philon in seinen Viten über Joseph und Moses, und die jüdische Propaganda hätten ihre Helden als göttliche Menschen dargestellt, weshalb die jüdischen Missionare für ihre Wundertaten Beifall erhalten hätten. Das Leben und die Taten Jesu ließen sich leicht in dem traditionellen Bild vom Wirken des göttlichen Menschen unterbringen, obgleich Jesus selbst seine Wunder gerade nicht als Beweise des Besitzes göttlicher Kraft ansah, sondern als Hinweis auf ein eschatologisches Ereignis. Die Vorstellung von Jesus als göttlichem Menschen stehe aber trotzdem hinter mehreren neutestamentlichen Schriften. Die Gegner des Paulus in Korinth verträten die θεῖος ἀνήρ-Theologie im Anschluß an die allgemeine Religiosität, während Markus und Johannes die θεῖος ἀνήρ- Christologie kritisierten. Dagegen sei Lukas wiederum sowohl im Evangelium als auch in der Apostelgeschichte von dieser Theologie beeinflußt gewesen. Die folgenden Jahrhunderte seien Zeugen einer wachsenden Produktion christlich-hagiographischer Literatur, die dieses Motiv weiter verwendete.[557]

In Kösters Ausführungen ist deutlich das Echo auf die in den sechziger Jahren erneut rege gewordene Aretalogie-Diskussion zu erkennen; hier werden die Auffassungen von Hadas und Smith am engsten mit der θεῖος ἀνήρ-Hypothese verknüpft.[558] In Kösters Programm kann sowohl bei den göttlichen Menschen als auch bei ihrer Anwendung in der Auslegung des Neuen Testament leicht die Tradition bestimmt werden, in der er seine Forschung treibt.

Was den göttlichen Menschen betrifft, ist das Werk Bielers für Köster "immer noch ... eine grundlegende Arbeit"[559]. Dazu wird auf zwei Bücher hingewiesen, die die Topik Bielers wiedergeben, nämlich das von H.D. Betz (1961) und das von Georgi. Demnach sah Köster, als er sein Forschungsvorhaben darstellte, noch kein Problem hinsichtlich des göttlichen Menschen. Ebensowenig kritisch behandelt er die Apollonios-Tradition, deren Stellenwert er nicht hinterfragt, was schon darin zum Ausdruck kommt, daß er beidemal[560] eben die VA als Parallelliteratur

---

[557] Köster 1971 (1970),201-204, vgl. auch 173-179.
[558] Über Hadas und Smith s. o. S. 104f. Über Köster und die Aretalogie s. o. S. 109ff.
[559] Köster 1971 (1970),202.
[560] VA, *Vita Mosis* und der Alexanderroman werden auch im Schlußkapitel genannt (1971 [1970],253).

nennt. Sieht man von Augustus ab, steht Apollonios zeitlich am nächsten bei Jesus; die VA bietet neben den beiden Schriften Lukians *Alexander* und *De morte Peregrini* die engsten Parallelen zum Neuen Testament.[561] Darum ist es überraschend, daß als einzige Untersuchung über Apollonios die von Petzke zitiert wird.[562] Da Köster selbst eine grundlegende Erforschung des Vergleichsmaterials fordert, ist es interessant zu sehen, wie sich dieses Programm auf die Beurteilung des Apollonios und der Apollonios-Tradition später (1980) auswirkt.

Sowohl hinsichtlich der θεῖος ἀνήρ-Hypothese an sich als auch bezüglich der Konsequenzen für die neutestamentliche Exegese beruht die Auffassung Kösters völlig auf dem Werk seiner Vorgänger. Vor allem ist die Einwirkung von H.D. Betz erkennbar, dessen Artikel (1968) Köster zitiert und für "ausgezeichnet" hält.[563] Obgleich er die übrige frühere Forschung kannte, war ihm das Buch von H.D. Betz besonders hilfreich, da hier die Anwendung der Hypothese in der neutestamentlichen Exegese vollständig gesammelt vorlag und ihm somit zur Verfügung stand.

PAUL J. ACHTEMEIER (1972a) will die Entwicklungslinien innerhalb des frühen Christentums untersuchen[564] und sieht die Einwirkung der θεῖος ἀνήρ-Topik und der harten Konkurrenz mit den übrigen Wundertätern vor allem in der apokryphen Acta-Literatur, wobei die Anfänge schon in der lukanischen Apostelgeschichte lägen. Im Blick auf Jesus kann er keine Entwicklungslinie erkennen: Entweder sei die Vorstellung schon in den Quellen der Evangelisten so stark vorhanden, daß keine Steigerung mehr möglich gewesen sei, oder aber die Evangelisten hätten die Vorstellung

---

[561] Die Herrscherviten von Sueton und Ps.-Kallisthenes bieten allerdings legendenhafte Züge, aber z.B. sehr wenige Wundererzählungen. Die jüdische Literatur kann nur unter der Annahme verwendet werden, daß die Juden die angebliche θεῖος ἀνήρ-Vorstellung von den Heiden übernommen haben; vgl. aber dazu Holladay, s. o. S. 88f.

[562] Köster 1971 (1970),253.

[563] Köster 1971 (1970),202 Anm. 21. Über den Artikel von H.D. Betz und die Tradition, in der er sein Werk schrieb, s. o. S. 129ff.

[564] "Gospel miracle tradition and the divine man". Achtemeier (1972a,186f) fußt dabei auf Bieler, Hadas - Smith, Smith (1971), Georgi und vor allem auf H.D. Betz, führt aber auch eigene religionsgeschichtliche Untersuchungen durch. Er erwähnt neben Moses, Elija und Elischa mehrere jüdische Wundertäter aus dem Talmud, allerdings ohne die Traditionen zu datieren (1972a,175-179). Von den hellenistischen Wundertätern nennt er Asklepios, Apollonios sowie die Helden des Apuleius und Lukians und weist auf die Bedeutung der Magie hin (1972a,179-186). Die Wunder Jesu weichen laut Achtemeier sowohl von den Wundern der jüdischen wie von denen der heidnischen Tradition ab, weisen aber mehr Berührungspunkte mit den letztgenannten auf (1972a,184-186).

so energisch abgelehnt, daß es keine Möglichkeit mehr gegeben habe, Jesus als einen göttlichen Menschen zu verstehen.[565]

Eine hellenistische Topik wird also bei Achtemeier vorausgesetzt, ohne daß sie begründet wird. Wichtig ist aber einerseits, daß er, anders als H.D. Betz (1968), bei Jesus keine Entwicklungslinien erkennt und andererseits, daß er nicht entscheiden kann, ob die Ursache dafür im Vorhandensein oder im Fehlen der Topik in den Evangelien zu suchen ist. Daher ist es verständlich, daß Achtemeier nur ein Jahr später seine Meinung revidierte und in der Topik Bielers erhebliche Probleme sah.[566]

Mitte der siebziger Jahre wurden einige kritische Stimmen gegen die θεῖος ἀνήρ-Hypothese laut.

Viele kritische Bemerkungen finden sich in einem Artikel[567] von OTTO BETZ; bislang sei nicht belegt worden, daß θεῖος ἀνήρ ein fester Begriff gewesen sei. Die Griechen hätten zwar mehrere θεῖοι ἄνδρες gekannt, hätten jedoch keine θεῖος ἀνήρ-Vorstellung entwickelt; sonst hätten die LXX-Übersetzer die Wendung *isch elohim* wohl mit θεῖος ἀνήρ übersetzt. O. Betz sieht klar die Gefahr des methodischen Zirkels, wenn das Buch Bielers in der neutestamentlichen Exegese benutzt wird,[568] und meint, daß die Hellenisierung des Judentums überhaupt überschätzt werde. Die alttestamentlichen Wundertäter Moses, Elija und Elischa stünden den Gedanken der neutestamentlichen Verfasser näher als Apollonios von Tyana, bei dem O. Betz kritisch die Frage nach der Zuverlässigkeit der Quellen stellt.[569] Er schenkt den Versuchen, das Markusevangelium mit Hilfe der θεῖος ἀνήρ-Hypothese auszulegen, wenig Glauben, weil Markus mit den Wundern habe zeigen wollen, daß Jesus trotz seines Todes am Kreuz der Christus war.[570] O. Betz glaubt auch nicht, daß das Johannesevangelium aufgrund der θεῖος ἀνήρ-Vorstellung besser erklärt werden könne.

---

[565] Bezüglich des Markusevangeliums versucht Achtemeier die Frage in einem weiteren Artikel zu beantworten (s. u. S. 139f).

[566] Achtemeier 1973,559f.

[567] "The concept of the so-called 'divine man' in Mark's Christology", 1972.

[568] S. u. S. 75f. "There is a danger of a methodological circle: New Testament passages are used for building up a concept that is claimed to be the foundation of these passages" (O.Betz 1972,234).

[569] (The reputation of Apollonios of Tyana) "in the apostolic age was quite different from that which he won a hundred years later through the work of Philostratus." Nach diesen Worten zitiert O. Betz *Die Geschichte der griechischen Religion* von Nilsson, wo eine kritische Darstellung über Apollonios einschließlich der wichtigsten Apollonios-Literatur zu finden ist (O. Betz 1972,233).

[570] O. Betz 1972,240.

DAVID LENZ TIEDE faßt in seinem Buch[571] die neutestamentliche θεῖος ἀνήρ-Diskussion zusammen und nennt einige wesentliche Kritikpunkte. Die Tatsache, daß die Topik erst im 2. und 3. Jahrhundert nachweisbar ist[572] und daß θεῖος ἀνήρ ein "conceptual umbrella" und kein fester Begriff sei,[573] sollte zu besonderer Vorsicht veranlassen, vor allem da deutlich die Gefahr eines *circulus vitiosus* gegeben sei.[574] Deshalb verlangt Tiede eine detaillierte und kritische Analyse dessen, wie die hellenistischen Topiken ("patterns") der Entwicklung im frühen Christentum entsprochen hätten. Er begnügt sich allerdings in seinem Buch damit, einen Forschungsbericht vorzulegen.

Tiede sah also deutlich die Gefahr, die überall vorhanden ist, wo die religionsgeschichtlich-vergleichende Methode angewandt wird. Denn diese baute - wie bei Bieler erkennbar ist[575] - eine Topik mit Hilfe neutestamentlicher Belege auf, benutzt dann diese Topik in der Auslegung des Neuen Testaments und bewegt sich somit in einem Kreis. Merkwürdig ist nur, daß Tiede diese Gefahr zwar innerhalb seiner eigenen Dissertation sieht, nicht aber in der übrigen Forschung, sondern vielmehr die in dieser Hinsicht methodisch schwächsten Artikel als bahnbrechend rühmt.[576] Sicher war nicht ganz ohne Einwirkung, daß sein Buch in Harvard in lebhaftem Kontakt mit Köster entstanden ist.[577]

Kritik an der θεῖος ἀνήρ- Hypothese kam aus Tübingen nicht nur von O. Betz, sondern auch von MARTIN HENGEL in seiner Tübinger Antrittsvorlesung *Der Sohn Gottes* (1975). Die Quellen, die Bieler benutzt, seien so spät, daß es überhaupt fraglich sei, wie weit man für das 1. Jahrhundert n. Chr. von einem solchen Typus sprechen dürfe. Im Anschluß an von Martitz und O. Betz unterstreicht Hengel, daß θεῖος ἀνήρ mindestens in der vorchristlichen Zeit kein feststehender Begriff gewesen sei, und betont, daß sich Wetter "in seinem zwar vielzitierten, aber vermutlich wenig gelesenen Buch *'Der Sohn Gottes'* im Grunde nur auf christlich beeinflußte Quellen berufen (konnte)". Hengel sieht in den von Celsus erwähnten Wanderpropheten christliche Missionare, die von ihm parodiert

---

[571] *The charismatic figure as miracle worker*, s. o. S. 84ff.

[572] Tiede 1972,243.

[573] Tiede 1972,254-255.

[574] "It has been a methodological objective of this analysis to avoid a circular argument of beginning with a view of the ways in which the early church understood Jesus, then turning to the broader context for the parallels, and finally returning to describe the Christology of the New Testament in terms of those select parallels" (Tiede 1972,241).

[575] S. o. S. 75f.

[576] Tiede zitiert Georgi, Köster (1968) und Robinson um zu zeigen, in welche Richtung die Auslegung des Neuen Testaments gehen sollte. Über diese Forscher s. o. S. 78ff und 133.

[577] Tiede 1972,241.

wurden, also keine heidnischen Propheten.[578] Er siehr in der θεῖος ἀνήρ-Hypothese eine Analogie zu der Diskussion über die Einwirkung des Gnostizismus auf das Christentum. In beiden Fällen beruft man sich auf späte und überwiegend christliche Quellen.

Ein Vertreter der katholischen Exegese, der über mehrere Jahre hinweg die Quellen über die antiken Wunder in einer Reihe von Artikeln eingehend untersuchte, ist LEOPOLD J. SABOURIN vom päpstlichen Bibelinstitut in Rom. Nach einer Betrachtung der Wunder Jesu[579] wandte er sich dem alttestamentlichen Wunderglauben zu,[580] verglich daraufhin die Wunder Jesu mit denen aus der hellenistischen und rabbinischen Umwelt[581] und kehrte schließlich zu den neutestamentlichen Wundern zurück.[582]

Apollonios von Tyana und die göttlichen Menschen behandelte er 1972 in seinem Artikel "Hellenistic and rabbinic 'miracles'". Er untersucht die historische Gestalt des Apollonios als einzigen göttlichen Menschen eingehend und kommt zu dem Ergebnis, daß sie ganz im geschichtlichen Dunkel bleibe. Er bestreitet seine Historizität nicht, meint aber im Anschluß an Meyer, daß Philostratos keine Damis-Quelle benutzt habe, und weist die Hauptzüge des Apolloniosbildes dem Verfasser der VA zu. Er schließt nicht aus, daß Philostratos neutestamentliche Schriften gekannt und verwendet habe und daß er die Gestalt Jesu überbieten wolle.[583] Somit sieht Sabourin im philostrateischen Apollonios keine echte Parallele zu Jesus.[584]

Sabourin bezweifelt, ob das θεῖος ἀνήρ-Konzept in der neutestamentlichen Exegese überhaupt brauchbar ist. Er bestreitet, daß das Judentum dem Christentum diese Vorstellung vermittelt habe, und meint, daß Jesus niemals als θεῖος ἀνήρ angesehen worden sei, weil seine Person und sein Werk durch diese Kategorie nicht verstanden werden könne und weil die ganze Vorstellung erst später im Sinne eines *terminus technicus* in der hellenistischen Welt belegt sei.[585] Eine eingehende Untersuchung der Evangelien zeige, daß die Evangelisten eher daran interessiert gewesen seien, die Entwicklung einer θεῖος ἀνήρ-Christolo-

---

[578] Hengel 1975,50-53. Vgl. dazu o. S. 216f.
[579] "The miracles of Jesus (I). Preliminary survey" (=1971a).
[580] "Old Testament miracles" (=1971b).
[581] "Hellenistic and rabbinic 'miracles'" (1972).
[582] "The miracles of Jesus (II). "Jesus and the evil powers" (1974); "The miracles of Jesus (III): Healings, resuscitations, nature miracles" (1975).
[583] Sabourin (1972,288f) zitiert hier de Labriolle.
[584] Sabourin 1972,284-291.
[585] Sabourin (1972,293-295) zitiert Schweizer und Schille und kritisiert Bieler, H.D. Betz und Georgi.

gie zu verhindern als sie aufzunehmen.[586] Möglicherweise hätten die Wunder Jesu sogar die Entwicklung der hellenistischen θεῖος ἀνήρ-Vorstellung, die erst hundert Jahre später belegt sei, beschleunigt.[587]

In seiner Artikelreihe, die in der protestantischen θεῖος ἀνήρ-Diskussion kaum erwähnt wird, führt Sabourin einerseits eine Reihe von wichtigen Beobachtungen an und ist vor allem besser als die meisten seiner protestantischen Kollegen mit der für die religionsgeschichtlich-vergleichende Forschung so wichtigen philologischen Philostratos-Literatur vertraut. Andererseits fällt es ihm nicht leicht, der Logik der protestantischen Exegese zu folgen: Bei Sabourin geht es vor allem um den historischen Jesus, während sich der von ihm kritisierte H.D. Betz eindeutig mit dem Jesusbild der Evangelisten und nicht mit der Person und dem Werk Jesu selbst beschäftigt. Darum schießt Sabourin in seiner Kritik teilweise am Ziel vorbei. Ferner ist nicht leicht zu verstehen, wie die Evangelisten die Entwicklung einer θεῖος ἀνήρ-Christologie hätten verhindern können, wenn die Vorstellung erst hundert Jahre später aufgekommen sei; der hier von Sabourin zitierte Achtemeier sah die Lage noch völlig anders. Aber trotz dieser Ungereimtheiten hätten die Beobachtungen Sabourins eine erneute Überprüfung des ganzen Konzepts verlangt. Sie ist jedoch bis heute nicht erfolgt.

Zusammenfassend läßt sich festhalten, daß in den frühen siebziger Jahren die θεῖος ἀνήρ-Hypothese zwar noch immer verteidigt wurde, daß es aber daneben auch mehrere kritische Stimmen gab. Die Kritik von von Martitz wurde im neutestamentlichen Bereich von Hengel und Schweizer aufgenommen und erweitert. Tiede vermied in seiner Dissertation einen Zirkelschluß, übersah diesen jedoch in den von ihm als bahnbrechend hervorgehobenen Artikeln von Georgi, Köster und Robinson. O. Betz hob wie Sabourin die alttestamentlichen Wunder hervor und übte Quellenkritik an der VA.

Die Erforschung des **Markusevangeliums** verlief in den frühen siebziger Jahren zunächst in den alten Gleisen. Hier gab es schon in den sechziger Jahren eine rege Diskussion über die markinische Christologie, auf der die Forschung aufbauen konnte.

Nach ACHTEMEIER (1970)[588] lagen Markus in seinem Quellenmaterial zwei fertige Ketten von Wundergeschichten vor ("miracle catenae", Mk 4-6; 6-8), die beide mit einem Seewunder anfingen und mit einem

---

[586] Sabourin (1972,294) zitiert Achtemeier (1972a).
[587] Sabourin 1972,305.
[588] "Toward the isolation of pre-Marcan miracle catenae" (1970,265-291).

Speisungswunder endeten. Er will die vormarkinischen Quellen der Wundergeschichten rekonstruieren und so dem Weg der Johannesforschung folgen. Aber erst zwei Jahre später zieht er die Schlüsse aus seiner These (1972 b)[589]: Die hellenistischen Juden hätten Moses in hellenistischer Auffassung als großen göttlichen Menschen angesehen; wenn sie über ihn sprachen, hätten sie Mirakelketten gebildet,[590] die sich in der hellenistischen Welt nicht nachweisen lassen.[591] Bei seiner Suche nach dem Sitz im Leben der Mirakelketten hält Achtemeier es für möglich, daß es unter den Christen des 1. Jahrhunderts "θεῖος ἀνήρ-groups" gegeben habe, die die Eucharistie als Epiphanie verstanden.[592] Die theologische Leistung des Markus bestehe darin,[593] daß er die Ketten der Wundergeschichten benutzt habe, sie aber aus dem Zusammenhang einer von der *theologia gloriae* her verstandenen Eucharistie gelöst habe.[594]

EDUARD SCHWEIZER, der schon früher kritisch seine Stimme erhoben hatte,[595] setzt sich in seinem Überblick über die neuere Markusforschung intensiver als früher mit der θεῖος ἀνήρ-Hypothese auseinander.[596] Ob Philon Moses als einen hellenistischen θεῖος ἀνήρ beschrieben habe, bleibe ungewiß, da die Beweise dafür "äußerst spärlich und fraglich" seien.[597] Schweizer gibt zu, daß Markus gegen eine Propagierung Jesu

---

[589] "The origin and function of the pre-Marcan miracle catenae".

[590] Achtemeier 1972b,202-205.

[591] Achtemeier 1972b,200-202.

[592] Achtemeier 1972b,205-218.

[593] Achtemeier 1972b,218-221. Er baut seine Auffassung über die Theologie des Markus auf den Arbeiten von Keck, Schulz (1967) und Weeden auf und benutzt das Buch von Georgi über die Gegner des Paulus, um zu belegen, daß die Juden ihre Helden als θεῖοι ἄνδρες umgedeutet hätten (1972b,202-203), und um zu zeigen, wo eine Bildung solcher Ketten und ein solches theologisches Verständnis der Eucharistie möglich gewesen wäre (1972b,210-212). In diesen beiden Artikeln übernimmt Achtemeier - ebenso wie auch im dritten (1972a) - die Topik der früheren Sekundärliteratur kritiklos (die Topik stammt von Bieler und H.D. Betz her, s. Achtemeier 1972b,210-212). Da sowohl diese Topik wie auch die religionsgeschichtliche Arbeit von Georgi keineswegs überzeugend ist, bleiben die Resultate Achtemeiers sehr fraglich.

[594] HEINZ-WOLFGANG KUHN benutzt die θεῖος ἀνήρ-Hypothese und die Apollonios-Überlieferung, um die älteren Sammlungen im Markusevangelium zu erkennen (*Ältere Sammlungen im Markusevangelium*, 1971). Als θεῖοι ἄνδρες und Wundertäter nennt er neben Apollonios Pythagoras und Empedokles, Alexander aus Abonuteichos und Proteus Peregrinus. Kuhn zitiert kritiklos Philostratos, dem er auch die Briefe des Apollonios zuweist (1971,193-195).

[595] S. o. S. 81.

[596] "Neuere Markus-Forschung in USA", 1973.

[597] Schweizer 1973,534.

als Wundertäter kämpfe.[598] Jedoch sei eine markinische Polemik gegen die Jünger als irreführende Vertreter einer Wunderchristologie (Weeden) schon deshalb nicht glaubhaft, weil das Jüngerbild der Evangelien keineswegs ausschließlich düster sei. Auf die Frage, ob es überhaupt göttliche Menschen gegeben habe, antwortet er, daß zunächst Dichter, Philosophen und Staatsmänner so verstanden worden seien und daß erst seit der zweiten Hälfte des 2. Jahrhunderts n. Chr. auch Wundertäter vorgekommen seien.[599] Damit war ein einflußreicher Bultmann-Schüler eindeutig aus dem Lager der Befürworter der Hypothese in das der Gegner übergetreten.

Schweizers Schüler ULRICH LUZ, der im Jahr 1965 bereits über das Jesusbild im Markusevangelium geschrieben hatte, untersucht zehn Jahre später erneut das Jesusbild der vormarkinischen Tradition und geht nunmehr ähnlich kritisch wie sein Lehrer vor. Das Bild des vormarkinischen Jesus unterscheide sich zwar aufgrund der göttlichen Züge in den Wundergeschichten (z.B. Proskynese, Theophanie) von den Patriarchengestalten des hellenistischen Judentums (z.B. von der des Mose), die in Annäherung an den hellenistischen θεῖος ἀνήρ interpretiert, aber von Gott unterschieden würden; es unterscheide sich jedoch nicht von dem hellenistischen Bild des θεῖος ἀνήρ, für den gerade eine Vermischung von Menschlichem mit Göttlichem charakteristisch sei. Darum lägen die nächsten religionsgeschichtlichen Analogien zum vormarkinischen Wundertäter Jesus im hellenistischen Bereich.[600] Wegen der unsicheren Quellenlage warnt Luz nunmehr davor, die θεῖος ἀνήρ-Vorstellung kritiklos zu verwenden[601], und betont mehr als bisher die alttestamentlichen Vorbilder der Wundergeschichten.[602] Das vormarkinische Jesus-

---

[598] Schweizer 1973,534.

[599] Schweizer 1973,535.

[600] Luz 1975,361f.

[601] Luz wirft die Frage nach der schlechten Quellenlage für die göttlichen Menschen auf und nennt Menekrates, den philostrateischen Apollonios und Alexarchos (Alexandros?) - die Geschichten über die Wunder der Götter gehören dagegen nach Luz nicht hierher -, und sieht die Schwierigkeiten des Vergleiches, die die verschiedenen Tendenzen der Verfasser verursachen. Die θεῖος ἀνήρ-Vorstellung dürfe nicht kritiklos verwendet werden. Er zitiert neben von Martitz die scharfe Warnung Conzelmanns und das Buch von Tiede, sieht die Probleme, die die späte Datierung der für diese Vorstellung wichtigen heidnischen Quellen mit sich bringt, und kritisiert Bieler, Windisch und Leisegang (Luz 1975,363). Es sei vorschnell, "die Christologie der markinischen Wundergeschichten als θεῖος ἀνήρ-Christologie zu bezeichnen, ohne zu betonen, daß diese Kategorien zugleich auch in ganz bestimmter Weise überhöht und durchbrochen worden sind."

[602] Luz 1975,364f.

bild sei zwar vom hellenistischen θεῖος ἀνήρ-Bild beeinflußt, sprenge aber die Dimension dieser Vorstellung.[603]

Was Apollonios von Tyana betrifft, so führt Luz im Anschluß an Petzke die schon Jahrzehnte alte Auffassung an, Philostratos habe seinen Helden nicht als Magier, sondern als Philosophen darstellen wollen, und fragt nach seinen Intentionen. Wegen der strittigen Interpretation der VA dürfe das Markusevangelium nicht ohne weiteres mit der VA verglichen werden.[604]

Nach zehn Jahren exegetischer Diskussion urteilt Luz bedeutend vorsichtiger als früher, was in den Warnungen von von Martitz und Conzelmann und in der These Tiedes von der Differenzierung der Topik begründet ist. Wegen des Mangels an Belegen für die θεῖος ἀνήρ-Auffassung stellt er die Frage nach den antiken Quellen - und sofort gewinnt der philostrateische Apollonios die Rolle zurück, die er schon bei Reitzenstein, Wetter, Windisch und Bieler hatte, die mittlerweile aber verloren zu sein schien. Begrüßenswert ist die nunmehr kritische Haltung von Luz gegenüber der VA und ihrem Verfasser; wünschenswert wäre allerdings eine gründlichere Quellenkritik gewesen.[605]

In den frühen siebziger Jahren wurde in der Markusforschung der Gebrauch des θεῖος ἀνήρ-Konzeptes demnach öfter als früher kritisiert. Von vielen Forschern wurde jedoch die θεῖος ἀνήρ-Auffassung nach wie vor als Schlüssel zur Christologie des Markus angesehen.

Neben dem Markusevangelium legte man auch das **Johannesevangelium** mit Hilfe des θεῖος ἀνήρ-Konzeptes weiter aus.

ROBERT TOMSON FORTNA nimmt wie Bultmann eine Quelle für die Wundergeschichten an (1970a),[606] aber im Gegensatz zu diesem meint er, daß diese Quelle nicht nur eine Aufzählung der Wundergeschichten, sondern ein einheitliches Evangelium gewesen sei, das er in seinem Buch (*The gospel of signs*, 1970b) zu rekonstruieren versucht. Die Christen hätten dieses Evangelium in der Mission unter hellenistischen Juden

---

[603] Luz betont u.a. die grundlegende Bedeutung der Wunder Jesu für Glauben und Existenz der Gemeinde, die das, was wir aus der profanen antiken Literatur an Parallelen beibringen können, weit hinter sich lasse (Luz 1975,360-365).

[604] Luz 1975,362.

[605] S. u. Kapitel 3.1.

[606] "Source and redaction in the fourth Gospel's portrayal of signs".

benutzt.[607] Es sei ursprünglich ein "Evangelium der Wunder" gewesen, das Johannes durch sein "Evangelium des Heils" ersetzt habe.[608]

Das Verhältnis des Gnostizismus zur θεῖος ἀνήρ-Vorstellung wurde von LUISE SCHOTTROFF,[609] einer Schülerin von Herbert Braun, behandelt. Sie folgte dabei treu dem Weg, der von Bultmann vorgezeichnet worden war.[610] Johannes übernehme die θεῖος ἀνήρ-Christologie der Semeia-Quelle, die ihren Sitz im Leben in der Apologetik gehabt habe, deute sie aber zugleich kritisch um und mache so die ungnostische θεῖος ἀνήρ-Christologie für den gnostischen Dualismus erträglich.[611]

Ganz anders als die obengenannten Forscher dachte W. NICOL (*The semeia in the Fourth Gospel. Tradition and redaction*, 1972), obgleich auch er mit der Existenz der Semeia-Quelle rechnet. Sie habe aber ihren Sitz im Leben in der Judenmission;[612] er vertritt damit eine Meinung, die im Widerspruch zur Hypothese Wetters und Bultmanns von einer direkten hellenistischen Einwirkung steht.

Obgleich Nicol in diesem einen Punkt von Bultmann abweicht, war er, ebenso wie die oben genannten Forscher des Johannesevangeliums, in seiner Argumentation deutlich von dessen Untersuchungen abhängig; deshalb untersuchte auch er - ebenso wie seine Vorgänger - weder das θεῖος ἀνήρ-Konzept noch seine Begründung kritisch. Der philostrateische Apollonios hat zuerst durch Bieler den Weg in die neutestamentliche Exegese gefunden und danach aufgrund von Bielers Rezeption durch Bultmann stillschweigend seine Position in der Auslegung behalten. Die Neigung, das Evangelium nicht nur mit Hilfe heidnischer, sondern auch mit Hilfe jüdischer Wundertäter auszulegen, war bereits bei Fortna und erst recht bei Nicol spürbar, bei ihnen verloren Apollonios und die Apollonios-Tradition ihre unhinterfragte Stellung. Die systematischen Voraussetzungen, die Bultmanns Exegese deutlich bestimmten, stellte jedoch keiner von beiden in Frage.

---

[607] Fortna 1970b,225. Obgleich Fortna mit der θεῖος ἀνήρ-Hypothese auffallend vorsichtig ist, sieht er den religionsgeschichtlichen Hintergrund der Semeia-Quelle in den Gruppen, die Georgi angenommen hatte (1970b,231).

[608] Fortna 1970a,151-166.

[609] *Der Glaubende und die feindliche Welt. Beobachtungen zum gnostischen Dualismus und seiner Bedeutung für Paulus und das Johannesevangelium* (1970).

[610] Schottroff 1970,245-248.

[611] Als Sekundärliteratur für die θεῖος ἀνήρ-Auffassung zitiert Schottroff (1970,247) neben Bultmann (1941, 1953) Bieler und Georgi, aber auch Billerbeck, von der antiken nicht-christlichen Literatur nur Josephos (*ant. Iud.* 6,91; 10,28) und Artapanos (*FGrHist* 3C Nr 726) (1970,245-268).

[612] Nicol 1972,142-149.

Wie die markinischen Wunder will ACHTEMEIER auch die des **Lukas-evangeliums** untersuchen (1975).[613] Mit Recht ist er über die geringe Anzahl der Arbeiten zum Thema verwundert.[614] Die θεῖος ἀνήρ-Hypothese spielt für ihn bei den neutestamentlichen Wundergeschichten keine Rolle mehr, obgleich er auf hellenistische Parallelen zu den Evangelien hinweist, da er seine Meinung über Bielers Buch schon zwei Jahre zuvor revidiert hatte.[615]

Wie schon Haenchen[616] sieht auch ECKHARD PLÜMACHER in seinem Werk *Lukas als hellenistischer Schriftsteller. Studien zur Apostelgeschichte (1972)* in **Apg 14,8-18** ein θεῖος ἀνήρ-Motiv. Die Episode bei den Lykaoniern zeige, wie die Apostel als θεῖοι ἄνδρες beinahe vergottet wurden. Dieser Gedanke sei dem Verfasser der Apg nur in einer Einzelepisode möglich gewesen, weil es ihm im Rahmen des ganzen Werkes unmöglich gewesen sei, den Leser von der überwältigenden Macht der christlichen Missionare zu überzeugen. Die Erzählung von der Steinigung in Apg 14,19 habe die Stimmung nicht einmal aufkommen lassen.[617]

Diese wenigen Arbeiten über das Lukasevangelium und die Apostelgeschichte zeigen immerhin, daß die Auffassungen beispielsweise von Wetter und Bultmann über diese Schriften nicht ganz vergessen waren; ihre Bedeutung aber war eindeutig geringer als beim Markus- und beim Johannesevangelium.

Der **Philipperbrief** wurde im Anschluß an Gnilka[618] mit Hilfe der θεῖος ἀνήρ-Hypothese von ROBERT JEWETT[619] ausgelegt (1970). Aus den angeblich implizit im Brief vorkommenden Vorwürfen einiger Gegner, Paulus habe mit seinem Verhalten die Mission belastet, schließt er, daß die Gefangenschaft des Apostels zu Streitigkeiten geführt habe. Diese Gegner identifiziert Jewett mit derjenigen Bewegung, an der Paulus im II Kor Kritik übt. Sie seien wandernde christliche Missionare gewesen, die Paulus in Phil 1,15-20 indirekt kritisiere und die er nicht nach Philippi lassen wolle.[620] Neu ist, daß Paulus nach Jewett in Phil 3,2ff zwei andere Gruppen kritisiert. Anstatt antike Quellen bezüglich der θεῖος

---

[613] "The Lucan perspective on the miracles of Jesus: A preliminary sketch."
[614] Achtemeier 1975,547.
[615] S. o. S. 135f.
[616] S. u. S. 125.
[617] Plümacher 1972,92-95.
[618] S. o. S. 129.
[619] "Conflicting movements in the early church as reflected in Philippians."
[620] Jewett 1970,362-371.

ἀνήρ-Bewegung zu zitieren schließt sich Jewett an die Meinung von Schulz (1958), Friedrich (1961) und Georgi (1964) an, indem er wie letzterer von dem Text des Paulus auf dessen Gegner schließt. Die methodische Bemerkung, die zu Georgi gemacht wurde,[621] gilt also auch hier. Es handelt sich dabei um eine Identifizierung der von Georgi wegen der θεῖος ἀνήρ-Topik angenommenen Gegner im II Kor mit denen im Phil.[622] Dies ist ein Beispiel dafür, wie die θεῖος ἀνήρ-Hypothese immer mehr zu einer Selbstverständlichkeit wurde, die nicht mehr begründet zu werden brauchte. Da Jewett die Ausführungen von Friedrich nur nachlässig wiedergibt, wird er leider noch nicht einmal einer sachgemäßen Behandlung der Sekundärliteratur gerecht.[623]

Welchen Einfluß die θεῖος ἀνήρ-Hypothese auf die neutestamentliche Forschung in der Mitte der siebziger Jahre erlangte, zeigt am besten PHILIPP VIELHAUERS *Geschichte der urchristlichen Literatur* (1975). Er sieht die θεῖος ἀνήρ- Christologie bereits in der Spruchquelle, welche sie keineswegs negiere, sondern vielmehr kritisch aufnehme.[624] Bei Markus zeige sich aber noch klarer als in Q das Bestreben, diese Christologie theologisch zu korrigieren,[625] während Jesus im Lukasevangelium "der Gottessohn, wunderbar gezeugt wie bei Mt, ein gesteigerter θεῖος ἀνήρ, dazu Geistträger" sei.[626] Auch Matthäus habe beliebte Motive dieser Vorstellung, wie die wunderbare Zeugung, Hinweise auf die künftige Bedeutung des noch Ungeborenen und des Neugeborenen sowie

---

[621] S. oben S. 129.

[622] Über die Schwierigkeiten bei dieser Identifikation s. die Forschungsberichte bei Gunther (1973,2) und Mengel (1982,212-221).

[623] Friedrich lehnt die Darstellung der damals noch ungedruckten Dissertation Georgis deutlich ab: "Daß sie aber mit dem Anspruch auftraten, göttliche Sendboten nach Art der griechischen Umwelt zu sein, ist kaum anzunehmen" (1961,195f).

[624] Vielhauer 1975,325f. Die Spruchquelle widersetze sich dem "Repertoire des professionellen θεῖος ἀνήρ" in der Versuchungsgeschichte (1975,325). Die Abgrenzung gegen die zeitgenössische θεῖος ἀνήρ-Auffassung sei gewiß historisch. Die Voraussetzung für die Abgrenzung durch Q sei, daß die θεῖος ἀνήρ-Auffassung auch unter den Christen verbreitet gewesen sei (1975,326). Diese Auslegung von Q mit Hilfe der θεῖος ἀνήρ-Hypothese ist die detaillierteste, die ich gefunden habe. Vgl. zu den früheren Auslegungen o. S. 130.

[625] Vielhauer 1975,336. Beim Markusevangelium konnte er sich auf seinen eigenen Artikel (1964) berufen. Dazu zitiert er Luz (1965), Schulz (1964, 1967) und Schweizer (1967) (Vielhauer 1975,330). Vgl. aber auch die Darstellung über die Markusforschung, o. S. 139ff.

[626] Vielhauer 1975,375. Hier folgt er teilweise wörtlich H.D. Betz (s.o. S. 130f) und zitiert Conzelmann (*Die Mitte der Zeit*). Vgl. dazu o. S. 144.

Bedrohung und Rettung des Neugeborenen aufgenommen,[627] und sowohl die Apostelgeschichte[628] als auch das Johannesevangelium seien von der θεῖος ἀνήρ-Vorstellung geprägt. Johannes kombiniere sie mit der Präexistenz-Christologie, was eine Steigerung der θεῖος ἀνήρ-Christologie bedeute, zugleich aber auch innere Spannungen erzeuge.[629] Er sieht die Topik auch in der späteren Acta-Literatur.[630] Dagegen sei die Darstellung von Georgi bezüglich der Gegner des Paulus im II Kor nicht überzeugend.[631]

Das θεῖος ἀνήρ-Konzept spielt also bei Vielhauer trotz der schon genannten kritischen Stimmen eine beinahe ebenso große Rolle wie bei H.D. Betz (1968). Von den früheren Versuchen, das Neue Testament mit Hilfe dieses Konzeptes zu verstehen, weist er nur den von Georgi beim II Kor zurück, während er die Auffassung von Gnilka und Jewett (1970) über den Philipperbrief nicht behandelt. Für Vielhauer ist die θεῖος ἀνήρ-Topik eine Selbstverständlichkeit. Indem er für sie keine antiken Quellen, sondern nur das Werk Bielers zitiert, verlieren Apollonios und die Apollonios-Traditionen nur scheinbar ihre bisherige Stellung. Vielhauer vertraut Philostratos keineswegs blind, sondern betont im Gegenteil, wie wenig wir über seine Quellen wissen.[632] So verbindet er zwei Auffassungen miteinander, die an und für sich schlecht zusammenpassen: Einerseits benutzt er die Topik Bielers, um die neutestamentliche Christologie zu untersuchen, andererseits aber beurteilt er die VA kritisch. Die Konsequenz seiner Kritik, daß nämlich, wenn die VA als unzuverlässiges Werk anzusehen ist, die Topik Bielers in der neutestamentlichen Exegese nicht angewendet werden kann, zieht Vielhauer nicht.

In den frühen siebziger Jahren wurden mehrere kritische Stimmen gegenüber dem θεῖος ἀνήρ-Konzept laut. O. Betz, Hengel und Schweizer stellten die Frage nach der Datierung der antiken Quellen für diese

---

[627] Hier zitiert Vielhauer (1975,361) Bieler und folgt deutlich seiner Topik. Über θεῖος ἀνήρ und das Matthäusevangelium s. o. S. 130.

[628] Vielhauer 1975,393. Über die Apostelgeschichte und die θεῖος ἀνήρ-Hypothese s. o. S. 130 und 144.

[629] Vielhauer 1975,436-441. Vielhauer zitiert Becker (1969-70), Fortna (1970b) und Schottroff (1970). Dazu s. oben S. 131 und 142f.

[630] Vielhauer 1975,718. Er ist einer von wenigen Befürwortern der θεῖος ἀνήρ-Hypothese, der die Aretalogie als Gattung zurückweist (1975,310).

[631] Vielhauer 1975,149.

[632] "Die Apollonios-Biographie Philostrats ist etwa 150 Jahre nach Mk entstanden, und über die Form ihrer Quellen, etwa der Damis-Papiere, wissen wir nichts" (Vielhauer 1975,350).

Vorstellung. Die Dissertation Holladays[633] mit ihrem Quellenstudium leistete einen wichtigen Beitrag nicht nur zur religionsgeschichtlichen, sondern auch zur exegetischen Diskussion.

Daneben aber wurde die θεῖος ἀνήρ-Hypothese genau wie früher vertreten. Immer mehr neutestamentliche Schriften und vor allem die Wunder, die sie berichten, wurden mit Hilfe dieser Vorstellung ausgelegt. Dabei handelte es sich nicht mehr nur um das Markus- und das Johannesevangelium, um II Kor und die Apostelgeschichte, sondern auch um die Spruchquelle, den Philipperbrief und alle kanonischen Evangelien. Vor allem von Robinson und Köster wurde die Aretalogie in die Diskussion mit hineingenommen. Inhaltlich bedeutete dies nur eine Präzisierung der Terminologie gegenüber denen, die, ohne den Begriff zu benutzen, eine Vielzahl christlicher Sammlungen von Wundergeschichten vermuteten.

Apollonios von Tyana wurde in der Diskussion nur selten erwähnt. Da neue Belege von Wundertätern nicht angeführt wurden und die Forscher auf der älteren Sekundärliteratur, vor allem auf Bieler, aufbauten, behielt der philostrateische Apollonios nach wie vor seine Bedeutung in der neutestamentlichen Exegese. Die kritischen Abhandlungen über Apollonios und die Apollonios-Traditionen von Meyer und Solmsen blieben in der Regel ungelesen. Wie schon ab Mitte der sechziger, so erst recht in den siebziger Jahren wurde das θεῖος ἀνήρ-Konzept für viele Forscher zur Selbstverständlichkeit.

2.3.2.4. Die heutige Diskussion

Die Diskussion über die Bedeutung des antiken θεῖος ἀνήρ für das Verständnis des Neuen Testaments ist heute keineswegs beendet. In diesem Unterkapitel wird die Forschungslage der letzten anderthalb Jahrzehnte dargestellt, und zwar zunächst in allgemeiner Hinsicht, dann bezüglich einzelner neutestamentlichen Schriften.

In seinem aufsehenerregenden Buch *Jesus the magician* (1978)[634] behauptet MORTON SMITH, daß die älteste Schicht der Jesusüberlieferung ihn als Magier darstellte. Trotz vielfacher Unterdrückung des Beweismaterials bezeugten einerseits die Aussagen der Gegner Jesu und andererseits das Studium der christlichen Überlieferungen,[635] daß das Bild des

---

[633] S. u. S. 88f.

[634] Zitiert nach *Jesus der Magier*, 1981.

[635] Unter den Gegnern Jesu sei das Bild eines Magiers geläufig gewesen. Falls die Geburt Jesu wirklich illegitim gewesen war, sei er in der kleinen Landstadt vermutlich als verspottetes Kind aufgewachsen, habe darum Nazareth verlassen und Visionen und Unterredungen mit Dämonen gehabt. Darum sei er auch später in Nazareth verachtet gewesen (Mk

Magiers später zum Bild eines göttlichen Menschen beziehungsweise eines menschgewordenen Gottes umgedeutet worden sei. Daß die Predigt Jesu, welche die Evangelien ihm zuschreiben, nicht dementsprechend mit Magie verknüpft sei, sei mit Rücksicht auf diese Tatsache verständlich. Eine ähnliche Lehrtätigkeit sei ebenso Apollonios, Alexander "und ihresgleichen" zugeschrieben worden.[636] Auch außerhalb der Jesusüberlieferungen könnte nach Smith also ein Magier von seinen Freunden "umgedeutet" werden: er sei kein Magier, sondern ein göttlicher Mensch gewesen.[637]

Da Morton Smith neben Jesus auch Apollonios für einen Magier hält, der zu einem göttlichen Menschen uminterpretiert worden sei, ist es verständlich, daß er großes Interesse an den Apollonios-Traditionen hat. Wie Jesus sei auch Apollonios mit Sicherheit eine historische Gestalt. Wir besäßen Fragmente (*sic!*) seiner Abhandlung über Opfer, auch seine Briefe seien erhalten (*sic!*). Obgleich vieles unsicher bleibe,[638] seien die Hauptzüge seines Lebens trotz aller legendären Elemente "nicht ernstlich in Frage gestellt". Apollonios habe zweifellos Jünger gehabt, und obgleich "Damis" die vorhandenen Überlieferungen verfälscht habe, seien seine "Memoiren" trotzdem keine bloßen Dichtungen. "Pseudo-Damis mag auch einige Dokumente benutzt haben, es wäre sogar überraschend, wenn er es nicht getan hätte." Darüber hinaus habe

---

6) (Smith 1981 [1978],53). Als die Oberpriester Jesus vor Pilatus anklagten, hätte das Wort "Übeltäter" einen Magier bezeichnet (1981 [1978],76). Jesus sei wegen seiner Magie, die er in Ägypten gelernt habe, angeklagt worden (1981 [1978],87f). Die Magie sei auch der Grund für die Verfolgung Neros, über die Tacitus, ein guter Kenner religiöser Fragen, schreibt: *odium humani generis.* Dies lasse sich einleuchtend als Hinweis auf Magie verstehen (1981 [1978],93). Aber auch die christliche Überlieferung habe Beweise der Magie Jesu bewahrt. Matthäus wehre Anklagen ab, wenn er erzählt, Jesus sei wirklich in Ägypten gewesen, allerdings nur in seiner frühen Kindheit (1981 [1978],87f). Bei der Taufe Jesu würden die Evangelisten über das Ritual schweigen, weil es magisch gewesen sei. Um den Vorwurf abzuwehren, Jesus sei von einem Dämon besessen gewesen, identifizierten Lukas und Markus den Geist als "heilig", und Johannes verwandelt das Ganze in eine vom Täufer berichtete Vision (1981 [1978],167-169). Bei Johannes (der also bei der Taufe die Magie dämpfen, sie jetzt aber steigern will! E.K.) sei das Stück Brot, das Jesus Judas gab, ein Beweis für die Vorstellung, ein Dämon lasse sich in Nahrung einschließen (1981 [1978],191f). Die Magie sei auch das Mittel, mit dem Jesus sich und ein Dutzend Männer ernährt habe (1981 [1978],229f). Auch die Schlüssel, die Petrus zum Himmelreich verwalte, zeugten von einer geheimen Magie (1981 [1978],231f). - Aus einer Unzahl an Beispielen habe ich nur wenige zitiert, um deutlich zu machen, welchen Panmagismus Smith bietet.

[636] Morton Smith 1981 (1978),221-223.

[637] Morton Smith 1981 (1978),132-134.

[638] Ob Apollonios die Brahmanen erreichte oder nicht, welche Asketen er in Oberägypten vorfand, wie er dem Prozeß entkam und wie er starb, werde nach Smith für immer unklar bleiben, 1981 (1978),149.

Philostratos Informationen von den Städten und Tempeln bekommen, in denen Apollonios wirkte, "es waren vermutlich Zentren mündlicher Überlieferungen". Aus diesem Grund meint Morton Smith, viele Parallelen zwischen dem Leben und dem Traditionsprozeß Jesu und dem des Apollonios anführen zu können.[639] Auch die Kritik der Gegner an Apollonios (z.B. Lukians und der Kirchenväter) weise Ähnlichkeiten mit der Ablehnung Jesu durch seine Feinde auf. Nicht nur die Freunde Jesu, sondern auch die Anhänger des Apollonios hätten versucht, ihn von den Vorwürfen der Magie zu befreien.[640] Smith bietet in seinem Buch einen sehr lehrreichen Überblick über das dogmatische Verständnis der Wundergeschichten innerhalb der neutestamentlichen Exegese.[641]

---

[639] Morton Smith 1981 (1978),148-159.

[640] Morton Smith 1981 (1978),154-163.

[641] Es wäre unangemessen, an dem Buch Smiths vorbeizugehen, ohne die Frage nach den religiösen Voraussetzungen zu stellen. Das macht er selbst, indem er die ältere exegetische Untersuchung ironisch kritisiert, sie habe einen Unterschied zwischen dem "Christus des Glaubens" und dem "Jesus der Geschichte" gemacht. Es sei Aufgabe der liberalen Kritik gewesen, hinter den Evangelien den "Jesus der Geschichte" aufzuspüren, "von dem man erwartete, daß er eine nicht-mythologische Gestalt sei, ein einfacher Prediger der 'großen Wahrheiten', auf denen die Kirche gegründet wurde. Diese 'großen Wahrheiten' konnte der Kritiker mühelos erkennen, denn es waren diejenigen, an die er selber glaubte". Dieses "kritische Programm", das beinahe alles in den Evangelien dem "Christus des Glaubens" zuweist, sei wissenschaftlich unhaltbar. Der Unterschied zwischen dem "Jesus der Geschichte" und dem "Christus des Glaubens" sei anachronistisch, da das Welt- und Selbstverständnis Jesu wie das aller Menschen in Palästina mythologisch gewesen sei (Morton Smith 1981 [1978],15f).

Es ist nicht schwierig, die Adresse zu bestimmen, an die die Kritik von Smith gerichtet ist. Es geht um die Fragestellung, die seit MARTIN KÄHLER und vor allem seit Bultmann die deutsche Diskussion geprägt hat. Dabei sah Smith vieles sehr scharf (vgl. die Kritik Bergers u. S. 154), allerdings ist er nicht nur ein kritischer Beobachter der religiösen Voraussetzungen der Forschung, sondern auch selbst ein interessantes Forschungsobjekt. Denn er versucht, die Heilungswunder Jesu psychologisch zu deuten (Morton Smith 1981 [1978],21-24), und spricht bei den Totenerweckungen aus, was wahrscheinlich oft gedacht, aber selten ausdrücklich gesagt wird: "Da diese Wunder am eindeutigsten als unmöglich nachgewiesen werden können, sind die Erzählungen darüber mit größter Wahrscheinlichkeit falsch. Deshalb können wir sie mit Sicherheit einer Nebenentwicklung der Überlieferung zuordnen" (Morton Smith 1981 [1978],204f). Hier beansprucht also die Wissenschaft für sich die Möglichkeit, nicht nur die immanente, sondern auch die transzendente Wirklichkeit zu untersuchen. Welche Methoden es sind, mit denen die Möglichkeit eines Wunders wissenschaftlich ausgeschlossen werden, sagt Smith nicht. Wenn aber eine Wissenschaft tatsächlich *a priori* so vorgeht, ist sie vom Ansatz her nicht agnostisch, sondern atheistisch. Das aber bedeutet hier, daß Apollonios seine Rolle in der religiösen bzw. antireligiösen Propaganda bis heute weiter spielen muß. Wenn der historische Jesus wie auch der historische Apollonios Magier waren, die später in hellenistische göttliche Menschen umgedeutet worden seien, sind beide für die heutige Welt gleichermaßen bedeutungslos. Das zu zeigen, dürfte die Intention Smiths sein. Dabei wird er aber der Apollonios-Tradition ebensowenig gerecht wie der Jesusüberlieferung.

Hier kommt Apollonios also erneut die Bedeutung zu, die ihm einst Reitzenstein, Wetter und Bieler gaben. Wieder werden Apollonios, Alexander "und ihresgleichen" erwähnt. Da einer der zwei namentlich genannten, Alexander, erst im 2. Jahrhundert lebte, gibt es Grund genug, genau zu betrachten, wie Morton Smith den einzigen von ihm erwähnten Wundertäter zur Zeit Jesu behandelt. Erstaunlich ist, daß er tatsächlich von Fragmenten (Plural!) von περὶ θυσιῶν spricht, obgleich wir nur ein einziges vermutlich echtes Bruchstück davon besitzen.[642]   Hinzu kommt, daß dieses Fragment ganz frei von aller Magie ist und somit schlecht zur These Smiths paßt, ein Magier sei später zu einem göttlichen Menschen umgedeutet worden.   Ferner hat Smith keine Bedenken gegenüber der Echtheit der Briefe des Apollonios, was als Beweis mangelnder Quellenkritik angesehen werden muß.[643] Er vernachlässigt außerdem, daß die Magie in den Briefen und im Werk des Maximos von geringer Bedeutung ist.

Smith sieht richtig, daß die VA keine geschichtliche Darstellung ist. Er erkennt auch die Probleme, die mit der Damis-Quelle verbunden sind, nimmt aber dennoch eine enge Beziehung zu den Schülern des Apollonios an.   Er zeigt auch überraschend viel Vertrauen in die vermeintlich von Philostratos gesammelten mündlichen Traditionen.[644] Jedenfalls übersah Smith zu viele Fragestellungen, um überzeugend zu sein. Die Parallelität zwischen den beiden angeblichen Magiern Jesus und Apollonios, die nachträglich durch ihre Lehre zu θεῖοι ἄνδρες uminterpretiert worden seien, konnte er nicht nachweisen.

In den Handbüchern fand die θεῖος ἀνήρ-Hypothese immer mehr Beachtung.[645] KÖSTERs *Einführung in das Neue Testament* kann als Ver-

---

[642] S. o. S. 3 und u. S. 175f.

[643] S. o. S. 4 und u. S. 176.

[644] Die damit verbundenen Probleme wie auch die Frage, ob Philostratos überhaupt eine Damis-Quelle benutzte und eine Schule hinterließ, gehören zu Kapitel 3.1.

[645] KARL MARTIN FISCHER folgt in seiner Darstellung der frühesten Kirchengeschichte (*Das Urchristentum*, 1981) ohne jeglichen Vorbehalt den alten Gleisen. Hinter den neutestamentlichen Wundergeschichten stehe eine alte Überlieferung, die von der hellenistischen θεῖος ἀνήρ-Frömmigkeit geprägt sei, der gegenüber aber Paulus, Markus und Johannes, die bedeutendsten Theologen des Neuen Testaments, eine kritische Haltung zeigten. Der Titel "Sohn Gottes" sei für mehrere überragende Männer der Antike, für Herrscher (z.B. für Alexander den Großen), Philosophen (z.B. für Platon) und Wundertäter (z.B. für Apollonius von Tyana) bezeugt. Fischer weist noch auf die von Celsus erwähnten Propheten hin und sagt, die Kraft solcher Männer sei darauf zurückgeführt worden, "daß diese Männer von einem Gott - meist zusammen mit einer Jungfrau (*sic!*, E.K.) - gezeugt worden sind" (Fischer 1981,59f).

wirklichung seines früher (1970) vorgestellten Forschungsprogramms bezeichnet werden. Wie schon im Jahr 1970 angedeutet, wird die angebliche Einwirkung der Schriften über göttliche Menschen und der hellenistischen religiösen Propaganda konsequent und detailliert in der neutestamentlichen Exegese dargestellt. Er betont wieder stark die harte Konkurrenz, mit der das frühe Christentum zu kämpfen gehabt habe.[646] Diese These wird hauptsächlich durch die Sekundärliteratur belegt. Daher kommt es, daß Apollonios von Tyana bei Köster explizit keine entscheidende Rolle mehr spielt, obgleich er ein gutes Beispiel für die pythagoreischen Wanderprediger sei, die beispielsweise Dämonen austrieben. Philostratos habe das Apolloniosbild sicher idealisiert; er habe zwar altes Material verwendet, habe aber vor allem ein Beispiel des vollkommenen pythagoreischen Philosophen zeichnen wollen.[647]

Sekundärliteratur über Apollonios zitiert Köster nicht und erwähnt auch keine anderen Wundertäter aus dem 1. Jahrhundert. Der einzige neben Apollonios ist einmal mehr Alexander von Abonuteichos bei Lukian (um 180 n. Chr.).

Die angebliche Konkurrenz, die die Missionare mehrerer Religionen zu Predigten über die Wundertaten ihrer göttlichen Menschen veranlaßten, führt zu weitreichenden Schlüssen für die neutestamentliche Exegese. Die von Markus aufgenommenen Sammlungen von Wundertaten hätten die Absicht, die in Jesus gegenwärtige Macht zu demonstrieren, "waren

---

Obgleich Fischer in diesem Kapitel nur Theißen zitiert (Fischer 1981,15), kann man die Tradition, aus der heraus er seine Darstellung der frühen Kirchengeschichte schreibt, leicht bestimmen. Das Konzept von Bieler, das wahrscheinlich durch die Werke von Vielhauer und Köster (beide werden ebd. S. 13f zitiert) vermittelt wurde, steht hinter seiner Deutung der Umwelt des Neuen Testaments. Von allen Wundertätern wird allein Apollonios erwähnt. Die kurze Zusammenfassung Fischers über die Deutung der Wunder in der frühen Kirche ist ein Beispiel dafür, wie die als Nachschlagewerke verfaßten Bücher immer kritikloser die θεῖος ἀνήρ-Hypothese wiedergeben.

[646] "Wunder vollbrachten nicht nur die christlichen Missionare, wie sie die Apostelgeschichte schildert, und wie sie Paulus in den Gegnern des 2. Korintherbriefes entgegentreten, sondern auch jüdische Prediger, neupythagoreische Philosophen und viele andere Lehrer, Ärzte und Magier. Vom Zaubertrick bis zur Vorhersage der Zukunft, vom Horoskop bis zur Heilung von Krankheiten und Gebrechen, ja Totenerweckungen, wurde die ganze Skala wunderbarer Krafttaten in Anspruch genommen. Die Macht der Rede und die Größe des Wunders wirkten in den Kreisen, an die sich diese Philosophen wandten, stärker als die Tiefe und Würde ihrer moralischen, rationalen und religiösen Einsicht" (Köster 1980,367). Als Sekundärliteratur für diesen Abschnitt zitiert Köster Weinreich und Georgi (Köster 1980,347), von denen übrigens der letztgenannte laut dem Verfasser zu denen von seinen Kollegen und Freunden gehört, denen sein besonderer Dank gilt (Köster 1980,VIII).

[647] Köster 1980,387-388.

also Aretalogien", seien aber vom Evangelisten kritisch interpretiert worden.[648] Matthäus versuche, das ganze Leben, Lehren und Handeln Jesu
den Kategorien des göttlichen Menschen und auch des eschatologischen
Propheten zu entziehen, bediene sich dazu aber nicht mehr des Mittels der
Passionsgeschichte, sondern überhöhe die Person Jesu konsequent innerhalb der biographischen Darstellung.[649] Anders als Markus kritisiere
Lukas die θεῖος ἀνήρ-Vorstellung nicht, sondern Jesus sei bei ihm "in
der Tat dieser göttliche Mensch, der vom Geist geleitet wunderbare Taten
vollbringt und die Gottesherrschaft predigt". Erst mit Beginn der
Wanderung Jesu trete das eschatologische Moment stärker in den
Vordergrund.[650] In der Apostelgeschichte sei Lukas immer wieder
gezwungen, auf die Aretalogie als Darstellungsmittel zurückzugreifen.[651]
Die Semeia-Quelle des Johannes sei von der hellenistischen Propaganda
geprägt,[652] aber der Evangelist habe diese Quelle kritisch umgedeutet.
Köster ist der Ansicht, daß die Gegner des Paulus im Zweiten Korintherbrief eine θεῖος ἀνήρ-Vorstellung vertreten hätten.[653] Anders als
einige Forscher vor ihm will er die Spruchquelle und den Philipperbrief
nicht mit Hilfe des θεῖος ἀνήρ-Konzeptes auslegen.[654]

Die θεῖος ἀνήρ-Hypothese ist somit bei Köster ein wichtiger Schlüssel
zum Verständnis des Neuen Testaments geworden. Es fällt auf, daß er
insgesamt mit seinem Programm nur wenig Neues bieten kann, vielmehr
hauptsächlich die Auffassungen der Befürworter der Hypothese darstellen
muß, wobei er ohne Zweifel ein wichtiger Sammler und Tradent ist. Die
Grundelemente seiner Auslegung sind einerseits die Annahme einer harten
Konkurrenz, wobei er eindeutig Georgi folgt, und andererseits die
Aretalogie-Hypothese, wobei die Thesen von Hadas und Smith deutlich
erkennbar werden.[655]

---

[648] Köster 1980,605-607. Er zitiert Georgi, H.D. Betz (1968), Achtemeier (1970) und
Morton Smith (1971).
[649] Köster 1980,610-612. Über das Matthäusevangelium und die θεῖος ἀνήρ-Hypothese s. o. S. 146f.
[650] Köster 1980,753-754. Köster zitiert Conzelmann (*Die Mitte der Zeit*). Dazu s. o.
S. 144.
[651] Köster 1980,755. Über die Apostelgeschichte und die θεῖος ἀνήρ-Hypothese s.
S. 144.
[652] Köster 1980,622. Hier folgt Köster deutlich dem Johanneskommentar Bultmanns,
den er 1980,615 ebenfalls zitiert. Vgl. dazu auch o. S. 142ff.
[653] Köster zitiert Georgi und H.D. Betz (1968) (1980,548.561).
[654] Bei diesen Schriften zitiert er keine Befürworter der Hypothese. Beim Phil sieht er
aber, anders als Jewett (1970,363-390), einen Unterschied zwischen den Gegnern im II Kor
und denen im Phil (1980,568).
[655] Zu beiden Gesichtspunkten s. o. S. 78ff und o. S. 104ff.

Die Bedeutung des Apollonios von Tyana erscheint gering, was aber keineswegs die ganze Wahrheit ist. Köster nennt keinen anderen Wundertäter aus der Zeit Jesu; noch viel wichtiger ist jedoch, daß er hier ganz und gar der Sekundärliteratur verhaftet ist. Die zitierten Werke von Bieler, Georgi und H.D. Betz, inzwischen auch von Achtemeier und Morton Smith[656] beweisen, daß seine Konstruktion in viel größerem Maß als auf den ersten Blick erkennbar auf Apollonios und auf der Apollonios-Tradition ruht. Es werden zwar ausdrücklich mehrere Wundertäter angenommen, von denen aber keiner namentlich erwähnt wird.

In seiner Programmschrift aus dem Jahr 1970 verlangte Köster eine Untersuchung über die Kulturbedingungen und den religiösen oder politischen Zweck, die zur Abfassung der "aretalogischen" Schriften führten. Eine entsprechende Arbeit schrieb er selbst zwar nicht, dagegen veröffentlichte Bowie im Jahr 1978 einen derartigen Aufsatz, den Köster (1980) aber trotz seiner Wichtigkeit übersah. Auch die Arbeit von Holladay (1977) über die *Vita Mosis*, die für Köster im Jahre 1970 auch ein wichtiges Paradigma war,[657] blieb von ihm unberücksichtigt.

So fand die kritische Erforschung des Parallelmaterials im Programm Kösters keinen Raum. Dem vielversprechenden Forschungsvorhaben folgte lediglich eine Sammlung derjenigen Resultate, die die Befürworter der θεῖος ἀνήρ-Hypothese schon früher vorgelegt hatten. Nach der Veröffentlichung seines Handbuchs ist eine kritische Untersuchung dieses Parallelmaterials noch wünschenswerter als früher. Weil wieder einmal die Wunder in der Mitte der Fragestellung stehen, muß vor allem die Evidenz der von Köster (und Georgi) angenommenen Konkurrenz zwischen den Wundertaten verschiedener Religionen zur Zeit Jesu geklärt werden. Was Philostratos und Apollonios betrifft, wird die Datierung der Hauptzüge des philostrateischen Apollonios dringlich. Denn wenn diese aus dem 3. Jahrhundert stammen, verliert Köster seinen Kronzeugen. Auf diese Frage wird im zweiten Hauptteil eingegangen.

In seinem oben[658] zitierten RAC-Artikel wiederholt H.D. BETZ im wesentlichen, was er schon früher (1968) gesagt hat.[659] Da seine Darstellung bereits referiert wurde[660] und da er jetzt kaum neue Ansätze bietet, ist es nicht nötig, hier nochmals ausführlich darauf einzugehen.

---

[656] Köster 1980,596.
[657] S. o. S. 134.
[658] S. o. S. 93ff.
[659] H.D. Betz 1983,296-305. Nunmehr billigt H.D. Betz die Auffassung von Georgi *expressis verbis* und sieht die Fortsetzung der im II Kor bekämpften Theologie im lukanischen Doppelwerk (1983,300).
[660] S. o. S. 129ff.

Immerhin soll dieser wichtige Artikel in diesem Zusammenhang nicht
unerwähnt bleiben, da anzunehmen ist, daß wegen der breiten Darstellung
der Quellen gerade er auf die künftige Forschung großen Einfluß haben
wird.

In den letzten Jahren wurden einerseits die theologischen Voraussetzungen der θεῖος ἀνήρ-Hypothese besprochen,[661] andererseits wurde
die Hypothese mehrfach beiläufig unkritisch aufgenommen und wiedergegeben.[662] Erst ein Sammelband aus der konservativen Reihe

---

[661] S. Räisänen 1976,16 u. Kee 1983,1-41. Am gründlichsten behandelt die systematischen Voraussetzungen der θεῖος ἀνήρ-Hypothese Berger, der sowohl die klassische
Formgeschichte als auch die Aretalogie-Hypothese und das θεῖος ἀνήρ-Konzept heftig
kritisiert (1984b,1229f); ihm zufolge hat Bultmann in seiner Kerygmatheologie die Annahme
einer jeweils Markus und Johannes vorliegenden Wunder-Aretalogie notwendig gebraucht,
"damit die Evangelisten sich als kritische Autoren davon absetzen konnten". Die Aretalogie-
Hypothese habe eine Entlastungsfunktion. "Das schwere hermeneutische Problem soll so
gelöst werden, daß man dem neutestamentlichen Autor schon selbst die Lösung zumutet, die
man als moderner Mensch annehmen kann - und sie dadurch legitimieren kann." Höchstens
die Gegner des Paulus im II Kor könnten als Vertreter von Aretalogien und θεῖος ἀνήρ-
Vorstellungen betrachtet werden. Dagegen seien solche Vorstellungen von Markus und
Johannes strikt zurückgewiesen worden. Die *theologia crucis* erkläre, wie aus einer
Aretalogie ein Evangelium wurde. "Was hier scheinbar fromm als Inhalt des Kerygmas
angegeben wird, ist in Wahrheit ein Mittel, um Jesus konsequent jedes im neutestamentlichen
Sinne 'übermenschlichen' Scheines zu entkleiden, ihm 'göttliche' Qualitäten abzusprechen und
ihn radikal zu 'humanisieren'. Als Summe und Substanz des Evangeliums und als neuer Test
für Orthodoxie bleibt dann die Ethik des frühen Liberalismus: Menschliche Verantwortung
für die Gemeinschaft, Liebe. Die Menschlichkeit Jesu wird zum Prüfstein."
   Die Frage nach den ideologischen Voraussetzungen der Neutestamentler, die schon Morton
Smith stellte (s. o. S. 149f), läßt sich nach wie vor nur schwer beantworten, besonders wenn
es um unsere eigene Zeit geht.
   Erstaunlich ist, mit welcher Leichtigkeit das unkritische Buch Bielers trotz seiner
ausdrücklich systematischen Voraussetzungen von vielen Neutestamentlern aufgenommen
wurde und daß es noch heute "grundlegend" genannt werden kann. Auch wurde schon in
Kapitel 2.3.1. (s.o. S. 78ff) deutlich, daß die Diskussion sowohl über das θεῖος ἀνήρ-
Konzept als auch über die Aretalogie meist von Neutestamentlern geführt wurde, während die
Altertumswissenschaftler wenig Interesse an diesem Thema hatten.
   Diese Beobachtungen führen zu der Frage, ob Berger wirklich recht hat, daß in der
Aretalogie- und θεῖος ἀνήρ-Hypothese neben den wissenschaftlichen auch die
systematischen Prämissen eine Rolle spielen. Zur Aufgabe dieser Arbeit gehört lediglich der
Hinweis auf solche Möglichkeiten.
[662] E.P. SANDERS referiert in seinem Buch *Jesus and Judaism* (1985) die Darstellung
Morton Smiths über Jesus als Magier. Er versucht zu zeigen, daß Jesus wirklich ein Magier
war. Nach Sanders soll man sich nicht daran stören, daß das angeführte Parallelmaterial so
weit vom Palästina des 1. christlichen Jahrhunderts entfernt ist. "Philostratus's Life of
Apollonius was written well after Apollonius' death, but there is no reason to think that it was
entirely based on a third-century rather than a first-century point of view" (Sanders 1985,167).
Mit dieser Behauptung will Sanders, der keine Sekundärliteratur über Apollonios zitiert,
offenbar alle Kritik, die an der Rolle des Apollonios in der neutestamentlichen Exegese geübt

Gospel perspectives (Band 6, 1986) mit einer Anzahl beachtenswerter Artikel über die Wunder Jesu und ihre Deutung bietet Neues. Ein sehr einleuchtender Beitrag ist der von BARRY L. BLACKBURN über die θεῖοι ἄνδρες im Hellenismus und im hellenistischen Judentum.[663] Er sammelt alle Belege über göttliche Menschen, denen Wunder zugeschrieben wurden. Dabei behandelt er vorwiegend die vorchristliche Periode, will aber auch die Wundertäter bis zum 2. Jahrhundert berücksichtigen, wenn sie ältere Traditionen widerspiegeln. Er nennt aus der griechischen Mythologie, aus der hellenistischen Umwelt des Frühchristentums und aus der jüdischen Überlieferung nicht weniger als 47 vorchristliche und neun nachchristliche Seher, Heiler und andere Wundertäter.[664] Die Topik eines typischen θεῖος ἀνήρ, die die christlichen Wundergeschichten beeinflußt haben soll, bestreitet er jedoch eindeutig. Diese Vorstellung komme erst in der VA vor und sei Philostratos und dem 3. Jahrhundert zuzuschreiben. Es gebe keine typischen Züge eines wundertätigen θεῖος ἀνήρ, sondern nur den christlichen Wundergeschichten ähnliche Erzählungen, die sowohl in der jüdischen als auch in der hellenistischen Literatur belegt seien.[665] Blackburn stellt diese Erzählungen zusammen und zeigt dabei, daß dieser Vergleich auch nach Bultmann und Theißen nur unvollständig durchgeführt worden sei.

Der kurze Artikel Blackburns bietet eine beeindruckende Materialsammlung, die zum Teil ganz neue Perspektiven aufzeigt. Zunächst versucht er, das vielfältige Material neu einzuordnen, und zwar ohne die

---

worden ist, zurückweisen. Das ist leider ein typisches Beispiel für einen unkritischen Kritizismus. Die Philostratos-Forscher haben schon im 19. Jahrhundert mehrere Gründe aufgeführt, warum das Apolloniosbild des Philostratos besser in das 3. Jahrhundert gesetzt werden sollte. Eine unbegründete Behauptung kann eine kritische Überprüfung dieser Gründe nicht ersetzen.

In seinem Buch *The miracle stories of the synoptic Gospels*, das ein Teil einer ehrgeizigen Reihe *Studies in the synoptic Gospels* ist, will HERMAN HENDRICKX die christlichen Wundergeschichten in ihren religionsgeschichtlichen Kontext stellen, und macht dabei einen Unterschied zwischen dem historischen Jesus und dem Jesusbild der Evangelien. Während es klar sei, daß sich der historische Jesus nicht als hellenistischen göttlichen Menschen verstanden habe, sei sein Bild an vielen Stellen des Neuen Testaments eben von dieser Auffassung geprägt (1987,8f). Neben den rabbinischen Parallelen, deren problematische Datierung sachgemäß besprochen wird, werden aus der hellenistischen Welt die Asklepios-Inschriften und Apollonios hervorgehoben. Hendrickx ist mit den göttlichen Menschen überhaupt sehr vorsichtig, weist einen festen vorchristlichen θεῖος ἀνήρ-Typus zurück und stützt sich oft auf die frühere Sekundärliteratur. Es ist aber verwirrend zu sehen, wie der philostrateische Apollonios wieder einmal ohne jegliche Reflexion ins 1. Jahrhundert gesetzt wird.

[663] "'Miracle working *theioi andres*' in hellenism and hellenistic judaism" (1986).
[664] Blackburn 1986,185-187.
[665] Blackburn 1986,188-192.

Topik Bielers, die so vielen Forschern das Vorverständnis lieferte. Indem Blackburn die Belege aus der christlichen Literatur bewußt beiseite läßt, kann er eine Topik des θεῖος ἀνήρ nicht mehr entwickeln. Der *circulus vitiosus*, von dem schon mehrfach die Rede war, ist gebrochen, ohne daß Blackburn dies ausdrücklich betont. Das bedeutet, daß die Topik verschwindet, aber nicht die Parallelen, die weiter zu sammeln und zu berücksichtigen sind.

Die Auflistung der Wundertäter bei Blackburn verdient große Anerkennung, was aber nicht bedeutet, daß gleichzeitig auch die von ihm genannte Fragestellung als beantwortet angesehen werden kann. Zum einen benötigen wir nicht nur die Namen der Wundertäter, sondern auch die Quellenangaben, und zwar mit Datierung und Auswertung der Quellen. Blackburn berücksichtigt neben den heidnischen nur einige jüdische Wundertäter (Moses, Joseph) und die Samaritaner Simon Magus und Menander, nicht aber z.B. Choni, Chanina ben Dosa oder Dositheos. Er übersieht mehrere heidnische Wundertäter.[666] Allerdings ist es verständlich, daß Blackburn in einem kurzem Artikel die große Aufgabe eines vollständigen Verzeichnisses der jüdischen und heidnischen Wundertäter nicht durchführen kann. Dennoch leistet sein Artikel einen wesentlichen Beitrag zur Forschung. Ein eingehendes Verzeichnis der jüdischen Wundertäter fällt auch aus dem Rahmen dieser Arbeit, eine Aufstellung über die heidnischen wird im zweiten Hauptteil gegeben.

In der **Markusforschung** nimmt nunmehr die Kritik an der θεῖος ἀνήρ-Hypothese zu.[667]

So konnte JACK DEAN KINGSBURY (1981)[668] fragen, ob nicht mit der endgültigen Ablehnung der θεῖος ἀνήρ-Hypothese eine Periode der Markusforschung ihr Ende fand. Der Ausdruck θεῖος ἀνήρ sei in der Abfassungszeit des Evangeliums kein fester Begriff gewesen. Kingsbury, der einen knappen, aber treffenden Forschungsbericht bietet,[669] stützt sich hier vor allem auf von Martitz, O. Betz, Tiede, Hengel und Holladay[670] und weist darüber hinaus auf einige Texte aus Qumran hin, die

---

[666] S. u. Kapitel 3.2.1. Das gilt auch für sein Buch (1991,73-96).

[667] Räisänen (*Das "Messiasgeheimnis" im Markusevangelium*, 1976,38-42) bietet eine kurze Forschungsgeschichte über die kreuzestheologische Interpretation des Messiasgeheimnisses, die von der θεῖος ἀνήρ-Hypothese geprägt ist. Er kennt die Kritik von von Martitz und O. Betz und äußert sich vorsichtig; immerhin will er die Meinung von O. Betz nicht ganz billigen und den Begriff als solchen nicht aufgeben. Von den Befürwortern der Hypothese zitiert er Bieler, Morton Smith und Georgi, wobei er letzteren allerdings kurz kritisiert.

[668] "The 'divine man' as key to Mark's christology: the end of an era?"

[669] Kingsbury 1981,244-248.

[670] Kingsbury 1981,247-248.

von der Gottessohnschaft des Messias sprechen.[671] Er selbst will die Grundzüge der markinischen Christologie vom Judentum her verstehen. In seiner Kritik übersieht er, daß die ersten Befürworter der θεῖος ἀνήρ-Hypothese, wie auch später z.B. H.D. Betz, nicht mit einem festen Konzept rechneten.

Auch SCHWEIZER äußert sich nunmehr immer zurückhaltender zur θεῖος ἀνήρ-Hypothese,[672] nachdem er schon früher (1969, 1973) den Gebrauch der Hypothese als Schlüssel der markinischen Christologie kritisiert hatte. Er begnügt sich nicht damit, seine frühere Kritik entschiedener und reflektierter zu wiederholen,[673] sondern er betont darüber hinaus die Rolle der alttestamentlichen Wundergeschichten für das Verständnis der markinischen Erzählungen. Neben dem Elija/Elischa-Zyklus wird als Parallele für die Sturmstillung auch die Erzählung über Jona dargestellt, und auch die Dämonenaustreibungen gehören nach Schweizer durchaus zur Welt des damaligen Judentums. Das ursprüngliche Bild Jesu als eines Wundertäters sei das eines neuen Elija, "eines charismatischen Gottesmannes, dessen Wunder ihn als prophetischen Vorläufer des bald kommenden Gottesgerichtes ausweisen".

Obgleich REINHOLD WEBER mit der Kritik am θεῖος ἀνήρ-Konzept vertraut ist,[674] versucht er dennoch weiterhin, mit seiner Hilfe das Markusevangelium zu verstehen (1983).[675] Der Evangelist wolle zwischen der hoheitlichen θεῖος ἀνήρ-Vorstellung und der Passionsgeschichte vermitteln und so den gesamten Weg Jesu zu einer Einheit verschmelzen.[676] Die Zweiseitigkeit des Seins Jesu, "der zugleich der Erhöhte und der Erniedrigte, der Wundertäter in Kraft und der in der Schwachheit für 'die Vielen' Sterbende ist", sei das tiefste Motiv der markinischen Christologie.[677] Hierbei wird die immer häufiger anzutreffende Tendenz deutlich, die θεῖος ἀνήρ-Vorstellung mehr oder weniger vom religions- und forschungsgeschichtlichen Zusammenhang

---

[671] Kingsbury 1981,249-250.

[672] "Zur Christologie des Markus", 1982.

[673] Schweizer kritisiert kurz den unklar definierten Begriff "göttlicher Mensch", die Datierung des Typs vor dem 2. Jahrhundert und das Buch von Bieler (1982,89-90). Er bleibt noch bei der Vermutung, die markinische Christologie sei im Gegensatz zu einer früheren gebildet worden, die die Wunder Jesu ins Zentrum gerückt habe; Einzelheiten blieben aber unsicher.

[674] Weber 1983,111.

[675] "Christologie und 'Messiasgeheimnis': ihr Zusammenhang und Stellenwert in den Darstellungsintentionen des Markus."

[676] Weber 1983,121-123.

[677] Weber 1983,125.

loszureißen und beinahe gleichbedeutend mit dem Terminus *theologia gloriae* zu verwenden.

Bedeutend vorsichtiger mit der θεῖος ἀνήρ-Hypothese ist der katholische Forscher THOMAS SÖDING (*Glaube bei Markus* etc., 1985). Es sei unklar, ob es zur Zeit der Abfassung des Evangeliums eine ausgebildete Vorstellung vom Wundertäter als θεῖος ἀνήρ gegeben habe. Er nimmt damit die kritische Linie von von Martitz, Schweizer, O. Betz, Hengel und Kingsbury auf.[678] Zugleich betont er aber, daß die Tatsache der Überlieferung der Wundertaten Jesu mit dieser Kritik "ebensowenig aus der Welt geschafft (ist) wie die Parallelität zwischen neutestamentlichen und zeitgenössischen (frühjüdisch-) hellenistischen Wunderberichten".[679] Die vom Alten Testament herkommenden frühjüdisch-hellenistischen Einflüsse seien deutlich stärker gewesen als die paganen. Es geht ihm also nicht mehr um die θεῖος ἀνήρ-Hypothese, sondern er will die Parallelen ohne diese Gesamtkonzeption berücksichtigen.

In seinem neuen Markuskommentar behandelt DIETER LÜHRMANN kurz die Wunderfrage und hebt hervor, daß sich bei Markus nirgends distanzierte oder gar skeptische Töne gegenüber den Wundern fänden. Er schließt sich nicht der Meinung an, Markus hätte die von der θεῖος ἀνήρ-Christologie geprägten Wundergeschichten erzählt, nur um sie zu bekämpfen. Ebenso bezweifelt er, daß Markus eine Sammlung der Wundergeschichten benutzte, obgleich sich jüdische und hellenistische Parallelen zu den markinischen Wundergeschichten finden lassen. Hier wird also die θεῖος ἀνήρ-Hypothese nicht mehr als Grundlage für die Deutung der markinischen Christologie verwendet, sondern es wird, wie bei Söding, die Berücksichtigung der Parallelen ohne diese Gesamtkonzeption angestrebt.[680]

In seinem Buch über die Bedeutung der göttlichen Menschen für das Verständnis des Markusevangeliums (*Theios aner and the Markan miracle Traditions*, 1991) bietet BARRY L. BLACKBURN, dessen Artikel oben behandelt wurde,[681] viel nicht nur für die Markusforschung, sondern auch für die ganze Diskussion über die Hypothese. Er bietet ein Verzeichnis der hellenistischen Wundertäter,[682] studiert danach das markinische Material, das einmal für die θεῖος ἀνήρ-Hypothese vorgeführt worden ist, und vergleicht es mit dem hellenistischen Befund. Dabei findet er keine Elemente, die notwendig von der hellenistischen

---

[678]   Söding 1985,72.
[679]   Söding 1985,71f.
[680]   Lührmann 1987,94f.
[681]   S. o. S. 154-156.
[682]   Blackburn 1991,13-96.

Religiosität und nicht von Palästina herstammen. Das gleiche Resultat erreicht er, wenn er die Themen und Motive der Erzählungen studiert.[683] Auch nicht die Gattungen zeigen notwendig einen Einfluß des Heidentums.[684]

Blackburn ist mit der Behauptung zufrieden, daß kein Zug des Markusevangeliums notwendig von einer heidnischen θεῖος ἀνήρ-Auffassung her verstanden werden muß. Diese Vorsicht und sein gründliches Studium des religionsgeschichtlichen Vergleichsmaterial überzeugen den Leser mehr als kühne Hypothesen, an denen es nicht fehlt. Man hätte aber in seinem Verzeichnis der Wundertäter, das nicht vollständig ist,[685] auf eine mehr konsequente Berücksichtigung sowohl der Datierung der Quellen als auch der jüdischen Wundertäter gewartet. Schließlich hätte eine detaillierte Geschichte der θεῖος ἀνήρ-Hypothese den Hintergrund der Hypothese beleuchtet. Aber trotzdem ist das Buch von Blackburn vielleicht das wichtigste über das Thema in den letzten Jahrzehnten.

Die heutige Markusforschung geht viel behutsamer mit dem θεῖος ἀνήρ-Konzept um als die der siebziger Jahre. Eine so kühne Verwendung der Topik wie noch bei Köster (1980) gibt es in der Markusauslegung kaum mehr. Die Hypothese wurde einmal sogar für tot erklärt (Kingsbury), was jedoch derzeit zumindest verfrüht sein dürfte. Sie wird heute manchmal beinahe äquivalent mit der *theologia gloriae* verwendet oder aber als ein Element betrachtet, das in die markinische Theologie nicht sehr gut hineinpasse (Schweizer, Lührmann). Antike Quellen werden dabei nicht zitiert. Eine so grundsätzliche Kritik des Konzeptes wie bei Kingsbury läßt sich heute nur selten finden.

Die Diskussion über die Bedeutung der Wunder und der θεῖος ἀνήρ-Auffassung für die **johanneische Christologie**, die in einem engen Zusammenhang mit der Quellenfrage steht, läuft nach wie vor weiter.

JÜRGEN BECKER bleibt in seinem Kommentar von 1979 bei seiner früheren (1969-70)[686] Auslegungslinie.[687] Er hält an der Existenz der Semeia-Quelle fest, obgleich sie nicht rekonstruiert werden könne. Sie habe jedenfalls aus Einzelerzählungen bestanden, die auf eine Gemeinde

---

[683] Blackburn 1991,181-232.
[684] Blackburn 1991,233-262.
[685] Es fehlen z. B. Arnuphis, Julianos, Apsethos und Neryllinos (s. u. S. 215f).
[686] S. oben S. 128.
[687] Becker 1979,112-120.

zurückzuführen seien, die "klar" in Konkurrenzverhältnissen gelebt habe.[688] In der Semeia-Quelle gleiche Jesus dem Typ nach eher Simon Magus aus Apg 8,9f und dem Typos des hellenistischen als dem des alttestamentlichen Wundertäters und dem Jesus der Synoptiker.[689] Becker geht davon aus, daß die Arbeiten Wetters und Bielers überholt sind, nimmt aber an, daß sowohl die markinische (hier zitiert er Luz) als auch die johanneische Wundertradition hellenistisch geprägt gewesen sei.[690]

Becker ist ein gutes Beispiel dafür, wie die Sekundärliteratur die Quellen ersetzt. Apollonios spielte eine wichtige Rolle bei Wetter und eine entscheidende bei Bieler. Die von ihnen gestaltete Topik wurde dann von Bultmann, Georgi, Petzke und Theißen kritiklos verwendet. Die Markusforschung zog daraus die Folgerung, die Wundertradition sei hellenistisch beeinflußt worden (Luz). So kann schließlich Becker Apollonios und überhaupt die antiken Quellen außer acht lassen und einerseits zugeben, daß die Arbeiten Wetters und Bielers ihre Schwächen haben, andererseits aber ohne weiteres auf Georgi, Petzke und Theißen aufbauen und auf Luz hinweisen, ohne zu bemerken, daß sie nur die Konsequenzen aus der angeblichen Topik Bielers zogen. Wenn Becker Jesus mit den alttestamentlichen und den hellenistischen Wundertätern, wie sie in der Topik Bielers vorkommen, vergleicht, dann ist es nicht verwunderlich, daß mehr Ähnlichkeiten mit den "hellenistischen" Wundertätern festzustellen sind; denn die Charakteristika der Topik wurden hauptsächlich den kanonischen Evangelien und der VA entnommen! So unterlagen viele neutestamentliche Untersuchungen einem Zirkelschluß, indem sie in den christlich geprägten Zügen der Topik Bielers einen Schlüssel sahen, um "den hellenistischen Hintergrund" der Evangelien zu verstehen. Dieser Vorgang zeigt, wie wichtig es ist, endlich wieder auf die antiken Quellen selbst zurückzugehen. Falls das philostrateische Apolloniosbild spät zu datieren ist und falls es auch keine anderen heidnischen Wundertäter zur Zeit Jesu gab, fällt Beckers gesamte Argumentation in sich zusammen. Darum ist es entscheidend, daß das philostrateische Apolloniosbild im zweiten Hauptteil meiner Arbeit noch analysiert und datiert wird.

---

[688] "So gehört also die Semeia-Quelle in den religionsgeschichtlichen Zusammenhang einer bestimmten Art missionarischer Tätigkeit, die damals weit verbreitet war (Georgi, Haufe, Petzke, Theißen)" (1979,116). GÜNTER HAUFE, der zitiert wird (1967,68-70), bietet eine Übersetzung einiger Wundergeschichten, darunter auch der von VA 4,45, bringt aber hier nichts Neues.

[689] Becker 1979,117.

[690] Becker 1979,117.

In seiner Monographie *Johannine Christianity* etc. (1984)[691] geht D. MOODY SMITH davon aus, daß die Semeia-Quelle eher im Zusammenhang mit dem palästinischen Christentum zu sehen sei.[692] KLAUS BERGER (1984b) und UDO SCHNELLE (*Antidoketische Christologie im Johannesevangelium* etc., 1987)[693] bestreiten hingegen die Existenz der Semeia-Quelle, während MARKKU KOTILA (*Umstrittener Zeuge* etc., 1988) sie in seiner Dissertation über die Stellung des Gesetzes in der johanneischen Theologiegeschichte befürwortet. Berger, der überhaupt kritisch gegenüber der Annahme verschiedener aretalogischer Schriften ist,[694] hält die Quelle für ein "systematisch notwendiges Konstrukt der Kerygmatheologie" Bultmanns.[695] Im Anschluß an Tiede (1972) und vor allem an Berger (1984b) lehnt WOLFGANG J. BITTNER (*Jesu Zeichen im Johannesevangelium. Die Messias-Erkenntnis im Johannesevangelium vor ihrem jüdischen Hintergrund*, 1987) nicht nur die Semeia-Quelle, sondern auch die θεῖος ἀνήρ-Hypothese insgesamt ab.[696] Wie der Titel seiner Dissertation zeigt, will er die Wunder des Neuen Testaments vom Alten Testament her verstehen.[697] Die Diskussion darüber ist keineswegs beendet. Obgleich die θεῖος ἀνήρ-Hypothese nur ein Teil der Argumentation ist, kommt der nochmaligen kritischen Überprüfung der Traditionen über Apollonios und der übrigen Wundertäter grundlegende Bedeutung zu.

In der **Lukasforschung**, in der die θεῖος ἀνήρ-Hypothese seit den sechziger Jahren weniger Zustimmung als in der Markus- und Johannesforschung fand, wurden die damit verbundenen Fragen im großen und ganzen kaum diskutiert. Es fällt auf, daß es nur eine geringe Anzahl von Abhandlungen darüber gibt, speziell im Hinblick auf die Apostelgeschichte.[698]

---

[691] S. oben S. 127.

[692] Moody Smith 1984,62-79. Er meint, die Quelle stamme von einer Gruppe Christen, die im Wettbewerb mit den Schülern des Täufers gestanden hätten: Jesus und nicht Johannes sei der kommende Prophet, der auch Wunder getan habe (1984,74-77). Neben einem guten Forschungsbericht bietet Smith hier eine Darstellung, in der die jüdischen Quellen besser als früher berücksichtigt werden. Trotzdem wird die θεῖος ἀνήρ-Topik benutzt und Bielers Arbeit als "pivotal work on this subject ..., of course" bezeichnet (1984,168-182).

[693] Schnelle 1987,168-182.

[694] S. o. S. 111f.

[695] Berger 1984b, 1230-31.

[696] Bittner 1987,11-13.

[697] Bittner 1987,282-290.

[698] S. FRANS NEIRYNCK, "The miracle stories in the Acts of the Apostles. An introduction" (1979,169).

Mit der These Conzelmanns,[699] bei Lukas habe die Tat Priorität vor
dem Wort, stellt ULRICH BUSSE zunächst die wichtigste Voraussetzung
für die Auslegung des Lukasevangelium mit Hilfe der θεῖος ἀνήρ-
Vorstellung in Frage und danach die ganze Hypothese. Im Anschluß an
Tiede meint er, daß θεῖος ἀνήρ innerhalb der Forschung nicht einheitlich
und fest definiert worden sei. Man könne sich des Eindrucks nicht
erwehren, daß die Interpretation mit Hilfe der θεῖος ἀνήρ-Vorstellung
über ungelöste Aporien hinweghelfen solle.[700]

Vielleicht noch eindeutiger als Busse in seiner Lukas-Auslegung
wendet sich JAKOB JERVELL gegen die θεῖος ἀνήρ-Hypothese in seiner
Auslegung der Apostelgeschichte,[701] obgleich die Hypothese nicht einmal genannt wird. Er ist auf Grund von Röm 15,19 und II Kor 12,10-12
der Ansicht, daß die Wunder des Paulus für den Apostel selbst eine noch
zentralere Rolle gespielt haben als für Lukas. Von der Meinung Kösters,
der lukanische Paulus sei eine Nachbildung seiner Gegner geworden,[702]
gibt es also hier nicht die geringste Spur.

Obgleich die θεῖος ἀνήρ-Hypothese sporadisch in der Auslegung des
Lukasevangeliums und der Apostelgeschichte vorkommt,[703] wird die
Frage gewöhnlich mit auffallender Vorsicht behandelt.[704] Die spezifischen Untersuchungen, wie die von Busse zu Lukas und die von LEO
O' REILLY zur Apostelgeschichte[705], scheinen eher davon bestimmt zu
sein, die lukanische Theologie ohne sie zu verstehen.[706] Hier steht also
die Auffassung der behandelten Nachschlagewerke (Vielhauer 1975,
Köster 1980, H.D. Betz 1983) eindeutig im Widerspruch zu den Spezialuntersuchungen.

Was den **II Kor** betrifft, so stellt die Theologie der Gegner des Paulus
ein schwieriges Problem dar,[707] das sich selbstverständlich nicht

---

[699] S. o. S. 125.

[700] Busse 1977,19-21.

[701] "Die Zeichen des Apostels. Die Wunder beim lukanischen und paulinischen Paulus",
1979.

[702] S. u. S. 152.

[703] So nimmt z.B. JÜRGEN ROLOFF (*Die Apostelgeschichte*, 1981) wieder einmal eine
harte Konkurrenz zwischen vielen Wundertätern an (1981,196f. 213). S. auch Corrington
1986,264f.

[704] S. z.B. RUDOLF PESCH (*Die Apostelgeschichte*) (1986,1,141-148) und CRAIG A.
EVANS (1987,75-83).

[705] *Word and sign in the Acts of the Apostles. A study in Lukan theology* (1987).

[706] ROBERT J. MILLER will in seinem Artikel zeigen, daß Elija für Lukas in allerdings
begrenztem Sinn ein Vorbild Jesu war (1988,611-622).

[707] Zu der Unzahl der Hypothesen, die über die Gegner des Paulus in verschiedenen
Briefen vorgeführt worden sind, s. Gunther 1973,1-7; über die Ursachen der hohen Zahl von

eindeutig lösen läßt. Die Hypothese von Georgi findet Zustimmung nicht nur in den Nachschlagewerken wie RAC (= H.D. Betz 1983) und bei Köster (1980), sondern auch in den Einzeluntersuchungen des II Kor, wie z.B. bei HORST BAUM.[708] Die Tatsache, daß "wir nicht in der Lage (sind), über die Theologie der Paulusgegner ebensolche detaillierte Aussagen zu machen wie sie über den Apostel Paulus und seine Stellung möglich sind" (H.J.SCHOEPS),[709] wie auch die Unzahl der verschiedenen Auffassungen über die Gegner des Paulus in der Forschung zeigen, daß größte Vorsicht hier geboten ist. In der heutigen Forschung übt sie z.B. SCOTT J. HAFEMANN.[710] Die θεῖος ἀνήρ-Christologie in Korinth wie auch in Philippi und Thessalonich steht und fällt mit der θεῖος ἀνήρ-Hypothese insgesamt, von der sie nur einen Teil darstellt.

JEWETT, der schon früher im Philipperbrief eine Reaktion des Paulus gegen eine θεῖος ἀνήρ-Bewegung sah, ist wohl der erste, der den I Thess mit Hilfe der θεῖος ἀνήρ-Hypothese auslegt.[711] Er geht davon aus,[712] daß Georgi (1964) auf der Basis Weinreichs, Bielers[713] und anderer Forscher die Verhältnisse in Korinth korrekt beschrieben habe. I Thess 2,1-12 sei eine Apologie des Paulus, in der er durch die Beschreibung seines eigenen Verhaltens indirekt seine Gegner kritisiere. Mehrere Gründe wiesen darauf hin, daß die Thessalonicher mit einer "divine man agitation" zu tun gehabt hätten, was Paulus nun abzuwehren versuche. Diese Annahme erkläre zwar die Lage in Thessalonich nur teilweise, liefere aber dennoch wichtige Informationen über die Gegner.[714] Jewett ist trotz der ihm bekannten Kritik[715] sicher, daß das θεῖος ἀνήρ-Konzept richtig ist, aber er bietet dafür keine antiken Belege, sondern zitiert lediglich Sekundärliteratur.

Das bisher Gesagte zeigt die Hauptzüge der Forschungsgeschichte bis zur Gegenwart. Die θεῖος ἀνήρ-Hypothese verzweigte sich schon seit Jahrzehnten in viele Richtungen und verband sich mit immer neuen

---

Hypothesen s. den kritischen Artikel Bergers (1980,373-400).

[708] *Mut zum schwach sein - in Christi Kraft*, 1977,24-27 (mit weiterer Literatur).

[709] H.J.SCHOEPS, *Theologie und Geschichte des Judenchristentums*, 1949,261.

[710] *Suffering and the Spirit. An exegetical study of II Cor 2:14-3:3 within the context of the Corinthian correspondence*, 1986,2-3.

[711] *The Thessalonian correspondence. Pauline rhetoric and millenarian piety*, 1986.

[712] S. oben S. 144f.

[713] Das Buch Bielers bezeichnet Jewett als "a more idealistic picture of the divine man" (1986,153).

[714] Jewett 1986,149-157.

[715] Jewett 1986,156.

Fragen, die hier zum Teil nur andeutungsweise behandelt wurden. Sowohl die θεῖος ἀνήρ-Theorie selbst als auch die Kritik an ihr bestehen bis heute nebeneinander, ohne daß ein Konsensus erkennbar wäre.

Auch in den neuesten Standardwerken wie in TRE und RAC werden mehrere Schriften des Neuen Testaments mit Hilfe der θεῖος ἀνήρ-Hypothese ausgelegt. Dazu zählen alle Evangelien, deren Verfasser je von ihrem eigenen Ansatz her die Wundergeschichten ihrer Quellen kritisch redigiert hätten. Aber auch die vorpaulinische Tradition und die Gegner des Paulus im II Kor, I Thess und Phil seien einer irgendwie gearteten θεῖος ἀνήρ-Vorstellung beeinflußt gewesen, die Paulus streng zurückgewiesen habe. Die auf das Neue Testament angewandte Hypothese beruht auf der Annahme eines harten Wettbewerbs zwischen vielen Wundertätern. Vor allem Köster verknüpfte die Aretalogie-Diskussion eng mit der θεῖος ἀνήρ-Hypothese.

Andererseits wird die Hypothese jedoch scharf kritisiert. Sie wurde schon einmal sogar für tot erklärt, was aber verfrüht war. Ihre bedeutendsten Kritiker sind O. Betz, Kingsbury, Hengel und Berger. In jüngster Zeit warfen Morton Smith und Berger der "Kerygmatheologie" (Berger) vor, dogmatische Voraussetzungen zu haben. In der vorliegenden Abhandlung geht es vor allem um die exegetische Argumentationsweise in der Forschung, aber es ist deutlich, daß der dogmatische Aspekt im Grunde immer im Hintergrund steht.

Sicher stehen hinter den verschiedenen Konzepten in der neutestamentlichen Exegese einige religionsgeschichtliche Fragen, die noch nicht endgültig beantwortet sind und die im zweiten Hauptteil behandelt werden müssen. Der nachlässige und unkritische Umgang mit den Quellen und das Übersehen der altertumswissenschaftlichen Sekundärliteratur hat vor allem Theißen und Köster zu Ungereimtheiten geführt. In der Weiterführung der Diskussion über die göttlichen Menschen geht es um das Auftreten von heidnischen Wundertätern in den ersten christlichen Jahrhunderten, vorrangig um Apollonios von Tyana. Auch wenn seine Spuren sich manchmal verloren zu haben scheinen, behielt er durch die Aretalogie-Diskussion und vor allem durch das Werk Bielers große Bedeutung für die θεῖος ἀνήρ-Hypothese.

2.4. Schluß und Überleitung

Die Betrachtung der verschiedenen Rollen des Apollonios und der Apollonios-Tradition hat uns in das Zentrum der neutestamentlichen

Wissenschaft geführt. Es geht dabei um die literarischen Beziehungen zwischen den Evangelien und der heidnischen Literatur, um einige der wichtigsten Resultate der klassischen formgeschichtlichen Forschung, um die Deutung der Wundergeschichten, um die Entstehung der Evangelien, um die Einwirkung der heidnischen bzw. intertestamentarisch-jüdischen Religiosität auf das frühe Christentum und um die Grundlagen neutestamentlicher Christologie. Für die Weiterführung der Diskussion kann festgestellt werden, daß hinter diesen Problemkreisen eine ganze Reihe von überwiegend religionsgeschichtlichen Fragen steht, von denen

1) einige schon gelöst sind,

2) einige im folgenden besprochen werden und

3) einige, obgleich sie offen sind, innerhalb dieser Abhandlung nicht weiter behandelt werden können.

1) Nach dem vorgelegten Forschungsbericht können folgende wichtige Fragen als gelöst betrachtet werden:

a) Das Neue Testament ist nicht von der Apollonios-Tradition abhängig (gegen Norden). Entweder sind die Evangelien und die VA voneinander unabhängig (vor allem Hempel, Petzke und Anderson) oder aber Philostratos hat evangelische Geschichten gekannt (Baur, Herzog-Hauser, Kee, Sabourin).

b) Die "Aretalogie" war keine feste antike Gattung, weil wir keine einheitlichen Werke haben, die in der Antike so bezeichnet wurden und weil in dem, was wir über die Worte der Aretalogen wissen, mehrere Gattungen und sogar Poesie und Prosa miteinander abwechseln (so z.B. Nilsson und Berger, anders z.B. Morton Smith und Köster). Vermutlich gab es eine wachsende Tendenz, das Wunderhafte zu betonen, welche auf mehrere Gattungen Einfluß ausübte.

2) Mangelhaft beantwortet ist vor allem noch die entscheidende Frage, die durch die θεῖος ἀνήρ-Hypothese dringend geworden ist und die Konsequenzen für alle oben vorstellten Problemkreise hat. Einen Grundstein für die θεῖος ἀνήρ-Hypothese bildet die Auffassung, es habe in der Zeit Jesu viele andere Wundertäter gegeben und die neutestamentliche Christologie sei wesentlich durch Konkurrenz zu ihnen geprägt worden. Ob die religionsgeschichtliche Untersuchung diese Auffassung stützt oder widerlegt, ist der wichtigste Aspekt bei der Weiterführung der Diskussion. Die Aufgabe kann nur dadurch gelöst werden, daß einige oben behandelte Fragen aufs neue gestellt und beantwortet werden. Wie bereits seit Beginn der Diskussion über die göttlichen Menschen nimmt die Philostratos-Forschung dabei eine wichtige Stellung ein.

a) Weil der philostrateische Apollonios oft als ein Beispiel für einen heidnischen θεῖος ἀνήρ in Parallele zu Jesus betrachtet wurde, muß geprüft werden, welche Rolle Apollonios bzw. die Apollonios-Tradition in der neutestamentlichen Exegese hat (3.1.). Dies wird in zwei Phasen durchgeführt.

Zunächst (3.1.1.) muß die Zuverlässigkeit der Quellen des Philostratos geprüft werden. Die Grundfrage lautet, ob das philostrateische Apolloniosbild überwiegend aus dem 1. oder aus dem 3. Jahrhundert stammt. Dabei schien zeitweise von den zwei Linien der Philostratos-Forschung die kritische (z.B. Meyer, Solmsen) die einzig mögliche zu sein, aber das neue Buch von Anderson bedeutet zweifellos eine erneute Herausforderung nicht nur für die exegetische, sondern auch für die philologische Forschung. So werden mit ständiger Rücksicht auf die neueste Philostratos-Forschung die Möglichkeiten untersucht, das Apolloniosbild der VA zu datieren, und die daraus sich ergebenden Konsequenzen für die neutestamentliche Exegese gezogen. Wenn das Apolloniosbild des Philostratos hauptsächlich dem 3. und nicht dem 1. Jahrhundert zugewiesen werden kann, verliert nicht nur die VA viel an Wert als engstem Parallelmaterial zu den Evangelien, sondern auch die traditionelle θεῖος ἀνήρ-Hypothese, wie sie z.B. von Bultmann, Georgi und Köster in der neutestamentlichen Exegese angewendet wurde, einen wesentlichen Teil ihrer Überzeugungskraft.

Danach (3.1.2.) muß allerdings die noch offene Frage der möglichen literarischen Abhängigkeit des Philostratos von den Verfassern des Neuen Testaments erneut aufgeworfen werden. Der formgeschichtliche Teil zeigte, daß die VA die Grundelemente für die formgeschichtliche Methode abgab. Wenn jedoch anders als bisher meistens angenommen die VA von den Evangelien direkt oder indirekt abhängig ist, kann das Neue Testament schwerlich mit ihrer Hilfe beleuchtet werden.

b) Obgleich der philostrateische Apollonios im Laufe der Forschung als Kronzeuge für die θεῖος ἀνήρ-Hypothese diente, steht und fällt die Hypothese nicht unbedingt mit ihm. Vielmehr ist es dringend notwendig, daß das Auftreten der Wundertäter und generell des Wunderglaubens zur Zeit Jesu geprüft wird, und das um so mehr, falls Apollonios seine exponierte Stellung für die neutestamentliche Exegese verliert. Auch das wird in zwei Phasen untersucht (3.2.).

Eine Selbstverständigkeit für viele Befürworter der Hypothese war, daß es neben Apollonios eine Vielzahl heidnischer Wundertäter gab. Es wurde aber deutlich, daß die Beweislage für diese Annahme unzureichend ist. Nur wenn es damals tatsächlich viele miteinander konkurrierende Wundertäter gegeben hat, ist die θεῖος ἀνήρ-Hypothese für die neutesta-

mentliche Exegese von Bedeutung. Darum soll im Abschnitt 3.2.1. ein
mit Quellenangaben versehenes Verzeichnis der heidnischen Wundertäter
vom Anfang der hellenistischen Periode an bis zum Jahr 200 n. Chr.
geboten werden.

Da aber das Phänomen Wundertäter nur eine Seite des hellenistischen
Wunderglaubens vertritt und sich nicht isoliert betrachten läßt, wird im
Abschnitt 3.2.2. ein kurzer Überblick über die übrigen Aspekte des hellenistischen Wunderglaubens unter ständiger Berücksichtigung ihrer Bedeutung für die Auslegung des Neuen Testaments gegeben. Dadurch wird
auch untersucht, ob die frühen Christen tatsächlich in Konkurrenz zu
anderen Wundertätern lebten, wie die Befürworter der θεῖος ἀνήρ-
Hypothese vorausgesetzt haben.

3) Einige Fragen können im Rahmen dieser Abhandlung nicht behandelt
werden:

a) Im Exkurs[716] wurde die Frage dringend, wie viele jüdische Wundertäter wir aus der Zeit Jesu kennen. Die vorläufige Beobachtung war, daß
es nicht schwer falle, aus der unmittelbaren zeitlichen Nähe zu Jesus
mehrere zu nennen. Ein mit Quellenangaben versehenes Verzeichnis über
sie hoffe ich bald an anderer Stelle herausgeben zu können.[717]

---

[716] S. o. S. 100ff.

[717] *Bis dat qui cito dat.* Ich habe von der alttestamentlichen Zeit bis zum Ende der
Redaktion der Mischna in den Quellen folgende Juden (ausschließlich den Christen, aber
einschließlich den Samaritanern) gefunden:
Das Alte Testament und die alttestamentlichen Wundertäter: Moses (Ex 3.7-12.14.16-17;
Num 21; Artapanos *FGrHist.* 3C Nr. 726; Phil. *vita Mosis Hypoth.* 8,11,14; Ios. *ant. Iud.* 2,280-
288.339; 3,5.35-38); Josua (Jos 3-4.6.10; Ios. *ant. Iud.* 5,16-19.27.60-61); Elija (I Reg 17-19;
II Reg 1-2; Sirach 48; Ios. *ant. Iud..* 8,319-354); Elischa (I Reg 19; II Reg 2-9.13; Ios. *ant.
Iud..* 8,353-354; 9.28.33.47-59.67-74.85-90.106-107.175-184; Ios. *bell. Iud.* 4,459-464);
Abraham (*1Q Gen.Ap.* 20); David (Ps.-Philo, *Antiquitates biblicae* 60,1-3); Salomo (Ios. *ant.
Iud.* 8,42-49); Daniel (*Das Gebet des Nabonid,* 4Q).
Das Neue Testament: Anonymus (Mk 9,38-40; Lk 9,49-50); Theudas (Apg 5,36; Ios. *ant.
Iud..* 20,5,1); Simon Magus (Apg 8,9-24; Just. *apol.* 1,26,1-56; Just. *dial.* 120,6; Iren. *adv.
haer.* 1,23,1-5; 1,29,1; *Act.Petr.* 4-32; Tert. *anim.* 34); Barjesus Elymas (Apg 13,4-12); die
sieben Söhne des Hohepriesters Skevas (Apg 19:13-20); der Ägypter (Apg 21,38; Ios. *bell.
Iud.* 2,261-263; Ios. *ant. Iud.* 20,167-172).
Die übrigen Quellen: Tobias (Tob 3,7-8,9. 10-11); Choni (Onias) der Kreiszieher (Ios. *ant.
Iud.* 14,22-24 [93-94]; *Taan.* 3,8); die Erwarter eines neuen Exoduswunders (Ios. *bell. Iud.*
2,258-260); Atomos (Ios. *ant. Iud.* 22,141-144); Eleazar (Ios. *ant. Iud.* 8,46-48); Chanina ben
Dosa (*Ber* 5,5; *Sot* 9,15); Dositheos (Hegesippus bei Eus. *hist.eccl.* 4,22,4; Ps.-Tert.
*adv.haer.*1.; Orig. de princ. 4,18 (17); Epiphan. *panar.* 13,1; Euseb. *theophan.* 4,35); der
Pseudoprophet im Tempel (Ios. *bell. Iud.* 6,281-287); Jonathes (Ios. *bell. Iud.* 7,437-450).
Das Material wird von mir in absehbarer Zeit analysiert und kommentiert.

b) Auf die Bedeutung der Wunder im Neuen Testament kann ich hier in Weiterführung der Diskussion nicht näher eingehen. Dazu bedarf es einer Reihe von Einzeluntersuchungen, obgleich die Behandlung des religionsgeschichtlichen Hintergrundes des Neuen Testaments zur Beantwortung dieser Fragestellung sicherlich beiträgt.

3. Zweiter Hauptteil:

Weiterführung der Diskussion

3.1. Zur Stellung des Apollonios und der Apollonios-Tradition in der neutestamentlichen Exegese

3.1.1. Wie zuverlässig ist die *Vita Apollonii* als geschichtliche Quelle?

Im forschungsgeschichtlichen Teil der Abhandlung wurde dargelegt, welche Schlüsselrolle Apollonios und die Apollonios-Tradition in der neutestamentlichen Exegese einnehmen. Dabei wurde die Frage dringend, wie zuverlässig die VA ist und ob ihr Apolloniosbild überwiegend der religiösen Welt des 1. oder aber erst des 3. Jahrhunderts zuzuweisen ist. In der Philostratos-Forschung gibt es dazu zwei unterschiedliche Auffassungen. Die kritische Linie, die Meyer (1917), Solmsen (1941), Bowie (1978) und jetzt auch Dzielska (1986) repräsentieren, sieht das Apolloniosbild im großen und ganzen als Komposition des Verfassers der VA, während einige Forscher, zuletzt Anderson (1986) und vor ihm FULVIO GROSSO (1954), wesentlich vertrauensvoller davon ausgehen, daß die Darstellung des Apollonios durch Philostratos historisch glaubwürdig ist. Wenn die Apollonios-Tradition als Parallele zum Neuen Testament sachgemäß verwendet werden soll, muß diese Frage als erste beantwortet werden. Ist die kritische Linie, die zwischenzeitlich schon als die einzig mögliche angesehen worden war, die aber jetzt in Anderson einen bedeutenden Kritiker gefunden hat, die richtige, so kann die VA mit den kanonischen Evangelien und der philostrateische Apollonios mit Jesus nur unter großem Vorbehalt verglichen werden, ganz anders als es bislang mehrfach geschehen ist.

Die Frage nach der Zuverlässigkeit der VA als geschichtlicher Quelle scheint zunächst nicht schwierig zu sein: Philostratos ist auf Grund seiner Werke ein hochgeschätzter Verfasser, der ohne Zweifel zu den Großen der sogenannten zweiten Sophistik gehört. In den *Vitae sophistarum* beweist er ebenso wie in der VA, daß er die Verhältnisse des 1. Jahrhunderts hervorragend kennt.[1] In VA 1,3 weist er darauf hin, daß er den Memoiren eines Apollonios-Schülers folgt, der Damis heißt und den er in seinem Werk häufig zitiert.[2] Dazu habe er ein Werk von Maximos von Aigai, die Werke des Apollonios und mündliche Traditionen benutzt. Das Werk von Moiragenes lehnt er ab. Es gibt aber trotz angeblich guter Quellen vieles, was die Glaubwürdigkeit des Philostratos einschränkt: 1) Er schrieb sein Werk erst lange nach dem Tode des Apollonios. 2) Die Quellenfrage ist schwierig. 3) Sein Werk enthält vieles, was anderen Quellen widerspricht. 4) Er schreibt tendenziös.

3.1.1.1. Die zeitliche Distanz zwischen Apollonios und Philostratos

Wann Apollonios geboren wurde und gestorben ist, läßt sich im Gegensatz zur Abfassungszeit des Werkes nicht leicht bestimmen. Die zeitliche Distanz zwischen dem Leben und Wirken des Apollonios und der Abfassung der VA ist jedenfalls beträchtlich.

Nach VA 1,13 war Apollonios 20 Jahre alt, als sein Vater starb. Da er nach dessen Tode pythagoreischer Sitte zufolge fünf Jahre schwieg und dies noch unter Tiberius (14-37) geschah (VA 1,14f), und da er vor dem Jahre 17 n. Chr. Ephebe war,[3] muß er etwa zur Zeitenwende geboren sein. Er soll unter der kurzen Regierungszeit Nervas (96-98) gestorben sein (VA 8,27); demzufolge wurde er beinahe hundert Jahre alt. Dies entspricht auch der Bemerkung in VA 1,14: "so war er darin (sc. in der Gedächtniskunst) als Hundertjähriger selbst Simonides überlegen". Andererseits führt Philostratos in VA 8,29 an, daß Apollonios nach einigen 80, nach anderen 90, nach mehreren sogar 100 Jahre alt geworden sei. Die genauen Lebensdaten waren dem Verfasser demnach unbekannt[4] oder vielleicht gleichgültig.[5]

Die außerphilostrateischen Quellen, die zur Datierung beitragen können, sind gering. Cassius Dio (67,18,1) berichtet, daß Apollonios, dessen

---

[1] Dies hat Grosso in seinem Artikel eindeutig nachgewiesen.
[2] Zu den einzelnen Stellen vgl. Petzke 1970,68-72.
[3] VA 1,12.
[4] So Mumprecht 1983,1029.
[5] So Petzke 1970,151.

Wirkung er in die Zeit Domitians setzt, im Jahr 96 die Ermordung desselben in Ephesus in einer Vision gesehen habe. Über eben dieses Jahr sagt Eusebios: *Apollonios et Euphrates insigni philosophi habentur.*[6] In der Briefsammlung des Apollonios haben wir einen Brief von Claudius (*ep.* 53), dessen Echtheit allerdings umstritten ist.[7] Falls er jedoch echt sein sollte, würde er der Chronologie des Philostratos teilweise widersprechen, sie teilweise aber auch unterstützen. Einige spätere Quellen gehen davon aus, daß Apollonios noch weit ins 2. Jahrhundert hinein lebte.[8]

Die Wertung der Quellen ist keine leichte Aufgabe. Die Uneinigkeit der Forscher zeigt deutlich, wie groß die Probleme mit dem geschichtlichen Apollonios sind. Merkwürdig ist Corringtons Datierung,[9] der zufolge Apollonios teilweise im 1. vorchristlichen Jahrhundert gelebt haben, die VA aber aus dem 2. Jahrhundert stammen soll. Dagegen muß die Auffassung von Meyer und Dzielska, die die Wirksamkeit des Apollonios teilweise erst ins 2. Jahrhundert datieren,[10] ernsthaft erwogen werden. Gegenüber einigen späteren Quellen behält Philostratos jedoch wahrscheinlich im großen und ganzen recht: Das Werk von Maximos mit seiner Chronologie[11] und der Brief von Claudius (*ep.* 53), der weder mit dem Reisebericht des Philostratos noch mit seinem Claudiusbild zu verknüpfen ist,[12] weisen darauf hin, daß Apollonios tatsächlich um die Zeitenwende geboren wurde. Es ist nicht ausgeschlossen, daß er erst am Ende des 1. Jahrhunderts starb. Wenn aber Philostratos ihn als rund 100-jährigen mit Domitian streiten läßt, wird wohl die redaktionelle Tendenz des Hofsophisten sichtbar, den Leser am Leben der Philosophen und Herrscher teilnehmen zu lassen.[13] Viele Forscher, wie z.B. Esser[14] und Georgi,[15] sind der Auffassung, daß Apollonios unter Domitian hingerichtet worden ist, was jedoch lediglich eine ursprünglich aus dem 19. Jahrhundert stammende rationalistische Rekonstruktion der mirakelhaften Erzählung über den Prozeß ist.[16]

---

[6] Euseb.-Hieron. *chron. ad ann.* 96; s. Speyer 1974,54.
[7] Vgl. Penella 1979,117; Koskenniemi 1991,35.
[8] Vgl. Meyer 1917,403-405; Dzielska 1986,32-37.
[9] S. o. S. 95.
[10] Meyer 1917,403-404; Dzielska 1986,32-37.
[11] Vgl. Graf 1984-1985,65-73.
[12] S. Koskenniemi 1991,35.
[13] S. Koskenniemi 1991,31-44.
[14] Esser 1969,59.
[15] Georgi 1964,194f.
[16] Die Rekonstruktion stammt von Schwartz (1896,139); ihm folgte u.a. Reitzenstein (1906,48). Widerlegung bei Petzke (1970,183-186).

Die Abfassungszeit der VA können wir durch einen sehr sicheren *terminus post quem* bestimmen. Philostratos erzählt, er habe die Aufgabe, eine *Vita Apollonii* zu schreiben, von Julia Domna gestellt bekommen. Da er sein Werk aber nicht der Kaiserin gewidmet hat, wurde oft[17] vermutet, daß sie vor Abschluß desselben schon gestorben war. Hinzu kommt, daß Philostratos in der VA vieles erzählt, was unter Caracalla gefährlich gewesen wäre.[18] Wahrscheinlich ist meiner Meinung nach, daß Philostratos sein Werk zwischen 217 und 222 schrieb, jedenfalls bevor die Krise aufgrund der neuen Religion des Elagabal aktuell wurde.[19] Es ist also beinahe sicher, daß zwischen Philostratos und dem Tod seines Helden wenigstens[20] 120 Jahre liegen. Seit dem angeblichen Streit mit Nero (VA 4,35-47) beispielsweise waren schon etwa 160 Jahre vergangen, was ein langer Zeitraum ist, falls dem Verfasser nicht zuverlässige Quellen zur Verfügung standen.

Es lohnt sich, der Frage nachzugehen, was geistesgeschichtlich während dieser rund 120 Jahre im griechisch-römischen Raum geschah. Die griechische und die römische Kultur verschmolzen gerade in dieser Zeit in bedeutendem Maße miteinander. So schrieb einerseits der römische Kaiser Mark Aurel seine Selbstbetrachtungen auf griechisch, andererseits wurden die Griechen im Jahre 212 durch die *constitutio Antoniniana* römische Bürger, was jedoch ein zunehmendes griechisches Nationalbewußtsein in jener Zeit nicht verhinderte.[21] Religionsgeschichtlich ist für diese Epoche der sich ausbreitende Synkretismus bezeichnend: Vom Osten wurden neue Kulte importiert, z.B. verschiedene Helioskulte,[22] die mit den vorhandenen religiösen Strömungen verschmolzen. Nicht unwichtig ist schließlich die Ausbreitung des Christentums, das gegen Ende des 2. und zu Beginn des 3. Jahrhunderts überall viele Anhänger gewinnen konnte. Dies alles bedeutet, daß es für Philostratos nicht leicht war, im frühen 3. Jahrhundert ein geschichtlich zutreffendes Bild von Apollonios zu zeichnen. Auch wenn ihm der ernsthafte Wille dazu nicht abzusprechen wäre und er außerdem auf zuverlässige Quellen hätte zurückgreifen können, so war er doch vor einer schwierigen Aufgabe gestellt.

---

[17] So z.B. Solmsen 1940,571f; Bowersock 1969,5; Graf 1984-85,65.
[18] S. u. S. 184f und Koskenniemi 1991,42f.
[19] Vgl. Koskenniemi 1991,78f.
[20] Bowie (1978,1670) erwägt, ob das Werk an Kaiser Severus Alexander gerichtet ist, und hält eine Datierung bis zu 235 für möglich. Vgl. dazu Koskenniemi 1991,78f.
[21] Vgl. Gerth 1956,759; Palm 1959,130-136; Bowersock 1969,1-16; Bowie 1970,7-8.
[22] S. Halsberghe 1984.

Die große zeitliche Distanz zwischen Apollonios und Philostratos läßt die Frage nach der Beurteilung des Apolloniosbildes immer dringender werden. Anstatt einer monolithischen antiken Kultur gab es eine Vielfalt von Kulturen, die verschiedenen Entwicklungsströmungen ausgesetzt waren. Insofern muß sehr genau gefragt werden, wie sich die Apollonios-Tradition entwickelt hat; zugleich wird der Vergleich zwischen Jesus und Apollonios problematischer. Es ist z.B. nicht ohne weiteres klar, daß "dieselbe Welt" (sc. die hellenistische Kultur in der Zeit Jesu) sowohl menschliche Wundertäter als auch Götter verehrte, wie Dibelius einmal zur Begründung seines religionsgeschichtlichen Vergleichs behauptete.[23] Ferner kann man nicht, wie es beispielsweise Theißen und Gnilka tun,[24] ohne weiteres die von ihnen angenommene Intensivierung des Wunderglaubens wegen Apollonios ins 1. Jahrhundert n. Chr. zeitlich einordnen. Wenn schon angesichts des relativ geringen Abstands zwischen dem Leben Jesu und der Abfassung der Evangelien die Frage nach den theologiegeschichtlichen Entwicklungen zu stellen ist, so gilt dies erst recht für den Zeitraum von über hundert Jahren zwischen dem Leben des Apollonios und der Entstehung der VA.

3.1.1.2. Die Frage nach den Quellen der VA

Als Quellen für seine Darstellung des Apollonios nennt Philostratos **die Memoiren des Damis, das Werk von Maximos von Aigai, das Werk von Moiragenes, die Werke des Apollonios selbst und mündliche, von ihm gesammelte Apollonios-Traditionen.** Jede dieser Quellen ist in sich problematisch, so daß sich die Quellenfrage insgesamt als sehr kompliziert erweist.

Die mit Abstand wichtigste Frage ist die nach der Natur der **Memoiren des Damis.** Philostratos behauptet, daß er die Tagebücher dieses Apollonios-Schülers als Quelle benutze (VA 1,3), aber schon im 19. Jahrhundert und jetzt immer häufiger wird angenommen, daß ihm weder die Memoiren eines Augenzeugen noch eine vorphilostrateische Fälschung vorgelegen habe, sondern daß er seine vorgebliche Quelle selbst fingiert habe. Zu dieser Auffassung, die die Mehrheit der heutigen Forscher teilt,[25] während Anderson eine andere Meinung vertritt,[26] führen sowohl

---

[23] Dibelius 1933,93f; vgl. o. S. 42.

[24] S. o. S. 86f und 129f.

[25] Seit Meyer (1917) gewinnt diese schon von Baur vorgeführte These immer mehr Anklang. Ihm folgt die Mehrheit der Forscher, z.B. Solmsen (1941), Bowie (1978), Mumprecht (1983) und Dzielska (1986).

die genauere Betrachtung der Damis-Quelle als auch die Beobachtung, daß Philostratos anderswo ebenfalls eine ähnliche literarische Technik benutzt.

Damis wird in der vorphilostrateischen Apollonios-Überlieferung nicht erwähnt. Es gibt darüber hinaus keine Testimonia von seinem Werk. Daß die von Philostratos als Quelle angeführten Tagebücher kaum von Damis selbst stammen können, zeigen vor allem die folgenden Überlegungen: Verschiedene Stellen in der VA ergeben ein uneinheitliches und teilweise negatives Bild von Damis: einerseits wird er als οὐκ ἄσοφος bezeichnet (VA 1,3), andererseits gibt er sich gelegentlich der Lächerlichkeit preis (VA 3,43f) und verdient Verachtung wegen seiner Feigheit (VA 7,13f). Es ist schwerlich vorstellbar, daß Damis sich selbst so negativ dargestellt hat. Hinzu kommt, daß das angebliche Damisbuch verdächtig oft die Lieblingsthemen des Philostratos behandelt, wie sie in den übrigen Werken des Verfassers vorkommen.[27]

Sucht man das Motiv des Verfassers, sich eine Quelle selbst zu schaffen, so findet man in seiner literarischen Konzeption eine gute Erklärung dafür. Damis ist als Gesprächspartner des Apollonios dringend nötig: Der Schüler stellt die Fragen, die auch die Leser der VA beschäftigen, und bietet so Apollonios bzw. Philostratos eine gute Möglichkeit zu lehrhaften Ausführungen über das angeschnittene Thema. Ohne diesen treuen Gefährten, der Apollonios überallhin begleitet und genügend Fragen stellt, hätte die Komposition des Werkes völlig anders ausgesehen. Hätte es einen Damis nicht gegeben, so hätte er erfunden werden müssen, und das hat Philostratos anscheinend auch getan. Es ist nicht das einzige Mal, daß er zu diesem literarischen Mittel greift: In der VA selbst findet Apollonios ein verlorenes Werk von Pythagoras, und auch die indischen Weisen dienen derselben literarischen Idee wie die Einführung des Damisbuchs als Quelle; eine ähnliche Funktion erfüllt im *Heroicus* der Heros Protesileos. Sie alle bilden eine - vorgebliche - überragende Autorität, auf der Philostratos seine Schriften aufbauen kann. Wahrscheinlich wollte der Verfasser selbst in keinem dieser Fälle, daß seine Fiktion ernstgenommen wird.

So weist vieles darauf hin, daß in der Tat Philostratos selbst die Geschichte von Damis und seinem Werk erfunden hat, und somit wird das Apolloniosbild der VA statt dem 1. eher dem 3. Jahrhundert zuzuweisen sein.

Darüber hinaus ergibt sich - was für die neutestamentliche Exegese bedeutsam ist -, daß das Damisbuch nicht mehr, wie z.B. bei Reitzenstein[28] und vor allem bei Hadas und Smith,[29] als eine verlorengegangene Aretalogie angesehen werden kann. Folglich bietet das "Damisbuch", da es nie existiert hat, dem Forscher, der die literarische Form der Evangelien bzw. ihrer Quellen bestimmen will, keine Hilfe.

---

[26] Die Existenz des Damisbuches vermuten Grosso (1954), Lo Cascio (1978) und Anderson (1986). Ich habe die Damisfrage in meiner Abhandlung über Philostratos eingehend behandelt, s. Koskenniemi 1991,9-15, wo auch die wichtigste Sekundärliteratur zitiert wird.
[27] Vor allem hat der Attizist und Hofsophist Philostratos von Apollonios ein ähnliches Bild gezeichnet, s.u. S. 184 und Koskenniemi 1991,55f.
[28] S. o. S. 103.
[29] S. o. S. 104ff.

Am besten sind die Aussichten für eine Rekonstruktion bei dem **Werk des Maximos von Aigai**, den Meyer wohl fälschlich für einen fingierten Autor hielt.[30] Graf hat m. E. nicht nur zwingend nachgewiesen, daß Philostratos hier grundlos angezweifelt worden ist, sondern er hat auch den Umfang und die Hauptzüge dieses Werks aufgezeigt,[31] das Philostratos in 1,7-12 als Quelle benutzt. Es stellt lediglich die Jugendjahre des Apollonios dar und wurde in der Zeit zwischen Hadrianus (117-138) und Caracalla (211-217) verfaßt von einem Maximos, der *ab epistulis Graecis* war. In dem Apolloniosbild, das Maximos bietet, fehlen noch völlig die Züge eines Magiers.[32] Diese Tatsache bedeutet einen ernstzunehmenden Einwand gegen die Behauptung von Morton Smith, daß zwei Magier, Jesus und Apollonios, nachträglich als Lehrer umgedeutet worden seien.[33] Eher spricht sie für die entgegengesetzte Annahme, daß nämlich Apollonios erst nachträglich Wunder zugeschrieben worden sind.

Das **Werk des Moiragenes** galt zur Zeit des Philostratos als das bedeutendste Werk über Apollonios. Da auch Origenes es erwähnt (*c. Cels.* 6,41), steht seine Existenz außer Zweifel. Außer einem Fragment, das vielleicht von Moiragenes stammt, ist das Werk verlorengegangen.[34] Die Forscher sind sich seit langem uneinig, ob Moiragenes, von dem wir sonst nichts wissen, Apollonios in einem positiven oder negativen Licht dargestellt hat. Die meisten meinen, daß Moiragenes Apollonios als einen Magier beschrieben habe und daß Philostratos ihn deshalb streng kritisiert habe.[35] In Wirklichkeit kritisiert er aber seinen Vorgänger nicht wegen der Betonung der Magie, sondern wegen mangelnder Kenntnis der Apol-

---

[30] Meyer 1917,402; so auch z.B. vorsichtig Solmsen 1941,151f und Mumprecht 1983, 994f.

[31] Vgl. auch Bowie 1978,1684-1685 und Anderson 1986,169.

[32] Vgl. Graf 1984-85,72.

[33] S. o. S. 147f.

[34] Meyer (1917,411f) vermutete, daß es einmal eine Biographie des Apollonios gegeben habe, die sehr eng mit den Briefen verbunden gewesen sei. Nachdem Diels erfuhr, daß im *Codex Mazarinaeus 87* ein erzählendes Fragment die Briefe 62 und 63 miteinander verbindet, stimmte er Meyer zu (1918,77-78). Dieses Fragment haben auch einige andere Handschriften (s. Penella 1979,4-18). Nach Hempel ist aber VA 4,27 nicht von dem Fragment abhängig, sondern nur vom Brief 63 (Hempel 1922,4-18). Daraus schließt er, Philostratos habe das Fragment nicht gekannt. Diesem *argumentum e silentio* folgt Petzke (1970,154), vgl. noch Grosso (1954,362) und Penella (1979,4). Nach Bowie aber (1978,1677) stammt das Fragment ziemlich sicher von Moiragenes. Sichere Aussagen können hier wohl kaum gemacht werden, aber das Fragment scheint biographisch zu sein. Deshalb bin ich geneigt, Bowie zuzustimmen.

[35] Vgl. Koskenniemi 1991,58f.

lonios-Tradition.[36] Vielleicht wollte Philostratos damit nur Raum für sein eigenes Werk schaffen. Da Philostratos selbst einige Wunderge-schichten erzählt, die geeignet sind, den schlechten Ruf des Apollonios auszubreiten, scheint er sich kaum gegen ein zu magisches Apolloniosbild bei Moiragenes ausgesprochen zu haben.[37]

Über **die Werke des Apollonios** wissen wir fast nichts, und was wir über die verlorenen Schriften sagen können, hilft nur wenig weiter, wenn nach dem historisch Zuverlässigen in der Apollonios-Tradition gefragt wird.[38] Von περὶ θυσιῶν haben wir nur ein Fragment, dessen Echtheit nicht außer Zweifel steht.[39] Philostratos selbst hat das Werk des Apollonios über die Astrologie nie gesehen (VA 3,41), was kaum Zufall ist: Er wollte von so einem verdächtigen Werk nichts wissen.[40] Von diesem Werk gibt es Testimonia in der arabischen Tradition.[41] Das Werk Διαθῆκαι ging restlos verloren, wird aber in der Suda erwähnt. Die Pythagoras-Vita, die Apollonios Porphyrios zufolge geschrieben hat,[42] ist möglicherweise eine Quelle für die VA gewesen.[43] Philostratos hat auch Briefe des Apollonios benutzt, aber ob er sie selbst verfaßt hat, ist eine schwierige Frage.[44]

Es wäre wichtig zu wissen, wie die von Philostratos benutzte **mündliche Tradition** weitergegeben worden ist und wie zuverlässig sie war.[45] Diese Frage ist mit der nach den Schülern des Apollonios eng verbunden und stellt die Grundlage des formgeschichtlichen Vergleichs zwischen der VA und den Evangelien dar.

Eine Gemeinschaft von "Apollonios-Gläubigen" wird besonders von einigen Forschern (Petzke, Morton Smith)[46] vermutet, was natürlich eine ausgezeichnete Parallele zur Gruppe der Jünger Jesu bedeuten würde.

---

[36] Bowie 1978,1673; gegen Anderson 1986,299.

[37] Möglich, aber wieder nicht sicher ist, daß die Auffassung des Basileios von Seleukia, die Inder und Äthiopier hätten Apollonios nicht aufgenommen, sondern vertrieben, von Moiragenes stammt, vgl. Speyer 1974,59f und u. Kap. 3.1.1.3.

[38] Zum ganzen s. Solmsen 1941,147-149.

[39] S. o. S. 3.

[40] Mumprecht 1983,995.

[41] S. Bowie 1978,1676.

[42] Porphyr. *vit. Pyth.* 2.

[43] Zur Frage s. Mumprecht 1983,997-998.

[44] S. o. S. 4.

[45] Zur Frage s. Koskenniemi 1991,17f.

[46] Petzke spricht von "eine(r) fortgeschrittene(n) Apolloniosverehrung", die in den Personallegenden hervortrete (s. o. S. 53). Noch mehr betont die Apollonios-Schüler Morton Smith 1971,187; 1981 (1978),148-159.

Aber über eine solche Gruppe von Apollonios-Gläubigen schweigen die außerphilostrateischen Quellen. Lukian weiß von einem ehemaligen Apollonios-Anhänger zu erzählen (*Alex.* 5), aber dieses Zeugnis bestätigt nicht die Existenz einer Schule und noch weniger die einer Gruppe von "Apollonios-Gläubigen" (Morton Smith). Lactantius sagt dagegen ausdrücklich, daß Apollonios anders als Jesus von niemandem als Gott verehrt wurde (*inst.* 5,3). Apollonios ist seit seinem Tod zwar wohl nie in Vergessenheit geraten,[47] hat aber anscheinend erst in der Zeit der Severer mehr an Bedeutung gewonnen.[48]

Es gibt keinen Grund zu zweifeln, daß Philostratos mündliche Überlieferungen gesammelt hat. In den Tempeln und Städten, in denen Apollonios lehrte, gab es sicher Legenden und Erzählungen über ihn. Seine Tätigkeit ist im vierten Buch der VA auffallend nach Städten und Plätzen gegliedert.[49] Allerdings muß man auch hier vorsichtig sein, weil Philostratos sein Werk mehr als hundert Jahre nach dem Tod des Helden schrieb, und zwar in einer Zeit, die von einem intensiven Wunderglauben gekennzeichnet ist. Es wäre naiv anzunehmen, daß er dabei etwas anderes als synkretistische Anschauungen und Popularphilosophie vorgefunden hat, als er Traditionen über Apollonios sammelte. Ebenso wie die apokryphe Acta-Literatur des 2. und 3. Jahrhunderts trotz der vielen Schriften unsere Kenntnis über die Apostel kaum vermehrt, so haben auch die von Philostratos gesammelten mündlichen Überlieferungen nur sehr wenig mit dem historischen Apollonios zu tun.[50]

Die hier vorgelegte Wertung der mündlichen Quellen des Philostratos läßt die entscheidende Voraussetzung für Petzkes These, Jesus und Apollonios hätten ähnliche Traditionsprozesse ausgelöst, fragwürdig erscheinen.[51] Ein Vergleich zwischen der VA und der Endform der Evangelien, wie Esser es versuchte,[52] führt darum, wie Schmidt einmal scharfsichtig feststellte, nur wenig weiter. Dagegen ist es durchaus

---

[47] Dies zeigen die Werke von Maximos und Moiragenes, aber auch Lukians Notiz, Alexander habe die magische Kunst bei einem Apollonios-Schüler gelernt (*Alex.* 5). Vgl. aber dazu u. S. 213ff.

[48] Nach *Hist.Aug.Alex.Sev.* 29 stellte Alexander Severus eine Büste des Apollonios in sein Lararium, und nach Dio Cass. 77,18 ließ Caracalla ihm ein Heroon bauen; aber auch das weist noch nicht auf einen festen Kult hin.

[49] Mumprecht 1983,995; eingehende Untersuchung der Städte und Traditionen bei Dzielska 1986,51-84.

[50] Smith meint (1981 [1978],154-163), die Städte und Tempel seien Zentren mündlicher Überlieferung gewesen. Wie zuverlässig diese Tradition sein mag, dazu will er jedoch keine Überlegungen anstellen.

[51] S. o. S. 52 ff.

[52] Vgl. oben S. 51ff.

möglich, die einzelnen Geschichten der VA mit denen der Evangelien zu vergleichen, allerdings nur derart, daß die Zeitverhältnisse und darüber hinaus die mögliche literarische Abhängigkeit berücksichtigt werden.

Somit muß zusammenfassend gesagt werden, daß die Quellenlage der VA längst nicht so gut ist, wie aufgrund der Einleitung des Philostratos angenommen werden könnte. Philostratos hatte in der Tat Schwierigkeiten, ein historisch zuverlässiges Bild von Apollonios zu zeichnen, falls er dies überhaupt wollte. Wegen der schwierigen Beurteilung fingierter und nicht-fingierter Quellen des Philostratos fällt es einem Neutestamentler schwer, "die Paläontologie des Evangeliums" durch die VA zu beleuchten, wie Schmidt vorschlug.[53] Weil wir fast nichts über die Schüler des Apollonios wissen, können die Traditionsprozesse bei Jesus und Apollonios nicht als ähnlich betrachtet werden. Es fehlt jedes Analogon zu einer traditionsbildenden Kirche. Erst recht kann das Damisbuch, da es nicht als verlorengegangene Aretalogie anzusehen ist, nicht als Parallele für entsprechende Quellen der Evangelien herangezogen werden (gegen Morton Smith).

3.1.1.3. Ungenauigkeiten und Fehler in der VA

Im Laufe der Forschung wurde eine Menge offenkundiger Irrtümer und Ungenauigkeiten im Werke des Philostratos entdeckt. Von vielen Fragen behandle ich hier nur drei, nämlich **die Reise des Apollonios nach Indien, seine Bedeutung in der Weltpolitik** und **den Streit zwischen Demetrios und Nero.**

Philostratos erzählt viel von den Reisen des Apollonios, der die Inder, die Ägypter, die Äthiopier und die Hispanier besucht habe. Über die Historizität dieser Berichte wurde häufig diskutiert. Ich beschränke mich hier auf **die Reise nach Indien,** und zwar von der indischen Stadt Taxila zu den Weisen und zurück in die den Griechen bekannteren Gegenden (VA 2,42-3,53),[54] der Philostratos das ganze dritte Buch des Werkes widmet.

Der Bericht ist ganz und gar fabelhaft: Unterwegs sehen die Reisenden merkwürdige Tiere (VA 3,2.6) und Menschen (VA 3,3) und werden in Indien von Unbekannten namentlich begrüßt (VA 3,12). Die Weisen leben auf einem Felsrücken und haben dort sogar einmal den

---

[53] Schmidt 1985 (1923),167.
[54] Literatur: Meyer 1917,375-378; Rommel 1923,8-45; Hopfner 1934,58-67; Charpentier 1934,59-66; Anderson 1986,199-220.

Angriff des Dionysos und der Pane abgewehrt, wie die Spuren an den Felsen beweisen (VA 3,13). Die Inder sprechen fließend Griechisch, ihre "indische" Philosophie ist durchweg traditionell griechisch[55], und sie besitzen viele übermenschliche Fähigkeiten: so können sie die Reise des Apollonios genau nacherzählen, sie kennen sein Geschlecht (VA 3,16) und haben Macht über den Regen und die Winde (VA 3,14).

Die meisten Forscher unseres Jahrhunderts halten diesen Reisebericht, der, wie sich mehrfach zeigen läßt,[56] auf ältere, von Apollonios unabhängige Quellen zurückgeht, für unhistorisch.[57] Am klarsten haben dies HANS ROMMEL, der dem angeblichen Weg des Apollonios Schritt für Schritt gefolgt ist, und der Indologe JARL CHARPENTIER, der die Angaben des Philostratos über die Institutionen und Gewohnheiten der Inder erforschte, gezeigt. Nach Rommel ist die Reise nach Indien dem Alexanderzug nachgestaltet und basiert auf älteren Reiseberichten, die ursprünglich nichts mit Apollonios zu tun hatten, während die eigenen geographischen Kenntnisse des Verfassers schlecht seien.[58] Nach Charpentier kennt Philostratos im dritten Buch das Leben der Inder so mangelhaft, daß sein Bericht nicht auf einer authentischen Quelle basieren könne.[59]

Petzke, der die Traditionsprozesse bei Jesus und bei Apollonios ähnlich beurteilt, vermutet, daß Philostratos für die indische Reise eine φασίν-Quelle benutzen konnte. Eine derartige Quelle hat jedoch nie existiert; diese Stellen der VA stammen vielmehr aus der paradoxographischen Literatur früherer Jahrhunderte, die als eine Art *florilegium* in das Werk des Philostratos eingestreut sind. Obwohl es sich hierbei um ein Detail

---

[55] Vgl. Hopfner 1934,63.

[56] Vgl. z.B. VA 3,2 mit Plinius *nat.* 8,35 und Ael. *nat.anim.* 11,26; VA 3,2 mit Ael. *nat. anim.* 4,52; VA 3,3 mit Lukian *Prom.* 4. Für weitere Belege s. Rommel 1923,8-45 und Mumprecht 1983,1055-1065.

[57] Z.B. Meyer 1917, Solmsen 1941, Mumprecht 1983.

[58] Rommel 1923,45: "Der Zug Alexanders war in allem Vorbild; diesem hat Ph. die Reise seines Helden nachgebildet. Seinen Gewährsmann dafür können wir nicht näher bestimmen; sicher ist, daß Ph. und Arrian oft dieselben Quellen benutzt haben. Was auf Ktesias zurückgeht (3,1-3 u. 45-48), hat er vermutlich auch daraus entnommen. Seine eigenen geographischen Kenntnisse sind überaus schlecht. Diesen Reisebericht hat er mit neuen selbsterfundenen Zügen weiter ausgeschmückt; einmal um den Anschein eines echten Reiseberichtes zu erwecken, dann aber auch, um Neues und Unterhaltendes zu bieten. Dem ersten Zweck dienen besonders die genauen Zahlen und die eingehenden Lokalschilderungen (wobei ihm seine Neigung zur Ekphrase von Kunstwerken zustatten kommt). Die Pflanzenbeschreibungen (Pfeffer, Zimt, Baumwolle) sind frei erfunden, die Tiergeschichten aus ähnlichen umgebildet. Mit einem Wort: der ganze Reisebericht ist fingiert: Wenn Ap. je in Indien war, so hatte Ph. bezw. Damis keine nähere Kenntnis dieser Reise."

[59] Charpentier 1934,59-66. Nach Anderson ist das aber kein Beweis dafür, daß die Reise eine Fiktion des Philostratos ist, sondern nur dafür, daß die Damis-Memoiren nicht als Reiseführer gemeint waren (1986,207). Das ist aber nur ein Versuch, die Existenz des Damisbuches zu retten.

handelt, ist es verwunderlich, daß Petzke die frühere Sekundärliteratur übersehen hat.

Obgleich der Bericht des Philostratos über die Reise nicht überzeugt, kann keineswegs ausgeschlossen werden, daß Apollonios tatsächlich in Indien war. Einerseits gibt es eine Tradition, derzufolge er von den indischen Weisen abgelehnt wurde,[60] andererseits läßt sich die Nachwirkung des Apollonios im Osten an einem sanskritischen Text ablesen, der jedoch wahrscheinlich auf der VA fußt.[61] Eine Reise des Apollonios nach Indien liegt durchaus im Bereich des Möglichen, wenngleich das Werk des Philostratos es uns nicht leicht macht, das wirklich anzunehmen.

Nach Philostratos hatte Apollonios **eine höchst bedeutende Stellung in der Weltpolitik** seiner Zeit.

Einerseits war er mit den sogenannten guten Kaisern (Vespasian, Titus, Nerva) befreundet und ihr bester Ratgeber. Er machte Vespasian zum Kaiser (VA 5,27f), der später seinem Sohn sagt, Apollonios sei der εὐεργέτης seines Geschlechts (VA 6,30). Die Beziehungen zwischen Titus und Apollonios waren sehr eng, und der künftige Kaiser liebte Apollonios sehr und tat alles, worum dieser ihn bat (z.B. VA 6,33). Später hoffte Nerva, daß sein alter Freund Apollonios sein Ratgeber in Rom werden würde (VA 8,27). - Andererseits leistete Apollonios den sogenannten schlechten Kaisern wie kein anderer im Imperium Widerstand. Während seiner Tyrannenherrschaft versuchte Nero vergeblich, den Philosophen durch seinen Präfekten Tigellinus einzuschüchtern (VA 4,44), und unter Domitian war Apollonios der einzige, der nicht nur vor der Macht des Tyrannen keine Angst hatte, sondern sogar zu verstehen gab, daß der Kaiser nur ein παίγνιον seiner Philosophie sei (VA 7,16-8,7).

Wenn man Philostratos Glauben schenken darf, war Apollonios also mit Abstand der politisch bedeutendste Mann im römischen Imperium in der zweiten Hälfte des ersten Jahrhunderts. An diesem Punkt sind wir in der Apollonios-Forschung in der selten günstigen Lage, daß wir die Darstellung des Philostratos mit anderen Quellen vergleichen können, die von den Kaisern jener Zeit sprechen. Die im allgemeinen zuverlässigen Geschichtsschreiber wie Tacitus, Sueton, Josephos oder Cassius Dio[62] wissen nichts von diesem Mann, der über den Kaisern gestanden haben soll, entweder als ihr bester Freund oder als ihr schärfster Gegner. Aus diesem Schweigen jener Geschichtsschreiber, das hier ausdrücklich dem

---

[60] Über diese Tradition s. Speyer 1974,59f.

[61] S. Del Corno 1978,30f; Anderson 1986,173; zur historischen Wertung der Tradition s. Dzielska 1986,29.

[62] S. aber die kurzen Erwähnungen bei Dio Cass. (67,18; 77,18).

Zeugnis des angeblichen Damisbuches gegenüber gestellt werden muß,[63] kann nur ein Schluß gezogen werden - obgleich einige Forscher dazu immer noch nicht bereit sind[64] -, nämlich daß das Apolloniosbild des Philostratos in diesem Punkt nicht der historischen Wahrheit entspricht; ja man kann sogar fragen, ob Philostratos in dieser Hinsicht überhaupt im Kern historisch Zuverlässiges überliefert hat.[65]

Es geht hier nicht nur um ein *argumentum e silentio*. Wenn Philostratos von der Beziehung der Kaiser zu Apollonios schreibt, widerspricht folgende Einzelheit eindeutig den anderen Quellen. Sowohl Sueton (*Vesp.* 13) als auch Cassius Dio (65,13) berichten von einer Spannung zwischen dem Kaiser Vespasian und dem Kyniker Demetrios. Besonders bei Cassius Dio sind die Worte des Kaisers dem Philosophen gegenüber sehr scharf.[66] Nach Philostratos jedoch gab Apollonios eben diesen Kyniker Demetrios dem jungen Titus als Lehrer, als er nach Rom ging, um Mitregent seines Vaters zu werden; und dies geschah eben in jenem Jahr, in dem Demetrios nach anderen Quellen von Vespasian verbannt wurde. Der Kyniker hatte nach Philostratos sogar die Aufgabe, ihn zu lehren, wie ein guter Herrscher handeln solle (VA 6,31). Man müßte also eine Spannung zwischen Vater und Sohn annehmen, wenn der Sohn

---

[63] So Dzielska 1986,20.

[64] In diese Richtung neigt stark Anderson (1986,175-197). Jackson meint sogar, daß Apollonios hinter der Ermordung Domitians stand (1984,29f). Ist aber, wie es scheint, die Chronologie der Jugendjahre des Apollonios bei Philostratos korrekt, so war Apollonios damals nicht weniger als etwa 100 Jahre alt!

[65] Neben Grosso (1954) vertraut neuerdings Anderson, dessen Buch im allgemeinen zweifellos eine gute Korrektur der früheren, manchmal hyperkritischen Forschung ist, der Schilderung des Philostratos: Der Verfasser überschätze zwar die Rolle des Apollonios, und es sei eine Fiktion von ihm, daß Vespasian wegen Apollonios nach Ägypten gekommen sei, aber es stimme, daß zu dieser Zeit die Kaiser Magier am Hof zu haben pflegten. Vespasian sei nach Ägypten gekommen, wenngleich nicht wegen Apollonios, und habe religiöse Propaganda für seine Pläne benutzt (Tac. *hist.* 4,81). Nach VA 8,20 habe Hadrianus die Briefe des Apollonios gesammelt, was beweise, daß Apollonios eine gewisse Bedeutung zukam. Es sei nicht unverständlich, daß "sowohl der skeptische Tacitus als auch der unkritische Sueton" Apollonios unerwähnt ließen (Anderson 1986,181-183).

Dem ist jedoch entgegenzuhalten, daß Philostratos seinem Apollonios eine ganz andere Rolle als die eines Magiers am Kaiserhof zugeteilt hat. Der philostrateische Held erhebt schon in der Zeit Neros sein Haupt gegen den Kaiser und kennt persönlich alle Kaiser von Vespasian an bis Nerva. Er ist der beste Freund der guten und der schlimmste Gegenspieler der schlechten Kaiser. Wenn jemand darin einen historischen Kern sehen will, muß er gleichzeitig einräumen, daß dieser Kern dann äußerst knapp sein muß. Jedenfalls wäre es ein Beweis von unannehmbarer *credulitas*, Philostratos kritiklos zu folgen, wenn er über die Herrscher und Apollonios schreibt. Dann müßte die Geschichte der frühen Kaiserzeit neu geschrieben werden. Auch Anderson gibt zu, daß Apollonios politisch gar nicht so wichtig war, wie nach der Darstellung des Philostratos zu vermuten sein könnte (Anderson 1986,181).

[66] Σὺ μὲν πάντα ποιεῖς, ἵνα σε ἀποκτείνω, ἐγὼ δὲ κύνα ὑλακτοῦντα οὐ φονεύω.

diesen seinem Vater gegenüber feindlich gesinnten Philosophen zum Lehrer gehabt hätte. Allerdings wird dieses Detail der VA mit Recht von MARGARETHE BILLERBECK in ihrer Demetrios-Monographie zurückgewiesen: Es passe gar nicht zu dem, was wir sonst von Demetrios wüßten.[67] Logisches Verhalten sei zwar nicht von einem Kyniker,[68] aber doch von einem Kaiser zu erwarten.

Die Ausführungen des Philostratos sind also, was die Beziehung zwischen den Kaisern und Apollonios betrifft, historisch nicht zutreffend. Wir werden sehen, welche Gründe Philostratos für seine Darstellung des Apollonios hatte.[69]

Die zeitliche Einordnung bestimmter Ereignisse in der VA ist offenkundig an einigen Punkten nicht in Einklang zu bringen mit dem, was wir aus anderen Quellen wissen. Das deutlichste Beispiel dafür ist **der Streit des Demetrios mit Nero**.[70]

Nach VA 4,42 baute Nero ein sehr schönes Gymnasion und lud den Senat und die römische Ritterschaft zur Einweihung des Bauwerks ein. Plötzlich erschien Demetrios im Gymnasion und hielt eine Rede gegen das Baden. Da Nero an diesem Tag mit seinem eigenen Gesang zufrieden war, ließ er den Philosophen nicht hinrichten; Tigellinus jedoch, der Präfekt war, verbannte ihn aus Rom. Dies geschah während des Konsulats des (Gaius Luccius) Telesinus (VA 4,40.43), also im Jahre 66 n. Chr.[71]

Soweit wir wissen, stimmt vieles mit den geschichtlichen Tatsachen überein: Nero lud die Senatoren und Ritter zur Einweihung des Bauwerks ein, Tigellinus war *praefectus praetorio* und verbannte Demetrios. Das Gymnasion wurde aber schon im Jahre 60 oder 61 eingeweiht (Tac. *ann.* 14,47,2; Suet. *Nero* 12,3; Dio Cass. 61,21,1); damals war Tigellinus noch nicht Präfekt, sondern erst seit dem Jahr 62, und Demetrios wurde möglicherweise erst unter Vespasian verbannt.[72] Wenn Philostratos einen unbedeutenden Fehler in der Datierung des Lebensweges eines anderen Philosophen gemacht hätte, wäre es weder erstaunlich noch relevant für die Frage nach der Zuverlässigkeit der VA. Hier aber schreibt er von einem Mann, der einer der besten Freunde des Apollonios gewesen sein soll und dessen Lebensgeschichte innerhalb des Handlungsablaufs der VA gerade im vierten Buch mit der des Apollonios sehr eng verbunden

---

[67] Billerbeck 1979,52f; s. auch Bowie 1978,1658f.
[68] So Anderson 1986,183f.
[69] S. u. Kapitel 3.1.1.4.
[70] Zur Frage s. Bowie 1978,1657-1659.
[71] Vgl. Tac. *ann.* 16,14.
[72] Billerbeck 1979,52f.

ist.[73] Entweder machen hier die Quellen oder Philostratos selbst einen nicht unbedeutenden Fehler.

Die drei genannten Details erweisen Philostratos als unzuverlässig; darüber hinaus könnten noch viele bereits von Göttsching und Meyer notierte Schwierigkeiten erwähnt werden.[74] Schon Eusebios kritisierte Philostratos wegen einiger kleinerer Widersprüche in der VA.[75] Die hier behandelten drei Aspekte sind aber allesamt von großer Bedeutung: Philostratos widmet der Reise des Apollonios nach Indien ein ganzes Buch, die Begegnungen mit den jeweiligen Herrschern sind ein wesentlicher Teil des philostrateischen Apolloniosbildes, und Demetrios ist neben Damis der beste Freund und Schüler des Apollonios. Wenn Philostratos an diesen Stellen nachweisbar unzuverlässig ist, so hat das Folgen für die Bewertung der VA als einer geschichtlichen Quelle. Philostratos hat sich mehr Freiheiten genommen, als in der neutestamentlichen Exegese häufig angenommen wurde. Derartige Unstimmigkeiten lassen es unmöglich erscheinen, den Aussagen der VA uneingeschränkt zu vertrauen, wie es immer noch gemacht wird,[76] und Jesus und Apollonios ohne weiteres miteinander zu vergleichen. Wer nicht großzügig die Jahrhunderte überspringen will, muß einsehen, daß Philostratos wirklich anderes bietet als nüchterne geschichtliche Daten aus dem 1. Jahrhundert.

---

[73] Obwohl keine der Quellen etwas darüber berichtet, vermutet Grosso (1954,379-386) eine kurze Verbannung des Demetrios im Jahre 62; auch Anderson hält das für möglich (1986,177f). Letzterer versucht, diese Unstimmigkeit damit zu erklären, daß entweder nach dem Brand Roms von 64 Demetrios möglicherweise die neuen Thermen kritisiert hat, oder aber daß Philostratos die Angaben mehrerer Quellen, von denen das ὑπὲρ τῶν βαλανείων des Sophisten Favorinus eine war (VS 491), fehlerhaft kontaminierte. Jackson meint (1984,25-26), daß Demetrios nicht die Thermen, sondern die *domus aurea* Neros kritisiert habe. Beide Erklärungen sind möglich, aber in jedem Fall müßten die Quellen korrigiert werden.

[74] S. Bowie 1978,1655-1662.

[75] S. o. S. 8.

[76] S. z.B. Lee 1973,115f und Sanders 1985,167.

3.1.1.4. Die Intentionen des Philostratos

Viel ist über die Intentionen des Philostratos in der VA geschrieben worden: Er wolle den magischen Ruf des Apollonios vermindern[77]; er stehe im Dienst einer dem Osten freundlich gesinnten Kulturpolitik[78] oder aber sei im Gegenteil ein Botschafter des Hellenismus[79]; er wolle die Herrscher seiner eigenen Zeit zu einer guten Regierung führen[80] oder Apollonios als Gegenbild Jesu schildern[81]; von der Kaiserin beauftragt versuche er, mit Hilfe des Apollonios eine religiöse Reform durchzuführen.[82] Einigkeit ist bis heute nicht erreicht worden.

Philostratos selbst sagt, er wolle Apollonios rühmen (VA 1,3); aber nur das anzunehmen, wäre zu einfach. Absichtlich oder unabsichtlich hat Philostratos auch seine eigene Zeit auf die Gestaltung seines Apolloniosbildes einwirken lassen. Das ist um so wahrscheinlicher, als er Material sammelte, und wer etwas sammelt, hat bewußt oder unbewußt dabei seine Kriterien. Hier kann man zweifellos *mutatis mutandis* die redaktionskritische Methode der neutestamentlichen Exegese anwenden. Obgleich wir nur wenig über die Quellen des Philostratos sagen können und nicht in einer so günstigen Lage sind wie bei Mt und Lk, besitzen wir eine umfangreiche Produktion des Verfassers und können ihn besser als die beiden genannten Synoptiker in die Geistesgeschichte einordnen. Auch die literarischen Vorbilder des Philostratos und die übrige Apollonios-Tradition können zur Beurteilung herangezogen werden. Ich habe in meinem Buch *Der philostrateische Apollonios* versucht, die VA konsequent aus diesem Blickwinkel zu lesen. Insofern bin ich der Meinung, daß sich die Intentionen des Verfassers mit Hilfe der Redaktionskritik herausarbeiten lassen, was wiederum Konsequenzen für den Wert der VA als geschichtlicher Quelle hat.

Besonders ergiebig ist die Untersuchung der politisch-nationalen Tendenz des Verfassers.[83] Apollonios wird in der VA als politisch sehr einflußreich dargestellt, wobei Philostratos in der literarischen Tradition

---

[77] So die meisten Forscher, z.B. Reitzenstein 1906,41; Solmsen 1941,141-143; Mumprecht 1983,999-1001; Dzielska 1986,91f; anders Ferguson 1970,183 und Anderson 1986,138, die auch die magischen Fähigkeiten des philostrateischen Apollonios betonen.

[78] Z.B. Christ - Schmid 1924,777; Herzog-Hauser 1930,185f; Kalinka - Schönberger 1968,19; Lesky 1971,936.

[79] Vgl. Palm 1959, 77f; Forte 1972,506; Bowie 1970,32f; Anderson 1986,8.

[80] Göttsching 1889,74-89; Lenz 1964,95-110; s. auch Bowie 1978,1670.

[81] Bidez 1939,613; Gerth 1956,728; Réardon 1971,268.

[82] Solmsen 1941,145; Harris 1969,198; Ferguson 1970,51f.

[83] S. Koskenniemi 1991,31-57.

reichlich Vorbilder fand. Der Philosoph solle vor den Herrschern kühn sein und so weltpolitische Bedeutung gewinnen. Gehört die Macht einem Herrscher, solle er nicht ohne die Philosophen herrschen. Diese Auffassung kommt auch in den *Vitae sophistarum* des Philostratos deutlich zum Ausdruck. Es darf nicht vergessen werden, daß Philostratos selbst Hofsophist war; eine derartige Identität hat er ganz offensichtlich auch Apollonios zugedacht.

Die VA ist ohne Zweifel wesentlich von der unruhigen politischen Lage des frühen 3. Jahrhunderts geprägt.[84] Wenn Philostratos in der VA Vespasian bewußt oder unbewußt viele Züge des Septimius Severus verlieh, so können erst recht Hinweise auf die harte Regierung und das Mißtrauen Caracallas erkannt werden. Auch die aktuelle Zeitgeschichte vom Wettbewerb zwischen den Söhnen des Septimius Severus über den Brudermord bis hin zum Tyrannenmord im Werk des Philostratos kann deutlich die Zeitbezogenheit der VA aufzeigen. Dagegen gibt es keinen Anhaltspunkt dafür, daß Elagabal in der VA vorkommt oder daß das Werk als Mittel zur Erziehung des jungen Kaisers Severus Alexander gedacht war, wie auch schon vorgeschlagen wurde.[85]

Mit der politischen Zeitbezogenheit ist eine nationale Tendenz des Verfassers eng verbunden. Der philostrateische Apollonios ist ein Vertreter der zweiten Sophistik und bewunderter Meister der attischen Rhetorik. Gerade hier erhält seine politische Aktivität ihren Sinn: Durch die Ratschläge griechischer Philosophen gewinnt die griechische Weisheit wieder weltpolitische Bedeutung und spiegelt so die ehrenvolle Geschichte der Hellenen vor Chaironeia wider.[86]

Bezüglich der religiösen Intention des Philostratos in der VA[87] ist von großer Bedeutung, daß sich der Verfasser in seinen Schriften religiös passiv bzw. widersprüchlich zeigt. Obgleich er sicher Christen kannte und auch etwas vom Christentum wußte, wird dieses nie erwähnt oder auch nur latent angegriffen. Wenn man bedenkt, daß die Severer heute nicht mehr als Verfolger der Christen gelten,[88] dann kann kaum angenommen werden, daß der Verfasser das Christentum verhüllt angreifen wollte.[89] Ebensowenig begründet ist die Auffassung, Philostratos setze

---

[84] Vgl. Göttsching 1889,83-88; Forte 1972,504-505; Calderini 1941,238f; Bowie 1978, 1670.

[85] Göttsching 1889,86f.

[86] Vgl. Bowie 1970 u. Anderson 1986,12. 28. 34f.

[87] S. Koskenniemi 1986 u. 1991,70-79.

[88] Molthagen 1970; Sordi 1986; Durst 1988.

[89] So z.B. Bidez 1939,613; Gerth 1956,728; Réardon 1971,268.

sich in seinen Werken für den Helioskult ein. Obgleich Apollonios fast ausschließlich Helios verehrt, propagiert er diese Religion keineswegs. Heute wird betont, daß auch Julia Domna, die Auftraggeberin des Werkes, mit dem Kult überraschend vorsichtig umging.[90] Die VA wurde sehr wahrscheinlich noch vor der religiösen Reform Elagabals und dem Sturz des Kaisers verfaßt, weil Philostratos auf diese Ereignisse nirgendwo hinweist.

Obgleich Philostratos seinen Apollonios nicht für oder gegen irgendeinen Kult eintreten läßt, wird der Held selbst doch als großer religiöser Lehrer und Wundertäter dargestellt. Hier wird jedoch die religiöse Oberflächlichkeit des Verfassers deutlich. Die Mythenkritik ist, wie in seinen übrigen Schriften, scharf, aber durchaus traditionell und vor allem widersprüchlich. Was hier von Apollonios im Prinzip zurückgewiesen wird, wird dort in den effektiv und kunstvoll geschilderten Erzählungen vorausgesetzt. Ebenso widersprüchlich ist die Einstellung des Verfassers zu den übermenschlichen Fähigkeiten des Apollonios.[91] Wie Anderson zutreffend formulierte, versucht Philostratos, auf zwei Stühlen zu sitzen.[92] Einerseits weist er die Anklagen gegen Apollonios wegen der Magie, die in der vorphilostrateischen Überlieferung belegt ist, entschieden zurück und setzt sowohl in der VA als auch in seinen übrigen Werken grundsätzlich voraus, daß ein Weiser nichts mit Magie zu tun haben kann. Andererseits folgt er jedoch der literarischen Tradition, nach der die großen Philosophen übermenschliche Fähigkeiten hatten. In einer Zeit, in der der Glaube an Magie alle Schichten der Bevölkerung einschließlich des Kaiserhofs prägte,[93] war eine solche Schilderung bei den Lesern der philostrateischen Schriften keineswegs verpönt, sondern entsprach vielmehr der Erwartung der Zeitgenossen. Hier liegen die Gründe für die widersprüchliche Haltung des Philostratos in religiösen Fragen. Einerseits war er sich dessen wohl selbst bewußt, andererseits machte er sich jedoch vermutlich keine weiteren Gedanken darüber, was erlaubt und was nicht erlaubt sei. Apollonios sollte - und hierin ist *in nuce* das Apolloniosbild des Philostratos zu sehen - auch in diesem Bereich mit seinen Fähigkeiten alle seine Vorgänger schlagen und der größte der Großen sein.

Wegen methodischer Schwierigkeiten beschäftigt man sich in der heutigen Jesus-Forschung anstatt mit dem historischen Jesus gern mit dem

---

[90] Halsberghe 1984,2182.
[91] S. Koskenniemi 1991,58-69.
[92] Anderson 1986,138f.
[93] S. Nilsson 1961,520f; Aune 1980,1519.

Jesusbild der Evangelisten bzw. der Gemeinden. Die Verfasser der
Evangelien werden nicht mehr lediglich als Sammler und Tradenten
angesehen, sondern als Theologen. Was die Untersuchung der VA
betrifft, sind die methodischen Schwierigkeiten in der Apollonios-
Forschung weitaus größer als in der Jesus-Forschung. Der wortgewandte
Sophist und Denker Philostratos kann keineswegs als Sammler und
Tradent der früheren Apollonios-Tradition aufgefaßt werden. Das hat
weitreichende Folgen für den Quellenwert der VA: Sie handelt keineswegs vom historischen, sondern vom philostrateischen Apollonios. Damit
bricht jede Konstruktion, die das Apolloniosbild der VA kritiklos ins 1.
Jahrhundert einordnet, in sich zusammen. Zugleich wird ein naiver
Vergleich zwischen Jesus und Apollonios (z.B. Bieler, Dibelius und
Bultmann, später z.B. Morton Smith und Hendrickx), in der die zeitlichen
und kulturellen Entwicklungen innerhalb der heidnischen Antike
übersehen werden, unmöglich. Wenn aber Jesus und Apollonios dennoch
miteinander verglichen werden sollen, dann geht es entweder - mit allen
methodischen Schwierigkeiten - um den historischen Jesus und den historischen Apollonios oder aber um das Jesusbild der Evangelisten und das
Apolloniosbild des Philostratos.

3.1.1.5. Schluß

Betrachtet man die oben getroffenen Feststellungen zum Wesen der VA
und zur Rolle des Philostratos, so wird von den beiden Linien der
heutigen Apollonios-Forschung - bei vielen Punkten habe ich nur die
älteren Argumente gesammelt und wiederholt - eindeutig der kritische
Ansatz bestätigt. Die Abhandlungen von Grosso und Anderson bedeuten
dabei eine nützliche Überprüfung dieser Betrachtungsweise und legen
nahe, gegenüber einer hyperkritischen Sicht der VA vorsichtiger zu sein.
Aber auch trotz Andersons Ausführungen gibt es keinen Anlaß, die
grundlegend kritische Bewertung der Quellen über Apollonios zu
revidieren, weil durch das bisher Gesagte die Glaubwürdigkeit des
Philostratos grundsätzlich erschüttert ist. Die Zusammenfassung der
Argumente hat kumulative Wirkung: Die zeitliche Distanz zwischen
Apollonios und der Entstehung der VA bzw. die Unstimmigkeiten in der
VA sind allein noch kein zwingendes Argument, die Zuverlässigkeit des
Philostratos kritisch zu beurteilen, aber zusammen mit den ausgeprägten
Tendenzen des Verfassers und der Quellenfrage machen diese die VA für
den Historiker zu einem fragwürdigen Dokument. Philostratos hat mit
Sicherheit Traditionen verwendet, die authentische Informationen über
Apollonios enthielten. Aus nichts wird nichts; Apollonios war schon vor

Philostratos bekannt. Aber wegen des zeitlichen Abstands zwischen Philostratos und Apollonios, wegen vieler Fehler und Ungenauigkeiten, wegen fingierter und nichtfingierter Quellen und wegen der Tendenzen des Verfassers läßt sich kein historisch zuverlässiges Apolloniosbild rekonstruieren. Was kann man dann über den historischen Apollonios sagen?

Die meisten Arbeiten über Apollonios enthalten einen Passus, in dem der jeweilige Verfasser nach kritischer Überprüfung "tradition and reality" voneinander trennt;[94] einen derartigen Abschnitt wage ich aber hier nicht zu schreiben. Bis jetzt hat, so weit ich es übersehen kann, niemand eine annehmbare Methode vorgestellt, mit der zuverlässig der historische Apollonios von allem philostrateischen Beiwerk getrennt werden könnte. Meyer setzte mehr Vertrauen in die Briefe und hatte damit vielleicht in gewissem Maße recht, weil wir von einigen Briefen annehmen können, daß sie aus der außerphilostrateischen Tradition stammen. Ob diese Überlieferungen - die Briefe stellen keine einheitliche Sammlung dar - historisch zuverlässig sind, muß für jeden Brief getrennt entschieden werden. Wenn das gelänge, könnte vielleicht nach einem Vergleich der Briefe mit der übrigen außerphilostrateischen Tradition einerseits und der VA andererseits unter Berücksichtigung der Intentionen des Philostratos eine vorsichtige These formuliert werden; aber ob das möglich ist, bleibt hier offen.

Die VA vermittelt also zweifellos historisch zuverlässige Kenntnisse über Apollonios, aber es ist schwer zu entscheiden, wie weit das vorhandene Material glaubwürdig ist. So lange diese Frage unbeantwortet ist - und sie wird es vermutlich für immer bleiben -, muß davon ausgegangen werden, daß das Apolloniosbild des Philostratos und Einzelheiten der VA etwa erst in das Jahr 220 eingeordnet werden können, obgleich Philostratos ohne Zweifel ältere Traditionen benutzt hat. Wer aber irgendeine Einzelheit für vorphilostrateisch halten will oder die VA in irgendeinem Punkte als eine zuverlässige Quelle für das 1. Jahrhundert benutzt, dem obliegt auch das *onus probandi*, daß sein Vorgehen methodisch korrekt ist. Methodisch reflektierter, obgleich vielleicht für den religionsgeschichtlichen Vergleich unbequemer, ist die grundsätzliche Skepsis von Dzielska, die Vertrauen in die VA nur dann

---

[94] S. z.B. Meyer 1917,423f; Harris 1969,198; Petzke 1970,157. In der neuesten Zeit weichen die Apolloniosbilder von Dzielska und Anderson wesentlich voneinander ab: Während Anderson viel Vertrauen zu Philostratos hat, geht Dzielska davon aus, daß Apollonios in den Jahren zwischen 40 und 120 lebte, und ist auch sonst gegenüber der VA skeptisch (s. folgende Anm.).

hat, wenn die Angaben des Philostratos von anderen Quellen bestätigt werden.[95] Die VA ist eine sehr interessante Quelle für die Geschichte, aber leider weniger für Apollonios als vielmehr für die zweite Sophistik.

Daß man aus allem zuvor Gesagten weitreichende Folgerungen ziehen muß, sowohl a) für die formgeschichtliche Untersuchung als auch b) für die θεῖος ἀνήρ-Diskussion, ist einsichtig.

a) Wenn es um die "Paläontologie des Evangeliums" (Schmidt) geht, bedeutet dies allerdings nicht, daß der Forscher auf den Vergleich zwischen den Quellen der VA und denen der Evangelien verzichten muß, weil Philostratos keineswegs sein Material ausschließlich selbst fingiert hat. Ein derartiger Vergleich muß aber methodisch reflektiert durchgeführt werden; entweder muß man mit der Zeitlosigkeit des Wunderglaubens rechnen (Schmidt) oder aber (anders als z.B. Dibelius, Bultmann und Petzke) die zeitliche Dimension und die Entwicklungslinien innerhalb des hellenistischen Wunderglaubens sorgfältig berücksichtigen. Die noch offene Frage nach möglichen Beziehungen zwischen der VA und den Evangelien muß noch beantwortet werden (3.1.2.).

b) Die Folgerungen für die Diskussion über die göttlichen Menschen sind von noch größerer Tragweite. Wenn das Apolloniosbild des Philostratos im wesentlichen dem 1. Jahrhundert zuzuweisen ist, kann Apollonios nicht als Typus eines hellenistischen göttlichen Menschen dienen, nach dem die frühen Christen das Jesusbild gestaltet hätten. Die Topik von Reitzenstein, Bieler und Windisch beruht dann vorzugsweise auf zu späten Quellen, um bei der Auslegung des Neuen Testaments nützlich zu sein. Damit verliert die θεῖος ἀνήρ-Hypothese, falls andere göttliche Menschen nicht an die Stelle des Apollonios treten können, die wichtigste Stütze ihrer Argumentation. Darum muß bezüglich der übrigen Wundertäter in der frühen Kaiserzeit sorgfältig geprüft werden, inwieweit ihr Auftreten für die Darstellung Jesu im Neuen Testament eine Rolle spielt (3.2.1.).

3.1.2. Die Frage nach der literarischen Beziehung zwischen dem Neuen Testament und der VA

Eine für den religionsgeschichtlichen Vergleich zwischen der VA und den Evangelien ausgesprochen zentrale Frage lautet, ob Philostratos die

---

[95] "I regard it (VA) solely as material reflecting the life of the real Apollonius. Moreover, I consider this material useful and historically valuable only when it finds its confirmation on other literary and historical sources" (Dzielska 1986,15).

Evangelien gekannt hat und ob die VA von ihnen literarisch abhängig ist. Im ersten Hauptteil[96] wurde ausgeführt, daß einige Geschichten der VA denen der Evangelien ähnlich sind. Diese Ähnlichkeiten sind - abgesehen von der kühnen, oben jedoch abgelehnten Hypothese Nordens - auf zweierlei Weise erklärt worden. Die einen (vor allem Petzke, Anderson und Hendrickx) meinen im Anschluß an Weinreich und die Formge-schichtler, daß hinter den heidnischen und den christlichen Geschichten die gesamtantike Topik stehe: Die Ähnlichkeit zwischen den Geschichten der Evangelien und denen des Philostratos seien ein Zeichen dafür, daß die christliche Hagiographie neben der heidnischen und in starker Wechselwirkung mit ihr lebte. Andere Forscher aber sind der Ansicht, Philostratos habe christliche Geschichten gekannt und habe sie sich in der VA widerspiegeln lassen. Diese Auffassung, die von Baur bis hin zu Sabourin und Kee vertreten wird, bedeutet im weiteren Zusammenhang, daß die Ähnlichkeit zwischen den Geschichten davon zeuge, daß das kaiserzeitliche Heidentum vom Christentum beeinflußt worden sei.

Im ersten Hauptteil wurde nachgewiesen, daß die Texte nirgends grundlegend miteinander verglichen worden sind, obgleich die Fragestel-lung schon aus dem frühen 19. Jahrhundert stammt. Auch wurden die Argumente für und gegen die literarische Abhängigkeit des Philostratos von den Evangelien nie ausführlich genug diskutiert. Die gründlichsten Arbeiten zum Thema verfaßten neben Petzke (1970) immer noch Baur (1832), Hempel (1922) und Herzog-Hauser (1930). Insofern bedeutet die Weiterführung der Diskussion in diesem Unterkapitel eine Ausein-andersetzung mit der alten Philostratos-Forschung. Wie im ersten Hauptteil dargestellt, erfolgt sie anhand der Geburtsgeschichten (VA 1,4-6), der Totenerweckung (VA 4,45) und der Erscheinung des Apollonios vor seinen Schülern (VA 8,12).

3.1.2.1. Die Geburtsgeschichten (VA 1,4-6; Mt 1,18-25; Lk 1,26-2,20)[97]

Bei den Geburtsgeschichten herrscht die Auffassung vor, daß Philostratos von den christlichen Geschichten unabhängig schreibe. Diese Ansicht, der Herzog-Hauser widersprach, wurde jedoch nie eingehend begründet. Sie beruht vielmehr auf sporadischen Bemerkungen früherer Forscher.

---

[96] Kapitel 2.1., S. 18-36.
[97] Literatur: Herzog-Hauser 1930,194-196; Bieler 1935,1,24-30; Braun 1957,350-360; Petzke 1970,137-139; Berger - Colpe 1987,113f. 127-129. Dazu s. oben Kapitel 2.1.

Aus diesem Grund werden die Texte im folgenden noch einmal miteinander verglichen.

Als die Mutter des Apollonios schwanger war, erschien ihr laut VA 1,4 Proteus im Traum. Ohne sich zu fürchten, fragte sie ihn, wen sie gebären würde. "Mich", gab dieser zur Antwort, und als sie weiter fragte, wer er denn sei, sagte er: "Proteus, der ägyptische Gott."
Philostratos erzählt auch von der Geburt des Apollonios. Seine Mutter hatte einen Traum, in dem ihr befohlen wurde, auf die Wiese zu gehen. Die Schwäne bildeten dort einen Chor um die schlafende Frau und stimmten ein gemeinsames Lied an; davon erwacht, gebar sie ihren Sohn. Auch ein Blitz zuckte auf die Erde herab, erhob sich aber gleich darauf wieder in die Höhe. Die Einwohner des Landes hielten das Kind für einen Sohn des Zeus.

Wie wir in Kapitel 2.1. sahen, ist mit diesen Erzählungen die Überlieferung von der Geburt Jesu, vor allem Lk 1,26-38, aber auch Mt 1,18-25, verglichen worden. Die Ähnlichkeiten zwischen den Evangelien und der VA in diesem Punkt wurden jedoch nie genauer gesammelt und betrachtet. Es sind folgende:

a) Der Rahmen: Eine schwangere Frau (bei Mt der Vater des Kindes) hat eine Erscheinung und erhält die Mitteilung, daß ihr Kind etwas ganz Besonderes und seiner Natur nach übermenschlich sein wird.

b) In beiden Erzählungen stammen die Vorfahren der jeweiligen Söhne aus sehr altem und ehrwürdigem Geschlecht.

c) Wie bei Mt (Stern), so weist auch in der VA eine himmlische Erscheinung (Blitz) darauf hin, daß der Geborene göttlichen Ursprungs ist.[98]

d) Die Geburt des Kindes ist in mehrerlei Hinsicht außergewöhnlich (Krippe, Engel bei Lk, die Weisen aus dem Osten bei Mt - blühende Wiese und Schwäne bei Philostratos). Herzog-Hauser sieht in den Geschichten der VA eine Tendenz des Philostratos, die Geschichten der Evangelien zu überbieten.[99]

Zu a): Die griechische Mythologie erwähnt zahlreiche Gottessöhne, z.B. Aiakos und Herakles. Auch sonst war die Geburt eines Gottessohnes den Griechen nicht unbekannt.[100] Herodotos z.B. erzählt solches über den spartanischen König Demaratos (6,69) und Plutarch über den jüngeren Dionysios von Syrakus (*mor.* 338b). Mehrere Römer erhoben den Anspruch, aus einer *stirps divina* zu stammen.[101] Sueton bezeugt, daß

---

[98] Herzog-Hauser 1930,194-196.
[99] Herzog-Hauser 1930,194-196.
[100] S. Bieler 1935,1,25-30. 134f; Hengel 1975,50-53.
[101] S. z.B. Liv. 26,19,6 und Plut. *Num.* 4. 21.

Augustus von einigen als ein Sohn Apollons betrachtet wurde.[102] Somit gibt es zahlreiche Beispiele für eine physische Abstammung von Göttern.

Die Ankündigung der Geburt eines später bedeutenden Mannes kommt in der griechischen Literatur ebenfalls vor.[103] Der älteste Beleg dafür findet sich bei Speusippos (gest. um 339 v. Chr.), der nach Diogenes Laertios (3,2) berichtet, Apollon sei dem Vater Platons erschienen. Im *Heroicus* erzählt Philostratos selbst von der Liebe des Peleus und der Thetis und von einer Ankündigung der Geburt Achills (*her.* 45). Spätere und schon nachphilostrateische Belege von Erscheinungen, die die werdenden Eltern gehabt haben, gibt es bei Jamblichos (*vit.Pyth.* 5) und Olympiodoros (*vita Plat.* 1,10ff). Nach dem Alexanderroman, von dem wir eine Fassung aus dem 3. Jahrhundert n. Chr. besitzen, die aber auf älteren Überlieferungen basiert,[104] wird der Mutter Alexanders des Großen die zukünftige Bedeutung ihres Sohnes angekündigt (1,4,8).

Zu b): Nach Diogenes Laertios 3,1 ist das Geschlecht Platons sehr ehrwürdig: Platon war ein Nachkomme Solons in sechster Generation, und Solon leitete seinen Stammbaum von Poseidon und Neleus ab. Da die meisten unter a) erwähnten Männer aus einem ehrwürdigen Geschlecht stammen,[105] kann die Schilderung einer hohen Geburt kaum als Beweisgrund für eine literarische Abhängigkeit dienen.

Zu c): In der Schilderung der Geburt Alexanders (Alexanderroman 1,12,5) wird wie in der VA das Niederzucken eines Blitzes erwähnt. Bedeutender aber ist, daß in den *Vitae sophistarum* des Philostratos bei der Geburt des Sophisten Skopelianos der Blitz seinen Zwillingsbruder tötet (VS 515).[106] Einen Zusammenhang zwischen der ausführlichen Stern-Erzählung bei Mt und der kurzen Erwähnung des Blitzes bei Philostratos anzunehmen ist allerdings nicht überzeugend, da eine derartige Kürzung der Vorlage kaum anzunehmen ist.

Zu d): Wir besitzen zwei eindeutig bereits vor den Evangelien geschriebene Schilderungen von göttlichen Geburten, die der Erzählung in der VA ähneln.[107] Schon Theognis (1,5-10) erzählt von der Geburt Apollons in ähnlicher Weise, und bei Kallimachos (4,249-259) freuen sich die Schwäne über die Geburt Apollons wie in der VA über die des Apollonios. Auch die Geburt des Asklepios bei Pausanias (2,26,4f) ist

---

[102] *Apollinis filium existimatum, Aug.* 94.

[103] Bieler 1935,1,24f.

[104] Diese Fassung beruht zum Teil auf einem Briefroman über Alexander, der etwa aus dem Jahr 100 v. Chr. stammt (Lesky 1971,859f).

[105] Vgl. Bieler 1935,1,135.

[106] S. Bowie 1978,1666f.

[107] S. Bieler 1935,1,28-30; Bultmann - Theißen - Vielhauer 1971,110.

der Erzählung des Philostratos ähnlich, und zwar in viel größerem Maße als die Geburtsgeschichten Jesu in den Evangelien.

Die Betrachtung der Geschichten und ihres religionsgeschichtlichen Hintergrundes zeigt, daß eine direkte Abhängigkeit nicht anzunehmen ist. Die Schilderung von der Geburt des Apollonios hat mehr Ähnlichkeiten mit den obengenannten Geschichten von der Geburt Apollons als mit den Geburtsgeschichten der Evangelien und wird hinreichend mit den oben genannten Belegen aus der heidnischen Literatur erklärt. Hinzu kommt, daß es in der VA keine wörtlichen Zitate aus den Evangelien oder Anspielungen auf sie gibt. Aber auch die Gründe für die Annahme einer indirekten Abhängigkeit sind gering, und darum kann die allgemein verbreitete Auffassung[108] hier nur bestätigt werden. Es ist zwar nicht ausgeschlossen, daß die Erzählungen von der Geburt des Apollonios vor Philostratos von christlichem Erzählgut beeinflußt worden sind oder daß Philostratos die Erzählungen gekannt hat, aber dies sind nur Vermutungen, die schwerlich mit der VA begründet werden können. Jedenfalls hatte Philostratos, der seine Vorbilder in den Verfassern der klassischen Zeit sah, auch ohne die Evangelien genügend Material für seine Geburtsgeschichten.

3.1.2.2. Die Totenerweckungen (VA 4,45; Mk 5,22-24. 35-43 parr. und Lk 7,11-17)[109]

Wie in Abschnitt 2.1. ausgeführt, ist seit Baur die Totenerweckung in VA 4,45 eine Stelle, in der eine literarische Abhängigkeit oft angenommen worden ist, aber die Meinungen fallen noch heute kontrovers aus. Herzog-Hauser vermutete auch hier bei Philostratos eine Überbietung von Lk 8,41ff. Andererseits werden in den neuesten Untersuchungen die Ähnlichkeiten auf Grund allgemeiner Züge der Wunderliteratur der Kaiserzeit erklärt. Nach Petzke, der den eingehenderen Textvergleich bietet, bemüht sich Philostratos, Apollonios nicht als Magier, sondern als Weisen darzustellen, und vermindert darum mit jedem Mittel alle magischen Züge der Erzählung.[110] Die Frage aber, warum Philostratos die ganze Erzählung nicht einfach ausläßt, wenn sie ihm so unangenehm war, läßt Petzke außer acht. Schütz nimmt an, daß es eine hellenistische

---

[108] Z.B. Petzke 1970,137-139; Morton Smith 1981 (1978),10.

[109] Literatur: Weinreich 1909,171-174; Oepke 1950,930-938; Schütz 1953,20-26; Petzke 1970,129f; 1973,371-378; Theißen 1974,98-101; Anderson 1986,144. 151; Berger-Colpe 1987,132f. Dazu s. oben Kapitel 2.1.

[110] Petzke 1970,129f; 1973,371-378.

Novelle gab, die sowohl Lukas als auch Philostratos als Vorlage benutzt und redaktionell behandelt hätten.[111]

In der VA erzählt Philostratos von einer Totenerweckung des Apollonios (VA 4,45).

Ein Mädchen, die Tochter einer Familie von konsularischem Rang, war am Tage ihrer Hochzeit gestorben. Der Bräutigam folgte jammernd der Bahre. Mit ihm trauerte ganz Rom. Apollonios begegnete dem Trauerzug und hielt ihn an: "Legt die Bahre nieder! Ich will euren Tränen über das Mädchen ein Ende machen." Er fragte nach dem Namen des Mädchens. Als die Verwandten auf eine Trauerrede warteten, berührte Apollonios die Tote, sagte etwas und erweckte so das Mädchen, von dem man angenommen hatte, es sei tot. Es begann wieder zu sprechen und kehrte ins Elternhaus zurück, wie einstmals Alkestis, die von Herakles erweckt wurde. Die Verwandten wollten Apollonios mit einer großen Geldsumme belohnen, er aber forderte sie auf, sie dem Mädchen als Mitgift zu geben. Philostratos läßt im Unklaren, ob das Mädchen tot oder scheintot gewesen ist.

Zu dieser Stelle werden oft zwei Totenerweckungen Jesu erwähnt, nämlich Lk 7,11-17 und Mk 5,22-24. 35-43 parr. Da beide Geschichten Ähnlichkeiten mit der philostrateischen Geschichte aufweisen, werden beide im folgenden Vergleich berücksichtigt.

Die Ähnlichkeiten sind keineswegs gering.

a) Der Rahmen: Sowohl Apollonios als auch Jesus (Lk 7) sehen den Trauerzug, erwecken den vorher unbekannten toten jungen Menschen und geben ihn den Eltern zurück. Das Wunder wird von einer großen Menge bezeugt.[112]

b) In der VA ist das Kind die Tochter einer Familie von konsularischem Rang. Bei Mt ist der Vater des Mädchens ἄρχων; aus dem ursprünglichen Leiter einer Synagoge (Mk, vgl. Lk) ist vielleicht bei Philostratos oder schon vor ihm ein ὕπατος geworden.

---

[111] Schütz 1953,20-26.

[112] Baur 1832,145; Herzog-Hauser (1930,197f): "Im Evangelium ein zwölfjähriges Mädchen, hier eine Braut auf der Totenbahre; dort nur der trauernde Vater, hier der 'schreiende' Bräutigam und ganz Rom; dort die zurückhaltenden, ganz unpersönlichen Worte des Erlösers: 'Glaube nur, und sie wird gerettet werden', hier die großsprecherische, pathetische Verheißung, die der Magier von sich gibt: 'Ich werde euren Tränen ein Ende machen!' Dort der klare Vorgang und Wortlaut: 'Er nahm sie bei der Hand und sprach: 'Mädchen, wach auf!'" Petzke (1970,130) sieht in beiden Erzählungen ein steigerndes Motiv darin, daß der Tote als einziger Sohn einer Witwe (Lukas) bzw. die Tote als Tochter aus hohem Hause kurz vor der Hochzeit (Philostratos) geschildert wird.

c) Sowohl Jesus (Lk 7) als auch Apollonios halten die Bahre an, was in beiden Erzählungen eine kurze Verwunderung bei den Zeugen hervorruft.

d) Die Erweckung geschieht in Lk 7 und in der VA durch das Wort des Helden.[113] In der Geschichte von der Jairustochter wird die Berührung mit der Hand als wunderwirkende Geste dargestellt, was auch in der VA geschieht.

e) In der VA war das Mädchen nach Philostratos vielleicht nicht wirklich tot, was ein Versuch des Erzählers sein könnte, die rätselhaften Worte Jesu in Mk 5,39 verständlich zu machen (οὐκ ἀπέθανεν, ἀλλὰ καθεύδει).

Zu a): Es ist ein üblicher Zug in den antiken Wundergeschichten, daß das Wunder von einer großen Menschenmenge erlebt wird.[114] Wir besitzen aber vor Philostratos nur wenige Geschichten über Totenerweckungen aus der griechisch-römischen Antike.[115] Sie stammen entweder aus der Mythologie oder aus der paradoxographischen Literatur.

Die griechische Mythologie weiß von mehreren Menschen zu erzählen, die nach ihrem Tode aus dem Hades zurückkamen. In seinem Drama *Alkestis* (438 v. Chr.) berichtet Euripides, wie Herakles Alkestis von dort zurückführt, was auch Orpheus mit seiner Gattin Eurydike versucht.[116] Die Komödie *Die Frösche* des Aristophanes, in der Dionysos Euripides aus dem Hades zurückführen will und in der ein Toter eher ins Leben zurückkehren als für neun Obolen die Last des Dionysos in den Hades tragen will,[117] bietet als komische Darstellung ebenso wenig relevantes Vergleichsmaterial wie die bekannten Versuche, Lebende aus dem Hades herauszuholen.[118] Die Mythologie hat also wenig, wenn überhaupt, mit den Geschichten der Evangelien und der VA gemeinsam.

Einen toten Menschen wiederzubeleben gelingt einem Wundertäter vor Philostratos nur selten.[119] Diogenes Laertios (8,67) erzählt dies von

---

[113] Herzog-Hauser 1930,197f.

[114] S. Theißen 1974,58.

[115] Weinreich erwähnt einige Geschichten, die jünger als die VA sind, s. Weinreich 1909,173f; vgl. dazu Bultmann 1957,248f. Berger und Colpe (1987,132-134) nennen zu Lk 7 insgesamt drei Geschichten, nämlich die hier behandelte (VA 4,45), Apul. *flor.* 19 (die jedoch keine Totenerweckungsgeschichte ist) und *Paralipomenon Jeremiae* 7,12b-20.

[116] Die Geschichte wird schon im 5. Jahrhundert v. Chr. durch eine Stele belegt (vgl. Hunger 1988,374). Vergil, der sie ausführlich erzählt (*georg.* 4,453-527), berichtet, daß Charon einen zweiten Versuch, Eurydike aus der Unterwelt zurückzuholen, nicht zuließ.

[117] Aristoph. *ran.* 167-176.

[118] Theseus und Peirithoos versuchten, die Göttin Persephone zu rauben (z.B. Verg. *Aen.* 6,392-397). Herakles holte den Hund Kerberos aus dem Hades (z.B. Hom. *Od.* 11,623ff; Verg. *Aen.* 6,392-396).

[119] Über Totenerweckungen der Götter s. Oepke 1950,932; zu Auferstehungsmythen über sie vgl. Staats 1979,473.

Empedokles und gibt als Quelle Herakleides Pontikos aus dem 4. Jahrhundert an. Von einer Heilung durch den Arzt Asklepiades, die einer Totenerweckung nahe kommt, berichten Plinius der Ältere (77 n. Chr.), Aulus Cornelius Celsus (in der Zeit des Tiberius)[120] und - ausführlicher - Apuleius (geb. 125 n. Chr.).[121]   Im Roman *Metamorphoseis* des Apuleius (*met.* 2,28f) erweckt der ägyptische Prophet Zatchlas mit seinen Kräutern und seinem stillen Gebet einen toten Jüngling wieder zum Leben. Lukian erwähnt Totenerweckungen zweimal (*Alex.* 24; *Philops.* 26).[122]

Die geringe Anzahl an Erzählungen über Totenerweckungen kann kaum mit der Lückenhaftigkeit der Quellen allein erklärt werden. Die Antike hatte überwiegend eine positive Vorstellung vom Jenseits, und die Wiederkehr zum Leben war darum nicht unbedingt wünschenswert.[123] Dafür ist Apul. *met.* 2,28f ein gutes Beispiel. Der junge Mann, den Zatchlas wiederbelebt, kehrt gegen seinen eigenen Willen und erst nach Drohungen des Propheten zum Leben zurück: "*Quid, oro, me post Lethaea pocula iam Stygiis paludibus innatantem ad momentariae vitae reducitis officia? desine iam, precor, desine ac me in meam quietem permitte.*" Eine Totenerweckung paßt zwar gut zum alten Monismus, wie die Geschichte von Empedokles zeigt; bedeutend schlechter jedoch würde sich eine solche Erzählung mit den dualistischen Anschauungen (Orphiker, Pythagoras, Platon) vereinbaren lassen. Sieht man von der Geschichte über Empedokles ab, so sind Totenerweckungen erst in der Kaiserzeit belegt. Das kann vielleicht mit orientalischen Einflüssen (einschließlich der jüdisch-christlichen) erklärt werden, wobei man jedoch mit weitreichenden Schlüssen vorsichtig sein muß. Wie wenig konsequent auch die angeblich Gebildeten waren, zeigt am besten Philostratos selbst. Sein "Pythagoreer" Apollonios - der eine Seele zurück in ihr Gefängnis ruft! - folgt nämlich nicht selten genuin monistischen Dogmen.[124]   Angesichts des geringen Befundes an Totenerweckungs-

---

[120]   Cels. 2,6.

[121]   Plin. *nat.* 7,124; 26,12-15; Apul. *flor.* 19. Eine ähnliche Geschichte findet sich in *Hist. Apoll.* 26.

[122]   Offen bleibt, ob Celsus bei Orig. *c. Cels.* 2,5 über Totenerweckungen der Heiden spricht, wie Staats in TRE annimmt (1979,473). Celsus sagt, die Christen lehrten über viele Dinge nichts Neues, und erwähnt dabei auch die Auferstehung von Toten. Weil er daneben auch die Lehre vom Jüngsten Gericht nennt, meint er vielleicht den Auferstehungsglauben der Pharisäer, und darum kann diese Stelle kaum als Beleg für Totenerweckungen benutzt werden.

[123]   Oepke 1950,930.

[124]   Apollonios vertritt zwar genuin dualistisches Denken, wenn er seinen Mitgefangenen eine großartige Trostrede über das Thema σῶμα σῆμα hält (VA 7,26); ganz anders aber diskutiert er mit den Indern. Die alten monistischen Fragen über die kosmischen Elemente

geschichten in der heidnischen Antike hat Theißen jedenfalls recht, wenn er sagt, daß fast alle antiken Totenerweckungen durch Wundertäter als Wiedererweckung Scheintoter verstanden werden könnten.[125]

Die wenigen Schilderungen von Totenerweckungen machen es also unmöglich, eine zuverlässige Topik über sie zu erstellen; das deutlichste Negativbeispiel dafür ist der mißlungene Versuch Bultmanns, ein derartiges Schema zu entwerfen.[126] Theißen geht davon ab, die Totenerweckungen als selbständiges "Thema" zu behandeln, und zählt sie zu den "Therapien".[127] Sehr wahrscheinlich waren Totenerweckungsgeschichten in der Antike vor Philostratos sehr selten. So bleibt die Möglichkeit der literarischen Abhängigkeit der VA von den Evangelien eine offene und höchst interessante Frage.

Zu c): Weinreich spricht über das Motiv "Wunder bei der Begegnung unterwegs".[128] Nach Bultmann ist es "offenbar ein traditioneller Zug, daß der Heiland dem Leichenzug begegnet",[129] aber außer der VA kann er nur Apul. *flor.* 19 als Beleg erwähnen, wo es jedoch nicht um einen Leichenzug geht, sondern um eine Menge, die sich um einen Scheiterhaufen versammelt. Der Versuch Bultmanns, eine Topik der Totenerweckungen zu entwerfen, muß mangels eindeutiger Belege als gescheitert angesehen werden. Insofern hat Berger mit seiner Kritik an der von Bultmann erstellten Topik der Wundererzählungen recht, jedenfalls hinsichtlich der Totenerweckungen.[130] Wenn Weinreich die Begegnung für ein bemerkenswertes Motiv hält, so ist dies eine nichtssagende Feststellung: Denn wenn weder der Wunderheiler noch der Heilende irgendwie in Bewegung sind, können sie einander nicht begegnen, und eine Heilung könnte allenfalls nur als Fernheilung vor sich gehen. Daß das Zusammentreffen der Personen oft erwähnt wird, versteht sich von selbst. Bei Lukas und Philostratos aber sind die Geschichten, was die "szenische Vorbereitung"[131] betrifft, tatsächlich auffallend ähnlich.

Zu d): Daß die Berührung als wunderwirkende Geste dargestellt wird, ist üblich und muß kein Beweis für Abhängigkeit sein.[132]

---

werden ohne jede Korrektur im Geist der Naturphilosophen unüberlegt ausgesprochen (VA 3,34).

[125] Theißen 1974,98.
[126] S. o. S. 44.
[127] Theißen 1974,98.
[128] Weinreich 1909,171-174.
[129] Bultmann 1957,236.
[130] S. o. S. 61.
[131] Theißen 1974,70.
[132] S. Wagenvoort 1957,404-420; Bultmann 1957,237; Theißen 1974,71.

Zu e): Die Unsicherheit, ob es um Tote oder Scheintote geht, stellt sich auch bei Apul. *flor.* 19 ein.

Nach dem Textvergleich können die früheren Lösungsversuche wieder erwogen werden. Man kann bei Philostratos keine Überbietung der evangelischen Geschichten (so Herzog-Hauser) erkennen. Die Annahme einer Urerzählung, die sowohl von den Evangelisten als auch von Philostratos vom eigenen Glauben her redigiert worden wäre (so Schütz), ist lediglich eine kühne Weiterentwicklung der Lösung, in der die Ähnlichkeiten mit einer gesamtantiken Topik erklärt werden.[133] Der Textvergleich aber zeigt, daß die Topik hier beträchtliche Schwächen aufweist. Es gibt viele auffallende Ähnlichkeiten, die mit ihrer Hilfe nicht hinreichend erklärt werden können. Wir besitzen nur wenige Erzählungen von Totenerweckungen, weshalb damit keine Topik gestaltet werden kann, die vor allem die Ähnlichkeiten mit Lk 7 erklären würde. Von Bedeutung ist sicher auch die Beobachtung, daß eine Totenerweckung nur schlecht zur pythagoreischen Tradition paßt.

Es dürfte aber deutlich sein, daß Philostratos seine Geschichten nicht direkt den Evangelien entliehen hat. Seine Erzählung weicht von denen der Evangelien in vielen Punkten deutlich ab, ohne daß es möglich ist, die redaktionellen Tendenzen des Philostratos zu erkennen. Wörtliche Zitate gibt es nicht. Vor allem hat die Erzählung der VA Ähnlichkeiten mit **zwei** Totenerweckungen Jesu in den Evangelien. Falls die Geschichten des Philostratos von den christlichen Erzählungen beeinflußt sind, liegt die Annahme nahe, daß sie schon vor Philostratos miteinander verschmolzen sind. Er erzählt selbst, daß er viele Traditionen gesammelt habe (VA 1,2); nach ihm war Apollonios ein bedeutender Lehrer in vielen griechischen Städten, vor allem im kontinentalen Griechenland und in Kleinasien. Insofern wäre es möglich, daß Philostratos beim Sammeln auch ursprünglich christliches Traditionsgut erhalten hat. Doch bevor diese Frage beantwortet werden kann, müssen die Erscheinungsgeschichten in den Evangelien und in der VA miteinander verglichen werden.

---

[133] Nach Schütz (1953,20-26) hob Lukas die Messianität Jesu hervor, Philostratos aber dämpfte so weit wie möglich den magischen Charakter der Erzählung. Beide Verfasser hätten den ursprünglichen Kern der Erweckungsgeschichte, nämlich den "geheimnisvollen Wundervollzug des Magiers", aus der Erzählung herausgenommen. Diese Hypothese begründet er mit der von Bultmann gestalteten Topik der Totenerweckung. Da diese aber, wie wir sahen, große Schwächen hat, fällt auch die Hypothese von Schütz zusammen. Eine derartige Urerzählung ist eher ein Mythos über Mythen: Sie hat nie existiert.

3.1.2.3. Die Erscheinungen (VA 8,12; Lk 24,36-49 und Joh 20,24-29)[134]

Ein Text der VA, der in der Diskussion über die literarische Abhängigkeit oft vergessen wurde, ist die Erscheinung in VA 8,12. Baur sah darin einen klaren Beweis dafür, daß Philostratos von den Evangelien abhängig sei.[135] Hempel bestritt dies, weil Philostratos seiner Ansicht nach das Damisbuch als Quelle benutzt hat und weil er nicht annehmen wollte, daß Damis bereits das Johannesevangelium gekannt habe. Petzke weigert sich, den Abschnitt mit den neutestamentlichen Parallelen zu vergleichen, weil die Stelle in der VA nicht von der Erscheinung eines Auferstandenen handle. Eine eingehende Untersuchung fehlt, obgleich die Frage nach wie vor offen ist.[136]

Als Apollonios in Rom vor Gericht stand, warteten seine Schüler Damis und Demetrios in Puteoli ängstlich auf Nachricht von ihm. Sie unterhielten sich über das Wesen des Wassers, konnten sich aber vor Kummer nicht mit ganzem Herzen diesem Thema widmen. Gerade als Damis fragte, ob sie den Freund je wieder sehen würden, erschien Apollonios und antwortete: "'Ihr werdet ihn sehen, oder ihr seht ihn vielmehr bereits.' 'Lebend', rief Demetrios aus. 'Bist du aber gestorben, haben wir nicht aufgehört, dich zu beweinen.' Da streckte Apollonios die Hand aus und sagte: 'Fasse sie an! Wenn ich dir entschlüpfe, dann bin ich ein Schatten aus dem Reich der Persephone, wie ihn die Götter der Unterwelt den Mutlosen und Trauernden erscheinen lassen. Wenn ich aber bei deiner Berührung an Ort und Stelle bleibe, so überzeuge auch Damis, daß ich lebe und meinen Leib noch nicht verlassen habe!'" (Übers. Mumprecht). Da konnten die Freunde nicht mehr daran zweifeln, sondern standen auf, warfen sich ihm an den Hals und umarmten ihn. Apollonios berichtete seinen Freunden vom Gericht und von der wunderlichen Reise von Rom nach Puteoli in wenigen Stunden. Später ging er mit ihnen in eine Herberge, betete Helios und Apollon an, lehnte das angebotene Essen ab und schlief müde ein.

Die Erzählung des Philostratos ist rätselhaft, und dies sicher nicht ohne Absicht. Apollonios stand in Anwesenheit Domitians vor Gericht und verschwand plötzlich und geheimnisvoll von dort. Schon vorher hatte er Damis prophezeit, daß er ihn in Puteoli treffen würde. "Lebend oder wie?", fragte Damis und erhielt zur Antwort: "ὡς μὲν ἐγὼ οἶμαι, ζῶντα, ὡς δὲ σὺ οἴει, ἀναβεβιωκότα" (VA 7,41). Sehr wahrscheinlich läßt Philostratos mit Absicht in der Schwebe, ob es sich hierbei um eine Erscheinung des ins Leben Zurückgekommenen handelt oder nicht. Die Geschichte ist mehr als die Erzählung von einem fröhlichen Zusammen-

---

[134] Literatur: Hempel 1920,73-75; Oepke 1950,930-938; Conzelmann 1957,695f; Petzke 1970,140f; Staats 1979,473f; Kremer 1980,210-221; Perkins 1984,56-63.

[135] Baur 1832,151.

[136] S. o. Kapitel 2.1.

treffen der alten Freunde. Trotz der Einwände Petzkes[137] erscheint es durchaus möglich, sie mit zwei Erscheinungen Jesu in den Evangelien zu vergleichen.

Die Ähnlichkeiten zwischen der Geschichte in VA 8,12 mit Lk 24 und Joh 20 sind wohl nie zusammengestellt worden. Folgende Züge können hervorgehoben werden:

a) Rahmen: Der (auferstandene) Held erscheint den entmutigten Jüngern in einer hoffnungslosen Lage, was eine entscheidende Wende bedeutet (sowohl Lk 24 als auch Joh 20).

b) Das Kommen des Helden ist mit einem anderen Wunder verbunden (Joh): Er ist auf wunderbare Weise frei von den Grenzen der Natur (geschlossene Tür, eine lange Reise in wenigen Stunden).

c) Die Jünger sind ungläubig, aber der Unglaube wandelt sich bald in Glauben und Bewunderung (Lk und Joh).

d) Der Held fordert die Ungläubigen auf, ihn zu berühren und zu erkennen, daß er wirklich da ist. Die Aufforderung Jesu an Thomas (Joh) und die des Apollonios an Demetrios sind einander auffallend ähnlich. Sowohl bei Joh als auch in der VA soll durch die Berührung jeder Zweifel aufgehoben werden.

e) Bei Lukas weist die Erwähnung des Essens deutlich auf die körperliche Anwesenheit Jesu hin. Bei Philostratos dürfte die Aussage, daß Apollonios sich müde fühle, dieselbe Funktion haben.

Zu a): Leibliche Erscheinungen eines Toten sind in der griechisch-römischen Literatur der Kaiserzeit nicht sehr häufig.[138] Die Gründe dafür sind wahrscheinlich dieselben wie bei den Totenerweckungen: erstens eine positive Vorstellung vom Jenseits und zweitens die herrschende dualistische Betrachtungsweise.[139]

Als Grundsatz gilt Aisch. *Eum.* 648: ἅπαξ θανόντος οὔτις ἐστ' ἀνάστασις. Man berichtet von Toten, die im Traum erschienen seien, aber nicht leiblich bei den Lebenden waren (z.B. Hdt. 5,92; Cic. *div.* 1,56f). Herodotos erzählt eine Geschichte über Aristeas, der nach seinem Tode verschwand und verschiedenen Personen erschien. Diese Geschichte steht, ebenso wie die über Hermotimos,[140] deutlich im Zusammenhang mit der Lehre von der Seelenwanderung.[141] Später konnten die Toten vor allem in der nur mangelhaft überlieferten paradoxographischen Literatur auch außerhalb der Träume erscheinen und sogar leiblich anwesend

---

137 Petzke 1970,141.
138 Vgl. Bieler 1935,1,48f; Oepke 1950,930-934; Bultmann 1957,248f.
139 S. oben S. 196f.
140 S. u. S. 227f.
141 Hdt. 4,13-15, s. auch Pindar *fragm.* 284 Bowra.

sein. Plinius der Jüngere (um 100 n. Chr.) erzählt eine Spukgeschichte von einem Greis, der in Athen in Fußeisen umhergegangen sein soll (*epist.* 7,27,4-11). Noch weiter geht Phlegon von Tralleis, der Freigelassene Hadrians, bei dem das erscheinende Mädchen eindeutig auferstanden ist, ihr Grab verlassen hat und sogar körperliche Liebe genießen kann (*mirab.* 1, s. auch *mirab.* 2).[142] Gegen Ende des 2. Jahrhunderts n. Chr. scheinen Berichte von Erscheinungen Toter häufiger geworden zu sein, was viele Abschnitte bei Lukian zeigen, der solche wunderhaften Erzählungen wiederholt ironisch behandelt (*Demonax* 25; *Philops.* 25; *Peregr.* 40). Auch Geschichten von Erscheinungen des Pythagoras werden erzählt, und obgleich sie literarisch erst kurz nach Philostratos belegt sind (Porph. *vit. Pyth.* 27; Iambl. *vita Pyth.* 134), haben sie wohl auf die philostrateische Erzählung Einfluß gehabt.

Wir besitzen also sehr wenige heidnische Berichte von Auferstandenen. Lediglich die Geschichte über Apollonios ist annähernd denen der Evangelien ähnlich. Somit ist ihr Rahmen nach unserem Wissen keineswegs typisch. Die andere Erscheinung des Apollonios (VA 8,31) ähnelt eher den übrigen heidnischen Erzählungen. Insgesamt darf nicht vergessen werden, daß wir wahrscheinlich von der paradoxographischen Literatur nur wenig besitzen.

Zu b): Als Philostratos von der wunderlichen Reise des Apollonios erzählte, hatte er vielleicht als Vorbild die alten Traditionen von Pythagoras, der am selben Tag und zur selben Stunde in zwei verschiedenen Städten gesehen worden sein soll. Die Geschichte ist bei Ailianos (gest. etwa 170/180 n. Chr.) belegt (*var. hist.* 2,26; 4,17). Ihre Traditionen sind älter als die Erzählung des Johannesevangeliums und die der VA,[143] haben aber nichts direkt mit den Erscheinungen eines Toten zu tun. Darüber hinaus ist uns von solchen wunderhaften Erscheinungsgeschichten nichts überliefert.

Zu c): Der Unglaube der Menschen[144] ist ein einleuchtendes Element bei der Erscheinung eines Toten und kommt auch bei Phlegon vor (*mirab.* 1).

Zu d) und e): In den Erscheinungsgeschichten wird der Erschienene oft berührt oder umarmt. Diese verständliche Geste kommt bei Phlegon (*mirab.* 1) und Lukian (*Philops.* 27) vor. Daß Apollonios müde ist, ist wahrscheinlich eine weitere Form dieses Motivs: Apollonios ist nicht nur Geist, sondern Fleisch und Blut. Die auffallendste Parallele ist die Ähnlichkeit zwischen den Mahnungen Jesu (Joh) und denen des Apollonios.

---

[142] Phlegon gibt als Gewährsmann "Hieron von Alexandria oder Ephesus" an, von dem wir jedoch keine sicheren Daten haben; möglicherweise ist er nur ein Schwindelautor (s. Jacoby 1913,1515).

[143] Ailianos benutzt beidemal ältere Quellen.

[144] Zum Unglauben allgemein in den Wundergeschichten s. Theißen 1974,66.

Damit stellt sich die Frage, wie die Ähnlichkeiten, die besonders zwischen der VA und Joh keineswegs gering sind, einzuschätzen sind. Daß Apollonios Demetrios bittet, ihn zu berühren, klingt wie eine Anspielung auf die christliche Erzählung, aber es gibt keine wörtlichen Zitate, und die redaktionellen Tendenzen des Philostratos lassen sich nicht bestimmen.[145] Darum ist es leicht, die Meinung Hempels zu teilen: Aus stilistischen Gründen ist es deutlich, daß eine direkte Abhängigkeit nicht in Frage kommt. Ob aber eine indirekte Abhängigkeit vorliegt, ist schwieriger zu sagen. Hempel lehnt sie ab mit der Begründung, daß das von ihm als Quelle angenommene Damisbuch um 150 n. Chr. geschrieben worden sei, zu einer Zeit also, als das Johannesevangelium in der damaligen allgemeinen Vorstellung noch kaum einen derartigen Einfluß gehabt habe, wie hier vorausgesetzt werden müsse.[146] Diese Begründung erscheint in mehrfacher Hinsicht fragwürdig: Erstens hat das Damisbuch wohl nie existiert, zweitens hat Philostratos, wenn es doch existiert haben sollte,[147] viel von seiner eigenen Fiktion und auch Material aus anderen Quellen unter dem Namen des Damis verwendet: Es ist offen, ob er das nicht auch hier getan hat. Drittens können wir über die Datierung des angeblichen Damisbuches nur wenig Sicheres sagen. So vermutet beispielsweise Speyer, der die Existenz des Damisbuches für möglich hält, daß es erst in der Zeit Julia Domnas gefälscht wurde.[148] Viertens kann die Geschichte von Thomas älter als das Johannesevangelium und in mündlicher Form in Kleinasien oder in Griechenland bekannt gewesen sein. Darum ist es nicht möglich, eine indirekte Abhängigkeit zwischen Joh 20 und der VA auf Grund des vermuteten Damisbuches abzulehnen.

Die Argumente für bzw. gegen die literarische Abhängigkeit zwischen den Erzählungen sind nicht zwingend. Ein absolut sicheres Urteil ist kaum zu erreichen. Dennoch kann man folgendes festhalten: Einerseits ist deutlich, daß es auch hier nicht um eine direkte literarische Abhängigkeit geht, weil die Unähnlichkeiten zu groß sind und mit der philostrateischen Redaktion keineswegs befriedigend erklärt werden können. Andererseits aber kennen wir keine weiteren heidnischen Geschichten, die diesen Erscheinungserzählungen der Evangelien und der VA ähnlich sind. Die inhaltlichen Ähnlichkeiten zwischen den Erzählungen der Evangelien und denen der VA sind nicht gering. Darum gibt es

---

[145] Was Herzog-Hauser (1930,198f) hier für eine Annahme einer Überbietung der christlichen Geschichte in Lk 24,36ff vorführen kann, überzeugt nicht.

[146] Hempel 1920,73-75.

[147] Zur Frage s. S. 173f.

[148] Speyer 1974,48-53.

keinen Grund, eine indirekte Abhängigkeit der VA des Philostratos von den Geschichten der Evangelien ohne weiteres abzulehnen. Auch hier muß gefragt werden, ob Philostratos diese Geschichten in veränderter Form gehört hat, als er die Traditionen über Apollonios sammelte.

3.1.2.4. Schluß und Weiterführung

Der Vergleich der VA mit den Evangelien zeigt, daß in der Apollonios-Biographie des Philostratos kein Zitat aus dem Neuen Testament zu finden ist. Da auch keine philostrateische Redaktion biblischer Geschichten erkennbar ist, kann eine direkte literarische Abhängigkeit zwischen den Evangelien und der VA kaum angenommen werden (gegen Baur und Herzog-Hauser).

Dagegen bleibt die Tatsache bestehen, daß einige Erzählungen der VA (VA 4,45 und 8,12) auffallende inhaltliche Ähnlichkeiten mit solchen der Evangelien aufweisen. Diese werden auf Grund formgeschichtlicher Untersuchung meistens mit Hilfe der gesamtantiken Topoi erklärt (vor allem Petzke, Smith, Anderson und Hendrickx). Der Textvergleich zeigt jedoch, daß eine Zurückführung auf die entsprechenden antiken Zeugnisse, soweit sie uns heute verfügbar sind, unbefriedigend ausfällt; denn wir besitzen zu wenige heidnische Geschichten, um bestimmen zu können, was typisch war und was nicht. In jedem Fall sind wir auf eine Rekonstruktion der Quellen angewiesen.

Wie wir sahen, gehen viele Forscher ohne weiteres davon aus, daß die von Bultmann gestaltete Topik der Wundererzählungen zutreffend ist, und das, obwohl uns nur ein Bruchteil der hellenistischen und kaiserzeitlichen Literatur zur Verfügung steht. Diese Meinung wird stillschweigend als selbstverständlich vorausgesetzt. Andernfalls wäre schwer verständlich, wie z.B. auf Grund einiger weniger Totenerweckungen zuerst eine Topik (Bultmann) und später mit Hilfe dieser Topik eine Urerzählung hinter VA 4,45 und Lk 7 rekonstruiert werden kann (Schütz). Bergers Kritik trifft die klassische Formgeschichte hier mit voller Kraft. In diesem Zusammenhang steht nicht zur Diskussion, daß wir nur einen Bruchteil der heidnischen Wunderliteratur besitzen, sondern ob Geschichten von Totenerweckungen und Erscheinungen der wieder ins Leben Gekommenen in vorchristlicher Zeit verbreitet waren. Unsere Quellen scheinen eher darauf hinzuweisen, daß sie erst im 2. und 3. Jahrhundert n. Chr. häufig wurden. Darum schlage ich vor, die wenigen literarischen Zeugnisse anders als die Mehrheit der Forscher einzuordnen. Die religionsgeschichtliche Forschung war geneigt, den synkretistischen

Charakter des frühen Christentums zu betonen.[149] Demnach hätten heidnische Gedanken von Wundern und Wundertätern einen bedeutenden Einfluß auf das frühe Christentum ausgeübt, und zwar schon in der ersten Hälfte des ersten Jahrhunderts.[150] Wie großzügig dabei mit den antiken Quellen umgegangen worden ist, wurde in Abschnitt 2.3. dargestellt. Aber wie stand es im Heidentum mit dem Einfluß des christlichen Glaubens?

Beim Siegeszug des Christentums wurden die Traditionen über Jesus überall im griechischsprachigen Raum den Gemeinden bekannt. Wenn man nun eine Wechselwirkung zwischen Heidentum und Christentum annimmt, was sicher richtig ist, so haben die Christen der ersten Jahrhunderte in diesem Prozeß nicht nur genommen, sondern auch gegeben. Die heidnischen Einflüsse auf das Christentum sind seit jeher eine *quaestio vexata* in der religionsgeschichtlichen Forschung. Liegt es an der schlechten Zusammenarbeit zwischen Altphilologen und Theologen oder am mangelnden Interesse der Forscher, daß die umgekehrte Blickrichtung, wie wir sie z.B. bei de Labriolle (1934) und Benko (1980, 1985) finden, bedeutend weniger berücksichtigt wird? Die eifrige Missionsarbeit und das kräftige Wachstum der Kirche besonders seit dem 2. Jahrhundert setzen voraus, daß die Kenntnis des christlichen Glaubens auch in der heidnischen Umwelt Verbreitung fand.[151] Dabei wurden sehr wahrscheinlich auch die Erzählungen von Totenerweckungen durch Jesus und die Geschichten von seiner Auferstehung erzählt. Die kaiserzeitlichen Wundererzählungen zeigen, wie die knappen Traditionen

---

[149] Der Einfluß des Heidentums auf das "hellenistische" Christentum wird repräsentativ in den Hauptwerken Bultmanns ausgeführt. In der *Geschichte der synoptischen Tradition* nennt er die Beziehung zwischen dem palästinensischen und dem hellenistischen Christentum "das eine Hauptproblem" der neutestamentlichen Forschung (1921,3). In der *Theologie des Neuen Testaments* widmet er dem Problem mehrere Seiten (1958,64-182, bes. 64-66). Hengels Buch *Judentum und Hellenismus* (1969) ist insgesamt eine Auseinandersetzung mit der Gewohnheit der früheren Forschung, das "palästinische" und das "hellenistische" Judentum als zwei isolierte Phänomene zu betrachten; in seinem neuen Buch The 'hellenization' of Judea in the first century after Christ (1989) dehnt er seine These auf das "palästinische" und "hellenistische" Christentum aus (zur Geschichte der Problemstellung s. Hengel 1989,1-6. 57-63).

[150] Das in der vorigen Anmerkung dargestellte Schema über das palästinische und das hellenistische Christentum kommt in der θεῖος ἀνήρ-Diskussion eindeutig von Anfang an vor. "Das Johannesevangelium scheint die notwendige Folge davon zu sein, daß der christliche Glaube jetzt auch von solchen Menschen umfaßt worden ist, die sich früher um einen Simon, einen Dositheos u. ähnl. geschart haben" (Wetter 1916,153). Später wendet z.B. Hahn (1963,292-308) das Schema bei den Wundern und der Christologie an: Es waren zuerst die hellenistischen Judenchristen, die die θεῖος ἀνήρ-Auffassung aufnahmen. Das gleiche Muster steht hinter dem einflußreichen Buch von Georgi (1964,145-167).

[151] Vgl. Benko 1980 u. 1985.

weitergebildet wurden. Die Tradition über Petrus in Rom z.B. wurde bald in einem heftigen Wettbewerb mit Simon Magus (*Act. Petr.* 23-29) weiterentwickelt. - Während Paulus nur das Verbum θηριομαχεῖν im Blick auf seinen Aufenthalt in Ephesus benutzt (1Kor 15,32), weiß die spätere Tradition schon von Wundern im Amphitheater zu erzählen (*Act. Paul.* 26-39). Es gibt Beispiele dafür, daß die Wundergeschichten sogar neue Helden bekamen.[152]

In Kleinasien, wo Traditionen über Apollonios weitergegeben wurden, hatte sich damals das Christentum am stärksten ausgebreitet;[153] infolgedessen gab es zur Zeit des Philostratos schon seit langem eine zahlenmäßig starke christliche Bevölkerung, die bereits über Jahrzehnte hinweg Wundererzählungen, einschließlich der Totenerweckungs- und Auferstehungsgeschichten, gehört und überliefert hatte. Man darf ohne weiteres vermuten, daß das christliche Traditionsgut in dieser Zeit schon zu einem Bestandteil der volkstümlichen Erzählungen geworden war; dies gilt um so mehr, wenn die allerdings unsichere Annahme zutrifft, daß der Sitz im Leben für die Wundergeschichten in der Mission zu suchen ist. In die ursprünglich christlichen Erzählungen fanden sicher auch andere Helden Eingang. Als Philostratos um 200-220 n. Chr. Traditionen über Apollonios sammelte, wäre es ihm wahrscheinlich selbst mit Hilfe der strengsten Quellenkritik unmöglich gewesen, das christliche Erzählgut vollständig herauszufiltern.[154] Philostratos liebte gute Geschichten so sehr, daß er auf genaue Unterscheidung der Quellen, wie wir sie heute betreiben, keinen Wert legte.

Hier liegt meines Erachtens die Ursache für die Ähnlichkeiten bzw. Unähnlichkeiten zwischen einigen Erzählungen der Evangelien und den entsprechenden Geschichten der VA. Philostratos hat also weder die Totenerweckungen in Lk 7 und Mk 5 parr. noch die Auferstehungsgeschichten in Joh 20 und Lk 24 direkt aus den Evangelien übernommen; vielleicht aber hat er - mehr kann nicht gesagt werden - die ursprünglich christlichen Erzählungen über Jesus in mündlicher und schon gewandelter Form kennengelernt. Zu diesem Zeitpunkt waren die Erzählungen bereits

---

[152] Dies ist der Fall beim Regenwunder, welches das Heer des Mark Aurel rettete. Diese Geschichte wird einmal Arnuphis dem Ägypter, einmal Julianos dem Chaldäer oder aber Christen im kaiserlichen Heer zugewiesen (s. u. S. 215f).

[153] Lehmann 1957,1707.

[154] Es gibt keinen Grund zu bestreiten, daß Philostratos mündliche Tradition gesammelt hat. Die Tempel und Städte, in denen Apollonios lehrte, waren vielleicht Zentren der mündlichen Überlieferung (Smith 1981 [1978],154-163), seine Tätigkeit ist im 4. Buch auffallend nach Städten gegliedert (Dzielska 1986,51-84).

mit anderen verschmolzen, von heidnischen Geschichten beeinflußt, und hatten vielleicht auch einen neuen Helden bekommen.

Mit Hilfe der Geschichten der VA, die denen des Neuen Testaments ähnlich sind, können wahrscheinlich christliche Erzählungen besser verstanden werden. Das gilt aber aus zeitlichen Gründen vor allem für die christlichen Erzählungen des 2., 3. und 4. Jahrhunderts. Was die neutestamentlichen Geschichten betrifft, ist die Lage methodisch jedoch komplizierter. Die VA wurde mehr als hundert Jahre nach den Evangelien verfaßt. Ich glaube nachgewiesen zu haben, daß Philostratos durchaus Kenntnis von christlichen Geschichten gehabt haben konnte. Schon der Zweifel an der literarischen Abhängigkeit macht das Vergleichsmaterial problematisch: Wer das Neue Testament mit Hilfe der Apollonios-Tradition auslegen will, ist dazu verpflichtet, sein Vorgehen methodisch zu begründen und darzulegen, wie er einen Zirkelschluß vermeidet. Dessen ungeachtet ist die VA ein Text, der sich zur Untersuchung der Wechselwirkung zwischen Christentum und Heidentum eignet: Ohne Frage hilft uns die VA, die apokryphen Apostelakten auf ihre religionsgeschichtliche Stellung hin zu untersuchen, und mahnt darüber hinaus grundsätzlich den Theologen, nach christlichen Einflüssen im Heidentum zu fragen.

3.2. Die hellenistischen Wundertäter und der hellenistische Wunderglaube

Die Voraussetzungen für die θεῖος ἀνήρ-Hypothese bilden einerseits die Annahme, daß es in der Zeit Jesu viele heidnische Wundertäter gab, und andererseits die Vermutung, daß die Konkurrenz zu ihnen die neutestamentliche Christologie grundlegend beeinflußt hat. Der forschungsgeschichtliche Teil dieser Abhandlung hat gezeigt, daß in der Regel der philostrateische Apollonios als Beweis für diese Ansicht angeführt worden ist. Aus dem, was in Abschnitt 3.1. dargelegt worden ist, muß jedoch der Schluß gezogen werden, daß der philostrateische Apollonios nicht dem ersten, sondern dem 3. Jahrhundert angehört. Bevor wir allerdings die sich daraus ergebenden Schlußfolgerungen formulieren können, müssen noch zwei weitere Fragen beantwortet werden: 1) Gibt es, falls Apollonios als Wundertäter für die Zeit Jesu ausfällt, andere, die an seine Stelle treten könnten? 2) Falls die Bedeutung der Wundertäter in der Zeit Jesu geringer war, als bisher angenommen, welche anderen Elemente des hellenistischen Wunderglaubens könnten für die ersten Christen eine Konkurrenz und somit eine Herausforderung dargestellt haben?

3.2.1. Ein Verzeichnis der heidnischen Wundertäter in der hellenistischen Periode und in der frühen Kaiserzeit

Obwohl unser Thema vielfach unter religionsgeschichtlichem Aspekt betrachtet worden ist, fehlt bisher, wie im ersten Hauptteil erkennbar wurde, ein mit antiken Belegen versehenes Verzeichnis heidnischer Wundertäter in der Zeit Jesu. Dies soll nunmehr nachgeholt werden.

Die große Schwierigkeit der bisherigen Forschung liegt darin, daß wegen der θεῖος ἀνήρ-Hypothese mit allzu weit gefaßten Definitionen und Kategorien gearbeitet worden ist. Um hier Schritt für Schritt weiterzukommen, werden deshalb zuerst lediglich **menschliche heidnische**[155] **Wundertäter, d.h. Menschen, denen in der Antike nicht rational erklärbare, übermenschliche Fähigkeiten zugeschrieben wurden**, aufgeführt. Auf Grund dieser Definition fallen nicht nur Götter und Heroen heraus, sondern auch Philosophen, Helden usw., falls ihnen nachweisbar kein Wunder zugeschrieben worden ist. Ungenannt bleiben auch Personengruppen, die gelegentlich als Wundertäter auftreten können, nämlich zum einen Herrscher und Herrscherprätendenten, zum anderen Personen, die in einem festen Zusammenhang mit irgendeinem Tempel stehen, und drittens Vertreter magischer Riten, falls ihre Namen nicht überliefert sind.[156] Im folgenden werden jedoch viele, die sich im jeweiligen Grenzbereich befinden, berücksichtigt.

Das Verzeichnis erfaßt Personen vom Anfang der hellenistischen Periode, also vom Tode Alexanders des Großen, bis zum ausgehenden 2. Jahrhundert n. Chr.

Mit Hilfe dieser Definition wird eine Gruppe von Personen zusammengestellt, die für die neutestamentliche Exegese von größter Bedeutung sind. Dennoch ist von vornherein deutlich, daß durch diese Definition des Wundertäters ein wesentlicher Teil des kaiserzeitlichen Wunderglaubens

---

[155] In mehreren Verzeichnissen werden undifferenziert sowohl die heidnischen als auch die jüdischen und christlichen Wundertäter zugleich aufgeführt (vgl. z.B. H.D. Betz, 1983). Falls auf diese Weise die Existenz der Wundertäter als religionsgeschichtlicher Hintergrund der neutestamentlichen Wundertäter dargestellt werden soll (vgl. H.D. Betz 1980 [1968]), so unterliegt man einem *circulus vitiosus*; vgl. dazu o. S. 76. Aus diesem Grund fallen Jesus, wundertätige Christen (die Apostel, Marcus Magus, Karpokrates) als auch Samaritaner (Simon Magus, Dositheos) aus dem folgenden Verzeichnis heraus.

[156] Damit entfallen auch die Astrologen, falls ihnen persönlich keine Wunder zugeschrieben wurden. Die wachsende Bedeutung der uralten Kenntnisse in der Spätantike ist schon seit Jahrzehnten anerkannt worden, s. Dodds 1951,283-311. Zu den bedeutendsten Astrologen der Antike s. neben Dodds H.D. Betz 1983,238-288.

ausgeklammert wird. Diesem kommt aber im nächsten Kapitel besondere
Aufmerksamkeit zu.

3.2.1.1. Die hellenistische Periode

1) Eunus

Zeit: um 136/35-132 v. Chr.
Quellen: Liv. *perioch.* 56; Flor. *epit.* 2,7; Diod. 34.[157]
Literatur[158]: Münzer, 1907,1143-1145 (PRE); Gundel 1967,429 (KP); Bengtson 1967,162.

Eunus, ein Syrer aus Apameia, war Führer des sizilianischen Sklavenaufstands um 136/35-132, den die Römer nur langsam und mit Mühe
überwinden konnten. Durch seine Voraussagen war er schon von Anfang
an mit dem Aufstand verbunden, zu deren Führung seine Kenntnisse ihn
befähigten. Nach Diodoros, dem Hauptzeugen des Sklavenkrieges, hatte
Eunus, der "Verehrer" einer syrischen Göttin war, seinem Herrn schon
vorher prophezeit, daß er König werden würde (34,2,7f). Diodoros nennt
Eunus ἄνθρωπος μάγος καὶ τερατουργός, der zuerst im Traum und
danach auch im Wachzustand Erscheinungen der Götter gehabt habe
(34,2,5f). Diodoros (34,2,6f) und Florus (*epit.* 2,7) erzählen, Eunus habe
seinen Zuschauern vorgetäuscht, Feuer auszuatmen, indem er eine Nuß
mit Schwefel und Feuer im Mund hielt, und habe so Wundertätigkeit
vorgegeben. Diese nach den beiden Autoren fingierten Kenntnisse
führten dazu, daß Eunus den Aufstand bis zu seinem bitteren Ende
leitete.

Eunus war zwar vor allem Führer des Sklavenaufstands, gab sich aber
zweifellos auch als Magier aus. Zu seiner Stellung als Wundertäter in
hellenistischer Zeit sollte beachtet werden, daß seine Tätigkeit nicht von
dem herkömmlichen griechisch-römischen, sondern deutlich von einem
östlichen Glauben bestimmt war. Was für eine Göttin die erwähnte *dea
Syria* war, läßt sich heute kaum mehr feststellen.

2) Damigeron (Damogeron, Damegeron)

Zeit: 2. Jh. v. Chr. (?)
Quellen:
   a) *Eigenes Werk*: de lapidibus (fragm. hg.v. V. Rose, Hermes 9,471ff).
   b) *Die übrigen Quellen*: Apul. *apol.* 90; Tert. *anim.* 57; Arnob. *nat.* 1,52.

---

[157] Vom 34. Buch des Werkes besitzen wir nur einige Exzerpte.
[158] Hier wie ebenso bei den weiter unten erwähnten Wundertätern wird lediglich eine
repräsentative Auswahl der Literatur, nicht aber eine vollständige Bibliographie angestrebt.

Literatur: Wellmann 1901,2055f.

Damigeron kommt in mehreren Verzeichnissen von Magiern vor, aber die Kenntnisse über ihn sind dürftig: Sogar seine zeitliche Einordnung fällt schwer. Jedenfalls war sein auf griechisch verfaßtes Werk über die Eigenschaften der Steine im 2. Jahrhundert v. Chr. verbreitet und gewann in der Spätantike beträchtliche Bedeutung. Weil von seiner Wundertätigkeit nichts überliefert ist, war er wahrscheinlich eher ein Kenner der alchimistisch-magischen Techniken als ein Wundertäter.

3) Publius Nigidius Figulus

Zeit: geb. ca. 100 v. Chr., gest. 45 (?) v. Chr.
Quellen:
    a) *Eigene Werke*: Die eigenen Werke sind nur fragmentarisch überliefert (hg.v. A. Swoboda, *Nigidius Figulus*). Die Titel: 1) *De diis*, 2) *De hominum natura*, 3) *De animalibus*, 4) *De ventis*, 5) *Sphaera*, 6) *De extis*, 7) *De augurio privato*, 8) *De somniis*, 9) *Commentarii grammatici*, 10) *De gestu*.
    b) *Die übrigen Quellen*[159]: Cic. *ad fam.* 4,13; Cic. *Att.* 2,2,3; Cic. *Tim.* 1; Lucan. 1,638-672; Ps. Cic. *in Sall.* 14; Schol. Bob. zu Cic. *in Vatin.* 14; Plut. *Cic.* 20,3; Suet. *Aug.* 94; Apul. *apol.* 42; Dio Cass. 45,1,3-5; Hier. *chron. a. Abr.* 45 a.Chr.
Literatur: Kroll 1936,200-212 (PRE); Getty 1960,310-323; P. Schmidt 1975,91f (KP).

Publius Nigidius Figulus, ein enger Freund Ciceros (*ad fam.* 4,13; Plut. *Cic.* 20,3) und bedeutender Staatsmann, macht bei Lukan (1,638-672) im Bürgerkrieg aufgrund seiner astrologischen Kenntnisse Vorhersagen. Nach Sueton (*Aug.* 94,5) soll er Octavius, dem Vater des Augustus, prophezeit haben, daß der eben geborene Sohn Herr der Welt sein werde. Apuleius, der hier vielleicht nicht glaubwürdig ist,[160] behauptet (*apol.* 42), Nigidius habe Fabius durch Magie geholfen, verlorene 500 Denare wiederzufinden. Noch später wird er von Ps.-Cicero (*in Sall.* 14) und in *Schol. Bob. zu Cic. in Vatin.* 14 hart wegen Magie verurteilt. Diese Bewertung kennt auch Hieronymus, der zum Jahr 45 sagt: *Nigidius Figulus Pythagoricus et magus in exilio moritur* (*chron. a. Abr.* 45 a.Chr.).

    Auf Grund dieser Quellen galt Nigidius dann und wann als Zauberer, der all jene Zaubereien betrieb, zu denen die Papyri Anweisungen ge-

---

[159] Hier werden vorwiegend nur diejenigen Quellen berücksichtigt, die etwas mit Wundern oder Magie zu tun haben. Eine vollständige Aufzählung der Quellen findet sich bei Kroll, 1936.
[160] Kroll 1936,201.

ben.[161]   Dieses Urteil beruht allerdings vor allem auf der späteren Überlieferung. Die früheren Quellen, die keineswegs gering sind,[162] schweigen jedoch über die Zauberei dieses Mannes und weisen in die gleiche Richtung wie die Titel seiner Werke, die ein deutliches Interesse an Mantik, Astronomie und Deutung von Prodigien zeigen.[163] Nach W. KROLL war er ein Vertreter eines spirituellen Pythagoreismus,[164] der diese Lehre mit etruskischem und orientalischem Glauben zu vereinen suchte.   Ein Bild des Magiers "paßt nicht zu dem, was für einen römischen Senator möglich war".[165]   Vor Apuleius werden ihm übermenschliche Fähigkeiten nicht zugeschrieben.   Somit kann Nigidius Figulus nicht als Zeuge für die θεῖος ἀνήρ-Hypothese in Anspruch genommen werden.

4) Asklepiades

Zeit: gest. um 40 v. Chr.
Quellen[166]: Plin. *nat.* 7,124; 26,12-16. Apul. *flor.* 19; Cels. 2,6 (1. Hälfte des 1. Jahrhunderts).
Literatur: Wellmann 1896,1632f (PRE); Luck 1985,145.

Der Epikureer Asklepiades, über den uns Plinius d.Ä. informiert, war einer der berühmtesten Ärzte der Antike. Plinius (*nat.* 26,15), Aulus Cornelius Celsus und - ausführlicher - Apuleius berichten, wie er in einem Mann, der schon als Toter auf dem Scheiterhaufen lag, um verbrannt zu werden, einen Hauch von Leben findet und ihn so rettet. Obgleich diese Erzählung mehrfach als eine Parallele zu den christlichen Totenerweckungen gewertet worden ist, beschreibt Plinius hier ebensowenig wie Celsus[167] die Erweckung eines Toten, und auch Apuleius, der

---

[161]   S. o. S. 65.

[162]   Vgl. den Artikel von Kroll.

[163]   Lukans Worte über die Stellung der Sterne (1,642ff) zeigen die hervorragenden astronomischen Kenntnisse des Nigidius Figulus, s. Getty 1960,310-323.

[164]   Das zeigt das Zeugnis Ciceros (*Tim.* 1): "*fuit enim vir ille cum ceteris artibus, quae quidem dignae libero essent, ornatus omnibus, tum acer investigator et diligens earum rerum quae a natura involutae videntur; denique sic iudico, post illos nobiles Pythagoreos, quorum disciplina extincta est quodam modo, cum aliquot saecla in Italia Siciliaque viguisset, hunc extitisse qui illam renovaret.*"

[165]   Kroll 1936,202.

[166]   Vollständig bei Wellmann 1896,1632f.

[167]   *Quin etiam vir iure magni nominis Democritus, ne finitae quidem vitae satis certas notas esse proposuit, quibus medici credidissent: adeo illud non reliquit, ut certa aliqua signa futurae mortis essent. Adversus quos ne dicam illud quidem, quod in vicino saepe quaedam notae positae, non bonos sed imperitos medicos decipiunt; quod Asclepiades funeri obvius intellexit quendam vivere, qui efferebatur.*

das Wunderhafte etwas mehr betont, verbindet mit der Rettung des Mannes einen medizinisch-pflegerischen Vorgang. Somit muß man Asklepiades nicht als Wundertäter, sondern als berühmten Arzt einordnen.

3.2.1.2. Erstes Jahrhundert n. Chr.

1) Apollonios von Tyana

Zeit: geboren um die Zeitenwende, gest. 96-98 (?)
Quellen: s.o. Kapitel 1.1. und 3.1.1.
Literatur: Meyer 1917,370-424; Solmsen 1941,124-177; Bowie 1978,1652-1699; Anderson 1986,121-239; Dzielska 1986; Koskenniemi 1991.

Unsere Kenntnis über Apollonios beruht hauptsächlich auf der *Vita Apollonii Tyanensis* des Philostratos, die erst im 3. Jahrhundert verfaßt wurde und in hohem Maß von Vorstellungen dieser Zeit geprägt ist. Allerdings hatte er schon in der vorphilostrateischen Zeit - sicher im 2. Jahrhundert - den Ruf eines Wundertäters, aber die Erzählungen des Philostratos über die Wundertätigkeit des Apollonios können keinen sicheren Aufschluß geben über die Auffassungen im 1. Jahrhundert.

2) Der Eremit bei Plutarch

Zeit: *terminus ad quem* Plutarch, geb. 45 n. Chr.
Quelle: Plut. *mor.* 421 a-b (= *De def. orac.* 21).
Literatur: Nilsson 1961,529.

Plutarch erzählt von einem anonymen Eremiten, der am Roten Meer lebte. Er traf Menschen nur einmal im Jahr, lebte sonst nach seinen eigenen Angaben mit Nymphen und Dämonen und ernährte sich monatlich einmal von einer bitteren Pflanze. Er sprach viele Sprachen, und wenn er redete, wurde der Ort von Wohlgeruch[168] erfüllt; wenn er einmal im Jahre prophezeite, wurde er von Fürsten und Schreibern der Könige, d.h. von hohen Verwaltungsbeamten, besucht.

Der merkwürdige Mann, über den wir nicht mehr wissen als das, was Plutarch knapp berichtet, und dessen Wundertätigkeit kaum erwähnt wird, ist in vieler Hinsicht äußerst interessant. Nicht der philostrateische Apollonios von Tyana oder Alexander von Abonuteichos stehen zeitlich in größter Nähe zu Jesus, sondern jener unbekannte Eremit. Sicher nicht

---

[168] Wohlgeruch erwähnt Plutarch auch bei Alexander dem Großen (Plut. *Alex.* 4,4).

unbedeutend ist die Tatsache, daß er in östlichen Teilen des Imperiums lebte und als βάρβαρος ἀνήρ bezeichnet wurde. Da Belege von Exorzismen in der hellenistischen Zeit vor Jesus nicht besonders häufig sind,[169] ist es wohl wichtig zu betonen, daß Plutarch hier - obgleich die herkömmliche griechische Dämonologie z.b. nach Sokrates schon weiterentwickelt worden war - eine etwas andere Dämonologie voraussetzt, als die, die aus dem (babylonisch-)jüdisch-christlichen Bereich bekannt ist: δαίμων repräsentiert hier nicht die böse Macht, die Göttern und Menschen feindlich gesonnen ist, sondern das göttliche Wesen in seinem Wirken (*numen*) und nicht als Person (θεός / *deus*).[170]

3.2.1.3. Zweites Jahrhundert n. Chr.

1) Peregrinus Proteus

Zeit: gest. 165.
Quellen: Lukian. *Peregr*.; Gell. 8,3; 12,11;[171] Athenag. *suppl*. 26,3-5 (um 177); Philostr. VS 563.
Literatur: von Fritz 1937,656-663 (PRE); Dörrie 1972,625 (KP); Edwards 1989,89-98; Blackburn 1991,90-91.

Proteus Peregrinus aus Parion im hellespontischen Mysien ist uns hauptsächlich durch die satirische Darstellung Lukians über seinen Selbstmord bekannt; demnach wurde dieser Kyniker, der von Jugend an nichts anderes als ein Schwindler und Übeltäter gewesen war, wegen Vatermordes angeklagt (*Peregr*. 9f. 15). Er wurde zuerst von Christen und danach von Kynikern sehr verehrt. Von seiner Wundertätigkeit spricht Lukian nur andeutungsweise, aber deutlich genug.[172] Vor allem spricht er ironisch über den maßlosen Ehrgeiz des Mannes, welcher ihn dazu führte, sich nach dem Muster von Herakles und den Brahmanen (*Peregr*. 25) in Olympia öffentlich zu verbrennen, wodurch er in den Augen seiner Anhänger Zugang zu den Göttern erhielt (*Peregr*. 6). Peregrinus selbst strebte laut Lukian nach Altären und Goldstatuen (*Peregr*. 27), und seine Schüler haben diese Hoffnung mit einer frühen, reichen und grundlosen Legendenbildung erfüllt (*Peregr*. 28. 39. 40). Die Goldstatuen in seiner

---

[169] S. o. S. 44 u. 58f.
[170] S. Nilsson 1961,255-257. 407-409.
[171] Tatian. *or*. 25 (um 165) erwähnt zwar Proteus, aber dies weist eher auf den ägyptischen Gott und nicht auf Peregrinus hin.
[172] τότε δὴ καὶ συλληφθεὶς ἐπὶ τούτωι ὁ Πρωτεὺς ἐνέπεσεν εἰς τὸ δεσμωτήριον, ὅπερ καὶ αὐτὸ οὐ μικρὸν αὐτῶι ἀξίωμα περιεποίησε πρὸς τὸν ἑξῆς βίον καὶ τὴν τερατείαν καὶ δοξοκοπίαν, ὧν ἐρῶν ἐτύγχανεν (*Peregr*. 12).

Vaterstadt Parion sind um 177 durch Athenagoras belegt, der erwähnt, daß ihnen Wunderheilungen zugeschrieben wurden.

Mit seiner ironischen Darstellung hat Lukian, wie auch bei Alexander von Abonuteichos festzustellen ist (s.u.), das Bild des Peregrinus grundlos umgeprägt. Die Worte von Philostratos und vor allem von Aulus Gellius[173], der den Mann persönlich kannte, zeigen, daß es sich bei ihm um einen ernstzunehmenden Philosophen mit strenger Moral handelte. Ob ihm schon zu Lebzeiten Wunder zugeschrieben wurden oder erst etwas später, ist heute kaum mehr zu ermitteln.

2) Alexander von Abonuteichos

Zeit: nach 180 n. Chr.[174]
Quellen: Lukian. *Alex.*; Athenag. *suppl.* 26 (um 177[175]); zu den nichtliterarischen Zeugnissen s. Remus 1983.
Literatur: Riess 1894,1444f (PRE); Weinreich 1921,129-151; Nock 1928,160-162; Caster 1938; Nilsson 1961,472-475; Remus 1983, 159-181. 202-204; Blackburn 1991,88-90.[176]

Neben Apollonios ist der bekannteste heidnische Wundertäter Alexander von Abonuteichos, dessen historische Gestalt, wie die des Peregrinus, viele Rätsel aufgibt. Unsere Hauptquelle ist nämlich Lukian, der Alexander zwar persönlich kennenlernte, ihn aber, weil er ihn von ganzem Herzen haßte, als bloßen Betrüger dargestellt hat.

Nach Lukian hatte Alexander einen Apollonios-Schüler zum Lehrer;[177] mit ihm gründete er, nachdem sie zusammen überall Zauberei ausgeübt hatten (*Alex.* 6. 8), eine Orakelstelle in Abonuteichos in Paphlagonien. Die von Alexander auf betrügerische Weise durchgeführte Epiphanie des Asklepios in Form einer in wenigen Tagen ausgewachsenen Schlange, die Glykon genannt wurde, machte den neuen Kult ungeheuer erfolgreich. Hier wirkte Alexander als Prophet des Gottes,

---

[173] *Philosophum nomine Peregrinum, cui postea cognomentum Proteus factum est, virum gravem atque constantem, vidimus, cum Athenis essemus, deversantem in quodam tugurio extra urbem. Cumque ad eum frequenter ventitaremus, multa hercle dicere eum utiliter et honeste audivimus ...* (Gell. 12,11,1).

[174] Der Tod des Mark Aurel wird bei Lukian schon vorausgesetzt, *Alex.* 48.

[175] Altaner - Stuiber 1978,74. Es ist möglich, daß es bei Athenagoras nicht um Alexander von Abonuteichos, sondern um den Priamossohn geht (Remus 1983,308f). Weil aber die übrigen von Athenagoras genannten Männer Gestalten seiner Zeit waren, ist es m.E. wahrscheinlich, daß es sich um Alexander von Abonuteichos handelt.

[176] Weitere Literatur bei Remus.

[177] ἐν δὲ τοῖς ἄλλοις λαμβάνει τις αὐτὸν ἐραστὴς γόης τῶν μαγείας καὶ ἐπωιδας θεσπεσίους ὑπισχνουμένων καὶ χάριτας ἐπὶ τοῖς ἐρωτικοῖς καὶ ἐπαγωγὰς τοῖς ἐχθροῖς καὶ θησαυρῶν ἀναπομπὰς καὶ κλήρων διαδοχάς (*Alex.* 5).

sprengte aber zugleich deutlich die Rolle eines Tempelpriesters, setzte neue Mysterien ein (*Alex.* 38) und wurde göttlich verehrt (*Alex.* 55). Nach Lukian beruht alles, was er tat, auf Betrug und Lüge. Immerhin sandte Alexander seine Anhänger in die Welt und erhob den Anspruch, Schätze und entlaufene Sklaven finden, Kranke heilen und Tote erwecken zu können.[178]   Auch sagte er nicht nur dem römischen Statthalter von Kappadokien und seinem künftigen Schwiegersohn (*Alex.* 38f), Mummius Sisenna Rutilianus (*Alex.* 30),[179] sondern sogar Kaiser Mark Aurel (*Alex.* 48) die Zukunft voraus.

Um das Phänomen und den Erfolg Alexanders zu verstehen, ist Lukian sicher nicht der beste Wegweiser. Er erzählt selbst, daß er, als Alexander ihm die Hand zum Kuß reichte, so heftig hineinbiß, daß jener sie beinahe lahm zurückzog (*Alex.* 55). Trotzdem läßt sich aus Lukians Werk, zusammen mit den nichtliterarischen Quellen, herauslesen, daß Alexander nur wenig mit dem so dargestellten lukianischen 'Antihelden' zu tun hat. Untersucht man wie MARCEL CASTER und HAROLD REMUS die Intentionen und Auffassungen Lukians und die wenigen außerlukianischen Quellen, muß ein ganz anderes Bild von Alexander gezeichnet werden. Die Nachricht vom großen Erfolg Alexanders, daß der Kaiser ihm gestattete, dem Ort Abonuteichos seinen heutigen Namen Ionopolis zu geben und weiterhin Münzen zu schlagen, in denen nicht nur Glykon, sondern auch er selbst abgebildet war (*Alex.* 58), wird durch nichtliterarische Zeugnisse bestätigt.[180]   Obgleich Lukian, der als Epikureer Wundertätigkeit *a priori* für Betrug hielt, die übermenschlichen Fähigkeiten Alexanders als Schwindel zu deuten versucht hat, ist es heute leicht, die große Bedeutung seines Gegners als Wundertäter im 2. Jahrhundert zu erkennen. Um 177 wurden seinen Statuen Heilungen zugeschrieben (Athenag. *suppl.* 26,3-5).

---

[178] ῎Ηδη δέ τινας καὶ ἐπὶ τὴν ἀλλοδαπὴν ἐξέπεμπεν, φήμας ἐμποιήσαντας τοῖς ἔθνεσιν ὑπὲρ τοῦ μαντείου καὶ διηγησ〈α〉μένους ὡς προείποι καὶ ἀνεύροι δραπέτας καὶ κλέπτας καὶ ληιστὰς ἐξελέγξειε καὶ θησαυρὸς ἀνορύξαι παράσχοι καὶ νοσοῦντας ἰάσαιτο, ἐνίους δὲ καὶ ἤδη ἀποθανόντας ἀναστήσειεν. δρόμος οὖν καὶ ὠθισμὸς ἀπανταχόθεν ἐγίγνετο καὶ θυσίαι καὶ ἀναθήματα καὶ διπλάσια τῶι προφήτηι καὶ μαθητῆι τοῦ θεοῦ (*Alex.* 24).

[179] Mummius Sisenna Rutilianus ist uns auch durch Inschriften bekannt, CIL 10,6587; CIL 14,3601. 4244. Vgl. Hanslik 1969,1459.

[180] S. Remus 1983,168.

3) Arnuphis der Ägypter

Zeit: um 174 n. Chr.
Quellen: Dio Cass. 71,8f[181]; (*Hist. Aug. M. Aur.* 24,4).
Literatur: von Harnack 1894,835-882; Mommsen 1895,90-106; Geffcken 1899,253-269; Nilsson 1961,528; Sage 1987,96-113; Durst 1988,95f.

Nach Cassius Dio war Arnuphis ein ägyptischer Magier, der Mark Aurel im Feldzug gegen die Markomannen folgte und dessen Heer in bedrohlicher Lage durch ein Regenwunder rettete. Xiphilinos, der Epitomator der Bücher von Cassius Dio, beschuldigt den Verfasser einer Lüge, da Mark Aurel nichts mit den Magiern zu tun haben wollte;[182] wie Tertullian[183] und später Eusebios (*hist. eccl.* 5,5), der einen Bischof namens Apollinaris aus der Zeit Mark Aurels zitiert, weist er das Wunder den Christen zu, die im Heer dienten (71,9). Auch die *Historia Augusta* kennt die merkwürdige Rettung des Heeres, führt sie aber auf die Gebete des frommen Kaisers zurück.

4) Julianos

Zeit: zur Zeit Mark Aurels.
Quellen:
    a) *Eigene Werke*[184] (θεουργικά, τελεστικά, λόγια δι' ἐπων), restlos verlorengegangen.
    b) *Die übrigen Quellen*: Prokl. *Krat.* 72,10 (Pasq.); *rep.* 2,123,12 (Kroll); Arnob. *nat.* 1,52; Iul. *epist.* 12.
Literatur: Kroll 1918,15-17 (PRE); Nilsson 1961,479; dazu s.o. bei Arnuphis.

Das Regenwunder, das Cassius Dio Arnuphis, Tertullian und Eusebios den Christen im Kaiserheer und die *Historia Augusta* Mark Aurel zuschreiben, weist die Suda dem Julianos zu. Von seiner Wundertätigkeit wissen wir sonst nichts Genaues; Proklos jedenfalls nennt ihn in der Gruppe der Theurgen in der Zeit Mark Aurels (οἱ ἐπὶ Μάρκου γενόμε-

---

[181] Καὶ γάρ τοι λόγος ἔχει Ἀρνουφίν τινα μάγον Αἰγύπτιον συνόντα τῶι Μάρκωι ἄλλους τέ τινας δαίμονας καὶ τὸν Ἑρμῆν τὸν ἀέριον ὅτι μάλιστα μαγγανείαις τισὶν ἐπικαλέσασθαι καὶ δι' αὐτῶν τὸν ὄμβρον ἐπισπάσασθαι.

[182] Mark Aurel schreibt, was er bei seinem Lehrer Diognetos gelernt hat: τὸ ἀπιστητικὸν τοῖς ὑπὸ τῶν τερατευομένων καὶ γοήτων περὶ ἐπωιδῶν καὶ περὶ δαιμόνων ἀποπομπῆς καὶ τῶν τοιούτων λεγομένοις (1,6).

[183] Tertullian (*apol.* 5,5f und *ad Scap.* 4) behauptet, daß das Wunder in einem Brief des Kaisers erzählt werde. Die Existenz dieses Briefes oder des Originals, das zu der Abfassung eines gefälschten Briefes geführt haben soll, wurde in den letzten Jahren des vorigen Jahrhunderts auffallend lebhaft diskutiert (s. Geffcken 1899,253-258).

[184] S. Suda s.v. Ἰουλιανός.

νοι θεουργοί). Kaiser Julian ehrte sein Andenken sehr. Die Titel seiner verlorenen Werke bezeugen sein Interesse an Mantik und Magie.

5) Apsethos der Libyer

Zeit: terminus ante quem: Hippol. *haer.* (um 222[185]).
Quellen: Hippol. *haer.* 6,7f.

Hippolytos berichtet von einem Libyer Apsethos, der Gott werden oder wenigstens als Gott verehrt werden wollte. Deshalb lehrte er eine große Anzahl von Papageien den Satz Ἄψεθος θεός ἐστι, wodurch er sich die göttliche Verehrung der Libyer erwarb. Ein Grieche aber, der seine List durchschaute, brachte den Papageien einen neuen Satz bei (Ἄψεθος ἡμᾶς κατακλείσας ἠνάγκασε λέγειν· Ἄψεθος θεός ἐστι); daraufhin hätten die wütenden Libyer den Mann lebendig verbrannt.

Die erwähnte Geschichte, mit der Hippolytos in Wirklichkeit Simon Magus angreift, wird ähnlich von Maximos von Tyros (um 125-185) über einen Libyer Psaphon (29,4) und von Ailianos (um 170-235) über Annon (*var. hist.* 14,30) erzählt. Sie scheint somit eher in den Bereich der Anekdote zu gehören und läßt sich kaum als Hinweis auf das Wirken eines Wundertäters ansehen. Da Apsethos nur von Hippolytos erwähnt wird, sucht man in den großen Nachschlagewerken vergeblich einen Artikel über ihn.

6) Neryllinos

Zeit: um 177.[186]
Quellen: Athenag. *suppl.* 26,3-5.
Literatur: Miller 1936,65 (PRE).

Neryllinos ist uns nur durch Athenagoras bekannt, der etwa gleichzeitig mit ihm lebte. Um 177, als Athenagoras seine *supplicatio pro Christianis* schrieb, war jener schon tot, aber seiner Statue wurden Heilungen zugeschrieben. Der Name *Neryllinus* ist römischer Beiname der *gens Suilia*, zu der er vielleicht gehörte.

7) Die von Celsus erwähnten Wundertäter

Zeit: um 177-178.
Quelle: Orig. *c. Cels.* 1,68; 3,50; 5,57; 7,9.
Literatur: Cullmann 1957,278; Dodd 1953,251; Hengel 1975,50-53.

---

[185] Altaner - Stuiber 1978,164.
[186] Altaner - Stuiber 1978,74.

Obwohl uns von Celsus kein Text im Original überliefert ist, läßt sich auf Grund der Art und Weise, wie Origenes in seiner Schrift *Contra Celsum* einige Male das frühe Christentum verteidigt, erkennen, daß Celsus von Wundertätern gesprochen haben muß. Zweimal geht es eindeutig um die Ausübung magischer Riten (1,68; 3,50), welche weiter unten besprochen werden.[187] Zwei weitere Stellen jedoch verdienen hier eine nähere Betrachtung.

Origenes weist in 5,57 auf Wundergeschichten hin, die in den Büchern des Chrysippos und des Pythagoras sowie bei Plutarch in περὶ ψυχῆς und bei dem Pythagoreer Numenios (2. Hälfte des 2. Jahrhunderts) zu finden sind. Während die Schrift des Numenios zum größten Teil verlorengegangen ist und wir uns lediglich auf die Stelle bei Origenes beziehen können, ist das Werk Plutarchs zwar fragmentarisch überliefert (Plut. *fragm.* 173-178 Sandbach), hilft aber leider nicht weiter.

Celsus spricht von vielen Propheten, die in seiner Zeit den Anspruch erhoben, Götter oder Gottessöhne zu sein, die die Zerstörung der Welt und das Gericht predigten und behaupteten, nur sie könnten ihre Verehrer vom Feuer erretten. Dazu pflegten sie unklare Prophezeiungen zu verkünden, die dann jeder Wahnsinnige oder Magier beliebig deuten konnte (Orig. *c. Cels.* 7,9).

In diesem wichtigen Abschnitt, der seit Reitzenstein als Beleg für heidnische Wundertäter diente, sollten die jüdisch-christlichen Elemente nicht übersehen werden. Die Verdorbenheit der Menschen, das Gericht und die Rettung vom Tode, die Bestandteile dieses Abschnittes sind, weisen eindeutig in diese Richtung. Entweder spricht Celsus hier von jüdischen Predigern, oder aber, was wahrscheinlicher ist, er parodiert die Bußpredigt der christlichen Missionare. Von heidnischen Wundertätern handelt diese Stelle jedenfalls nicht.

3.2.1.4. Schluß

In der neutestamentlichen Exegese gilt Apollonios als typischer Wundertäter in der Zeit Jesu. Weil diese Auffassung letztlich auf einer unkritischen Verwendung der Apollonios-Tradition beruht, mußten andere Wundertäter gefunden werden, die als Kronzeugen für die θεῖος ἀνήρ-Hypothese dienen könnten. Jedem, der sich mit der θεῖος ἀνήρ-Hypothese auseinandersetzt, müssen m.E. einige Züge auffällig erscheinen.

---

[187] S. u. S. 224ff.

1) Betrachtet man das Phänomen Wundertäter diachronisch, fällt für die Zeit von der frühen hellenistischen Periode bis etwa 150 n. Chr. die geringe Anzahl an Texten über dieses Phänomen auf. Theißen wundert sich darüber, daß es in der hellenistischen Periode nur wenige Wundertäter gab, und rechnet mit ihrer wachsenden Bedeutung im 1. christlichen Jahrhundert. Da er aber als Beweis für seine Vermutung außer dem philostrateischen Apollonios und Jarbas (=Jarchas), die keineswegs in diese Zeit gehören,[188] nur den Eremiten erwähnen kann, muß seine Darstellung der zeitlichen Entwicklung als unhaltbar angesehen werden. Dagegen ist es leicht, aus dem ausgehenden 2. Jahrhundert viele Wundertäter mit Namen zu nennen und eine summarische Erwähnung (Mark Aurel) zu finden. Will man nicht als Erklärung den suspekten Ausweg benutzen, die früheren Quellen redeten zwar mehrfach von Wundertätern, Namen seien aber nicht überliefert worden, dann muß man eine Entwicklungslinie herstellen, die heute glücklicherweise nicht mehr lediglich auf Grund der literarischen Quellen gezeichnet werden muß. Die wachsende Bedeutung der Wundertäter paßt gut zu der allgemeinen Intensivierung des Wunderglaubens, die vor allem in der apotropäischen Magie erkennbar ist.[189]   So überraschend diese Behauptung für die neutestamentliche Exegese sein mag, die sich daraus ergebende Beurteilung des Wunderglaubens stimmt genau mit der Sicht der älteren Handbücher überein, die auf nüchternem Quellenstudium basiert.[190] Die neutestamentliche Wissenschaft kommt nicht umhin, davon auszugehen, daß die heidnischen Wundertäter, wie wir sie in den antiken Quellen finden, vor allem Teil der heidnischen Welt des ausgehenden 2. Jahrhunderts sind. Dies ist zugleich ein schwerer Schlag gegen die θεῖος ἀνήρ-Hypothese.

2)   Eine weitere bedenkenswerte Beobachtung ist die geringe Bedeutung der Griechen und Römer im Vergleich mit den Vertretern des Morgenlandes.   Eunus ist Syrer, der Eremit bei Plutarch wird als βάρβαρος ἀνήρ bezeichnet, Julianos stammt aus Chaldäa, und auch Apollonios und Alexander kommen aus den östlichen Teilen des Imperiums.   Wenn Apsethos Libyer ist und Arnuphis Ägypter, dann

---

[188]   Zu Jarchas s. S. 38 u. 87f.

[189]   S. u. S. 224f.

[190]   S. Nilsson 1961,520-529.   Der Verfasser der *Römischen Religionsgeschichte* im *Handbuch der Altertumswissenschaft*, KURT LATTE, weist die Einwände Hempels gegen die Philostratos-Abhandlung von Meyer mit heute überraschenden Worten zurück: "Ed. Meyer hat gezeigt, daß diese Umformung (sc. des Apollonios) im Wesentlichen das Werk des Philostratos ist, für die er in seinen Vorlagen nur wenig Anhalt fand ... Der Einspruch von J.Hempel ... übersieht, daß der Wundermann nur ins dritte und nicht ins erste Jahrhundert paßt" (1960,357).

kennen wir tatsächlich nur ganz wenige griechisch-römische Wundertäter. Das ist kein Zufall, denn auch die Zauberer bei Lukian stammen aus dem Osten.[191] Sucht man also Vorbilder für die Gestaltung der neutestamentlichen Christologie mit Hilfe der Wundertäter, so sind sie offensichtlich in der Tat nicht im Westen zu finden.

3) Wägt man die Einwirkung der jüdischen und der griechisch-römischen Vorstellungen für das Neue Testament gegeneinander ab, so darf nicht übersehen werden, daß es viel leichter ist, jüdische Wundertäter aus der Zeit Jesu zu nennen als heidnische. Obgleich ein systematisches Verzeichnis der jüdischen Wundertäter außerhalb des Rahmens dieser Abhandlung liegt, lassen sich hier problemlos zehn jüdische Wundertäter in zeitlicher Nähe zu Jesus nennen - man denke beispielsweise an den fremden Exorzisten in Mk 9 oder an die in Mt 12,27, an Theudas und Barjesus Elymas, an die sieben Söhne des Hohenpriesters Skevas oder an den Ägypter (Ios. *bell. Iud.* 2,261-263; *ant. Iud.* 20,167-172), an Choni den Kreiszieher (Onias) und Atomos, an Eleazar und Chanina ben Dosa. Wer die engsten Parallelen zu Jesus als Wundertäter sucht, findet sie nicht in der griechisch-römischen Antike, sondern im Judentum.[192] Damit bricht die These in sich zusammen, die Wunder Jesu zeigten, daß ein palästinischer Lehrer zum hellenistischen Wundertäter uminterpretiert worden sei.

3.2.2. Zum hellenistischen Wunderglauben

In den vorangegangenen Abschnitten konnte unser Wissen über das Vorkommen heidnischer Wundertäter zur Zeit Jesu als gering erwiesen werden. Demnach trat nachweislich bei der Ausformung der neutestamentlichen Christologie weder Apollonios noch ein anderer heidnischer Wundertäter in Konkurrenz zu Jesus, wie die Vertreter der θεῖος ἀνήρ-Hypothese vermutet haben. Nichtsdestoweniger stellt sich die Frage, ob es im hellenistischen Wunderglauben andere Elemente gab, die für das frühe Christentum eine derartige Herausforderung darstellten. Für den religionsgeschichtlichen Vergleich sind vor allem relevant 1) **die Wunder der Götter** und 2) **die Wunder der Herrscher und Herrscherprätendenten**, 3) **die Magie** und 4) **die früheren Traditionen über die Wundertäter**. Eine eingehende Untersuchung dieser umfangreichen Gebiete würde den Rahmen dieser Abhandlung sprengen; aber ohne einen

---

[191] Vgl. Nilsson 1961,522.
[192] S. S. 167f.

kurzen Überblick können die bisher gesammelten Resultate nicht
angemessen eingeordnet werden. Wenngleich ich hierbei vorwiegend auf
die Ergebnisse der früheren Forschung verweisen muß, soll dennoch im
folgenden kurz dargestellt werden, welche Bedeutung diese Aspekte des
hellenistischen Wunderglaubens für die Auslegung des Neuen Testaments
haben.

3.2.2.1. Die Wunder der Götter

In der hellenistischen Umwelt des frühen Christentums wurde Hilfe vor
allem bei Heilgöttern gesucht,[193] von denen zur Zeit Jesu Asklepios mit
Abstand der wichtigste war.[194] Ursprünglich wurde Asklepios entweder
als Erdgeist oder als Heilheros im thessalischen Trikka verehrt. Sein Kult
fand vom epidaurischen Tempel aus weite Verbreitung, so daß bald
Hunderte von Asklepiostempeln überall im Mittelmeerraum errichtet
wurden.[195] Vor allem die 70 Inschriften aus der Zeit vor 350 v. Chr.
auf vier Stelen in Epidauros[196] beleuchten die heidnischen Vorstellungen
von Wundern und Heilungen. Ein eindrückliches Bild von den
Auffassungen, die mit dem Kult im 2. Jahrhundert n. Chr. verbunden waren,
geben die sechs ἱεροὶ λόγοι des Ailios Aristeides (*or.* 47-52), der selbst
in Pergamon geheilt wurde.[197] Der Tempel in Epidauros erlebte zwei
Blütezeiten, von denen die erste im 4. Jahrhundert v. Chr. und die zweite
im 2./3. Jahrhundert n. Chr. anzusetzen ist. In der Geschichte des Asklepioskultes besteht nach JEAN-MARIE VAN CANGH keine Kluft zwischen
den Heilungen des Gottes und denen der Ärzte; vielmehr entwickelte sich
die Medizin von Hippokrates bis Galenos neben dem Kult her und zugleich
in Wechselwirkung mit ihm. Der Gott, der den Hilfesuchenden im Traum
erschien, gab nicht selten Ratschläge, die deutlich medizinische Pfle-
geanweisungen waren.[198]

---

[193] Über die Wunder der übrigen Götter s. Georges 1977,95-97.

[194] Eine neue und grundlegende Darstellung über die Heilgötter findet sich bei Croon
im RAC (1986,1190-1232).

[195] Über Asklepios s. Kötting 1962,531-539; Georges 1977,97-102; von Cangh 1982 und
Kee 1983,78-104.

[196] Veröffentlicht von R. Herzog, *Die Wunderheilungen von Epidauros*, in Philologus,
Suppl 22,3. Leipzig 1931.

[197] S. Kee 1983,90. 93-103.

[198] Vgl. van Cangh 1982, 264-269. Über die Art der Heilung, die wahrscheinlich neben
dem religiösen und medizinischen auch einen magischen Aspekt aufwies, s. Luck 1985,141f.

In der frühen Kaiserzeit wurden die ursprünglich ägyptischen Götter Isis[199] und Sarapis[200], die man zuerst von Rom fernhalten wollte,[201] als Heilgötter mit ähnlichem Kultus wie Asklepios verehrt und zum Teil mit ihm gleichgesetzt.[202]

Anders als bei den angeblichen heidnischen Wundertätern geht es hier, wenn man die Bedeutung der Kulte der Heilgötter für das frühe Christentum in Erwägung zieht, um ein geschichtlich greifbares Phänomen und nicht um Phantasiegebilde. Die unzähligen Tempel mit ihren Votivgaben zeugen von der Sehnsucht nach Heilung und vom Glauben an die wirksame Kraft eines Heilgottes. KLAUS BERGER sieht mit Recht in den Asklepiosinschriften die engste Parallele zu den neutestamentlichen Wundergeschichten.[203] Wenn heute in der Auslegung des Neuen Testaments häufig eine harte Konkurrenz zwischen den verschiedenen Heilern und Heilgöttern angenommen wird,[204] so sollten diese Texte jedenfalls gründlich studiert werden. Einerseits sind die Asklepiosinschriften nicht besonders propagandistisch gefärbt[205] und zeigen keine Tendenz, die Macht der übrigen Götter zu überbieten, andererseits wird der Asklepioskult - anders als z.B. der des Zeus[206] - im Neuen Testament nirgendwo angegriffen. Ein Konkurrenzverhältnis läßt sich also nicht nachweisen. Somit können für die grundlegende Systematik der θεῖος ἀνήρ-Hypothese die Wundertäter nicht gegen die Heilgötter ausgetauscht werden. Trotzdem sind die Vorstellungen, die mit den Heilgöttern verbunden waren, ein wichtiger Teil des geistigen Umfelds, in dem das frühe Christentum missionarisch tätig war, und

---

[199] Über Isis s. Solmsen 1979; Kee 1983,105-145; über Isis als Heilgott s. Kee 1983,125-128.

[200] Sarapis ist aus dem ägyptischen Osiris-Apis entstanden. Ptolemaios I. wollte ihn, der Züge der griechischen Götter Pluton und Zeus erhielt, zum Reichsgott der Ägypter und Griechen machen, s. Helck 1972,1549.

[201] Dio Cass. 47,15,4.

[202] Sarapis wurde von den Römern mit Asklepios identifiziert (Tac. *hist.* 4,84,5). Isis wurde als ägyptischer Name von Demeter (Hdt. 2,156) und von Hygieia verstanden (Paus. 2,27,6) (Solmsen 1979,7-11; Croon 1986,1217-1219). Im Isiskult herrschte eine bewußte Strategie, die Göttin mit mehreren anderen Gottheiten zu identifizieren (s. Apul. *met.* 11,5 und Solmsen 1979,3-5).

[203] Berger 1984a,306; 1984b,1215-1217.

[204] Morton Smith 1971,187; Köster 1980,181f. 367.

[205] Zu bemerken ist auch, daß der Isiskult nach Solmsen nicht missionarisch "in a Christian sense of the word" war (Solmsen 1979,45f).

[206] In Apk 2,13 ist wohl Zeus und nicht Asklepios gemeint, obgleich es in Pergamon natürlich auch ein Asklepieion gab.

müssen bei der Exegese der neutestamentlichen Heilungsgeschichten unbedingt berücksichtigt werden.

3.2.2.2. Die Wunder der Herrscher und der Herrscherprätendenten

Nachdem die Römer die Macht im Osten übernommen hatten, wurden die römischen Sieger durch götterähnliche, nackte Statuen verherrlicht.[207] Dabei ist eine auffallende Ähnlichkeit des Bart- und Haarschnittes mit Alexander dem Großen festzustellen,[208] der in der hellenistischen Welt der Herrscher schlechthin gewesen ist und in Ägypten nach orientalischer Sitte nicht nur als Befreier, sondern auch als Sohn des Zeus begrüßt wurde.[209] Insofern ist diese Ähnlichkeit Zeichen für einen göttlichen Status des betreffenden Menschen, der den Römern früher fremd gewesen ist.

So wurde z.B. im östlichen Mittelmeerraum Pompeius und seinem Klienten Theophanes (SIG³ 751, 753) eine mit Alexander vergleichbare Verehrung zuteil, wie sie auch die Diadochen verlangt hatten, ein Phänomen, das Tacitus als *Graeca adulatio* bezeichnet hat (*ann.* 6,18).[210] In Rom wurden die Altäre der Herrscher und Herrscherprätendenten zu einem wichtigen Bestandteil der politischen Propaganda, weswegen beispielsweise dem *Divus Iulius* postum im Jahre 29 ein Altar geweiht wurde.[211] Eine ähnliche Verehrung, die dem *numen* des Herrschers galt, kam schon zu Lebzeiten nicht nur Augustus zu, sondern auch seinen Enkelsöhnen Gaius und Lucius.[212] Domitian war der erste römische Kaiser, der sich auf Münzen seiner Zeit als *dominus et deus* bezeichnen ließ.[213]

Die göttliche Verehrung von Herrschern und Herrscherprätendenten ist also gut nachzuweisen. Wesentlich geringer aber sind Angaben über Wunder, die von ihnen vollbracht worden sind. Pyrrhos soll in seiner Zehe Wunderkraft besessen haben, die Kranke heilte und die bei der Verbrennung seiner Leiche nicht vom Feuer zerstört wurde (Plut. *Pyrrh.*

---

[207] Vgl. Zanker 1987,15-18.

[208] Vgl. Zanker 1987,18-21.

[209] Es ging nicht lediglich um eine ins Griechentum eingedrungene orientalische Vor-stellung, sondern um die Weiterführung griechischer Gedanken, vor allem des Heroenkultes (s. Hengel 1976,103f, mit weiterer Literatur, und Köster 1980,11). Man sollte aber nicht vergessen, daß Alexanders Verhalten auch auf die Kritik der Hellenen stieß und als eine neue Sitte zurückgewiesen wurde (vgl. Plut. *Alex.* 28. 50).

[210] Syme 1952,263, s. auch 273.

[211] Syme 1952,447.

[212] Syme 1952,472-475.

[213] S. Hiltbrunner 1967,122-126.

3,4f).[214] In zeitlicher Nähe zu Jesus sind mir nur die Wunder Vespasians bekannt (Tac. *hist.* 4,81; Dio Cass. 65,8; Suet. *Vesp.* 7,2f).[215] Sie werden sowohl bei Sueton wie auch bei Tacitus als Wunder des Sarapis erzählt, durch die der zukünftige Kaiser seine Macht legitimiert. So ist die Vergöttlichung des Herrschers in dieser Zeit zwar gut belegt, aber es scheint nicht üblich gewesen zu sein, die Wunder von Herrschern zu überliefern.

Wer die religiöse Überhöhung der Herrscher im Blick auf das frühe Christentum erwägt, steht vor einer schwierigen Aufgabe, zugleich aber im Zentrum der neutestamentlichen Christologie. Wenn Jesus βασιλεύς oder Χριστός genannt wird, so ist damit bereits die Frage nach dem Verhältnis zu den irdischen Herrschern aufgeworfen. Die damit verbundene Auseinandersetzung wird gelegentlich verhüllt zur Sprache gebracht, wie in der Offenbarung des Johannes, oder unverhüllt, wie bei Lukas (Lk 22,24-27). Obgleich die Gründe für die Kritik am Herrscherkult nicht differenziert werden, spielt dabei die Vergöttlichung des εὐεργέτης zweifellos eine Rolle. Hier ist durchaus ein Konkurrenzverhältnis festzustellen. Es waren aber nicht erst die Christen, die aus religiösen Gründen den Herrscherkult zurückwiesen. Das Judentum mußte sich von Anfang an bzw. spätestens seit dem 3. Jahrhundert v. Chr., also seit der Zeit der Ptolemäer, mit der Idee der Vergöttlichung der Könige auseinandersetzen.[216] In der Zeit der Makkabäer wurde die Frage drängend,[217] und nach dem Makkabäeraufstand reagierten die Juden äußerst empfindlich auf den Herrscherkult. Die *adulatio* des Herodes des Großen verursachte Ärgernis, bis Caligulas Verhalten sie schließlich zum Aufstand veranlaßte.[218] Der Einfluß auf die messianischen Erwartungen ist eindeutig.[219]

---

[214] S. Blackburn 1991,28.

[215] Der Bericht Suetons (*Vesp.* 7,2f), der im folgenden wiedergegeben wird, ist dem des Tacitus ähnlich: *Auctoritas et quasi maiestas quaedam ut scilicet inopinato et adhuc novo principi deerat; haec quoque accessit. e plebe quidam luminibus orbatus, item alius debili crure sedentem pro tribunali pariter adierunt orantes opem valetudini demonstratam a Serapide per quietem: restituturum oculos, si inspuisset; confirmatutum crus, si dignaretur calce contingere. cum vix fides esset ullo modo rem successuram ideoque ne experiri quidem auderet, extremo hortantibus amicis palam pro contione utrumque temptavit, nec eventus defuit. per idem tempus Tegeae in Arcadia instinctu vaticinantium effossa sunt sacrato loco vasa operis antiqui atque in iis assimilis Vespasiano imago.*

[216] Vgl. Hengel 1973,56f. 274.

[217] Vgl. Hengel 1973,519-523.

[218] Vgl. Hengel 1976,103-111.

[219] Vgl. Hengel 1976,131.

In dieser Arbeit wird nicht einmal der Versuch unternommen, eine Antwort auf die oft gestellte Frage nach dem religionsgeschichtlichen Hintergrund der *Christus rex* - Vorstellung zu finden; es geht jedenfalls nicht bloß um die Aufnahme griechischer Vorstellungen, sondern auch um die Reflexion des alttestamentlichen Glaubens. Wer diese Frage untersucht, sollte besser die vage Theorie über den θεῖος ἀνήρ vergessen und mit konkreten Dokumenten arbeiten. In unserem Zusammenhang ist nur von Bedeutung, daß wir zu wenige Erzählungen über die Wunder der Herrscher kennen, um den Herrscherkult und den Wunderglauben so eng miteinander verknüpfen zu können. Ein Konkurrenzverhältnis ist also für das frühe Christentum hier zwar deutlich feststellbar, aber nicht in Bezug auf Wunder.

3.2.2.3. Die Magie[220]

Für die ersten Christen stellten die heidnische und die jüdische Magie eine große Herausforderung dar. Unsere Hauptquelle dafür sind die Zauberpapyri, die zwar überwiegend nachchristlich sind, aber weit ältere Traditionen widerspiegeln. Das Ausüben magischer Riten ist in literarischen und in nichtliterarischen Quellen durch die gesamte Antike hindurch belegt.

Die homerische Kirke ist Kennerin der Pharmaka (*Od.* 10,235-243). Dies wurde allerdings in der späteren Mythenkritik bestritten (Philostr. *her.* 25,13). Platon setzt die Existenz von Magiern voraus (*leg.* 8,909b-e; 933a-e). Im klassischen Drama wird mehrfach auf sie hingewiesen (z.B. Soph. *OT* 386f; Eur. *Ion* 373-376). In der hellenistischen Periode zeigen vor allem Apollonios von Rhodos (4,1635-1690) und Theokritos in seiner 2. Idylle eine Vertrautheit mit den magischen Künsten. Fragen wir nach Texten in unmittelbarer zeitlicher Nähe zu Jesus, so gibt es einige Stellen bei Vergil (*ecl.* 8,64-109, die eine Nachbildung des Hymnus von Theokritos ist) und Horaz (*sat.* 1,8; *epod.* 5), die ein allgemeines Interesse an der Magie wie auch Haß auf sie zeigen; bald danach finden sich derartige Abschnitte bei Lukan (6,413-830) und Lukian (*Alex.* 5).

---

[220] Über die große Schwierigkeit, den Begriff 'Magie' zu definieren, s. Aune 1980,1514-1516. Hier wird mit dem Begriff die antike Bedeutung des Wortes gemeint. 'Magie' wird als eine allgemeine Bezeichnung für übernatürliches Wissen und Können verstanden. Die Grenze zwischen Magie und Religion wird mit Hilfe soziologischer Kriterien gezogen; außerhalb einer anerkannten Institution ist übernatürliches Wissen und Können Magie, innerhalb von ihr ist es Religion.

Der archäologische Befund bestätigt die literarischen Quellen und zeigt, daß Magie schon im vorhistorischen Kreta[221] ausgeübt und durchgehend bis zur Spätantike praktiziert worden ist.[222] *Communis opinio* ist, daß das archäologische Material in frühchristlicher Zeit auf eine starke Intensivierung der Magie hinweist.[223] Gegen Ende des 1. Jahrhunderts v. Chr. wurden die Kenntnisse systematisiert, vielleicht durch die Arbeit ägyptischer Priester.[224] Die uns überlieferten Zauberpapyri[225] sind wohl Früchte dieser Tätigkeit, die einen zunehmenden Einfluß der Magie zur Folge hatte. Im 2. Jahrhundert prägte sie alle Schichten der Bevölkerung, was z.B. in den abwehrenden Bildern an offiziellen Gebäuden sichtbar wird.[226] Eng zur Magie gehören die Gespenstergeschichten[227] und die paradoxographische Literatur[228], deren Bedeutung gleichzeitig wuchs. Trotz der Kritik eines Lukian, eines Celsus oder eines Mark Aurel war die ganze griechisch-römische Gesellschaft stark von Magie geprägt.

Die Bedeutung der Magie in der hellenistischen Umwelt des Urchristentums ist also vor und in der Zeit Jesu eindeutig belegt. Im zeitgenössischen Judentum spielte sie eine beträchtliche Rolle. Die jüdischen Magier weckten bei den Heiden großes Interesse.[229] In derselben Zeit, in der die heidnische Magie an Einfluß und Zulauf gewann, wurden die urchristlichen Schriften verfaßt. Der schroffe Unterschied zwischen der Apostelgeschichte des Lukas und den apokryphen Apostelakten hat wohl seine Ursache in der geistesgeschichtlichen Entwicklung innerhalb der hellenistischen Welt: Das Magische wurde immer mehr betont, was auch das Bild der Apostel umformte. Dennoch zeigt bereits das Neue Testament, daß Magie und Zauberei Elemente waren, denen die christli-

---

[221] Zintzen 1979,1468.
[222] S. Luck 1985, 15-20.
[223] S. Nilsson 1961,520-529; Aune 1980,1519.
[224] Luck 1985,15f.
[225] Vgl. H.D. Betz 1986,XLI-LII. Die Mehrzahl der uns überlieferten Zauberpapyri stammt aus dem 2. nachchristlichen Jahrhundert oder aus noch späterer Zeit. Aus dem 1. Jahrhundert n. Chr. stammen etwa zwei bis fünf, aus dem 1. vorchristlichen nur zwei oder drei Papyri (H.D. Betz 1986,XXIII-XXVIII).
[226] S. Engemann 1975.
[227] Solche Geschichten, die sehr populär waren, erzählt z.B. Phlegon von Tralleis, der Freigelassene Hadrians, aber auch die Vertreter der Zweiten Sophistik wie z.B. Ailianos (*nat.anim.* 1,54; 6,33; 15,11).
[228] S. van Groningen 1965,51f. Er weist auf die *Varia historia* des Ailianos und die παντοδαπὴ ἱστορία des Favorinus (24 Bücher!) hin.
[229] Hengel 1973,438-442; H.D. Betz 1986,XLV. LIIf.

chen Missionare zu jeder Zeit begegneten (Apg 19). Dabei sind die μάγοι, die sie treffen, auffälligerweise Juden (Apg 13,4-12. 19,13-16) oder Samaritaner (Apg 8). Jedenfalls werden die verschiedenen Formen von Zauberei im Neuen Testament mehrfach streng verurteilt.[230]

Das bisher Gesagte führt zu dem Schluß, daß die vorchristliche Einwirkung der Magie auf die hellenistische und die jüdische Umwelt des Urchristentums eindeutig nachweisbar ist. Wer aber die Frage nach der Bedeutung der Magie im Urchristentum aufwirft, steht vor einer Fülle von Schwierigkeiten, die fast unüberwindbar scheinen. Die ältere Sekundärliteratur leidet an falschen systematischen Voraussetzungen; Terminologie und Definitionen sind äußerst kompliziert;[231] die Datierung des Materials sowie die Entwicklungslinien innerhalb der heidnischen Religiosität bringen große Probleme mit sich.[232] Wichtig für unser Thema ist nur, daß sich ein hartes Konkurrenzverhältnis zwischen den Missionaren auf Grund der Magie nicht beweisen läßt, was aber gerade die Voraussetzung für die θεῖος ἀνήρ-Hypothese ist.

3.2.2.4. Die früheren Traditionen von den Wundertätern

Die griechische Antike kannte seit der klassischen Zeit eine Vielzahl großer Philosophen, denen auch Wunder zugeschrieben wurden. Zu ihnen gehörten z.B. der Kreter Epimenides, der die Pest in Athen durch seine Weisheit heilte (Diog. Laert. 1,110), und vor allem Empedokles, dem eine Totenerweckung zugeschrieben wurde (Diog. Laert. 8,67). Es gibt kein vollständiges und mit Quellen versehenes Verzeichnis der Wundertäter dieser Zeit; im Inventar der "Gottmenschen" bei H.D. Betz und der Wundertäter bei Blackburn werden jedoch mehrere derartige Männer aufgezählt. In welchem Maß diese alten Überlieferungen bei den Heiden des 1. Jahrhunderts gegenwärtig waren, ist eine schwierige, für die Auslegung des Neuen Testaments jedoch bedeutsame Frage. Es könnte argumentiert werden, daß die historischen Gestalten der Wundertäter zwar keine für die θεῖος ἀνήρ-Hypothese notwendige Konkurrenzsituation bildeten, daß aber die Wundertäter der Urzeit die Rolle des Apollonios und seiner

---

[230] φαρμακεία Gal 5,20; Apk 18,23; 21,8; γοητεία II Tim 3,13. τὰ περίεργα weist in Apg 19,19 auf die Zauberei hin.

[231] S. Aune 1980,1514-1516. H.D. Betz spricht mit Recht von der "rather frustrating history of the problem" (1986,XLIX).

[232] JOHN M. HULL sieht deutlich die Schwierigkeit, die die späte Datierung der Zauberpapyri verursacht, wenn er die hellenistische Magie untersucht (1974). Bei ihm wird das Problem ausgewogen und reflektiert dargestellt und ein vorsichtiger Gebrauch der Zauberpapyri als Vergleichsmaterial zum Neuen Testament empfohlen (1974,20-27).

Kollegen in der neutestamentlichen Exegese übernommen hätten. Eine eingehende Untersuchung der Traditionen über diese Männer, in der die Entwicklung und Verzweigung der Überlieferung bei jedem Einzelfall sorgfältig erforscht und zeitlich eingeordnet werden würden, wäre dringend nötig, liegt aber außerhalb des Rahmens dieser Abhandlung. Sieht man die angeführten Wundertäter der archaischen und klassischen Periode durch, kann die Annahme nicht von der Hand gewiesen werden, daß die Traditionen im 1. und vor allem 2. Jahrhundert kräftig anwuchsen, eben gleichzeitig mit dem zunehmenden Einfluß der Magie. Dies läßt sich z.B. bei den beiden Wundertätern Dardanos und Hermotimos beobachten.

In einem Verzeichnis der Erzzauberer, das Arnobius von Sicca überliefert (*nat.* 1,52), wird ein Magier namens Dardanos erwähnt. Von ihm erzählt Plinius, daß Demokritos, der übrigens später[233] selbst mit der Magie verbunden wurde, seine Werke studiert habe (*nat.* 30,9). Dieser Mann ist aber kein anderer als der mythische Stammvater der Troianer (*Il.* 20,215; s. auch Diod. 5,48,4), der im Laufe der Zeit als Magier verstanden wurde (so auch Clem. Alex. *protr.* 2,13).[234]

Hermotimos von Klazomenai[235] war ein legendärer Philosoph der Frühzeit, der sich zeitlich nicht genau einordnen läßt. Er wird von Aristoteles (*met.* 1,3 984b) kurz erwähnt, gewinnt aber später mehr an Bedeutung. Schon Plutarch (*mor.* 592c-d) und Plinius (*nat.* 7,174) wissen zu erzählen, daß seine Seele den Körper verlassen könne. Nach Plutarch verriet seine Frau den schlafenden Hermotimos, nachdem die Seele ihn zuvor verlassen hatte, seinen Feinden, die den Körper verbrannten (*mor.* 592c-d); Lukian (*Muscae encomium* 7,7) und Apollonios Paradoxographos (*Historiae mirabiles* 3; 2. Jahrhundert n. Chr.) sowie Tertullian (*anim.* 44) kennen die gleiche Geschichte. Diogenes Laertios (8,5), Porphyrios (*vit. Pyth.* 45) und Hippolytos (*haer.* 2,11) wissen, daß die Seele des Pythagoras früher in ihm wohnte. Von den hier erwähnten zehn Quellen ist nur die Stelle bei Aristoteles vorchristlich, und nicht weniger als sieben Belege stammen aus dem späten 2. oder 3. Jahrhundert. Das läßt die Frage aufkommen, ob die Traditionen über Hermotimos erst in dieser Zeit ein größeres Gewicht in der heidnischen Welt bekamen. Von Bedeutung ist sicher, daß Philostratos die übernatürlichen Fähigkeiten vieler Philosophen, z.B. des Demokritos und Anaxagoras, betont. Diese Begabungen gehörten schon zu seiner Zeit eng zum Bild des Weisen. Wie

---

[233] S. VA 1,2; 8,7,8.
[234] Von Arnim 1900,2180.
[235] S. Wellmann 1913,904f; Nilsson 1961,618; Dörrie 1967,1087f; Blackburn 1991,35.

die Traditionen entstanden und wie sie zu datieren sind, kann hier leider nicht eingehend untersucht werden.

Auf Grund dieser wenigen Beispiele kann man erkennen, was schon bei Apollonios von Tyana deutlich wurde: Die zeitliche Einordnung der historischen Gestalten ist die eine Aufgabe, eine andere Frage aber ist das Anwachsen der Traditionen sowie ihre Analyse und Datierung. Um die letztgenannte Aufgabe erledigen zu können, ist sorgfältige philologische Kleinarbeit notwendig. Bisher konnte niemand nachweisen, daß die Wundertäter im Heidentum in und kurz vor der Zeit Jesu irgendeine Bedeutung gehabt hätten. Historische Gestalten, die als Wundertäter bekannt sind, haben wir aus dieser Zeit im Grunde genommen nicht. Die Traditionen von den Wundertätern der früheren Zeiten scheinen - mit aller Vorsicht gesagt - erst später eine Rolle gespielt zu haben. Jedenfalls kann nicht bewiesen werden, daß sie mit dem Urchristentum in einem Konkurrenzverhältnis standen.

3.2.2.5. Schluß

Aus dem bisher Gesagten ist deutlich geworden, daß in der neutestamentlichen Exegese der philostrateische Apollonios unkritisch, und insofern zu Unrecht, als ein heidnischer Wundertäter zur Zeit Jesu in Anspruch genommen worden ist. Deshalb stellte sich die Frage, ob es damals andere gab, die in der Argumentation für die θεῖος ἀνήρ-Hypothese seinen Platz einnehmen könnten. Bisher sind jedoch keine weiteren Wundertäter bekannt, die für die frühen Christen eine derartige Konkurrenz und Herausforderung bedeuteten. Darum wurde es notwendig, die übrigen Teile des hellenistischen Wunderglaubens zu analysieren und zu fragen, ob sich in irgendeiner Form ein Konkurrenzverhältnis, das eine notwendige Voraussetzung für die θεῖος ἀνήρ-Hypothese ist, nachweisen läßt.

Die Wunder der Heilgötter gehören zur religionsgeschichtlichen Atmosphäre, in der die frühe Kirche missionarisch tätig war, und müssen in der neutestamentlichen Exegese berücksichtigt werden. Da aber die Geschichten über diese Wunder nicht propagandistisch gefärbt sind und weil das Neue Testament nie Heilgötter angreift, ist ein Konkurrenzverhältnis nicht anzunehmen. Dagegen ist leicht verständlich, daß die Vergöttlichung der Herrscher für die Christen zwangsläufig Schwierigkeiten mit sich brachte. Da aber die Traditionen über die Wunder der Herrscher und Herrscherprätendenten sehr spärlich sind, läßt sich ein Konkurrenzverhältnis in bezug auf Wunder nicht bestätigen. Die Magie, die mehrfach im Neuen Testament strikt verurteilt wird, gewinnt im 1. und

2. Jahrhundert unbestreitbar an Einfluß. Die zunehmende Bedeutung erklärt zweifellos den dramatischen Unterschied zwischen der lukanischen Apostelgeschichte und den apokryphen Apostelakten. Wer das Konkurrenzverhältnis, das die Magie für das Urchristentum darstellte, untersuchen will, muß notwendigerweise diese geistesgeschichtlichen Entwicklungslinien sorgfältig berücksichtigen. Das gilt auch für die Traditionen über die Wundertäter der früheren Zeiten; es scheint, daß im 2. Jahrhundert die großen Gestalten der Urzeit durch die gängige Meinung uminterpretiert worden sind, so daß z.B. ein Philosoph leicht als Wundertäter dargestellt werden konnte.

So führt diese religionsgeschichtliche Betrachtung zu dem Ergebnis, daß sich eine starke Konkurrenz zwischen Christen und Heiden im 1. Jahrhundert in bezug auf Wunder nicht nachweisen läßt. Damit geht auch der letzte Rettungsanker der θεῖος ἀνήρ-Hypothese verloren.

4. Ergebnisse

Apollonios und die Apollonios-Traditionen spielen in der neutestamentlichen Exegese in diesem Jahrhundert eine bedeutende Rolle, die nur selten kritisch überprüft wurde. Nach dem Forschungsbericht in Kapitel 2 konnte die Diskussion in Kapitel 3 auf Grund einer systematischen Erfassung der hellenistischen Wundertäter und einer knappen Darstellung des hellenistischen Wunderglaubens weitergeführt werden. Abschließend geht es nunmehr darum, die drei in der Einleitung erwähnten Rollen des Apollonios bzw. der Apollonios-Traditionen innerhalb der neutestamentlichen Exegese zu klären.

1) Eine literarische Abhängigkeit zwischen dem Neuen Testament und der Apollonios-Tradition ist in der Forschung manchmal angenommen worden. Die Hypothese Nordens, Apg 17 sei von der Apollonios-Tradition abhängig, wird aus gutem Grund heute nicht mehr vertreten. Vor dem zweiten Weltkrieg vermuteten einige Forscher, daß die VA an einigen Stellen von den Evangelien literarisch abhängig sei. Bis heute verstanden die meisten Forscher diese Stellen von einer gesamtantiken Topik her und wiesen eine gegenseitige literarische Abhängigkeit zurück. Da jedoch die Frage der Abhängigkeit nicht als eindeutig geklärt angesehen werden kann, wurde im zweiten Hauptteil näher darauf eingegangen (s.o. Kapitel 3). Dabei ging es vor allem um die Geburtsgeschichten in VA 1,4-6, um die Totenerweckung in VA 4,45 und um die Erscheinung des Apollonios in VA 8,12.

In Kapitel 3.1.2. wurde eine direkte literarische Abhängigkeit zwischen den Geburtsgeschichten bei Matthäus und Lukas einerseits und der Darstellung bei Philostratos andererseits abgelehnt. Gründe für die Annahme einer indirekten Abhängigkeit wurden nicht gefunden. Auch bei den übrigen Stellen konnte keine unmittelbare literarische Abhängigkeit nachgewiesen werden; jedoch ließen sich einige auffallende Ähnlichkeiten feststellen. Sie sind um so interessanter, als wir nur wenige griechisch-römische Geschichten über Totenerweckungen und Erscheinungen

von Auferstandenen besitzen. Das ist kaum Zufall, weil solche Geschichten zu der allgemeinen antiken Weltanschauung nur schlecht
passen und offenbar erst im späten 2. Jahrhundert üblich wurden. Dabei
kann eine christliche Einwirkung keineswegs ausgeschlossen werden. Es
ist im Gegenteil durchaus möglich, daß Philostratos beim Sammeln der
Apollonios-Traditionen auch ursprünglich christliches Traditionsgut
erhielt. Eine indirekte literarische Abhängigkeit, die mit aller Vorsicht
vorgeschlagen wird, würde sowohl die Ähnlichkeiten als auch die Unterschiede zwischen den Erzählungen der Evangelien und der VA gut
erklären.

2) Die Apollonios-Traditionen spielten bereits vor der Entstehung der
formgeschichtlichen Methode eine bedeutende Rolle. Als Dibelius und
Bultmann ihre Handbücher zur Formgeschichte des Neuen Testaments
schrieben, orientierten sie sich gerade an der VA als dem wichtigsten
heidnischen Text. Wenn christliche Wundererzählungen mit Hilfe dieser
Standardwerke ausgelegt wurden, so kam der VA im Hintergrund entscheidende Bedeutung zu. Bei Theißen (1974) hat die VA ihre Geltung
noch bewahrt, bei Berger (1984a) jedoch fast völlig verloren. Petzke
(1970) versuchte zu zeigen, daß der Traditionsprozeß bei Jesus und
Apollonios ähnlich verlaufen sei. Er behandelte aber viele wichtige
Fragen der Philostratosforschung zu großzügig, um wirklich überzeugen
zu können.

Im zweiten Hauptteil, in dem die Zuverlässigkeit der VA als geschichtlicher Quelle geprüft wurde, ging es auch um die Frage, ob es überhaupt
möglich ist, etwas über das Alter des Textmaterials in der VA auszusa-
gen. Die schwierige Quellenlage führte zu der Ungewißheit, inwieweit
und ob überhaupt Philostratos älteres, spezifisch an Apollonios gebunde-
nes Material herangezogen hat. Es ist durchaus möglich, daß Philostratos
außer dem Werk des Maximos, dem des Moiragenes, das er ablehnt, und
den Werken des Apollonios, die verlorengegangen sind, keine schriftlichen Quellen der spezifischen Apollonios-Tradition benutzt hat. Die
mündlichen Traditionen über Apollonios, die Philostratos gesammelt hat,
dürften kaum älter und zuverlässiger gewesen sein als die Traditionen,
die ihre Niederschrift in den apokryphen Apostelakten fanden. Insofern
ist keineswegs sicher, daß der Traditionsprozeß bei Apollonios ähnlich
verlaufen ist wie bei Jesus. So gibt es bei Apollonios keinen geschlosse-
nen, ortsgebundenen Jüngerkreis, der seine Botschaft missionierend wei-
terträgt, und auch keine durch diese Jünger begründete tradierende und
missionierende Gemeinde. Der Apollonios des Philostratos ist von
Anfang an sehr viel mehr ein literarisches Phänomen. Es fehlt jedes

Analogon zu einer traditionsbildenden Kirche. Festzuhalten bleibt, daß die Formgeschichte die Wunder Jesu mit deutlich jüngerem Material verglichen hat. Wegen der raschen geistesgeschichtlichen Entwicklung während der ersten zwei Jahrhunderte, vor allem auf Grund der orientalischen Einwirkungen, läßt sich fragen, ob die Geschichten über Apollonios in der VA wirklich die Atmosphäre der Zeit des Apollonios und somit der Zeit Jesu widerspiegeln. Vor der Lösung dieser Probleme kann die VA als Vergleichsmaterial für die Evangelien nur so benutzt werden, daß das Alter der Parallele, wie z.B. reflektiert bei Schmidt (1923), als gleichgültig angesehen wird; unhaltbar ist jedoch ein Vergleich, der davon ausgeht, daß Jesus und Apollonios jeweils ähnliche Traditionsprozesse ausgelöst hätten (Petzke). Die Tatsache, daß eine literarische Abhängigkeit der VA von den Evangelien nicht ausgeschlossen werden kann, läßt also das Werk des Philostratos als Vergleichsmaterial immer problematischer erscheinen.

3) Das im frühen 20. Jahrhundert auf Grund der religionsgeschichtlichen Methode konstruierte Bild des göttlichen Menschen spielte bald eine beherrschende Rolle in der neutestamentlichen Exegese. Vor allem die Forscher, die auch sonst die religionsgeschichtliche Forschung schätzten (Wetter, Bauer, Bultmann), rezipierten die Hypothese und benutzten sie bei der Schriftauslegung. In den sechziger Jahren gewann die θεῖος ἀνήρ-Vorstellung, die bis heute in der religionsgeschichtlichen Forschung nicht eindeutig definiert worden ist, durch die redaktionsgeschichtliche Untersuchung des Neuen Testaments noch mehr an Bedeutung. Man sah die Einwirkung der Topik in allen kanonischen Evangelien bzw. ihren Quellen, in der Apg und im II Kor, später auch im Phil und im I Thess.

Dieses Bild des θεῖος ἀνήρ und die daraus entwickelte vermeintliche Topik wird seit von Martitz (1969) immer mehr kritisiert. Heute dürfte die Annahme einer festen Topik nicht mehr vertretbar sein. Dem entspricht, daß in der jüngsten Vergangenheit sich viele Forscher vorsichtig oder sogar höchst skeptisch dazu geäußert haben. Einige von ihnen haben darauf aufmerksam gemacht, wie selten die Quellen vom angeblich "göttlichen Menschen" reden. Die bedeutendsten Kritiker der θεῖος ἀνήρ-Hypothese sind O. Betz (1972), Hengel (1975), Holladay (1977), Berger (1984b) und Blackburn (1986 u. 1991).

Obgleich die Hypothese vom "göttlichen Menschen" einmal sogar für tot erklärt worden ist, wird sie nach wie vor vertreten. Ihre größte Bedeutung gewinnt sie für das Verständnis der neutestamentlichen Wunder. Durch eine Vielzahl von Wundertätern, über die aretalogische

Schriften verfaßt worden seien, seien die Christen in eine Konkurrenzsituation hineingeraten. Demnach gehöre diese religiöse Propaganda zu
den Voraussetzungen der neutestamentlichen Christologie. Hinter der
Entstehung der ersten Sammlungen christlicher Wundererzählungen
stünden die Schriften über die vorgeblichen göttlichen Menschen. Die
bedeutendsten Vertreter dieser Hypothese sind Morton Smith (1965,
1971, 1978), Köster (1970, 1980), H.D. Betz (1968, 1983) und Corrington (1986). In der Markus- und in der Johannesforschung hat sie während der letzten 20 Jahre viele Befürworter gewonnen, die davon ausgehen, daß vor allem diese beiden Evangelisten ihre ganz an Christus als
Wundertäter orientierten Quellen kritisch umgedeutet hätten.

Apollonios von Tyana spielt von Anfang an bei der θεῖος ἀνήρ-
Hypothese eine zentrale Rolle. Kaum einer ihrer Befürworter hat bei der
Begründung seiner Auffassung darauf verzichtet, ihn zu nennen. Er ist
nicht nur der wichtigste "göttliche Mensch" in der Spätantike überhaupt,
sondern zugleich auch der einzige wenige Jahrzehnte nach dem Auftreten
Jesu. Allerdings haben viele Forscher von eigenen, in die Tiefe gehenden
religionsgeschichtlichen Quellenuntersuchungen abgesehen und sich stattdessen auf die Sekundärliteratur gestützt. Da Apollonios vor allem bei
Bieler (1935-36) und bei Georgi (1964) eine entscheidende Rolle spielt,
übte er indirekt, auch wenn sein Name ungenannt blieb und nur vom
θεῖος ἀνήρ die Rede war, häufig großen Einfluß auf die neutestamentliche Exegese aus. Spezialuntersuchungen über Philostratos und Apollonios wurden von den Neutestamentlern nur selten zitiert. Vor allem
riefen die kritischen Artikel von Meyer, Solmsen und Bowie überraschenderweise kaum eine Reaktion hervor, obgleich ihre Thesen die
Befürworter der Hypothese eigentlich zu einer Stellungnahme hätten
zwingen müssen.

Der Forschungsbericht zeigte, daß die Bedeutung der Wundertäter zur
Zeit Jesu dringend überprüft werden muß. Denn in der Forschung
werden nur wenige Wundertäter aus der angeblich großen Schar genannt.
Zunächst konnte die Diskussion auf Grund der offenen Fragen der
Philostratosforschung weitergeführt werden, danach anhand einer Darstellung des hellenistischen Wunderglaubens und der Wundertäter, wobei
die zeitliche Einordnung der Quellen beachtet wurde.

Wie bereits deutlich wurde, ist in der bisherigen Forschung der mit
Abstand bedeutendste "göttliche Mensch" der philostrateische Apollonios.
Deshalb ging es in dieser Arbeit um die Frage, inwieweit sich das philo-
strateische Apolloniosbild auf das 1. Jahrhundert zurückführen läßt
(Kapitel 3.1.). Zunächst einmal scheint das Werk des Philostratos auf
Grund der Bemerkung in VA 1,2f eine gute Quelle für eine Darstellung

des Apollonios zu sein. Aber der große zeitliche Abstand zwischen Philostratos und Apollonios, die Fehler und Ungenauigkeiten des Verfassers, die Undurchsichtigkeit, ja Fraglichkeit der von ihm benutzten Quellen, die keineswegs so glaubwürdig sind, wie er behauptet, und seine von den religiösen und politisch-nationalen Tendenzen des 3. Jahrhunderts geformte, freie rhetorische Gestaltung verringern die Zuverlässigkeit der VA beträchtlich. Philostratos wollte ganz gewiß keine auch nur von ferne historisch zutreffende Lebensbeschreibung des Apollonios geben, sondern durch ein novellistisch geprägtes Werk seinen Lesern seine eigenen rhetorischen und politisch-nationalen Ideale darstellen. Die auf Philostratos' eigene Zeit bezogene Darstellung des Apollonios spricht dafür, daß das Werk vorwiegend aus dem 3. Jahrhundert stammt und nicht grundsätzlich auf das 1. Jahrhundert zurückgeführt werden kann. Aus diesen Gründen, und weil Philostratos darüber hinaus vielleicht sogar literarisch von einigen christlichen Erzählungen abhängig ist, hat der philostrateische Apollonios mit den neutestamentlichen Schriften ebensowenig zu tun wie mit der historischen Gestalt des Apollonios. Dagegen ist die VA eine wichtige Quelle für das Verständnis der apokryphen Evangelien- und Actaliteratur ab dem 2. Jahrhundert. Dabei muß beachtet werden, daß zwischen den Synoptikern und einem Petrusevangelium oder dem Kindheitsevangelium des Thomas auch literarisch ein Graben besteht; dasselbe gilt auch für die Apostelgeschichte des Lukas. Letztere gehört noch in den Rahmen hellenistischer Geschichtsschreibung, erstere sind religiöse Romanliteratur.

Daß Apollonios und die Apollonios-Tradition somit keine Rolle für die Auslegung des Neuen Testaments spielen können, ist aber nur zum Teil eine Antwort auf die Fragen, die in Kapitel 2 gestellt wurden. Wenn Apollonios, der als der wichtigste "göttliche Mensch" gilt, als solcher für die Auslegung des Neuen Testaments und die geschichtliche Situation der neutestamentlichen Gemeinden nur sehr bedingt in Betracht kommt, müssen andere Wundertäter aus der Zeit Jesu gefunden werden. Das Auftreten heidnischer Wundertäter wurde in Kapitel 3.2.1. untersucht, wobei sich zeigte, daß keiner den Mantel des philostrateischen Apollonios in der neutestamentlichen Exegese erben kann. Vom Anfang der hellenistischen Periode bis zum Jahr 150 sind nur wenige Wundertäter bekannt. Dagegen ist es leicht, zwischen den Jahren 150 und 200 mehrere derselben zu benennen. Dies führt zur Einsicht, daß die heidnischen Wundertäter wahrscheinlich erst mit der Veränderung des religiösen Klimas ab der 2. Hälfte des 2. Jahrhunderts an Bedeutung gewonnen haben. Wenn das zutrifft, fällt die θεῖος ἀνήρ-Hypothese, zumindest was die Wundertäter betrifft, endgültig in sich zusammen.

Nachdem das aus den Quellen nachweisbare Gewicht von Wundertätern zur Zeit Jesu untersucht worden ist und auf Grund der uns erhaltenen Nachrichten als relativ gering eingeschätzt werden konnte, wurde eine Übersicht über die übrigen Teile des hellenistischen Wunderglaubens gegeben, um zu klären, ob sich die angeblich harte Konkurrenz, die mit zu den Voraussetzungen der θεῖος ἀνήρ-Hypothese zählt, in dieser Form belegen läßt. Es ist unbestritten, daß die Herrscher vergöttlicht wurden; aber in den Quellen werden ihnen - anders als bisher angenommen - nur selten Wunder zugeschrieben (Pyrrhos, Vespasian). Auch die Traditionen über die Wundertäter der Frühzeit scheinen erst nach der Zeit Jesu eine größere Bedeutung gewonnen zu haben. Dagegen ist die Vorstellung von Heilungen durch sogenannte Heilgötter in der Zeit Jesu gut belegt. Da aber Erzählungen über derartige Heilungen nicht eigentlich propagandistisch-missionarisch gefärbt sind, kann dieser Tatbestand kaum eine so scharfe Konkurrenz zwischen den Missionaren verschiedener Kulte begründen, daß dadurch die Form der Wundererzählungen und ihre Sammlung wesentlich mitgestaltet worden wäre. So finden wir in den Evangelien praktisch keine Polemik gegen fremde Wundertäter oder Kulte. Eine ähnliche Situation ergibt sich auch für die Magie, auf die bereits das missionierende frühe Christentum allenthalben stieß, die aber, wie die zeitliche Einordnung der Zauberpapyri zeigt, ihre größte Bedeutung erst etwas später erlangte. Das bedeutet, daß eine harte Konkurrenz zwischen den Missionaren nicht belegt werden kann, womit die wichtigste Voraussetzung der θεῖος ἀνήρ-Hypothese entfällt.

Meine Untersuchung bietet also Apollonios eine viel bescheidenere Rolle in der neutestamentlichen Exegese, als er bis heute gespielt hat. Die urchristlichen Autoren, die wie Markus, Lukas und Matthäus für die Evangelienschreibung verantwortlich sind, und ihre Traditionsgaranten, die ja der Zeit der Jünger schon sehr nahe kommen, stehen viel weniger in einer Konkurrenzsituation zu heidnischen Wundertätern als ein Philostratos in seiner Zeit gegenüber der Ausbreitung des Christentums, des Judentums und anderer orientalischer Kulte. Zwischen 30 und 230 n. Chr. hat sich das religiöse Klima entscheidend gewandelt. Man sollte die Situation zur Zeit des Philostratos nicht in die früheste Evangelientradition hineinlesen. Den historischen Apollonios kennen wir nicht, und der philostrateische hat seinen Platz weniger für die Auslegung des Neuen Testaments, als vielmehr für die Geistes- und Kirchengeschichte des 2. und 3. Jahrhunderts.

Bibliographie[1]

A. Texte und Hilfsmittel:

1. Allgemeines

Liddell, Henry George - Scott, Robert - Jones, Henry Stuart - Mckenzie, Roderick, A Greek-English lexicon. Oxford 1968.

Oxford latin dictionary 1-8. Hrsg. P.G.W. Glare et al. Oxford 1968-1982.

2. Das Neue Testament

Bauer, Walter, Griechisch-deutsches Wörterbuch zu den Schriften des Neuen Testaments und der übrigen urchristlichen Literatur. Durchgesehener Nachdruck der 5. Auflage Berlin - New York 1971.

Novum Testamentum Graece. Post Eberhard Nestle et Erwin Nestle ed. Kurt Aland, Matthew Black, Carlo M. Martini, Bruce M. Metzger, Allen Wikgren. Stuttgart 1979.

Blass, Friedrich - Debrunner, Albert - Rehkopf, Friedrich, Grammatik des neutestamentlichen Griechisch. 14. Aufl. Göttingen 1976.

3. Apollonios und Philostratos:

The letters of Apollonius of Tyana, hrsg. Robert J. Penella. Leiden 1979. Mn. Suppl. 56.

Flavii Philostrati Heroicus, hrsg. Ludo de Lannoy. Leipzig 1977. Bibliotheca Teubneriana.

Flavii Philostrati opera 1-2. Auctiora edidit C.L. Kayser. Lipsiae 1870-1871.

Philostratos, Die Bilder. Griechisch-deutsch nach Vorarbeiten von Ernst Kalinka hrsg. von Otto Schönberger. München 1968. Tusculum-Bücherei.

Philostratos, Das Leben des Apollonios von Tyana. Griechisch-deutsch hrsg. von Vroni Mumprecht. München - Zürich 1983. Tusculum-Bücherei.

The letters of Alciphron, Aelian and Philostratus. Hrsg. Allen Rogers Benner and Francis H. Fobes. Cambridge Mass. 1949. The Loeb Classical Library.

---

[1] Abkürzungen nach: Theologische Realenzyklopädie, Abkürzungsverzeichnis. Zusammengestellt von Siegfried Schwertner. Berlin/ New York 1976.

Philostratus and Eunapius, The lives of the sophists. Hrsg. Wilmer Cave Wright, London 1952. The Loeb Classical Library.

Luciani opera 3, rec. M.D. MacLeod. Oxford 1987. Bibliotheca Oxoniana.

B. Sonstige Literatur:

Achtemeier, Paul J., "Toward the isolation of pre-marcan miracle catenae", JBL 89 (1970), 265-291.
  -, (=1972a) "Gospel miracle tradition and the divine man", Interpr. 26 (1972),174-197.
  -, (=1972b) "The origin and function of the pre-marcan miracle catenae", JBL 91 (1972),198-221.
  -, "David Lenz Tiede, The charismatic figure as miracle worker", (Rez.) CBQ 35 (1973),559-560.
  -, "The Lucan perspective on the miracles of Jesus: A preliminary sketch." JBL 94 (1975),547-562.

Altaner, Berthold - Stuiber, Alfred, Patrologie. Leben, Schriften und Lehre der Kirchenväter. 8. Aufl. Freiburg - Basel - Wien 1978.

Aly, Wolff, "Aretalogoi", PRE Suppl. 6,13-15 (1935).

Anderson, Graham, Philostratus. Biography and belles lettres in the thrid century A.D. London - Sydney - Dover, New Hampshire 1986.

Arnim, von, "Dardanes" (11), PRE 4 (1900),2180.

Attridge, Harold W., "The philosophical critique of religion under the early empire", ANRW 2.16.1 (1978),45-78.

Aune, David E., "Magic in early Christianity", ANRW 2.23.2 (1980),1507-1557.

Bauer, Walter, Das Johannesevangelium. Tübingen 1925. HNT 6.
  -, "Johannesevangelium und Johannesbriefe", Theologische Rundschau NF 1 (1929),135-160.

Baum, Horst, Mut zum Schwachsein - in Christi Kraft. St. Augustin - Siegburg - Washington 1977. SIM 17.

Baumann, R.A., "The suppression of the Bacchanals: Five questions", Hist. 39 (1990),34-348.

Baumbach, G., "Gott und Welt in der Theologie des Lukas", BiLi 45 (1972),241-255.

Baur, Ferdinand Christian, "Apollonius von Tyana und Christus oder das Verhältniss des Pythagoreismus zum Christentum. Ein Beitrag zur Religionsgeschichte der ersten Jahrhunderte nach Christus", 1832, zitiert nach Drei Abhandlungen zur Geschichte der alten Philosophie und ihres Verhältnisses zum Christentum, hrsg. Eduard Zeller, Leipzig 1876 (Nachdr. Aalen 1978).

Becker, Jürgen, "Wunder und Christologie", NTS 16 (1970),130-148.

-, Das Evangelium nach Johannes. Kapitel 1-10. Gütersloh und Würzburg 1979. Ökumenischer Taschenbuchkommentar zum Neuen Testament 4.

Bengtson, Hermann, Grundriss der römischen Geschichte mit Quellenkunde. München 1967. HAW 3.5.1.

Benko, S., "Pagan criticism of Christianity during the first two centuries A.D.", ANRW 2,23,2. Berlin - New York 1980.
-, Pagan Rome and the early Christians. Bloomington 1985.

Berger, Klaus, "Zum Problem der Messianität Jesu", ZThK 71 (1971),1-30.
-, "Die impliziten Gegner. Zur Methode des Erschliessens von 'Gegnern' im neutestamentlichen Texten", Kirche (FS Günther Bornkamm), hrsg. von D. Lührmann und G. Strecker,373-400. Tübingen 1980.
-, (=1984a) Formgeschichte des Neuen Testaments. Heidelberg 1984.
-, (=1984b) "Hellenistische Gattungen im Neuen Testament", ANRW 2.25.2 (1984),1031-1432. 1831-1885.
-, Exegese und Philosophie. Stuttgart 1986. Stuttgarter Bibelstudien 123/124.
-, (=1987a) Einführung in die Formgeschichte. Tübingen 1987. UTB 1444.
-, - Colpe, Carsten, (=1987b) Religionsgeschichtliches Textbuch zum Neuen Testament. Texte zum Neuen Testament. Göttingen - Zürich 1987. NTD Textreihe 1.

Bernard, J.L., Apollonius de Tyana et Jésus. Paris 1978.

Betz, Hans-Dieter, Lukian von Samosata und das Neue Testament. Religionsgeschichtliche und paränetische Parallelen. Berlin 1961. TU 76.
-, "Jesus as divine man", Jesus and the historian, (FS E.C.Colwell), hrsg. F.T.Trotter. Philadelphia 1968. Zitiert nach "Jesus als göttlicher Mensch", Der Wunderbegriff im Neuen Testament, hrsg. von Alfred Suhl. Darmstadt 1980. Wege der Forschung 295.
-, "Gottmensch (II)", RAC 12,234-312. Stuttgart 1983.
-, The Greek magical papyri in translation including the Demotic spells. Chicago - London 1986.

Betz, Otto, "The concept of the so-called 'divine man' in Mark's Christology", Studies in New Testament and early Christian literature. Essays in honor of Allen P. Wikgren, ed. by David E. Aune,229-240. Leiden 1972. NT.S. 33.
-, - Grimm, W., Wesen und Wirklichkeit der Wunder Jesu. Frankfurt - Bern - Las Vegas 1977. ANTI 2.

Bickermann, Elias, Studies in Jewish and Christian history 3. Leiden 1986. AGJU 9.

Bidez, J., "Literature and philosophy in the eastern half of the empire", CAH 12 (1939),611-645.

Bieler, Ludvig, *THEIOS ANER*. Das Bild des "Göttlichen Menschen" in Spätantike und Frühchristentum. Wien 1935-36.

Bieneck, Joachim, Sohn Gottes als Christusbezeichnung der Synoptiker. Zürich 1951. AThANT 21.

Billerbeck, Margarethe, Der Kyniker Demetrius. Ein Beitrag zur Geschichte der frühkaiserzeitlichen Populärphilosophie. Leiden 1979. PhAnt. 36.

Birmelin, Ella, "Die Kunsttheoretischen Gedanken in Philostrats Apollonios", Ph. 88 (1933),149-180. 392-414.

Birt, Th., "Agnostoi theoi und die Areopagrede des Apostel Paulus", RMP 69 (1914),342-392.

Bittner, Wolfgang J., Jesu Zeichen im Johannesevangelium. Die Messias-Erkenntnis im Johannesevangelium vor ihrem jüdischen Hintergrund. Tübingen 1987. WUNT 26.

Blackburn, Barry L., "'Miracle working *THEIOI ANDRES'* in hellenism (and hellenistic judaism)", Gospel perspectives 6 (1986),185-218, hrsg. David Wenham - Craig Blomberg.
-, Theios aner and the Markan miracle traditions. Tübinen 1991. WUNT 2.40.

Blank, Reiner, Analyse und Kritik der formgeschichtlichen Arbeiten von Martin Dibelius und Rudolf Bultmann. Diss. Basel 1981. ThDiss 16.

Boll, F., Catalogus codicum astrologicorum Graecarum 7.Bruxelles 1908.

Bowersock, Glen.W., Greek sophists in the Roman empire. Oxford 1969.
-, Philostratus, Life of Apollonius. Transl. by C.P. Jones, ed. abridged and introd. by G.W. Bowersock. Bungay 1970. Penguin Classics.
-, (hrsg.) Approaches to the second sophistic. Pennsylvania 1974.

Bowie, Ewelyn Lyall, "Greeks and their past in the second sophistic" PaP 46 (1970),3-41.
-, "Apollonius of Tyana: tradition and reality", ANRW 2.16.2 (1978),1652-1699.

Braun, Herbert, "Der Sinn der neutestamentlichen Christologie", ZThK 54 (1957),341-377.

Bultmann, Rudolf, Die Geschichte der synoptischen Tradition. Göttingen 1921. FRALANT 29.
-, "Die Bedeutung der neuerschlossenen mandäischen und manichäischen Quellen für das Veständnis des Johannesevangeliums", ZNW 24 (1925),100-146.
-, "Zur Frage der Christologie", Zwischen den Zeiten 5 (1927),41-69.
-, "Untersuchungen zum Johannesevangelium", ZNW 29 (1930),169-192.
-, "*agnostos*", ThWNT 1 (1933),120-122.
-, Die Geschichte der synoptischen Tradition. 1. Aufl. Göttingen 1921. 2. Aufl. 1931 (Nachdr. Göttingen 1967). FRALANT 12.
-, Das Evangelium des Johannes. Göttingen 1941. KEK.
-, Theologie des Neuen Testaments. Tübingen 1953. NTG.
-, - Theißen, Gerd - Vielhauer, Philipp, Die Geschichte der synoptischen Tradition. Ergänzungsheft. Göttingen 1971.

Burkert, Walter, "*GOES*. Zum griechischen 'Schamanismus'", Rheinisches Museum 105 (1962), 36-55.
-, Weisheit und Wissenschaft: Studien zu Pythagoras, Philolaos und Platon. Nürnberg 1962.

Burkill, T.A., "Mark 3,7-12 and the alleged dualism in the evangelist's miracle material", JBL 87 (1968),409-417.

Busse, Ulrich, Die Wunder des Propheten Jesus. Die Rezeption, Komposition und Interpretation der Wundertradition im Evangelium des Lukas. Stuttgart 1977. FzB 24.

Calderini, Aristide, "Teoria e pratica politica nella 'Vita di Apollonio di Tiana'", RIL 74 (1940-41),213-241.

Cangh, Jean-Marie van, "Santé et salut dans les miracles d' Épidaure, d' Apollonius de Tyane et du Nouveau Testament", Gnosticisme et monde hellenistique, hrsg. J.Ries, Y.Janssens, J.M. Sevrin. Louvain 1982.

Caster, Marcel., Études sur Alexander ou le faux prophète de Lucian. Paris 1938. CEA.

Chadwick, Henry, Origen, Contra Celsum. Transl. with notes and introduction by H. Chadwick. Cambridge 1965.

Charpentier, Jarl, The Indian travels of Apollonius of Tyana. Uppsala 1934. Skrifter utgivna av K. Humanistiska Vetenskaps-Samfundet i Uppsala 29:3.

Colpe, Carsten, Die religionsgeschichtliche Schule. Darstellung und Kritik ihres Bildes von gnostischen Erlösermythus. Göttingen 1961.

Conzelmann, Hans, Die Mitte der Zeit. Studien zur Theologie des Lukas. Tübingen 1954 (3. Aufl. 1960). BHTh 17.
-,"Was glaubte die frühe Christenheit", SthU 25 (1955),61-74.
-, "Auferstehung (V)", RGG³ 1 (1957),695-696.
-, Die Apostelgeschichte. Tübingen 1963. HNT 7.
-, "Literaturbericht zu den synoptischen Evangelien", ThR 37 (1972),220-272.

Corrington, Gail Paterson, The "Divine man". His origin and function in Hellenistic popular religion. New York - Berne - Frankfurt a.M. 1986. American university studies 7,17.

Croon, Johan Harm, "Heilgötter", RAC 13 (1986),1190-1232.

Crusius, Otto, "Aretalogoi", PRE 2 (1896),670-672.

Cullmann, Oscar, Die Christologie des Neuen Testaments. Tübingen 1957.

Cumont, Franz, Alexandre d' Abonotichos. Un épisode de l' histoire du paganisme au IIe siècle de notre ère. Bruxelles 1887. Memoires couronnes et autres memoires publiées par l' Academie Royale des sciences, des lèttres et des Beaux-Arts de Belgique tome 40 Nr 7.
-, "Alexandre d' Abonotichos et le neo-pythagorisme", RHR 86 (1922),202-210.
-, Les religions orientales das le paganisme romain. Paris 1929.

Del Corno, Dario, Vita di Apollonio di Tiana. Milano 1978. Biblioteca Adelphi 82.

Delling, Gerhard, "*goes*", ThWNT 1 (1933),737-738.
-, "*mageia, magos, mageuein*",ThWNT 4 (1942),360-363.
-, Antike Wundertexte. 2. Aufl. Berlin 1960.

Deubner, Ludwig, "Griechische und römische Religion 1911-1914", ARW (1920-1921),411ff.

Dibelius, Martin, Die Formgeschichte des Evangeliums. Tübingen 1919. 2. Aufl. Tübingen 1933.
-, "Paulus auf dem Areopag" (1939), Aufsätze zur Apostelgeschichte, hrsg von H. Greeven. 2. Aufl. Göttingen 1953.

Diels, Hermann, "Hippokratische Forschungen V", Hermes 53 (1918),57-87.

Dihle, Albrecht, Studien zur griechischen Biographie. Göttingen 1956. AAWG 37.

Dodd, C.H. The interpretation of the Fourth Gospel. Cambridge 1953.

Dormeyer, Detlev - Frankemölle, Hubert, "Evangelium als literarische Gattung und theologischer Begriff. Tendenzen und Aufgaben der Evangelienforschung im 20. Jahrhundert, mit einer Untersuchung des Markusevangeliums in seinem Verhältnis zu antiken Biographie", ANRW 2.25.2. (1984),1543-1704.

Dörrie, Heinrich, "Hermotimos", KP 2 (1967),1087-88.
-, "Peregrinus Proteus", KP 4 (1979),625.

Dulière, W.L. "Protection permanente contre des animaux nuisibles assurée par Apollonius de Tyane dans Byzance et Antioch. Évolution de son mythe.", ByZ 63 (1970),247-277.

Durst, Michael, "Christen als römische Magistrate um 200. Das Zeugnis des Kaisers Septimius Severus für Christen aus dem Senatorenstand (Tertullian, *Ad Scapulam*)", JbAC 31 (1988),91-126.

Dzielska, Maria, Apollonios of Tyana in legend and history. Roma 1986. PRSA 10.

Ebert, Joachim, "Nochmals zum Epigramm auf Apollonios von Tyana", ZPE 50 (1983),247-277.

Edwards, M.J., Satire and verisimilitude: Christianity in Lucian's Peregrinus", Hist. 36 (1987),96-113.

Ehrhardt, Arnold, "Emmaus. Romulus und Apuleius.", JAC.E 1 (1964),93-99.
-, "The disciples of Emmaus", NTS 10 (1963-1964),182-201.

Eisenhut, Werner, "Bacchanal(ia)", KP 1 (1975),799.

Eliade, Mirca, "Zalmoxis", HR 11 (1971-72),257-302.

Engemann, Josef, "Zur Verbreitung magischer Übelabwehr in der nichtchristlichen und christlichen Spätantike", JbAC 18 (1975),21-48.

Esser, Dietmar, Formgeschichtliche Studien zur hellenistischen und zur frühchristlichen Literatur unter besonderer Berücksichtigung der vita Apollonii des Philostrat und der Evangelien. Diss. Bonn 1969.

Evans, Craig A:, "Luke's use of the Elijah/Elisha narratives and the ethic of election", JBL 106 (1987),75-83.

Fairweather, Janet A., "Fiction in the biographies of ancient writers", Ancient society 5 (1974),231-275.

Fascher, Ernst, Die formgeschichtliche Methode. Eine Darstellung und Kritik. Zugleich ein Beitrag zur Geschichte des synoptischen Problems. Giessen 1924.

Ferguson, J., The Religions of the Roman Empire. London 1970.

Fertig, J., De Philostratis sophistis. Diss. Würzburg 1894.

Fiebig, Paul, Jüdische Wundergeschichten im Zeitalter Jesu unter besonderer Berücksichtigung ihres Verhältnisses zum Neuen Testament bearbeitet. Tübingen 1911.

Fischer, Karl Martin, Das Urchristentum. Berlin 1985. KGE 1,1.

Forte, Bettie, Rome and Romans as the Greeks saw them. Roma 1972. PMAAR 24.

Fortna, Robert Tomson, (=1970a) "Source and redaction in the fourth Gospel's portrayal of Jesus' signs", JBL 89 (1970),51-66.
-, (=1970b) The Gospel of signs. A reconstruction of the normative source underlying the fourth gospel. Cambridge 1970. MSSNTS 11.

Friedrich, Gerhard, "Die Gegner des Paulus im 2. Korintherbrief", Abraham unser Vater (FS Otto Michel), hrsg. von O. Betz, M. Hengel und P. Schmidt,181-215. Leiden 1963.

Friedrichsen, Anton, Le problème du miracle. Strasbourg 1925.

Fritz, K. von, "Peregrinus (Proteus) (16)", PRE 19,1 (1937),656-663.

Gallagher, Eugene V., Divine man or magician? Celsus and Origen on Jesus. Chicago 1982. SBLDS 64.

Gärtner, Bertil, The Areopagus speech and natural revelation. Uppsala 1955. ASNU 21.

Geagan, Daniel, The Athenian consitution after Sulla. Princeton, New Jersey 1967. Hesp. S. 12.

Geffcken, Johannes, "Das Regenwunder im Quadenlande. Eine antik-moderne Streitfrage.", NJAK 2 (1899),253-269.

Georges, Augustin, "Miracles dans le monde hellénistique." Les miracles de Jésus, hrsg. Xavier Léon-Dufour. Paris 1977.

Georgi, Dieter, Die Gegner des Paulus im 2.Korintherbrief. Studien zur religiösen Propaganda in der Spätantike. Neukirchen-Vluyn 1964. WMANT 11.
-, The opponents of Paul in Second Corinthians. Edinburgh 1986.

Gerth, Karl, "Die sogen. zweite Sophistik (mit Ausschluss der Roman- und christlichen Schriftsteller)." Bericht über das Schrifttum der Jahre 1931-1938. Bursians Jahresbericht 272 (1941),72-252.
-, "Die Zweite oder Neue Sophistik", PRE Suppl. 8,719-782. Stuttgart 1956.

Getty, Robert J., "Neopythagoreanism and mathematical symmetry in Lucan, *De bello civili* 1", TAPhA 91,310-323.

Glöckner, Richard, Neutestamentliche Wundergeschichten und das Lob der Wundertaten Gottes in den Psalmen. Studien zur sprachlichen und theologischen Wundergeschichten und Psalmen. Mainz 1983. WSAMA.T 13.

Gnilka, Joachim, "Die antipaulinische Mission in Philippi", BZ 9 (1965),258-276.
-, Der Philipperbrief. Freiburg - Basel - Wien 1968. HThK 10.3.
-, Jesus von Nazareth. Botschaft und Geschichte. HThK.S 3. Freiburg - Basel - Wien 1990.

Göttsching, Johannes, Apollonius von Tyana. Diss. Leipzig. Leipzig 1889.

Graf, Fritz, "Maximos von Aigai. Ein Beitrag zur Ueberlieferung über Apollonios von Tyana", JbAC 27-28 (1984-1985),65-73.

Grässer, Erich, "Notes on the redaction and theology of St. Mark", NTS 16 (1969-70),1-23.

Green, W.S., "Palestinian holy men. Charismatic leadership and rabbinic tradition", ANRW 2,19,2 (1979),619-647.

Groningen, B.A. van, "Apollonius de Tyane", BFLS 30 (1951-52),107-116.
-, "General literary tendencies in the second century A.D.", Mnemosyne ser 4,18 (1965),41-56.

Gross, Karl, "Apollonios", RAC 1 (1950),529-533.

Grosso, Fulvio, "La 'Vita di Apollonio di Tiana' come fonte storica", Acme 7 (1954),33-532.

Gundel, Hans Georg, "Eunus", KP 2 (1967),429.

Gunther, J.J., St. Paul's opponents and their background. A study of apocalyptic and jewish sectarian teachings. NT. S. 30. Leiden 1973.

Habicht, Christian, Gottmenschentum und griechische Städte. München 1970. Zet. 14.

Hadas, Moses - Smith, Morton, Heroes and gods. Spiritual biographies in antiquity. New York 1965. RPS 13.

Haenchen, Ernst, Die Apostelgeschicte. Göttingen 1956. KEK.
-, "Der Vater, der mich gesandt hat", NTS 9 (1962-1963),208-216.
-, Das Johannesevangelium. Ein Kommentar. Aus den nachgelassenen Manuskripten hrsg. von U. Busse. Mit einem Vorwort von J.M. Robinson. Tübingen 1980.

Hafemann, Scott, J., Suffering and the Spirit. An exegetical study of II Cor 2:14-3:3 within the context of the Corinthian correspondence. Tübingen 1986. WUNT 19.

Hägg, Tomas, "Eusebios vs. Hierokles. En senantik polemik kring Apollonios från Tyana och Jesus från Nasaret", RoB 44 (1985),25-35.

Hahn, Ferdinand, Christologische Hoheitstitel. Ihre Geschichte im frühen Christentum. Göttingen 1963. FRALANT 83.
-, "Die Formgeschichte des Evangeliums. Voraussetzungen, Ausbau und Tragweite", Zur Formgeschichte des Evangeliums, hrsg. Ferdinand Hahn,427-477 (s. Hahn 1985).

Halsberghe, Gaston, The Cult of Sol Invictus. Leiden 1972. EPRO 23.
-, "Le Culte de Deus Sol Invictus a Rome au 3è siècle après J.C." ANRW 2.17.4. (1984), 2181-2201.

Hanslik, Rudolf, "P. Mummius Sisenna Rutilianus (4)", KP 3 (1969),1459.

Hanslik, R., "Christus und die hellenistischen Gottsmänner bis zu ihrer Lehr- und Wundertätigkeit", Theologie der Zeit (1936),203-214.

Harnack, Adolf von, "Das Regenwunder im Feldzuge Marc Aurels gegen die Quaden", Sitzungsberichte der Berliner Akademie 1894,835-882.
-, "Ist die Rede des Paulus in Athen ein ursprünglicher Bestandteil der Apostelgeschichte?", TU 3. Reihe 9 (1913),1-46.

Harris, B.F., "Apollonius of Tyana: fact and fiction", JRH 5 (1969),189-199.

Haufe, Günter, "Hellenistische Volksfrömmigkeit", J. Leipoldt - W. Grundmann, Umwelt des Urchristentums 2,68-100. Berlin 1967.

Helck, Wofgang, "Sarapis", KP 4 (1972),1549.

Hempel, Johannes, Untersuchungen zur Überlieferung von Apollonius von Tyana. Stockholm 1920. BRW 4.
-, "Zu Apollonius von Tyana", ZKG 40 (1922),130-131.
-, "Apollonios v. Tyana", RGG³ 1 (1957),476.
-, "Religionsgeschichtliche Schule", RGG³ 5, (1961),991-994.

Hendrickx, Herman, The miracle stories of the synoptic Gospels. Studies in the Synoptic Gospels. San Francisco 1987.

Hengel, Martin, Judentum und Hellenismus. Studien zu ihrer Begegnung unter besonderer Berücksichtigung Palästinas bis zur Mitte des 2. Jhs. v. Chr. 1. Aufl. Tübingen 1969, 2. Aufl. Tübingen 1973. WUNT 10.
- Der Sohn Gottes. Die Entstehung der Christologie und die jüdisch-hellenistische Religionsgeschichte. Tübingen 1975.
-, Die Zeloten. Untersuchungen zur jüdischen Freiheitsbewegung in der Zeit von Herodes I. bis 70 n.Chr. 2. Aufl. Leiden - Köln 1976. AGJU 1.
-, Studies in the Gospel of Mark. London 1985.
-, The 'hellenization' of Judea in the first century after Christ. London - Philadelphia 1989.
-, - Hengel, Rudolf, "Die Heilungen Jesu und medizinisches Denken" (1959), zitiert nach Friedrich Hahn (hrsg.), Die Formgeschichte des Evangeliums (s. Suhl 1980).

Herzog-Hauser, Gertrud, "Die Tendenzen der Apollonius-Biographie", JÖLG (1930), 177-200.

Hiltbrunner, Otto, "Domitianus" (1), KP 2 (1967),122-126.

Holladay, Carl R., Theios aner in hellenistic-judaism. A critique of the use of this category in New Testament Christology. Missoula 1977. SBLDS 40

Hopfner, Theodor, "Mageia", PRE 14,1 (1895),301-393.
-, "Apollonios von Tyana und Philostratos", Seminarium Kondokovianum 4 (1931),135-164.
-, "Die Brachmanen Indiens und die Gymnosophisten des Philostrats", Archiv Orientalni 6 (1934),58-67.

Hull, John M., Hellenistic magic and the synoptic tradition. London 1974. SBT 2.28.

Hunger, Herbert, Lexikon der griechischen und römischen Mythologie mit Hinweisen auf das Fortwirken antiker Stoffe und Motive in der bildenden Kunst, Literatur und Musik des Abendlandes biz zur Gegenwart. 8. Aufl. Wien 1988.

Jackson, Steven., "Apollonius and the emperors", Her. 127 (1984),25-32.

Jacoby, F., "Hieron von Alexandreia oder Ephesos", PRE 8,1515. Stuttgart 1913.

Jaeger, Werner, "Eduard Norden, Agnostos Theos" (Rez.), GGA 175 (1913),569-610.
-, Early Christianity and Greek paideia. Cambridge, Mass. 1961.

Jervell, Jakob, "Die Zeichen des Apostels. Die Wunder beim lukanischen und paulinischen Paulus", SNTV 4 (1979),54-75.

Jewett, Robert, "Conflicting movements in the early Church as reflected in Philippians", NT (1970),363-390.
-, The Thessalonian correspondence. Pauline rhetoric and millenarian piety. Philadelphia 1986.

Jones, C.P., "An epigram on Apollonius of Tyana", JHS 100 (1980),190-194.

Kaiser 1975 = Adam, Gottfried, Kaiser, Otto - Kümmel, Werner Georg, Einführung in die exegetischen Methoden. 5. Aufl. München 1975.

Kalinka 1968 und Kalinka - Schönberger, s. Abt. A3, Philostratos, Die Bilder.

Keck, Leander E., "Mark 3:7-12 and Mark's Christology", JBL 84 (1965),341-358.

Kee, Howard Clark, "Aretalogy and Gospel", JBL 92 (1973),402-422.
-, "Divine Man", The interpreters dictionary of the Bible, suppl. vol. hrsg. K.Crim, Nashville 1976.
-, Miracle in the early Christian world. A study in sociohistorical method. New Haven - London 1983.
-, Medicine, miracle and magic in New Testament times. Cambridge 1986. MSSNTS 55.

Kingsbury, Jack Dean, "The 'divine man' as key to Mark's Christology: the end of an era?", Interpr. 35 (1981),243-257.
-, The Christology of Mark's Gospel. Philadelphia 1983.

Knigge, Heinz-Dieter,"The meaning of Mark. The exegesis of the second Gospel.", Interpr. 22 (1968),53-70.

Knoles, Thomas Gregory, Literary technique and theme in Philostratus' Life of Apollonius of Tyana", New Brunswick, New Jersey 1981 (University Microfilms International).

Knox, Wilfred L., "The 'divine hero' Christology in the New Testament", HThR 41 (1948),229-249.

Koehler, Ludwig, Das formgeschichtlice Problem des Neuen Testaments. Tübingen 1927.

Koskenniemi, Erkki, "Die religiösen Tendenzen des Philostratos in der Vita Apollonii Tyanensis" in Literatur und Philosophie in der Antike hrsg. von Siegfried Jäkel, Heikki Koskenniemi und Vappu Pyykkö. Turku 1986. Annales universitatis Turkuensis Ser. B 174.
-, Der philostrateische Apollonios. Helsinki 1991. CHL 94.

Köster, Helmut, Einführung in das Neue Testament im Rahmen der Religionsgeschichte und Kulturgeschichte der hellenistischen und römischen Zeit. Berlin - New York 1980.
-, "Formgeschichte/Formenkritik II", TRE 11 (1983),286-299.
-, "Frühchristliche Evangelienliteratur", ANRW 2.25.2. (1984),1464-1542.
-, - Robinson James M., Trajectories through early Christianity. 1970. Zitiert nach Entwicklungslinien durch die Welt des frühen Christentums. Tübingen 1971.

Kotila, Markku, Umstrittener Zeuge. Studien zur Stellung des Gesetzes in der johanneischen Theologiegeschichte. Helsinki 1988. AASF 48.

Kötting, B., "Epidauros", RAC 5 (1962),531-539.

Kremer, Jacob, "*anastasis* etc." EWNT 1 (1980),210-221.

Kroll, W., "Julianos (9)", PRE 10.1. (1918),15-17.
-, "P. Nigidius Figulus", PRE 17,1 (1936),200-212.

Kuby, Alfred, Zur Konzeption des Markus-Evangelium", ZNW 49 (1958),52-64.

Kuhn, Hans-Jürgen, Christologie und Wunder: Untersuchungen zu Joh 1,35-51. Regensburg 1987. BU 18.

Kümmel, Werner Georg, Dreissig Jahre Jesusforschung (1950-1980). Bonn 1985. BBB 60.

Labriolle, Pièrre de, La réaction paianne. Étude sur la polémique antichrétienne du Ier au VIer siècle. Paris 1943.

Lannoy, de, s. Abt. A3 (Flavii Philostrati Heroicus).

Latte, Kurt, Römische Religionsgeschichte. München 1960. HAW 5.4.

Lee, G.M., "Had Apollonius of Tyana read St. Mark?", SO 48 (1973),115-116.

Lehmann, A., "Christentum III. Ausbreitungsgescihte", RGG[3] I (1957),1705-1712.

Leipoldt, Johannes, "Zu den Auferstehungsgeschichten", ThLZ 73 (1948),737-742.

Leisegang, Hans, "Der Gottmensch als Archetypus", ErJb 18 (1950),9-45.

Lenz, Friedrich Walter, "Die Selbstverteidigung eines politischen Angeklagten. Untersuchungen zu der Rede des Apollonios von Tyana bei Philostratos", Altertum 10 (1964),95-110.

Lesky, Albin, Geschichte der griechischen Literatur. Bern 1957-1958 (3. Aufl. Bern - München 1971).

Liefeld, Walter R., "The hellenistic 'divine man' and the figure of Jesus in the Gospels", JETS 16 (1973),195-205.

Lietzmann, Hans, "Zu Nordens 'Agnostos theos'", RMP 71 (1916),280-281.

Lo Cascio, Ferdinando, La forma letteraria della Vita di Apollonio Tianeo. Palermo 1974. Quaderni dell' istituto di filogogia Greca della università di Palermo 6.
  -, Sulla autenticità delle epistole di Apollonio Tianeo. Palermo 1978. Quaderni dell' istituto di studi Bizantini e Neoellenici 10.
  -, (hrsg. mit Einführung und Anmerkungen), Apollonio Tianeo, Epistole e frammenti. Palermo 1984. Istituto Siciliano di studi bizantini e neoellenici. Quaderni pubblicati da Bruno Lavagnini 12.

Luck, Georg, Arcana Mundi. Magic and the occult in the Greek and Roman worlds. Baltimore - London 1985.

Lührmann, Dieter, Das Markusevangelium. Tübingen 1987. HNT 3.

Luz, Ulrich, "Das Geheimnismotiv und die markinische Christologie", ZNW 56 (1965),9-30.
  -, "Das Jesusbild der vormarkinischen Tradidition", Jesus Christus in der Historie und Theologie (FS H.Conzelmann), hrsg. Georg Strecker,347-374. Tübingen 1975.

MacMullen, Ramsay, Paganism in the Roman empire. New Haven - London 1981.

Manson, William, Jesus the Messiah. The synoptic tradition of the revelation of God in Christ. With special reference to form-criticism. London 1943. Cunningham lectures.

Markovich, Miroslav, "The epigram on Apollonius of Tyana", ZPE 45 (1982),263-265.

Martitz, Wülfing von, "*hyios, hyiothesia* (A)" ThWNT 8, (1969),334-340.

Marxsen, Willi, Der Evangelist Markus. Studien zur Redaktionsgeschichte des Evangeliums. Göttingen 1956. FRALANT 67.
  -, Anfangsprobleme der Christologie. Kassel 1960.

Matera, Frank, The Kingship on Jesus. Chico 1982. SBL Diss 66.

Maurer, Christian, "Knecht Gottes und Sohn Gottes im Passionsbericht des Markusevangeliums", ZThK 1953,1-38.

McGinley, Laurence J. Form-criticism of the synoptic healing narratives. A study in the theories of Martin Dibelius and Rudolf Bultmann. Woodstock 1944.

McRae, G.W., "'Whom heaven must receive until time'. Reflection on the Christology of Acts", Interpr. 27 (1973),151-165.

Mead, G.R.S., Apollonius of Tyana, the philosopher, explorer and social reformer of the first century A.D. London 1901 (Nachdr. Chicago 1980).

Mengel, Berthold, Studien zum Philipperbrief. Tübingen 1982. WUNT 8.

Merkelbach, Reinhold, Roman und Mysterium in der Antike. München - Berlin 1962.
  -, "Das Epigramm auf Apollonios von Tyana", ZPE 41 (1981),270.
  -, *"DEUTERAI FRONTIDES"* zu dem Epigramm auf Apollonios von Tyana", ZPE 45 (1982),265-266.

Merlan, Ph., "Celsus", RAC 2 (1954),954-965.

Mesk, Joseph, "Die Damisquelle des Philostratos in der Biographie des Apollonios von Tyana", WSt 41 (1919),121-138.

Meyer, Eduard, "Apollonius von Tyana und die Biographie des Philostratos", Hermes 52 (1917),370-424.
  -, Ursprung und Anfänge des Christentums 3. Stuttgart und Berlin 1923.

Miller, J., "Die Beziehungen der vita Apollonii des Philostratos zur Pythagorassage", Philologus 51 (1892),137-145.
  -, "Apollonios (98)", PRE 2,1,146-148. Stuttgart 1895.
  -, "Die Damispapiere in Philostratos Apollonios-Biographie", Ph. 66 (1907),511-525.
  -, "Neryllinos", PRE 17,1 (1936),65.

Miller, S.N., "The army and the imperial house", CAH (1939) 12,1-56.

Miller, Robert J., "Elijah, John and Jesus in the Gospel of Luke", NTS 34 (1988),611-622.

Molthagen, J., Der römische Staat und die Christen im zweiten und dritten Jahrhundert. Göttingen 1970. Hyp 28.

Mommsen, Theodor, "Das Regenwunder der Marcus-Säule", Hermes 30 (1895),90-106.

Müller, E., War Apollonius von Tyana ein Weiser oder ein Betrüger oder ein Schwärmer und Fanatiker? Eine culturhistorische Untersuchung. Breslau 1961.

Mumprecht 1983, s. Abt. A3 (Philostratos, Das Leben des Apollonios von Tyana).

Münscher, Karl, "Die Philostrate", Ph.S.10 (1907),467-558.
  -, "Bericht über die Literatur zur zweiten Sophistik (rednerische Epideiktik und Belletrestik) aus den Jahren 1910-1915", Bursians Jahresbericht 1970 (1915),1-231.

Münzer, "Eunus (1)", PRE 6.1 (1907),1143-1145.

Nau, F., Apotelesmata Apollonii Tyanensis. Patrologia Syriaca 7.2.,1370-1383. Paris 1907.

Nebe, Gottfried, Prophetische Züge im Bilde Jesu bei Lukas. Stuttgart - Berlin - Köln 1987. BWANT 7.

Neirynck, Frans, "The miracle stories in the Acts of the Apostles. An introduction.", J.Kremer, Les Actes des Apôtres. Traditions, rédaction, théologie,169-213. Leuven 1979. BEThL 47.

Nicol, W., The semeia in the Fourth Gospel. Tradition and redaction. Leiden 1972. NT. S. 32.

Nilsson, Martin P., Geschichte der griechischen Religion. 1. Band 3. Aufl. München 1967. 2. Band, 2. Aufl. München 1961. HAW 5.

Nock, Arthur Darby, "Alexander of Abonuteichos", CQ 22 (1928),160-162.

Norden, Eduard, Agnostos Theos. Untersuchungen zur Formengeschichte religiöser Rede. 1. Aufl. Leipzig 1913. (Nachdr. Darmstadt 1956).

Novakovic, D., "L'invention dans la littérature épistolaire antique", Latina et Graeca 20 (1982),69-121.

O'Reilly, Leo, Word an sign in the Acts of the Apostles. A study in Lukan theology. Roma 1987. AnGr 243.

Oepke, A., "Auferstehung II (des Menschen)", RAC 1 (1950),930-938.

Oostendorp, Derk W., Another Jesus: A Gospel of Jewish-Christian superiority in II Corinthians. Kok 1967.

Ott, H., "Entmythologisierung", RGG³ 2, (1958),496-499.

Palm, Jonas, Rom, Römertum und Imperium in der griechischen Literatur der Kaiserzeit. Lund 1959. SHVL.
- Om Filostratos och hans Apollonios-biografi. Uppsala 1976. SGU 10.

Penella, Robert J., "An unpublished letter of Apollonius of Tyana to the Sardians", HSCP 79 (1975),305-311.
-, Penella 1979 s. Abt. A3 (The letters of Apollonius of Tyana).
-, "Anacharsis in a letter of Apollonius of Tyana", CQ 38 (1988),570-572.

Perkins, Pheme, Resurrection. New Testament witness and contemporary reflection. London 1984.

Perrin, Norman, "The Christology of St. Mark. A Study in Methodology", JR 51 (1971),173-187.

Pesch, Rudolf, Die Apostelgeschichte. Zürich - Einsiedeln - Köln - Neukirchen-Vluyn 1986. EKK 5.

Petzke, Gerd, Die Traditionen über Apollonius of Tyana und das Neue Testament. Leiden 1970. SCHNT 1.

-, "Historizität und Bedeutsamkeit von Wunderberichten", Neues Testament und christliche Existenz (FS H.Braun, hrsg. von H.D. Betz und L.Schottroff),1973,367-385.

-, "Die historische Frage nach den Wundertaten Jesu. Dargestellt am Beispiel des Exorzismus Mark IX.14-29 par", NTS 22 (1975-1976),180-204.

Pfister, Friedrich, "Herakles und Christus", ARW 34 (1937),42-60.

Plümacher, Eckhard, Lukas als hellenistischer Schriftsteller. Studien zur Apostelgeschichte. Göttingen 1972. StUNT 9.

Plüss, Th, "*agnosto theo*", Wochenschrift für klassische Philologie 1913,553-558.

-, Apollonios von Tyana auf dem Nil und der unbekannte Gott zu Athen", FS H.Blümner, 36-48. Zürich 1914.

Priggali, J., "La démonologie de Philostrate", Revue des sciences philosophiques et theologiques 67 (1983),117-130.

Räisänen, Heikki, Das "Messiasgeheimnis" im Markusevangelium. Ein redaktionskritischer Versuch. Helsinki 1976. Schriften der finnischen Exegetischen Gesellschaft 28.

Raynor, D.H., "Moeragenes and Philostratus", CQ 34 (1984),222-226.

Réardon, B.P., Courants littéraires grecs des IIe et IIIe siècles après J.-C. Paris 1971. Annales littéraires de l'université de Nantes 3.

Reitzenstein, Richard, Hellenistische Wundererzählungen. Leipzig 1906.

-, Die hellenistischen Mysterienreligionen nach ihren Grundgedanken und Wirkungen. Leipzig 1910.

-, (= 1913a) "Agnostos theos", NJKA 31 (1913),146-155.

-, (= 1913b) "Die Areopagrede des Paulus", NJKA 31 (1913),146-155.

Remus, Harold, Pagan-Christian conflict over miracle in the second century. Cambridge 1983. Patristic monograph series 10.

Riess, Baebulus, PRE 2 (1896),2734.

-, "Alexander (70) aus Abonuteichos", PRE 1,2 (1894),144-145.

Robert, L., "Le serpent Glycon d' Abonuteichos à Athenes et Artémis d' Ephèse à Rome", CRAI (1981),513-535.

Robinson 1970, s. Köster 1970

Robinson 1980, s. Haenchen 1980.

Rohde, Erwin, "Besprechung von E. Schwartz, Fünf Vorträge", Kleine Schriften II,5-8 Tübingen - Leipzig 1901 (Nachdr. Hildesheim - New York 1969).

Rohden, P. von, "Arnuphis", PRE 2.1. (1895),1208.

Roloff, Jürgen, "Auf der Suche nach einem neuen Jesusbild. Tendenzen und Aspekte der gegenwärtigen Diskussion", ThLZ 98 (1973),561-571.

-, Die Apostelgeschichte. Göttingen 1981. NTD 5.

Rommel, Hans, Die naturwissenschaftlich- paradoxographischen Exkurse bei Philostratos, Heliodoros und Achilleus Tatios. Stuttgart 1923.

Rose, Herbert Jenning, "Herakles and the Gospels", HThR 31 (1938),113-142.

Rosenthal, Das Fortleben der Antike im Islam. Zürich 1965.

Ruckstuhl, Eugen, Die literarische Einheit des Johannesevangeliums. Der gegenwärtige Stand der einschlägigen Forschungen. Mit einem Vorwort von M.Hengel. Freiburg - Göttingen 1987. Novum Testamentum et orbis antiquus 5.

Saarinen, Risto, "Virtus heroica. 'Held' und 'Genie' als Begriffe des christlichen Aristotelismus", Archiv für Begriffgeschichte 1990 (im Druck).

Sabourin, Leopold, (=1971a) "The miracles of Jesus (1). Preliminary survey.", BTB 1 (1971),59-80.
-, (= 1971b) "Old Testament miracles", BTB 1 (1971),227-261.
-, "Hellenistic and rabbinic 'miracles'", BTB 2 (1972),281-307.
-, "The miracles of Jesus (II). Jesus and the evil powers.", BTB 4 (1974),115-175.
-, "The miracles of Jesus (III). Healings, resuscitations, nature miracles.", BTB 5 (1975),146-200.
-, The divine miracles, discussed and defended. Roma 1977.

Sage, Michal M., "Eusebios and the rain miracle: some observations", Hist. 36 (1987),96-113.

Sanders, E.P., Jesus and Judaism. London 1985.

Schlier, Heinrich, "Religionsgeschichtliche Schule", LThK 8 (1963),1184-1185.

Schmid - Stählin, s. Abt. A1.

Schmid, Wilhelm, Der Attizismus in seinen Hauptvertretern 1-5. Stuttgart 1887-1897
-, "Kritisches zum *Agnostos theos*", Wochenschrift für klassische Philologie 35 (1918),256-262.
-, "Karl Münscher, Die Philostrate" (Rez.), Berliner Philologische Wochenschrift 1909,513-521.
-, - Stählin 1924 = Wilhelm von Christs Geschichte der griechischen Literatur, umgearbeitet von Wilhelm Schmid und Otto Stählin. 2. Teil, 2. Hälfte. München 1924. HAW 7.2.2.

Schmidt, Karl Ludwig, "Die Stellung der Evangelien in der allgemeinen Literaturgeschichte", FS Hermann Gunkel,50-134, Göttingen 1923. Zitiert nach: Formgeschichte des Evangeliums, hrsg. von Ferdinand Hahn (s. Hahn 1985).

Schmidt, Peter, "Nigidius Figulus", KP 4 (1972),91-92.

Schnelle, Udo, Antidoketische Christologie im Johannesevangelium. Eine Untersuchung zur Stellung des vierten Evangeliums in der johanneischen Schule. Göttingen 1987. FRALANT 144.

Schoeps, H.J., Theologie und Geschichte des Judenchristentums. Tübingen 1949.

Schottroff, Luise, Der Glaubende und die feindliche Welt. Beobachtungen zum gnostischen Dualismus und seiner Bedeutung für Paulus und das Johannesevangelium. Neukrichen - Vluyn 1970. WMANT 37.

Schulz, Siegfried, "Die Decke des Moses: Untersuchungen zu einer vorpaulinischen Überlieferung in 2Kor 3,7-18", ZNW 49 (1958),1-30.
-, "Die Bedeutung des Markus für die Theologiegeschichte des Urchristentums", StEv 2 (1964),135
-, Die Stunde der Botschaft. Einführung in die Theologie der vier Evangelien. Hamburg 1967.

Schütz, Hans Joachim, Beiträge zur Formgeschichte synoptischer Wundererzählungen, dargestellt an der Vita Apollonii des Philostratus. Diss. Jena 1953 (ungedrückt).

Schwartz, Eduard, Fünf Vorträge über den griechischen Roman. Berlin 1896 (Nachdr. Berlin 1943).

Schweizer, Eduard, "Anmerkungen zur Theologie des Markus", Neotestamentica,93-104. Zürich 1963.
-, "Die theologische Leistung des Markus", EvTh 24 (1964),337-355.
-, Zur Frage des Messiasgeheimnisses bei Markus", ZNW 56 (1965),1-8.
-, "*hyios ktl.*", ThWNT 8 (1969),364-395.
-, "Neuere Markus-Forschung in USA", EvTh 33 (1973),533-537.
-, "Zur Christologie des Markus", Neues Testament und Christologie im Werden. Aufsätze, 86-103. Göttingen 1982.

Smith, D. Moody, Johannine Christianity. Essays on its setting, sources and theology. Columbia 1984.

Smith, Morton 1965 s. Hadas - Smith 1965
-, "Prolegomena to a discussion of aretalogies, divine men, the Gospels and Jesus", JBL 90 (1971),174-199.
-, Jesus, the magician. London - New York 1978. Zitiert nach Jesus der Magier. München 1981.
-, "On the history of the divine man" in Paganisme, Judaisme, Christianisme, FS Marcel Simon,335-345, Paris 1978.

Söding, Thomas, Glaube bei Markus. Glaube an das Evangelium, Gebetsglaube und Wunderglaube im Kontext der markinischen Basileiatheologie und Christologie. Stuttgart 1985. SBB 12.

Solmsen, Friedrich, "Some works of Philostratus the Elder", TAPhA 71 (1940),556-572.
-, "Philostratos (8-12)", PRE 20,1,124-177. Stuttgart 1941.

Sordi, Marta, "I rapporti tra il Cristianesimo e l' impero dai Severi a Gallieno", ANRW 2,23,1,340-572. Berlin - New York 1980.

Speyer, Wolfgang, "G.Petzke, Die Traditionen von Apollonios von Tyana und das Neue Testament" (Rez.), JbAC 16 (1973),133-135.

-, "Zum Bild des Apollonios von Tyana bei Heiden und Christen", JbAC 17 (1974),47-63.

Staats, Richard, "Auferstehung (I/4)", TRE 4,467-477.

Strecker, Georg, "Redaktion und Tradition im Christushymnys Phil 2,6-11", ZNW 55 (1964),63-78.
-, "B. Neues Testament", Theologie im 20. Jahrhundert, hrsg. von G. Strecker. Tübingen 1983,61-45. UTB 1238.
-, - Schnelle, Udo, Einführung in die neutestamentliche Exegese. 2. Aufl. Göttingen 1983. UTB 1253.

Suhl, Alfred,"Einleitung", Der Wunderbegriff im Neuen Testament, hrsg. von Alfred Suhl. Darmstadt 1980. Erträge der Forschung 295.

Syme, Ronald, The Roman revolution. Oxford 1939 (Nachdr. 1967).

Taggart, Bruce Lyle, Apollonius of Tyana. His biographers and critics. Medford 1972 (University Microfilms International).

Talbert, Ch. H., "The concept of immortals in mediterranean antiquity", JBL 94 (1975),419-436.
-, "Biographies of philosophers and rulers as instruments of religious propaganda in Mediterranian antiquity", ANRW 2.16.2 (1978),1619-1651. Berlin - New York 1978.

Theißen, Gerd, Urchristliche Wundergeschichten. Ein Beitrag zur formgeschichtlichen Erforschung der synoptischen Evangelien. Gütersloh 1974. StNT 8.

Thüsing, W., "Die Erhöhung und Verherrlichung Jesu im Johannesevangelium", NTA 21,1-2 (1960.

Tiede, David Lenz, The charismatic figure as miracleworker. SBLDS 1.
-, "Religious propaganda and the Gospel literature of the early Christian mission", ANRW 2.25.2. (1984),1543-1704.

Traill, John S., "Greek inscriptions honoring prytaneis", Hesperia 40 (1971),308-329.
-, "An epigraphical correction", Hesperia 41 (1972),141.

Vérmès, Geza, Jesus the Jew. A historian's reading of the Gospels. London 1973.
-, The Gospel of Jesus the Jew. Newcastle upon Tyne 1981. Riddel memorial lectures.
-, Jesus and the World of Judaism. London 1983.

Vielhauer, Philipp, "Erwägungen zur Christologie des Markusevangeliums", Zeit und Geschichte (FS Rudolf Bultmann), hrsg. von E.Dinkler,155-169. Tübingen 1964.
-, Geschichte der urchristlichen Literatur. Einleitung in das Neue Testament, die Apokryphen und die Apostolischen Väter. Berlin - New York 1975.

Wagenvoort, Hendrik, "Contactus", RAC 3 (1957),404-421.

Waller, James - Edwardson, Mary, "Evolutionsim", The encyclopedia of religion 5 (1987),214-218.

Weber, Reinhold, "Christologie und 'Messiasgeheimnis': ihr Zusammenhang und Stellenwert in den Darstellungsintentionen des Markus", EvTh 43 (1983),108-125.

Weeden, Theodore J., "The heresy that necessitated Mark's Gospel", ZNW 59 (1968),145-158.

Wegenast, Klaus, "Lukianos", KP 3 (1979),772-777.

Weinreich, Otto, Antike Heilungswunder. Untersuchungen zum Wunderglauben der Griechen und Römer. Giesen 1909 (Berlin 1969).
-, "Agnostos Theos", DLZ 1913,2949-2964.
-, "De dis ignotis quaestiones selectae", ARW 18, (1915),1-52.
-, "Alexander der Lügenprophet und seine Stellung in der Religiosität des II Jahrhunderts nach Christus", NJKA 47 (1921),129-151.
-, "Antikes Gottmenschentum", NWJW 2 (1926),633-651.
-, Menekrates Zeus und Salmoneus. Religionsgeschichtliche Studien zur Psychopatologie des Gottmenschentums in der Antike und Neuzeit. Stuttgart 1933. TBAW 18.

Weisser, U., Das Buch über das Geheimnis der Schöpfung von Pseudo-Apollonius von Tyana. Berlin / New York 1980. Texte und Untersuchungen zur Quellenkunde der alten Medizin 3.2.

Wellmann, M., "Asklepiades" (39), PRE 2.2 (1896),1632-1633.

Wellmann, W., "Damigeron", PRE 4,2 (1901),2055-2056.

Wellmann, E., "Hermotimos (2)", PRE 8 (1913),904-905.

Wendel, Carl, "Pamphilos", PRE 18,3 (1949),336-349.

Wendland, Paul, "Antike Geister- und Gespenstergeschichten", MSGVK 13-14 (1911-1912), 33-55.

Wenham, David - Blomberg, Craig (hrsg.), Gospel perspectives 6. The miracles of Jesus. Sheffield 1986.

Wetter, Gillis P:son, "Der Sohn Gottes". Eine Untersuchung über den Charakter und die Tendenz des Johannes-Evangeliums. Zugleich ein Beitrag zur Kenntnis der Heilandsgestalten der Antike. Göttingen 1916.

Wikenhauser, Alfred, Die Apostelgeschichte und ihr Geschichtswert. Münster 1921. NTA 8,3-5.

Wilamowitz-Moellendorff, Ullrich von, "Lesefrüchte CXCVIII", Hermes 60 (1925),307-313.

Windisch, Hans, Paulus und Christus. Ein biblisch-religionsgeschichtlicher Vergleich. Leipzig 1934.

Zanker, Paul, Augustus und die Macht der Bilder. München 1987.

Zimmermann, Heinrich, Neutestamentliche Methodenlehre. Darstellung der historisch-kritischen Methode. 7. Auflage bearb. von Klaus Kliesch. Stuttgart 1982.

Zink 1979 = Eusèbe de Césarée, La préparation évangelique. Livres IV -V,1-17. Introduction, traduction et annotation par Odile Zink. Révisé par Éduard des Places. Paris 1979. SC 262.

Zintzen, Clemens, "Zauberei (*mageia*), Zauberer (*magos*)", KP 5 (1979),1460-1472.

Stellenregister

I. Neues Testament

II. Sonstige Quellen

Namen- und Sachregister

Abraham 71
Aikaos 191
Aischylos 75
Alexander der Große 47, 179, 192, 211
Alexander von Abonuteichos 5, 42, 65, 69, 71, 76, 77, 82, 93, 94, 97, 115, 120, 122, 140, 148, 150, 151, 211, 213, 214
Alexanderlegende 134
Alkestis 32, 33, 192, 194
Anaxagoras 227
Annon 216
Antoniner 83, 98, 107
Antonius 87
Aphrodite 20, 23
apokryphe Evangelien 234
apokryphe Apostelakten 135, 146, 177, 225, 229, 234
Apollinaris 215
Apollon 192, 193, 199
Apostelgeschichte 22, 23, 24, 26, 65, 95, 117, 125-127, 131, 144, 146, 151, 161-162, 230, 232
Apsethos 66, 94, 216, 218
Apuleius 9, 44, 94, 135, 210
Archimedes 75
Aretalogie 37, 78, 91-93, 103-114, 146, 151-153, 173-174, 230-235
Aristeas 200
Aristeides 44, 92
Aristoteles 64, 72
Arnobius von Sicca 7
Arnuphis 69, 93, 215, 218
Artapanos 89, 96, 98
Asklepiades 32, 38, 44, 196, 210-211
Asklepios 42, 83, 155, 213, 220, 221
Athenagoras 213
Atomos 219
Auferstehung s. Erscheinungen
Augustinus 9
Augustus 92, 134, 192, 209, 222
Aussy, d' 10
Bacchanalien 64
Baebulus 7
Barjesus 101, 219

Basileios von Seleukia 9, 10, 176
Björnson 39
Blount 10
Caligula 223
Caracalla 1, 5, 172, 185
Cassius Dio 5, 44, 180, 181
Castillon, de 10
Celsus 6, 38, 44, 66, 71, 82, 83, 85, 91, 92, 95, 120, 138, 150, 196, 210, 216, 217, 225
Chanina ben Dosa 156, 219
Charon 195
Choni (Onias) 101, 156, 219
Chrysippos 217
Cicero 65, 85, 96, 209
Claudius 4, 171
Clemens XIV 10
Damigeron 7, 209-210
Damis 4, 7, 8, 10, 12, 13, 19, 28, 30, 33, 34, 48, 53, 54, 84, 86, 90, 96, 104, 106-108, 111, 138, 146, 148, 150, 170, 173, 174, 179, 183, 199, 202
Dämonenaustreibungen 28, 36, 44, 45, 46, 50, 58, 97, 157
Dardanos 7, 227
Demaratos 191
Demeter 221
Demetrios 18, 178-183, 199   198, 200
Demokritos 227
Diodoros 92
Diogenes Laertios 85
Diokletian 5
Dion Chrysostomos 80
Dionysos 179, 191, 195
Domitian 2, 3, 53, 79, 171, 180, 222
Dositheos 66, 115, 156, 167, 204, 207
Elagabal 172, 185, 186
Elchasai 66
Eleazar 97, 101, 219
Elija 61, 102, 102, 129, 135, 136, 157, 162, 167
Elischa 61, 102, 102, 130, 135, 136, 157, 167

Autorenregister

Achtemeier 102, 136, 139, 140, 144, 152
Altaner 7, 8, 9, 213, 216
Aly 104
Anderson 1, 4, 9, 13, 14, 16, 17, 35, 55, 79, 90, 165-166, 169, 173-176, 178-188, 190, 193, 203, 211
Arnim, von 227
Aune 186, 225-226
Bauer 116, 130, 232
Baum 163
Baumann 64
Baur 11, 13, 18, 19, 165, 173, 190, 194, 199
Becker 128, 146, 159-160
Bengtson 208
Benko 204
Berger 14, 15, 19, 61, 62, 94, 100, 109, 111-114, 129, 154, 161, 164, 165,190, 193, 195, 197, 221, 231, 232
Bernard 11
Betz, H.D. 15, 16, 32, 76, 78, 89, 92-94, 98, 120, 130-132, 135, 136, 139, 140, 145, 146, 152, 153, 157, 162, 163, 207, 225, 226, 233
Betz, O. 92, 101, 136, 137, 139, 146, 156, 158, 164, 232
Bickerman 6
Bidez 185
Bieler 14, 32, 73-78, 80, 85-87, 89, 98, 111, 112, 117, 119, 121, 123-126, 132, 135, 137, 139-143, 146, 147, 150, 151, 153, 156, 157, 160, 187, 189-192, 200, 233
Bieneck 120
Billerbeck, M. 182
Billerbeck, P. 52, 56, 143
Birt 25
Bittner 126, 161
Blackburn 15, 16, 155, 156, 158, 159, 212, 213, 223, 226, 227, 232
Blank 47, 50

Bousset 116
Bowersock 1, 172
Bowie 4, 5, 12, 13, 16, 17, 27, 54, 56, 79, 93, 107, 153, 169, 172, 173, 175, 176, 182-185, 192, 211, 233
Braun 32, 33, 51, 119, 120, 125, 143, 190
Bultmann 13, 14, 26, 30, 31, 37, 40-47, 49, 50, 54, 56-62, 100, 116-120, 123-130, 132, 141-144, 149, 154, 155, 160, 166, 187, 189, 192, 195, 197, 198, 200, 203, 231, 232
Burkill 130
Busse 126, 162
Calderini 12, 185
Cangh, van 220
Caster 213
Chadwick 6
Charpentier 178-179
Christ 184
Codrington 68
Colpe 22, 190, 193
Conzelmann 123, 125, 126, 130, 141, 145, 152, 162, 199
Corrington 15, 16, 94-98, 162, 233
Croon 220-221
Crusius 103
Cullmann 120, 121, 216
Del Corno 180
Dessau 5, 72
Deubner 26
Dibelius 13, 14, 26, 37, 40-42, 47, 49, 50, 62, 100, 115, 124, 130, 173, 187, 189, 231
Diels 175
Dodd 120, 216
Dormeyer 110, 113
Dörrie 212, 227
Dulière 5
Durst 185, 215

Wissenschaftliche Untersuchungen zum Neuen Testament

*Alphabetisches Verzeichnis
der ersten und zweiten Reihe*

Hengel, Martin und *Hermut Löhr:* Schriftauslegung. 1994. *Band 73.*

Hengel, Martin und *Anna Maria Schwemer* (Hrsg.): Königsherrschaft Gottes und himmlischer Kult. 1991. *Band 55.*

– Die Septuaginta. 1994. *Band 72.*

Herrenbrück, Fritz: Jesus und die Zöllner. 1990. *Band II/41.*

Hofius, Otfried: Katapausis. 1970. *Band 11.*

– Der Vorhang vor dem Thron Gottes. 1972. *Band 14.*

– Der Christushymnus Philipper 2,6 – 11. 1976, ²1991. *Band 17.*

– Paulusstudien. 1989. *Band 51.*

Holtz, Traugott: Geschichte und Theologie des Urchristentums. Hrsg. von Eckart Reinmuth und Christian Wolff. 1991. *Band 57.*

Hommel, Hildebrecht: Sebasmata. Band 1. 1983. *Band 31.* – Band 2. 1984. *Band 32.*

Kamlah, Ehrhard: Die Form der katalogischen Paränese im Neuen Testament. 1964. *Band 7.*

Kim, Seyoon: The Origin of Paul's Gospel. 1981, ²1984. *Band II/4.*

– »The ›Son of Man‹« as the Son of god. 1983. *Band 30.*

Kleinknecht, Karl Th.: Der leidende Gerechtfertigte. 1984, ²1988. *Band II/13.*

Klinghardt, Matthias: Gesetz und Volk Gottes. 1988. *Band II/32.*

Köhler, Wolf-Dietrich: Rezeption des Matthäusevangeliums in der Zeit vor Irenäus. 1987. *Band II/24.*

Korn, Manfred: Die Geschichte Jesu in veränderter Zeit. 1993. *Band II/51.*

Koskenniemi, Erkki: Apollonios von Tyana in der neutestamentlichen Exegese. 1994. *Band II/61*

Kuhn, Karl G.: Achtzehngebet und Vaterunser und der Reim. 1950. *Band 1.*

Lampe, Peter: Die stadtrömischen Christen in den ersten beiden Jahrhunderten. 1987, ²1989. *Band II/18.*

Lieu, Samuel N. C.: Manichaeism in the Later Roman Empire and Medieval China. 1992. *Band 63.*

Maier, Gerhard: Mensch und freier Wille. 1971. *Band 12.*

– Die Johannesoffenbarung und die Kirche. 1981. *Band 25.*

Markschies, Christoph: Valentinus Gnosticus? 1992. *Band 65.*

Marshall, Peter: Enmity in Corinth: Social Conventions in Paul's Relations with the Conrinthians. 1987. *Band II/23.*

Meade, David G.: Pseudonymity and Canon. 1986. *Band 39.*

Mengel, Berthold: Studien um Philipperbrief. 1982. *Band II/8.*

Merkel, Helmut: Die Wiedersprüche zwischen den Evangelien. 1971. *Band 13.*

Merklein, Helmut: Studien zu Jesus und Paulus. 1987. *Band 43.*

Metzler, Karin: Der griechische Begriff des Verzeihens. 1991. *Band II/44.*

Niebuhr, Karl-Wilhelm: Gesetze und Paränese. 1987. *Band II/28.*

– Heidenapostel aus Israel. 1992. *Band 63.*

Nissen, Andreas: Gott und der Nächste im antiken Judentum. 1974. *Band 15.*

Okure, Teresa: The Johannine Approach to Mission. 1988. *Band II/31.*

Philoneko, Marc (Hrsg.): Le Trône de Dieu. 1993. *Band 69.*

Pilhofer, Peter: Presbyteron Kreitton. 1990. *Band II/39.*

Pöhlmann, Wolfgang: Der Verlorene Sohn und das Haus. 1993. *Band 68.*

Probst, Hermann: Paulus und der Brief. 1991. *Band II/45.*

Räisänen, Heikki: Paul and the Law. 1983, ²1987. *Band 29.*

Rehkopf, Friedrich: Die lukanische Sonderquelle. 1959. *Band 5.*

Reinmuth, Eckardt: Pseudo-Philo und Lukas. 1994. *Band 74.*

– siehe *Holtz.*

Reiser, Marius: Syntax und Stil des Markusevangeliums. 1984. *Band II/11.*

Richards, E. Randolph: The Secretary in the Letters of Paul. 1991. *Band II/42.*

Riesner, Rainer: Jesus als Lehrer. 1981. ³1988. *Band II/7.*

– Die Frühzeit des Apostels Paulus. 1994. *Band 71.*

Rissi, Mathias: Die Theologie des Hebräerbriefs. 1987. *Band 41.*

Röhser, Günter: Metaphorik und Personifikation der Sünde. 1987. *Band II/25.*

Rose, Christian: Die Wolke der Zeugen. 1994. *Band II/60.*

Rüger, Hans Peter: Die Weisheitsschrift aus der Kairoer Geniza. 1991. *Band 53.*

Salzmann, Jorg Christian: Lehren und Ermahnen. 1994. *Band II/59.*

Sänger, Dieter: Antikes Judentum und die Mysterien. 1980. *Band II/5.*

Sandnes, Karl Olav: Paul – One of the Prophets? 1991. *Band II/43.*

Sato, Migaku: Q und Prophetie. 1988. *Band II/29.*

Schimanowski, Gottfried: Weisheit und Messias. 1985. *Band II/17.*

Schlichting, Günter: Ein jüdisches Leben Jesu. 1982. *Band 24.*

Schnabel, Eckard J.: Law and Wisdom from Ben Sira to Paul. 1985. *Band II/16.*

Schutter, William L.: Hermeneutic and Composition in I Peter. 1989. *Band II/30.*

Schwartz, Daniel R.: Studies in the Jewish Background of Christianity. 1992. *Band 60.*

Schwemer, A. M.: siehe *Hengel.*

Scott, James M.: Adoption as Sons of God. 1992. *Band II/48.*

Siegert, Folker: Drei hellenistisch-jüdische Predigten. Teil 1 1980. *Band 20.*

   – Teil 2 1992. *Band 61.*

   – Nag-Hammadi-Register. 1982. *Band 26.*

   – Argumentation bei Paulus. 1985. *Band 34.*

   – Philon von Alexandrien. 1988. *Band 46.*

Simon, Marcel: Le christianisme antique et son contexte religieux I/II. 1981. *Band 23.*

Snodgrass, Klyne: The Parable of the Wicked Tenants. 1983. *Band 27.*

Sommer Urs: Die Passionsgeschichte des Markusevangeliums. 1993. *Band II/58.*

Spangenberg, Volker: Herrlichkeit des Neuen Bundes. 1993. *Band II/55.*

Speyer, Wolfgang: Frühes Christentum im antiken Strahlungsfeld. 1989. *Band 50.*

Stadelmann, Helge: Ben Sira als Schriftgelehrter. 1980. *Band II/6.*

Strobel, August: Die Stunde der Wahrheit. 1980. *Band 21.*

Stuhlmacher, Peter (Hrsg.): Das Evangelium und die Evangelien. 1983. *Band 28.*

Sung, Chong-Hyon: Vergebung der Sünden. 1993. *Band II/57.*

Tajra, Harry W.: The Trial of St. Paul. 1989. *Band II/35.*

Theißen, Gerd: Studien zur Soziologie des Urchristentums. 1979, [3]1989. *Band 19.*

Thornton, Claus-Jürgen: Der Zeuge des Zeugen. 1991. *Band 56.*

Twelftree, Graham: Jesus the Exorcist. 1993. *Band II/54.*

Wedderburn, A. J. M.: Baptism and Resurrection. 1987. *Band 44.*

Wegner, Uwe: Der Hauptmann von Kafarnaum. 1985. *Band II/14.*

Wilson, Walter T.: Love without Pretense. 1991. *Band II/46.*

Wolff, Christian: siehe *Holtz.*

Zimmermann, Alfred: Die urchristlichen Lehrer. 1984, [2]1988. *Band II/12.*

Den Gesamtkatalog erhalten Sie gern vom Verlag
J. C. B. Mohr (Paul Siebeck), Postfach 20 40, D-72010 Tübingen